행복의 지도

세상에서 가장 행복한 곳을 찾아 떠난 여행

행복의 지도

The Geography of Bliss

에릭 와이너 지음 | 김승욱 옮김

어크로스

행복은 생각보다 튼튼하다

신기할 것이다. 조금 의심스러울지도 모르겠다. 전 세계의 행복에 대한 책이라고? 진짜? 이 시국에?

그래, 진짜다. 그래, 이 시국에 맞다. 이 세상에는 지금 최대한 많은 지적인 낙관주의와 진정한 행복이 필요하다. 여러분은 이것을 직관으로 느끼고 있다. 그래서 이 책을 들어 지금 이 글을 읽고 있는 것이다. 행복은 결코 좋은 시절의 사치품이나 달콤한 사탕이 아니라, 불행의 바람에 맞서는 성채라는 느낌이 온다. 요즘 세상에는 말할 것도 없이 바람이 많이 불고 있다. 태풍 수준이다.

지난 2년 동안 전 세계는 견딜 수 없는 일을 견뎌왔다. 인류는 그 어느 때보다 연결되어 있는데, 저 비열한 코로나바이러스는 이런 상호연결을 잔인할 만큼 효율적으로 이용해서 비행기와 크루즈선, 사랑하는 사람의 입술에 몰래 숨어 돌아다녔다. 지구촌이 죽음의 함정이 되었다. 그래도 우리는 버텼다. 무엇을, 무엇을 위해서?

행복을 찾기 위해서. 공허한 미소를 띤 스마일 상징 같은 행복이 아니라, 그보다 심오한 행복, 진짜 행복을 찾기 위해서.

이 책을 읽으며 여러분도 알게 되겠지만, 행복한 곳을 만드는 건 쉬운 일이 아니다. 그러나 일단 만들고 나면 그 행복의 전당은 쉽게 흔들리지 않는다. 행복은 우리가 생각하는 것보다 더 튼튼한 재료로 만들어져 있다. 태풍도, 전 세계적인 전염병도 견뎌낼 만큼 튼튼하다. 행복은 만일의 경우를 대비해 숨겨둔 돈과 같다. 세계에서 가장 행복한 나라들은 신뢰와 선의, 그리고……그래, 그 이름을 제대로 불러주자……사랑을 저장해둔 이 창고에 살짝 몸을 담가 전염병에 맞섰다. 좋은 시절에 행복을 가져오는 요소들 덕분에 우리는 힘든 시절도 이겨낼 수 있다.

내가 세상에서 가장 행복한 곳을 찾아 돈키호테 같은 여행길에 나선 뒤로 많은 것이 바뀌었다. 하지만 또한 전혀 바뀌지 않았다. 설명을 하자면 이렇다. 아이슬란드는 엄청난 경제적 붕괴를 겪었는데도 여전히 세계에서 가장 행복한 곳 중 하나다. 태국은 쿠데타를 비롯한 여러 정치적 격변을 겪었는데도 국민들은 항상 '사눅,' 즉 재미를 위한 시간과 미소를 지을 시간을 찾아낸다(그들은 미소의 마에스트로다). 히말라야의 나라 부탄은 국민행복지수 정책을 계속 세련되게 다듬고 있다. 이미 말했듯이, 행복은 튼튼하다.

나는《행복의 지도》이후 세 권의 책을 썼다. 그중에서 가장 최근의 책인《소크라테스 익스프레스》는 한국 독자들과 깊이 공명한 듯하다. 그 이유를 알 것 같다. 한국인은 선천적으로 호기심이 많고 탐구적인 민족이다. 사색적인 동시에 실용적이다. 이것은 간단히 요약된 철학 그 자체다. 철학자를 뜻하는 필로소퍼philosopher는 고대 그리스어로 '지혜를 사랑하는 사람'이라는 뜻이다. 한국인이 그렇다.

하지만 내 책이 한국인의 마음과 공명한 데에는 다른 이유가 하나

더 있는 것 같다. 아마 인도인들이 말하는 키즈멧, 즉 운명이 아닌가 싶다. 1960년대에 우리 아버지는 의정부에서 미군 군의관으로 근무하셨다. 고향으로 돌아온 뒤에는 한국인의 친절에 대해 항상 이야기하면서 불고기를 몹시 그리워하셨다. 나도 이유는 잘 모르겠지만, 사람에게서 유난히 좋은 점을 이끌어내는 곳들이 있다. 아버지에게는 한국이 그런 곳이었다. 내가 서울을 향해 거의 자석 같은 이끌림을 느낀 것도 무리가 아니다. 내가 한국을 찾을 때마다 이상하게 고향에 온 것 같은 느낌이 드는 것도 무리가 아니다. 또한 지금 10대인 내 딸이 얼마 전부터 K 팝의 열렬한 팬이 된 것 역시 무리가 아니다. 키즈멧이다.

《소크라테스 익스프레스》는 지혜를 향한 나의 탐색을 담은 책이다. 그리고 지금 여러분이 손에 쥐고 있는 책《행복의 지도》는 행복을 향한 나의 탐색을 담은 책이다. 서로 아주 다른 책이라고? 아니, 너무 성급하게 굴면 안 된다. 지혜와 행복은 사실 남매처럼 밀접한 관계다. 적어도 옛날에는 그랬다.

지난 수백 년 동안 우리가 '행복'을 희석시킨 것은 안타까운 일이다. 우리는 행복이라는 단어와 감정을 경시했다. 고대 그리스인들은 에우다이모니아eudaimonia를 얻으려고 애썼다. 흔히 행복이라고 번역되는 단어인데, 그것만으로는 충분하지 않다. 진짜 의미는 '번영'이나 '의미 있는 삶을 사는 것'이다. 우리는 이런 '행복'을 되찾아야 한다.

나는 14개의 '~하는 법'을 중심으로《소크라테스 익스프레스》를 구성했다. 침대에서 나오는 법이나 걷는 법처럼 소소한 주제도 있고, 역경에 대처하는 법과 늙는 법처럼 큰 주제도 있다. 그래, 죽는 법에 대한 이야기도 있다. 하지만 '행복해지는 법'은 거기에 포함시키지 않았다. 왜냐고? 행복은 결코 우리가 직접적으로 얻는 것이 아니기 때문이다. 행복은 기분 좋은 부수효과, 좋은 인생의 부산물이다.

앞에서 말했듯이, 세상은 지난 몇 년 사이에 많이 바뀌었지만, 전혀 바뀌지 않은 것도 많다. 지리적 요인은 지금도 중요하다. 나는 우리가 있는 곳이 우리의 사람됨에 영향을 미친다고 굳게 믿는다. 사실 그 어느 때보다 지금 이 믿음이 확고하다.

우리나라 미국에는 '문화적 착복'을 걱정하며 양손을 쥐어짜는 사람이 많다. 내가 보기에는 걱정이 너무 부풀려진 것 같다. 지금까지 문화는 서로 빌려오는 것이었으며, 앞으로도 그럴 것이다. 세상에 정말로 필요한 것은 더 많은 문화적 '인정'이다. 다른 민족이나 다른 나라 사람들에게서 가장 좋은 점을 보고 배우는 것을 말한다. 흉내를 내라는 뜻이 아니라, 거기서 얻은 교훈을 받아들이고 소화해서 자신의 것으로 만들라는 뜻이다.

내 글과 인생의 목표가 바로 그것이다. 나는 문화를 인정하는 사람이다. 세상의 다양한 문화에서 지혜를 캐내는 사람이다. 어떤 문화가 처음에는 이상하게 보일 때도 있지만, 나는 항상 섣불리 판단하지 않고 먼저 간단한 질문을 하나 던진다. 그들은 이 문화에서 무엇을 얻는가? 어떤 일에든 항상 이유가 있고, 그와 더불어 보편적인 교훈 또한 있을 때가 많다.

이 점을 염두에 두고, 나의 여행에 여러분을 초대한다. 눈을 크게 뜨고, 마음도 크게 열고, 함께 에우다이모니아를 찾아 나서자. 과거에 존재했던 이 행복이 되살아날 수도 있다.

2021년 8월

에릭 와이너

행복하지 않아서 불행하다고?

짐도 다 싸고 식량도 챙겼다. 모험 준비가 끝났다. 그래서 어느 늦여름 오후에 나는 친구 드루를 억지로 끌고 신세계 탐험에 나섰다. 탐험 중에 행복을 조금 찾을 수 있지 않을까 하는 희망을 품고서. 나는 모퉁이만 돌면 바로 행복이 있을 거라고 옛날부터 믿고 있었다. 그러니 그 모퉁이만 찾으면 된다.

여행을 시작한 지 얼마 되지도 않아 드루는 안절부절못했다. 나더러 돌아가자고 애원했지만, 나는 앞길에 무엇이 놓여 있을지 궁금한 마음을 이기지 못해 계속 앞으로 나아가야 한다고 고집을 부렸다. 앞길에 위험이 있을까? 아니면 마법이 있을까? 나는 반드시 알아야 했다. 나는 지금도 믿고 있다. 그날 내가 가고자 한 곳이 어딘지는 몰라도 그곳에 도착할 수 있었을 거라고. 볼티모어카운티 경찰이 커다란 대로의 갓길은 다섯 살짜리 아이 둘에게 어울리는 장소가 아니라는 결론만 내리지 않았더라면. 그때 나는 경찰이 충동적으로 그런 결론을 내렸다고 생각했다.

후천적으로 여행을 좋아하는 사람이 있는가 하면, 날 때부터 역마

살이 낀 사람도 있다. 내 여행병, 그것이 정말로 병인지는 모르겠지만, 어쨌든 그 여행병은 드루와 탐험에 나섰다가 좌절당한 뒤로 오랫동안 잠복기에 들어갔다. 그러다가 대학을 졸업한 뒤 다시 나타나 새로이 맹위를 떨쳤다. 나는 이 세상을 정말로 간절히 보고 싶었다. 다른 사람의 돈으로 세상을 볼 수 있다면 더 좋을 터였다. 하지만 어떻게? 내게는 돈이 될 만한 재주가 없었다. 자라다 만 도덕의식과 우울한 기질이 있을 뿐이었다. 나는 기자가 되기로 했다.

전국공영라디오National Public Radio : NPR의 해외특파원으로서 나는 이라크, 아프가니스탄, 인도네시아 등지를 돌아다녔다. 불행한 나라들이었다. 어떤 면에서는 내게 딱 맞는 일이기도 했다. 무의식중에 나는 글쓰기의 첫 번째 법칙, 즉 자신이 아는 것을 글로 쓰라는 법칙을 지키고 있었다. 그래서 손에는 수첩을 들고, 어깨에는 녹음기를 둘러멘 채 전 세계를 배회하며 우울하고 불행한 사람들의 이야기를 전했다. 사실 너무나 불행한 나라에서 사는 불행한 사람들은 훌륭한 기삿거리다. 그들은 독자의 심금을 울리고 페이소스를 불러일으킨다.

하지만 개중에는 진짜 실망스러운 사람들도 있다.

나는 이런 생각이 들었다. 만약 내가 1년 동안 전 세계를 돌아다니면서 남들이 이미 다 가본 분쟁 지역이 아니라 아무도 소식을 전한 적이 없는 행복한 나라들을 찾아본다면 어떨까? 우리가 행복이라는 영양가 넘치는 스튜에 반드시 필요한 양념이라고 생각하는 요소, 즉 돈, 즐거움, 영적 깊이, 가족, 초콜릿 같은 것을 한 가지 이상 갖고 있는 나라들을 찾아본다면? 전 세계에서는 매일 '만약에'라는 가정법을 바탕으로 한 드라마가 수십 편씩 펼쳐진다. 엄청나게 돈이 많고 세금을 낼 필요도 없는 나라에서 산다면? 실패도 우리가 선택할 수 있는 방안 중 하나로 포함되어 있는 나라에서 산다면? 민주주의가 워낙 발달해서 1년에 일곱 번씩이나 투표를 해야 하는 나라에서 산다면? 지나치게 생각을 많이 하는 것을 달가워하지 않는 나라에서 산다면? 그렇다면 우리는 행복할까?

내가 알아보고 싶었던 것이 바로 이것이다. 그리고 나 자신도 무모하다고 인정하는 이 실험의 결과물이 바로 여러분이 지금 들고 있는 이 책이다.

*　*　*

나는 스마일 상징이 등장한 해인 1963년에 태어났다. 매사추세츠 주 워세스터 출신의 그래픽디자이너인 하비 볼이라는 사람이 지금은 어디서나 볼 수 있는, 히죽 웃는 표정의 노란 얼굴을 만들어낸 것이 바로 그해였다. 원래 볼은 다른 곳도 아니고 하필이면 보험회사에서 일하는 사람들의 사기를 높이려고 그 상징을 만들어냈다. 하지만 그 뒤로 그 상징은 철저히 미국적이고 공허한 행복 브랜드의 동의어가 되었다.

볼의 명랑한 상징도 내게는 결코 마법을 부리지 못했다. 나는 행복한 사람이 아니다. 행복했던 적이 없다. 어렸을 때, 〈아기 곰 푸Winnie the Pooh〉의 등장인물 중에서 내가 가장 좋아한 것은 이요르(늙고 우울한 당나귀 인형으로 푸의 친구 - 옮긴이)였다. 인류 역사를 살펴보면, 나 같은 사람이 정상이었던 때가 대부분이다. 이 지구상의 삶에서 행복을 누릴 수 있는 것은 신과 소수의 행운아들뿐이었다. 하지만 오늘날에는 누구나 행복을 얻을 수 있다고들 생각할 뿐만 아니라 행복을 당연한 듯이 기대하는 분위기다. 따라서 나를 비롯한 수많은 사람들이 현대의 독특한 질병으로 고생하고 있다. 바로 역사가 대린 맥마흔이 "행복하지 않음의 불행"이라고 표현했던 병이다. 정말 재미없는 일이다.

그래서 다른 사람들과 마찬가지로 나도 행복해지려고 노력했다. 자기계발서를 읽을 때마다 마음에 들지 않은 적이 없었다. 내 책꽂이는 실존적인 고뇌에 바쳐진 기념물처럼 우뚝 솟아 위태롭게 휘청거린다. 행복이 내 마음 깊은 곳에 있다고 말하는 책들을 가득 담은 채. 내가 행복하지 않다면, 그건 내가 마음을 아주 깊이 파헤쳐보지 않았기 때문이라는 게 그들의 충고다.

자기계발 산업의 이 가르침이 너무나 깊이 머릿속에 각인되어 있기 때문에 이제는 당연한 이치처럼 보일 지경이다. 문제는 하나뿐이다. 이 가르침이 진실이 아니라는 것. 행복은 우리 내면이 아니라 저 바깥에 있다. 아니 좀 더 정확히 말하자면, 저 바깥과 이 안쪽을 가르는 선은 우리 생각만큼 선명하지 않다.

지금은 세상을 떠난, 영국 태생의 철학자 앨런 워츠는 동양철학에 관한 훌륭한 강연을 하면서 다음과 같은 비유를 사용했다. "만약 내가 원을 하나 그려놓고 이것이 무엇이냐고 묻는다면, 대부분의 사람들은 원, 또는 원반, 또는 공이라고 대답할 것이다. 그것이 벽에 뚫린 구멍이라고 대답하는 사람은 거의 없을 것이다. 대부분의 사람들은 바깥쪽보다 안쪽을 먼저 생각하기 때문이다. 하지만 사실 이 두 면은 항상 함께 다닌다. '바깥'이 없으면 '안'도 있을 수 없다."

다시 말해서, 우리가 있는 장소가 우리의 사람됨에 결정적인 역할을 한다는 뜻이다.

여기서 '장소'라는 말은 물리적인 환경뿐만 아니라 문화적 환경도 가리킨다. 우리는 문화라는 바다 속에서 헤엄친다. 이 바다가 워낙 침투력이 뛰어나고 모든 것을 집어삼키기 때문에 우리는 그 바다에서 나오기 전에는 그 존재를 깨닫지 못한다. 이건 생각보다 중요한 문제다.

말을 통해서 우리는 지리와 행복을 잠재의식적으로 통합한다. 우리는 행복을 찾아 나선다거나 만족을 찾는다고 말한다. 마치 제대로 된 지도와 항해술만 있다면 찾아갈 수 있는 장소가 지도상에 실제로 존재하기라도 하는 것처럼. 예를 들어 카리브해의 섬 같은 곳으로 휴가를 가서 갑자기 '여기서 살면 행복하겠다'라는 생각이 섬광처럼 머리를 스치고 지나가는 경험을 해본 사람이라면 내 말이 무슨 뜻인지 알 것이다.

이러한 장막 바로 뒤에서 어른거리는 것은 당연히 미꾸라지처럼 잘도 빠져나가면서 사람의 애를 태우는 개념, 즉 낙원이라는 개념이다. 이 개념이 우리 인간을 현혹시킨 지는 조금 되었다. 플라톤은 행복이 지중해의 따스한 물처럼 흐르는 축복받은 섬을 상상했다. 18세기까지 사람들은 성경에 나오는 에덴동산이 정말로 존재했다고 믿었다. 그 성경 속의 낙원은 지도에서 공교롭게도 티그리스강과 유프라테스강이 합류하는 지점, 즉 현재의 이라크 자리에 표시되어 있었다.

유럽의 탐험가들은 낙원을 찾기 위한 탐험 여행에 대비해서 예수가 사용한 언어인 아람어를 배웠다. 나도 행복을 찾아 나섰지만, 아람어는 할 줄 모른다. 내가 할 줄 아는 것은 아람어와 마찬가지로 세상에 잘 알려지지 않은 언어, 즉 행복 연구라는 신흥 학문의 새로운 사도들이 읊어대는 현대적인 행복의 기도문이다. 나는 '긍정적인 효과positive affect'나 '쾌락 적응hedonic adaptation' 같은 전문 용어를 다시 복습했다. 내가 여행에 가져간 것은 성경이 아니라 여행 안내서인《론리 플래닛》몇 권과 헨리 밀러의 말처럼 "사람의 목적지는 결코 어떤 장소가 아니라 사물을 보는 새로운 시각"이라는 확신뿐이었다.

그래서 마이애미답게 푹푹 찌던 어느 날(어떤 사람들은 마이애미를 낙원으로 생각하기도 한다), 나는 짐을 꾸려서 집을 나섰다. 아장아장 걸어 다니던 다섯 살 시절에 시도했던 여행만큼이나 바보스럽기 짝이 없고, 결국 헛수고가 될 것임을 너무나 잘 알고 있던 여행을 하기 위해서. 에릭 호퍼는 이런 말을 했다. "행복 탐색이야말로 불행의 중요 원인 중 하나다." 그건 괜찮다. 난 이미 불행하니까. 밑져야 본전이다.

· 차례 ·

1
네덜란드

행복은 끝없는 관용에서 온다

"기차가 달리기 시작하면서 네덜란드의 시골 풍경이 차창 밖을 스쳐 지나가
자 나는 뜻밖에도 안도감을 느낀다. 심지어 해방감까지도 느껴진다.
무엇에서 해방된 거지? 그때 깨달음이 찾아온다.
그 모든…… 자유로부터 해방된 느낌이라는 깨달음.
관용은 훌륭하지만, 쉽사리 무관심으로 변질될 수 있다."

우리가 즐거운 행동을 하는 다른 사람들을 지켜보며 기쁨을 얻는 다는 것은 이미 사실로 증명된 인간의 본성이다. 포르노그래피와 카페가 인기를 누리는 것도 바로 이러한 본성 때문이다. 미국인들은 전자에서 뛰어난 실력을 발휘하지만, 유럽인들은 후자에서 더 훌륭한 실력을 발휘한다. 음식과 커피는 사실상 중요하지 않다. 예전에 나는 음식과 음료를 전혀 내놓지 않는 카페가 텔아비브에 있다는 말을 들은 적이 있다. 거기서는 손님들에게 빈 접시와 컵을 내놓으면서도 돈은 진짜로 받는다고 한다.

카페는 손님이 관객이자 배우인 극장이다. 나는 로테르담에서 훌륭한 카페를 발견했는데, 내가 묵은 시내 호텔에서 한 블록 거리에 있었다. 이곳은 규모가 크면서도 아늑하고, 화려하면서도 허름하다. 바닥은 훌륭한 나무로 되어 있지만, 오랫동안 광택을 낸 적이 없는 것처럼 보인다. 맥주 한 병을 시켜놓고 몇 시간씩 앉아 있어도 될 것 같은 그런 곳이다. 실제로 그렇게 하는 사람이 많아 보인다.

다들 담배를 피우고 있기 때문에 나도 자그마한 시가에 불을 붙인다. 이곳의 묘한 분위기 때문에 시간이 아주 넉넉한 것 같은 기분이 들고, 아주 자그마한 것들이 날카롭게 내 의식을 비집고 들어온다.

어떤 여자가 바에 앉아 있는 것이 보인다. 다리를 직각으로 구부려 근처 난간에 올려놓았기 때문에 자그마한 도개교 같은 모양이 되었다. 그녀는 사람들이 지나갈 때마다 다리를 들어 올렸다가 다시 내린다.

나는 트라피스트 맥주라는 것을 주문한다. 맥주가 따뜻하다. 대개 나는 따뜻한 맥주를 좋아하지 않지만, 이 맥주는 마음에 든다. 사람들이 네덜란드어로 기분 좋게 떠들어대며 깔깔거리는 소리가 사방에서 들려온다. 왠지 그 소리가 친숙한 것 같은데, 이유는 도무지 모르겠다. 그러다가 점점 깨달음이 온다. 네덜란드어 말소리는 영어를 거꾸로 말할 때와 똑같다. 내가 이 사실을 아는 것은, 영어를 거꾸로 말하는 소리를 많이 들어보았기 때문이다. 디지털 기술이 나오기 전에 나는 텔레비전 수상기만 한 크기의 릴테이프 재생기로 NPR에 보낼 기사를 편집했다. 이 작업을 할 때는 항상 테이프의 일부를 뒤로 돌려야 하는 경우가 발생했다. 나는 자그마한 시가를 입에 물고, 따뜻한 트라피스트 맥주를 앞에 놓은 채 이 카페에 앉아 생각해본다. 만약 어떤 사람이 네덜란드어로 말하는 소리를 녹음해서 거꾸로 돌리면 보통 영어처럼 들릴까?

이미 짐작했겠지만, 나는 시간이 많은 사람이다. 시간이 아주 많다. 유럽의 카페에서 가장 중요한 것도 바로 이 점이다. 전혀 죄책감 없이 아주 오랫동안 빈둥거리는 것. 위대한 철학자들이 대부분 유럽 출신인 것도 무리가 아니다. 그들은 카페에서 시간을 보내며 생각이 마음대로 떠돌아다니게 내버려 두었다. 마침내 근본적으로 새로운 철학, 예를 들면 실존주의 같은 것이 머릿속에 펑 하고 떠오를 때까지. 내가 이곳에 온 것은 새로운 철학 사조를 만들어내기 위해서는 아니다. 딱히 그런 것은 아니다. 나는 프랑스 사람들이 'la chasse au bonheur'라고 부르는 것, 즉 '행복 사냥'을 하는 중이다.

구체적으로 말해서, 내 사냥감은 루트 벤호벤이라는 네덜란드 교수다. 그는 행복 연구의 대부이기도 하다. 벤호벤은 '세계 행복 데이터베이스World Database of Happiness'라는 것을 운영하고 있다. 절대 농담이 아니다. 벤호벤은 우리를 행복하게 만드는 것과 그렇지 못한 것에 관해, 그리고 내 특별한 관심사인 세상에서 가장 행복한 곳에 관해 인류가 아는 모든 지식을 한곳에 모아두었다. 만약 이 세상 어딘가에 행복의 지도 같은 것이 정말로 존재한다면, 루트 벤호벤은 그 지도에 대해 알고 있을 것이다.

나는 마지못해 카페를 나와 저녁을 먹으려고 호텔로 되돌아간다. 로테르담은 아름다운 도시가 아니다. 온통 단조로운 잿빛이라 관심을 끄는 풍경이 거의 없다. 그래도 원래부터 네덜란드에 살던 사람들과 주로 이슬람교도인 이민자들이 이곳에서 뒤섞여 살기 때문에 가끔 흥미로운 것들이 나란히 놓여 있곤 한다. 깜짝 놀랄 만큼 진짜 같은 커다란 딜도(남성 성기 모양의 성인용품 - 옮긴이)를 모아서 진열해둔 클레오파트라 섹스숍이 파키스탄 이슬람센터에서 겨우 한 블록 거리에 있는 식이다. 한번은 마리화나 냄새가 내 코를 스치고 지나가기도 했다. 네덜란드식 관용을 보여주는 향기. 간접흡연이다. 두 블록을 더 걸어가니 어떤 남자가 사다리 위에 올라앉아 상점 간판에 거대한 노란색 나막신 한 짝을 매달고 있다. 그 밑에서는 중동 남자 둘이 뺨에 똑같이 입을 맞추며 인사를 한다. 그 사람들이 정확히 어디 출신인지는 모르겠지만, 이민자들 중에는 음주가 불법이고 여자들이 머리부터 발끝까지 온몸을 가려야 하는 나라에서 온 사람들이 있다. 그런데 그들이 새로운 고향으로 정한 나라에서는 마리화나가 합법이고 성매매도 합법이다. 마리화나 냄새에 긴장의 냄새가 섞여 있는 것도 무리가 아니다.

호텔 식당은 작고 아늑하다. 네덜란드 사람들은 아늑한 분위기를 잘 연출한다. 나는 아스파라거스 수프를 주문한다. 맛있다. 웨이터가 그릇을 치우고 나서 이렇게 말한다. "이제 인터코스(intercourse : 성관계라는 뜻이 있음 - 옮긴이)를 좀 맛보시겠습니까?"

"뭐라고요?"

"인터코스요. 인터코스를 주문하실 수 있습니다."

와, 네덜란드 사람들은 정말 자유롭구나. 그런데 그 순간 웨이터의 말이 전혀 다른 뜻이라는 생각이 퍼뜩 떠오른다. 인터코스. '코스와 코스의 중간'이라는 뜻.

"예." 나는 안도감을 느끼며 말한다. "그거 좋겠네요."

나는 인터코스를 주문한다. 이곳 반 발숨 호텔 식당에서. 아주 즐겁다. 이렇게 서두르지 않고 천천히 식사를 하는 것이. 나는 맥주를 홀짝거리며 허공을 멍하니 바라본다. 그냥 빈둥거리는 것이다. 웨이터가 구운 연어를 가져올 때까지. 이건 내 인터코스가, 적어도 지금은, 끝났다는 뜻이다.

* * *

아침에 나는 지하철을 타고 나의 성배를 찾아간다. 세계 행복 데이터베이스. 약자로 WDH. 대개 나는 '행복'이란 말과 '데이터베이스'란 말을 함께 연상하지 않지만, 이번엔 다르다. 세계 행복 데이터베이스는 바티칸·메카·예루살렘·라싸를 하나로 합친, 세속주의자들의 성지다. 여기서 마우스만 클릭하면 행복의 비결을 찾아볼 수 있다. 고대의 사막에 나타난 덧없는 계시를 바탕으로 한 비결이 아니라 현대 과학을 바탕으로 한 비결이다. 양피지에 새겨진 비결이 아니라 하드드라이브에 새겨진 비결이다. 아람어가 아니라 우리 시대의 언어인 이진법 기호로 기록된 비결이다.

나는 지하철에서 내려 몇 블록을 걷는다. 그런데 건물을 보는 순간 실망이 몰려온다. WDH가 있는 대학 캠퍼스는 행복의 중심지라기보다, 행복에 관한 인류의 지식을 모아놓은 저장소라기보다 교외의 복합 상업 지구처럼 보인다. 나는 어깨를 으쓱하며 이런 느낌을 떨쳐버리려고 한다. 아니, 도대체 뭘 기대한 거야? 오즈의 마법사라도 나올 줄 알았어? 아니면 윌리 웡카와 움파 룸파족(〈찰리와 초콜릿 공장〉의 등장인물들 - 옮긴이)이 총총걸음으로 돌아다니면서 황홀한 표정으로 "찾았다, 찾았어. 행복의 비결을"이라고 외치기라도 할 줄 알았어? 아니, 그렇진 않겠지. 하지만 이렇게 삭막할 줄은 몰랐다. 행복이 더 넘치고, 데이터는 더 적을 줄 알았다.

나는 별다른 특징이 없는 복도를 걸어가 별다른 특징이 없는 사무실 문을 두드린다. 네덜란드 말씨의 남자가 들어오라고 소리를 지른다. 거기, 그가 있다. 행복 박사. 루트 벤호벤은 산뜻한 사람이다. 나이는 60대 초반쯤 된 것 같다. 수염은 희끗희끗하고, 눈은 선명하고 밝게 반짝인다. 그의 옷차림은 온통 검은색인데, 우울한 검은색이 아니라 세련된 검은색이다. 얼굴이 왠지 낯익은 느낌인데, 나는 이내 그 이유를 깨닫는다. 그가 마치 네덜란드판 로빈 윌리엄스(미국의 영화배우 - 옮긴이)처럼 생겼기 때문이다. 무엇을 위해 힘을 쌓아두고 있는 듯한 모습과 약간 개구쟁이 같은 미소가 똑같다. 그가 의자에서 벌떡 일어나 악수를 청하며 명함을 내민다. 명함에는 "루트 벤호벤, 행복 연구 교수"라고 적혀 있다.

그의 연구실은 여느 교수의 연구실과 똑같다. 책과 종이가 사방에 널려 있지만 특별히 지저분하지는 않다. 그렇다고 아주 깨끗한 편도 아니다. 스마일 상징이 전혀 보이지 않는다는 점이 특히 눈에 띈다. 벤호벤은 내게 녹차를 한 잔 따라준다. 그러고는 가만히 입을 다물고 내가 먼저 입을 열기를 기다린다.

무슨 말을 해야 할지 모르겠다. 기자로서 나는 인터뷰를 수백 번이나 해봤다. 왕, 대통령, 총리와도 인터뷰를 해봤다. 헤즈볼라 같은 테러 조직의 수장을 만나본 것도 물론이다. 그런데 로빈 윌리엄스를 닮은 이 친절한 네덜란드인 교수와 마주 보고 앉아 있자니 무슨 말을 해야 할지 모르겠다. 내 마음 한구석, 그러니까 마음의 평화를 필사적으로 갈망하는 부분은 이렇게 소리치고 싶어 한다. "벤호벤 박사님, 비밀을 알아내셨죠? 처음 학자가 되었을 때부터 줄곧 행복을 연구하셨잖아요. 제발 그 비밀을 저한테 알려주세요. 그 빌어먹을 행복 공식을 알려주세요!"

하지만 나는 그런 말을 하지 않는다. 오랜 세월에 걸쳐 훈련하고 학습한 것을 떨쳐버릴 수가 없다. 취재원과 일정한 거리를 유지하며 나 자신에 대해 절대로 너무 많은 것을 드러내지 말라는 가르침. 쉬는 날 가족과 함께 식사를 하러 나가서도 혹시 범인이 있나 싶어 자기도 모르게 식당 손님들을 훑어보는 경찰관 같은 기분이 든다.

그래서 나는 영혼의 짐을 풀어놓는 대신 데이트 상대를 편안하게 해주고 싶은 여자들과 기자들이 옛날부터 사용하던 방법에 기대기로 한다. "벤호벤 박사님, 박사님 자신에 대해서 좀 말씀해주세요. 어떻게 해서 행복이라는 주제에 몸을 던지시게 된 거죠?"

* * *

벤호벤은 의자 등받이에 몸을 기대며 기꺼이 말문을 연다. 그는 1960년대에 성인이 되었다. 당시 대학 캠퍼스에서는 누구나 대마초를 피우고, 체 게바라 티셔츠를 입고, 훌륭한 사회에 관해 떠들어댔다. 벤호벤도 대마초를 많이 피웠지만 체 게바라 티셔츠는 입지 않았다. '훌륭한 사회', 즉 동구권 국가들에 관해서는 부족한 점이 많다고 생각했다. 체제를 기준으로 어떤 사회를 판단하기보다 그 사회가 만들어낸 결과물을 보고 판단하면 안 될 이유가 무엇인가? 그곳 국민들이 행복한가? 벤호벤의 영웅은 체 게바라가 아니라 사람 사귀는 솜씨가 영 서툴렀던, 19세기 영국 변호사 제러미 벤담이었다. 벤담은 "최대 다수의 최대 행복"이라는 공리주의 원칙을 신봉한 사람으로 유명하다. 벤호벤은 만약 제러미 벤담 티셔츠가 있었다면 기쁘게 입었을 거라고 했다.

벤호벤은 사회학을 공부하는 학생이었다. 당시 사회학은 오로지 병든 사회, 기능 부전을 일으킨 사회만 연구하는 학문이었다. 사회학의 자매 학문인 심리학은 병든 정신을 연구했다. 하지만 젊은 루트 벤호벤은 그러지 않았다. 그는 건전한 정신과 행복한 사회에 관심이 있었다. 어느 날, 벤호벤은 약간은 쑥스럽지만 그래도 단호히 마음을 다지며 지도교수의 연구실을 찾아가 행복을 연구해도 되겠느냐고 물었다. 학자로서 탄탄한 경력을 쌓은 엄숙한 사람이었던 지도교수는 당장 입 닥치고 다시는 그런 말을 입에 담지 말라고 분명히 말했다. 행복은 진지한 연구 주제가 아니라는 것이었다.

벤호벤은 교수에게 야단을 맞았는데도 속으로는 기뻐하며 연구실을 나섰다. 자신이 뭔가 제대로 짚었다는 생각이 들었다. 아직 젊은 대학원생이었던 벤호벤은 몰랐지만, 아니 도저히 알 수 없는 일이었지만, 당시 전 세계의 사회과학자들은 마침 행복 연구라는 새로운 학문에 눈뜨고 있었다. 오늘날 벤호벤은 매년 수백 편의 연구 논문이 쏟아져 나오는 그 분야의 최전선에서 활동하고 있다. 요즘은 행복 학술회의도 열리고,《행복 연구 저널》이라는 학술지도 있다(벤호벤이 편집을 맡았다). 캘리포니아의 클레어몬트 대학원 학생들은 긍정 심리학, 즉 행복 연구로 석사 학위나 박사 학위를 받을 수도 있다.

벤호벤의 동료들 중에는 옛날 그의 지도교수가 옳았다고 생각하는 사람들이 아직 있다. 행복 연구가 방향을 잘못 잡은 멍청한 짓이라는 것이다. 하지만 그들도 벤호벤을 무시하지는 못한다. 그의 논문이 여러 학술지에 인용되고 있기 때문이다. 학계에서는 그것이 중요한 의미를 지닌다.

행복에 관해 깊이 생각해보는 것은, 물론 새로운 일이 아니다. 고대 그리스인과 로마인들도 행복에 관해 많은 생각을 했다. 아리스토텔레스, 플라톤, 에피쿠로스 등 여러 학자가 행복에 관한 영원한 의문들을 해결하려고 땀을 흘렸다. 훌륭한 삶이란 어떤 것인가? 쾌락과 행복은 같은 것인가? 우리는 실내 화장실을 언제 발명할 것인가?

나중에 다른 사람들, 즉 그리스나 로마보다 훨씬 북쪽에 사는, 창백한 피부의 사람들도 이 대열에 합류했다. 그들은 지나치다 싶을 정도로 많은 시간을 카페에서 보내며 도저히 떨쳐버릴 수 없는 삶의 난처한 문제들을 생각했다. 칸트, 쇼펜하우어, 밀, 니체, 그리고 나중에 나타난 래리 데이비드 같은 사람들이 바로 그들이었다. 그들 역시 행복에 관해 할 말이 많았다.

＊　＊　＊

종교도 빼놓을 수 없다. 행복의 안내자 역할을 빼면 종교에 무엇이 남겠는가? 모든 종교는 신자들에게 행복에 이르는 방법을 가르친다. 이승의 행복을 가르치는 종교도 있고, 내세의 행복을 가르치는 종교도 있다. 행복에 이르는 방법도 복종, 명상, 헌신 등 다양하다. 유대교나 가톨릭을 믿는 사람이라면, 죄책감이 행복에 이르는 방법이라고 배운다.

이 모든 것이 사람들에게 도움이 되었을 수 있다. 심지어는 계몽적인 역할을 했을 수도 있다. 하지만 과학은 아니었다. 행복에 관한 각자의 의견을 피력한 것에 지나지 않았다. 박식한 의견임에는 틀림없지만, 그래도 의견은 의견이다. 오늘날 사람들은 개인적인 의견을 그다지 존중하지 않는다. 혹시 자신의 의견이라면 몰라도. 그나마 자신의 의견도 항상 존중하는 것은 아니다. 우리가 존중하고 귀를 기울이는 것은 바로 자연과학이다. 자연과학을 적용하기가 여의치 않을 때는 인문과학을 존중하기도 한다. 우리가 무엇보다도 사랑하는 것은 훌륭한 연구다. 뉴스 앵커들은 사람들의 귀를 쫑긋 세우는 데에는 다음의 말만 한 것이 없다는 사실을 본능적으로 안다. "새로운 연구 결과에 의하면……." 이 다음에 따라 나오는 말은 중요하지 않다. 새로운 연구 결과에 의하면, 포도주가 건강에 좋다더라/목숨을 빼앗아간다더라. 새로운 연구 결과에 의하면, 숙제가 뇌를 무디게 만든다더라/뇌를 확장시킨다더라. 우리는 특히 우리 자신의 개성에 신뢰성을 부여해주는 연구를 좋아한다. "새로운 연구 결과에 의하면, 책상이 지저분한 사람이 더 똑똑하다." "새로운 연구 결과에 의하면, 일상적으로 약간 허세를 부리는 사람이 장수한다."

그러니 행복 연구라는 새로운 학문이 진지한 학문 대접을 받으려면 연구 결과가 필요했다. 하지만 그보다 먼저 어휘, 즉 진지하게 들리는 전문 용어가 필요했다. '행복'이라는 단어는 소용이 없었다. 너무 경박하게 들리고, 사람들이 너무 쉽게 이해하는 단어니까. 이것이 문제였다. 그래서 사회과학자들은 훌륭한 표현을 생각해냈다. '주관적인 복지subjective well-being.' 완벽했다. 이건 음절이 많을 뿐만 아니라 평범한 사람들은 사실상 이해할 수 없는 말이었다. 게다가 훨씬 더 난해한 약자, SWB로 압축해서 말할 수도 있었다. 오늘날에도 행복에 관한 최신 연구를 찾고 싶다면, 구글에서 '행복'이 아니라 'SWB'를 입력해야 한다. 이 표현이 나온 뒤로 수수께끼 같은 전문 용어들이 잇따라 나왔다. '긍정적인 효과'는 기분이 좋다는 뜻이고, '부정적인 효과'는 짐작대로 기분이 나쁘다는 뜻이다.

행복 연구라는 새로운 학문에 그다음으로 필요한 것은 데이터였다. 숫자들. 숫자를 빼면 학문에 무엇이 남겠는가? 소수점 다음에 숫자가 많이 붙은 긴 숫자라면 더 좋다. 그럼 학자들은 이런 숫자를 어디서 구하는 걸까? 사물을 측정해서 구한다.

아이고, 이런. 중대한 장애물이 나타났다. 행복을 어떻게 측정하지? 행복은 감정, 기분, 삶을 바라보는 시각이다. 행복은 측정할 수 없다.

아니, 측정할 수 있나? 아이오와 대학의 신경과학자들은 뇌에서 기분의 좋고 나쁨에 관여하는 부분을 찾아냈다. 연구 대상들(빨리 돈을 마련해야 하는 대학생들)을 MRI 기계에 연결해놓고, 일련의 그림을 보여주는 실험을 통해 얻은 결과였다. 학자들이 연구 대상에게 기분 좋은 사진(목가적인 풍경, 놀고 있는 돌고래)을 보여주면, 전전두엽의 일부가 활성화된다. 기분 나쁜 사진(기름이 뒤범벅된 새, 얼굴 일부가 날아간 병사의 시체)을 보여주면, 뇌의 원시적인 부분들이 밝아진다. 다시 말해서, 행복한 감정은 뇌에서 가장 최근에 발달한 부위에 기록된다는 얘기다. 그렇다면 흥미로운 의문이 생긴다. 개인적인 측면은 아닐지언정 진화적인 측면에서는 우리가 행복을 향해 어슬렁어슬렁 나아가고 있는 것인가?

학자들은 행복을 측정하는 다른 방법들을 시험해보았다. 스트레스 호르몬, 심장의 활동, 이른바 '표정 암호facial coding'라는 것. 표정 암호란 예를 들어 사람들이 미소 짓는 횟수를 세는 것이다. 이 모든 기법이 유망하다. 어쩌면 요즘 의사들이 환자의 체온을 재는 것처럼 언젠가 학자들이 '행복을 잴 수 있게' 될지도 모른다.

하지만 현재 학자들이 행복을 측정할 때 주로 사용하는 방법은 기술 수준이 이보다 훨씬 더 낮다. 사실 생각해보면 꽤나 뻔한 방법이기도 하다. 사람들에게 얼마나 행복하냐고 직접 묻는 방법. "모든 면을 고려했을 때, 당신은 요즘 얼마나 행복하다고 생각하십니까?" 지난 40여 년 동안 전 세계의 학자들은 대략 이와 비슷한 질문을 사람들에게 던졌다.

루트 벤호벤과 그의 동료들은 이 질문에 대해 사람들이 놀라울 정도로 정확한 대답을 내놓는다고 주장한다. "당신이 병에 걸렸는데

본인은 아직 그 사실을 모를 수도 있습니다." 벤호벤이 내게 말한다. "하지만 행복하지 않은데 그 사실을 모를 수는 없습니다. 행복한 사람은 자신이 행복하다는 사실을 반드시 알게 마련입니다."

그럴지도 모른다. 하지만 사람의 자기기만 능력을 얕잡아 보면 안 된다. 우리가 정말로 자신의 행복을 측정할 능력이 있는가? 한 가지 예를 들어보자. 내가 열일곱 살 때 아주 행복하다고 생각한 순간이 있었다. 걱정거리 하나 없이 완벽하게 만족스러운 삶을 살고 있다고. 지금 되돌아보면, 그때 나는 그냥 지독하게 약에 취해 있었을 뿐이다. 게다가 맥주도 마신 상태였다. 그랬던 것 같다.

행복으로 향하는 길에는 과속방지턱이 하나 더 있다. 사람마다 행복을 다르게 정의한다는 점. 여러분이 생각하는 행복은 내가 생각하는 행복과 다를 수 있다. 내가 가장 좋아하는 행복의 정의는 노아 웹스터라는 불행한 사람의 머리에서 나온 것이다. 그는 1825년에 최초의 미국 영어 사전을 집필하면서, 행복을 "좋은 것을 즐길 때 나타나는 기분 좋은 느낌"이라고 정의했다. 여기에 모든 것이 담겨 있다. '기분 좋은 느낌'이란 행복이 느낌이라는 뜻이다. 쾌락주의자라면 이 말에 열광할 것이다. '즐긴다'는 말은 행복이 순수한 동물적 쾌락 이상의 것임을 뜻한다. 그럼 무엇을 즐기는 걸까? '좋은 것'이다. 내가 보기에는 웹스터가 이 단어를 대문자로 표기했어야 한다. 우리는 기분이 좋아지기를 바라지만, 기분이 좋아진 이유가 정당해야 한다. 아리스토텔레스도 여기에 찬성했을 것이다. 그는 "행복은 영혼의 고결한 행동"이라고 말했다. 다시 말해서, 고결한 삶이 행복한 삶이라는 얘기다.

우리 인간은 마지막 5분에 살고 죽는다. 어떤 연구에 따르면, 행복에 관한 질문을 받기 몇 분 전에 길거리에서 10센트 동전을 발견한 사람은 그렇지 않은 사람에 비해 자신의 인생 전반에 대해 더 커다란 만족감을 표시했다. 학자들은 인간 심리의 이러한 변덕을 피하기 위해 경험 표본추출법experience-sampling method이라는 것을 시도했다. 연구 대상에게 팜파일럿(최초로 상용화에 성공한 PDA - 옮긴이)과 비슷한 자그마한 장치를 부착한 뒤 하루에 12번쯤 질문을 던지는 방법이다. 지금 행복하십니까? 지금은 어떠십니까? 그런데 여기서 하이젠베르크 원리가 고개를 든다. 뭔가 관찰하는 행동만으로 관찰 대상을 변화시킨다는 원리. 다시 말해서, 하루에 12번씩 질문을 던지는 행위가 연구 대상의 행복감에 영향을 미칠 수 있다는 뜻이다.

대부분의 사람들이 남에게 행복한 모습만 보이고 싶어 한다는 점도 고려해야 한다. 우편을 이용한 설문 조사보다 대면 설문에서 응답자들의 행복도가 항상 더 높게 나타나는 이유가 바로 이것이다. 만약 대면 설문에서 질문을 던지는 사람이 이성이라면, 응답자의 답변에 나타나는 행복도는 이보다도 훨씬 더 높아진다. 행복한 사람이 섹시하다는 사실을 우리가 본능적으로 알고 있기 때문이다.

하지만 행복을 연구하는 학자들은 자신의 연구를 재빨리 변호할 줄 안다. 먼저 그들은 오랜 시간을 두고 살펴보면 사람들의 대답에 일관성이 있다는 점을 든다. 또한 그들은, 예를 들어 응답자의 친구나 친척에게 확인하는 방식으로 응답자의 답변을 보강한다. "당신이 보기에 조가 행복한 사람 같습니까?" 하고 물어보는 것이다. 이러한 외부 평가 결과는 우리 자신이 생각하는 행복도와 일치하는 경향이 있다. 게다가 학자들이 과학적으로 측정한다는 다른 주제들, 예를 들어 인종차별에 관한 태도나 IQ 같은 것도 주관적이기는 마찬가지다. 그렇다면 행복을 측정하는 것도 안 될 리가 없지 않은가? 행복 연구 분야의 거인인 미하이 칙센트미하이는 이런 말을 했다. "어떤 사람이 '아주 행복하다'라고 말할 때, 다른 사람들은 그 말을 무시하거나 반대의 뜻으로 해석할 권리가 없다."

그렇다면 이런 행복 연구가 꽤 정확하다는 가정하에, 과연 이런 연구가 밝혀낸 것이 무엇일까? 행복한 사람은 어떤 사람일까? 어떻게 하면 나도 행복해질 수 있을까? 루트 벤호벤이 만든 데이터베이스가 등장하는 것이 바로 이 시점이다.

벤호벤은 캠퍼스 전체의 분위기와 마찬가지로 별다른 특징도 개성도 없는 방으로 나를 데려간다. 방 안에는 여섯 대쯤 되는 컴퓨터가 놓여 있다. 대개 자원봉사자인 WDH의 직원 몇이 컴퓨터를 맡고 있는데, 특별히 행복해 보이는 사람은 하나도 없다. 나는 이 모순적인 광경을 그냥 흘려보낸다. 비만에 시달리는 의사라도 운동과 다이어트에 관해 좋은 충고를 해줄 수 있는 법이니까.

나는 잠시 가만히 서서 분위기를 파악한다. 내 바로 앞에 있는 이 컴퓨터들에 인류가 지금까지 축적한, 행복에 관한 지식이 들어 있다. 사회과학자들은 수십 년간 행복이라는 주제를 거의 무시하다시피 했지만, 지금은 그 잃어버린 세월을 만회하려고 엄청난 양의 논문을 쏟아내고 있다. 어쩌면 행복이야말로 새로운 슬픔이라고 할 수 있을지 모른다.

행복에 관한 연구 결과들 중에는 뻔한 것도 있고 뜻밖의 것도 있다. 이미 짐작했던 것도 있고 깜짝 놀랄 만한 것도 있다. 많은 연구 결과가 수백 년 전 위대한 사상가들의 생각이 옳았음을 확인해준다. 고대 그리스인들이 딱히 우리의 확인을 받고 싶어 하는 것은 아닐

테지만. 지금까지 나온 연구 결과 중 몇 가지를 임의적인 순서로 제시해보겠다.

외향적인 사람이 내향적인 사람보다 행복하다. 낙천적인 사람이 비관적인 사람보다 행복하다. 기혼자가 독신자보다 행복하지만, 자녀가 있는 사람이 자녀가 없는 부부보다 더 행복한 것은 아니다. 공화당 지지자가 민주당 지지자보다 행복하다. 종교가 있는 사람이 그렇지 않은 사람보다 행복하다. 대학 학위가 있는 사람이 그렇지 않은 사람보다 행복하지만, 석사 이상의 학위 소지자는 학사 학위만 있는 사람보다 덜 행복하다. 활발한 성생활을 즐기는 사람은 그렇지 않은 사람보다 행복하다. 남녀의 행복도는 같지만, 여자의 감정 폭이 더 넓다. 바람을 피우면 행복해지지만, 배우자가 불륜 사실을 알아내고 떠나버렸을 때 발생하는 엄청난 행복감 상실을 보상해주지는 못한다. 사람들은 직장으로 출근할 때 가장 불행하다. 바쁜 사람은 할 일이 너무 없는 사람보다 행복하다. 부자는 가난한 사람보다 행복하지만 그 차이가 아주 근소하다.

그럼 이 연구 결과들을 우리가 어떻게 활용해야 할까? 결혼은 하되 아이를 낳지 않을까? 지금부터 교회에 열심히 나갈까? 박사 학위 과정을 그만둘까? 아니, 이렇게 섣불리 결정할 일이 아니다. 사회과학자들은 전문 용어로는 '역逆인과관계', 평범한 사람들의 표현으로는 '닭이 먼저냐, 달걀이 먼저냐는 문제'를 아직 속 시원히 해결하지 못했다. 예를 들어, 건강한 사람이 건강하지 못한 사람보다 행복하다지만, 혹시 행복한 사람이 더 건강해지는 것이 아닐까? 결혼한 사람이 행복하다지만, 행복한 사람이 결혼할 가능성이 더 높은 것이 아닐까? 어느 쪽이 옳은지 판단을 내리기가 어렵다. 역인과관계는 많은 연구 프로젝트에 훼방을 놓는 도깨비 같은 존재다.

하지만 내가 정말로 알고 싶은 것은, 어떤 사람이 행복한가가 아니라 어떤 곳에서 무슨 이유로 행복을 느끼는가다. 벤호벤은 내가 이 질문을 던지자 한숨을 내쉬며 차를 한 잔 더 따른다. 여기서 계산이 복잡해진다. 어떤 나라, 어떤 민족이 다른 나라나 민족보다 더 행복하다고 단언할 수 있을까? 이 세상에서 가장 행복한 곳을 찾아 나선 내 여행이 시작도 하기 전에 끝나버린 걸까?

모든 문화권에는 행복을 뜻하는 단어가 있다. 그런 단어가 몇 개나 되는 곳도 있다. 하지만 행복을 뜻하는 영어 단어 'happiness'와 프랑스어 단어 'bonheur'와 에스파냐어 단어 'felicidad'와 아랍어 단어 'sahaada'가 모두 같은 뜻일까? 다시 말해서, 행복도 번역될 수 있는 걸까? 그럴 수 있다는 것을 보여주는 증거가 몇 가지 있다. 스위스에서는 프랑스어, 독일어, 이탈리아어가 주로 사용되는데, 이 셋 중 어느 언어로 설문을 실시하든 스위스인들의 답변에 나타나는 행복도는 똑같다.

모든 문화권은 행복을 귀하게 여기지만, 그 정도가 똑같지는 않다. 동아시아 국가들은 개인적인 만족보다는 사회적인 의무 수행과 조화를 강조하는 경향이 있다. 그러니 이 나라들에서 행복도가 낮게 나타나는 것이 어쩌면 우연이 아닐지도 모른다. 이 현상은 '동아시아 행복 격차'라고 불리는데, 이 말이 내게는 무슨 중국판 그랜드캐니언처럼 들린다. '사회적으로 바람직한 것에 대한 선입견social desirability bias'이라는 것도 빼놓을 수 없다. 이 말은, 행복에 관한 설문 조사에 응한 사람들이 진심을 토로하는 대신 사회적으로 바람직하게 여겨지는 답변을 한다는 점을 가리키는 표현이다. 예를 들어, 일본인은 모난 돌이 되는 것을 두려워해서 자신을 내세우지 않기로 유명한데, 가진 재산에 비해 별로 행복하지 않은 편이다. 나는 일본에서 오랫동안 살았지만, 일본 여성들이 기쁨을 부끄럽게 여기는 사람처럼 미소를 짓거나 웃음을 터뜨릴 때 입을 가리는 모습에 도저히 익숙해질 수 없었다.

일본인과 달리 우리 미국인들은 행복을 숨김없이 드러낸다. 심지어 남에게 좋은 인상을 주려고 행복감을 부풀리기까지 한다. 미국에 살고 있는 한 폴란드인은 작가인 라우라 클로스 소콜에게 미국인들에 관해 다음과 같은 말을 했다. "미국인들이 굉장하다고 말할 때는 좋다는 뜻이라는 걸 알아요. 좋다고 말할 때는 괜찮다는 뜻이죠. 괜찮다고 말할 때는 나쁘다는 뜻이고요."

힘든 일이 될 것 같았다. 만약 행복의 지도라는 것이 존재한다 해도 그 지도를 읽기가 쉽지 않을 것이다. 자동차 대시보드의 서랍 속에 구겨진 채 들어 있는 지도와 같다. 하지만 나는 여러 나라 사이의 섬세한 행복도 차이를 구분할 수 없을지는 몰라도 다른 나라보다 더 행복한 나라를 가려낼 수는 있을 거라는 확신을 갖고 계속 나아가기로 결심을 굳혔다.

* * *

벤호벤은 내게 자기 데이터베이스를 얼마든지 이용해도 좋다면서 행운을 빌어준다. 하지만 경고도 잊지 않는다. "여기서 알아낸 것이 당신 마음에 들지 않을 수도 있어요."

"그게 무슨 뜻이에요?"

그는 세상에서 가장 행복한 곳이 반드시 우리의 선입견에 들어맞을 거라고 장담할 수는 없는 일이라고 설명한다. 세상에서 가장 행복한 나라들 중 일부, 예를 들어 아이슬란드나 덴마크 같은 곳은 동일한 집단으로 이루어져 있기 때문에, 다양성 속에 힘과 행복이 있다는 미국식 신념을 뒤흔들어 놓는다는 것이다. 벤호벤 자신도 바로 얼마 전에 밝혀낸 새로운 사실 때문에 사회학자들 사이에서 아주 인기 없는 사람이 되어버렸다. 그가 밝혀낸 사실이란, 소득분배 상태로 행복을 예측할 수 없다는 것이다. 빈부격차가 큰 나라라고 해서 소득분배가 잘 이루어진 나라보다 덜 행복한 것은 아니라는 뜻이다. 빈부격차가 큰 나라가 더 행복할 때도 있다.

"다른 학자들은 마뜩잖아 하더군요." 벤호벤이 말한다. "사회학 분야에서 불평등은 커다란 이슈입니다. 처음부터 끝까지 그 문제를 바탕으로 학자 경력을 쌓은 사람들도 있어요."

나는 그의 충고를 정중하게 받아들이면서도 앞길에 위험이 놓여 있을 수도 있다는 그의 말이 틀림없이 과장일 거라고 생각한다. 아니다, 내가 틀렸다. 세상에서 가장 행복한 곳을 찾는 작업을 하다 보면 누구나 비참해질 수 있다. 그렇지는 않더라도 하다못해 머리가 쪼개질 것 같은 두통이 생기기는 할 것이다. 마우스를 클릭할 때마다 나는 수수께끼, 모순과 마주친다. 예를 들면 이런 것이다. 세계에서 가장 행복한 나라들 중에는 자살률 또한 높은 곳이 많다. 종교가 있는 사람들은 그렇지 않은 사람보다 더 행복하다고 답변하지만, 세계에서 가장 행복한 나라는 세속국가다. 아, 이것도 있다. 세상에서 가장 부유하고 가장 힘이 센 나라인 미국은 행복이라는 측면에서는 결코 초강대국이 아니다. 미국보다 더 행복한 나라가 많다.

*　*　*

로테르담에서 나는 기분 좋은 일상으로 빠져든다. 호텔에서 아침 식사를 하며 때로 인터코스를 조금 만끽한 뒤 지하철을 타고 세계 행복 데이터베이스로 간다. 거기서 나는 연구 논문과 데이터를 훑어 보며 손에 잘 잡히지 않는 행복 지도를 찾아 헤맨다. 저녁에는 내 단 골 카페(나는 끝까지 이름을 외우지 못했다)로 가서 따뜻한 맥주를 마시 고 자그마한 시가를 피우며 행복의 본질에 대해 생각한다. 생각을 많이 하고 술을 약간 마시며 실질적인 작업은 별로 하지 않는 일상 이다. 다시 말해서, 아주 유럽식 일상이라는 얘기다. 나는 여기 사람 이 되어가고 있다.

무슨 이유에서인지 나는 행복이라는 사다리의 밑바닥에서부터 위로 올라가기로 결정한다. 가장 행복하지 않은 나라가 어디일까? 당연히 아프리카의 많은 나라가 이 범주에 들어간다. 탄자니아, 르 완다, 짐바브웨는 행복이라는 우물의 거의 바닥에 있는 나라들이다. 가나처럼 중간층까지 올라가는 데 성공한 아프리카 국가도 몇 있지 만, 그것이 전부다. 이유는 뻔하다. 지독한 가난이 행복에 전혀 도움 이 되지 않는다는 것. 행복하고 고결한 야만인 이야기는 문자 그대 로 환상에 불과하다. 기본적인 욕구가 충족되지 못하면 행복해지기 힘들다.

그런데 행복 스펙트럼의 바닥에서 빠져나오지 못하는 또 다른 종 류의 국가들이 있다. 벨로루시, 몰도바, 우크라이나, 우즈베키스탄 등 구소련 국가들.

민주국가가 독재국가보다 행복할까? 꼭 그렇지만은 않다. 구소련 국가들 중에는 준민주국가가 많다. 적어도 소련 시절보다 자유로워진 것은 확실하다. 그런데도 그들의 행복도는 소련 붕괴 이후 오히려 낮아졌다. 미시간 대학의 론 잉글하트 교수는 민주주의와 행복의 상관관계를 연구하는 데 거의 평생을 바쳤다. 그는 인과관계의 방향이 반대라고 믿고 있다. 민주주의가 행복을 증진시키는 것이 아니라 행복한 곳이 민주적인 사회일 가능성이 높다는 것이다. 이것이 이라크에 좋은 징조가 아님은 말할 필요도 없다.

그럼 따뜻하고 햇볕이 밝은 곳, 우리가 행복을 꿈꾸며 거액을 들여 휴가를 떠나는 열대의 낙원들은 어떨까? 알고 보니 그들도 그다지 행복하지 않다. 피지, 타히티, 바하마 제도 모두 행복도 면에서 중간층에 속한다. 행복한 나라들은 대개 온대에 위치해 있으며, 개중에는 아예 한대에 속하는 곳(예를 들어 아이슬란드)도 있다.

믿거나 말거나 대부분의 사람들은 자기가 행복하다고 말한다. 거의 모든 나라가 10점짜리 행복 척도에서 5점과 8점 사이에 있다. 몇 군데 예외가 있기는 하다. 뚱한 몰도바 사람들은 항상 4.5점 내외에 머무르고, 도미니카공화국 국민들은 1962년에 잠깐 동안 겨우 1.6점밖에 기록하지 못했다. 지금까지 지구상에서 측정된 행복도 점수 중 최저 기록이다. 하지만 이미 말했듯이, 이런 예외는 드물다. 세계는 대부분 행복하다.

이 사실이 왜 이토록 놀랍게 다가오는 걸까? 내 생각에는 두 종류의 사람들, 즉 기자와 철학자 탓인 것 같다. 나도 언론계의 일원이지만, 언론계는 언제나 나쁜 소식만 전한다. 전쟁, 기근, 할리우드에서 최근에 불화를 일으킨 커플 이야기. 지구상에서 일어나는 분쟁의 의미를 깎아내리려고 하는 말이 아니다. 그리고 내가 그런 일들을 보도하며 훌륭하게 생계를 해결해왔다는 사실은 하느님도 알고 계신다. 하지만 우리 기자들이 사정을 조금 왜곡해서 전달하는 건 사실이다.

그러나 진정한 악당은 바로 철학자다. 유럽 출신의 음침한 백인 남자들. 그들은 온통 검은 옷을 차려입고, 담배를 너무 많이 피우고, 데이트 상대를 구하는 데 어려움을 겪는 경향이 있었다. 그래서 그들은 카페에서 혼자 놀며 우주를 생각하다가 '짠!' 하고 결론을 내렸다. 우주는 불행한 곳이라고. 우주가 불행한 건 당연하다. 다시 말해서, 외롭고 음침하고 피부색이 창백한 백인 남자라면 당연히 그렇게 생각할 거라는 얘기다. 예를 들어 18세기 하이델베르크의 행복한 사람들은 행복하게 사는 것만으로도 바빴기 때문에 먼 훗날 세상에 태어나 블루밍턴에서 대학을 졸업하기 위해 철학개론 수업을 들어야 하는 녀석을 괴롭힐 요량으로 길고 산만한 독설을 쓰지 않았다.

특히 누구보다 나쁜 사람이 바로 프로이트다. 프로이트는 엄밀히 말해서 음침한 철학자는 아니었지만, 행복에 관해 우리가 지금과 같은 생각을 갖게 하는 데 커다란 영향을 미쳤다. 그는 이런 말을 했다. "사람이 반드시 행복해져야 한다는 생각은 창조의 계획에 포함되어 있지 않다." 이건 놀라운 선언이다. 오늘날과 같은 정신보건 체계의 기초가 된 사상을 만들어낸 사람의 말이니 만큼 더욱 그렇다. 세기 말 빈에서 어떤 의사가 다음과 같이 선언했다고 상상해보자. "사람이 반드시 건강한 신체를 가져야 한다는 생각은 창조의 계획에 포함되어 있지 않다." 그러면 우리는 십중팔구 그를 정신병원에 감금하거나, 하다못해 의사 면허증을 빼앗기라도 했을 것이다. 그리고 그의 사상을 바탕으로 의료 시스템을 구축하는 일은 절대로 하지 않았을 것이다. 하지만 우리는 프로이트의 사상을 바탕으로 바로 그런 짓을 했다.

그런데도 대부분의 사람들이 행복하다고? 나는 도저히 이해할 수가 없다. 나도 사람이지만 특별히 행복하지는 않다. 그래서 이런 생각이 든다. 나는 벤호벤의 행복 데이터 중 어디에 속할까? 솔직히 말해 내 행복 점수는 6점쯤 되는 것 같다. 내가 굳이 이런 책을 쓰고 있는 걸 보면 이런 문제를 갖고 거짓말을 할 이유는 없을 것이다. 그렇다면 나는 내 동포, 그러니까 다른 미국인들보다 훨씬 덜 행복하다는 얘기가 된다. WDH의 자료에 따르면, 크로아티아가 내게 고향처럼 친숙하게 느껴질 것이다.

나는 언어학자이자 나 같은 심술쟁이인 안나 비에르즈비카의 말이 옳다고 생각한다. 그녀는 대부분의 사람들이 꽤 행복하다는 말을 듣고 아주 단순한 질문을 하나 던졌다. "도대체 그 행복하다는 사람들이 누구야?"

그래, 누굴까? 머리가 아프다. 내가 세상에서 가장 행복한 곳을 찾아내겠다며 쓸데없는 일을 시작한 걸까? 그때 행복 척도에서 일관되게 높은 점수를 기록한 나라가 눈에 들어온다. 1등은 아니지만 1등과 아주 가까운 점수다. 또한 그 나라는 공교롭게도 내가 지금 머무르고 있는 나라이기도 하다.

나는 내 단골 카페로 가서 맥주를 시킨 뒤 네덜란드의 행복에 대해 생각한다. 따분하고 별다른 특징도 없는 나라인 네덜란드가 왜 이렇게 행복한 걸까? 우선 네덜란드는 유럽에 속한다. 그렇다면 이 나라 국민들은 건강보험 혜택을 잃어버릴까 봐 걱정할 필요가 없다는 뜻이다. 말이 나왔으니 말이지만, 일자리를 잃을 걱정도 없다. 국가가 다 보살펴줄 것이다. 국민들은 매년 아주 긴 휴가를 즐길 수 있고, 유럽인이기 때문에 추가 비용을 치르지 않고도 미국인들 앞에서 살짝 우월감을 내보일 수도 있다. 잘난 척하는 태도가 행복으로 이어질까? 나는 트라피스트 맥주를 홀짝거리며 생각한다. 아니, 틀림없이 뭔가 다른 요소가 있을 것이다.

관용! 이곳이야말로 '나를 짓밟지 말라'는 태도의 원조 격인 나라다. 이 나라의 어른들은 어디 다른 곳에 가 있고, 10대들이 모든 일을 책임지고 있는 것 같다. 주말에만 그런 것이 아니라 항상 그렇다.

네덜란드인들은 무슨 일에든 관용을 베푼다. 심지어 비관용에도 관용을 베푼다. 지난 수십 년 동안 그들은 전 세계의 이민자들을 두 팔 벌려 환영했다. 개중에는 종교적 자유, 일하는 여성, 운전하는 여성, 얼굴을 드러내는 여성 등에게 관용을 베풀지 않는 나라에서 온 사람들도 있었다. 네덜란드의 관용에는 대가가 따랐다. 이슬람 극단주의자의 손에 영화감독 테오 반 고흐가 살해당한 사건이 훌륭한 예다. 하지만 벤호벤의 연구는 관용을 베푸는 사람들이 대체로 행복하다는 것을 보여준다.

네덜란드의 관용은 일상 속에서 정확히 어떤 모습일까? 우선 세 가지가 떠오른다. 마약, 성매매, 자전거 타기. 네덜란드에서는 이 세 가지가 모두 합법이다. 그리고 안전을 위해 미리 조치를 취하기만 한다면, 이 세 가지 모두 쉽사리 행복으로 이어질 수 있다. 예를 들어, 자전거를 탈 때 헬멧을 쓰는 것이 그런 조치다.

나는 네덜란드인들이 느끼는 행복의 핵심을 파고들기 위해 이 세 가지 중 하나를 골라 밀착 조사를 할 필요가 있었다. 그렇다면 셋 중 무엇을 골라야 할까? 자전거 타기가 좋은 일임은 확실하다. 그리고 네덜란드인들이 자전거를 사랑한다는 사실은 하느님도 알고 계신다. 하지만 바깥 날씨가 너무 춥다. 자전거를 타기에는. 그럼 성매매? 이 활동은 대개 실내에서 이루어지니까 날씨는 문제가 되지 않을 것이다. 그리고 이 활동 덕분에 몇몇 사람들이 행복을 느끼는 것은 분명한 사실이다. 하지만 내 아내가 문제다. 아내는 내 행복 연구를 어느 정도 지지해주었다. 그런데 네덜란드 매춘부의 서비스를 받는 것은 왠지 아내가 지지해줄 수 있는 수준을 넘어서는 것 같다.

그렇다면 마약이다. 마리화나와 해시시 같은 가벼운 마약이 네덜란드에서는 합법이다. 커피숍에서도 이런 것들을 살 수 있다. 사실 그런 가게들은 커피숍이 아니라 마약굴이지만, '커피숍'이라는 말이 '마약굴'이라는 말보다 더 품위 있게 들리기는 한다.

그런데 어떤 가게에 들어가 볼까? 선택의 폭이 너무 넓다. 로테르담에서는 상점들 중 3분의 1 또는 4분의 1이 '커피숍'이라는 간판을 달고 있는 것 같다. '스카이 하이'라는 가게에 마음이 끌리지만, 그 이름이 너무……노골적이다. 다른 가게들은 너무 유행을 따르는 것 같다. 나는 대학 3학년 때 이후로 약에 취해본 적이 없다. 스스로 바보 꼴이 되고 싶지는 않다.

그때 어떤 가게가 눈에 들어온다. 알파 블론디 커피숍. 완벽하다. 거부할 수 없는 이름 외에도, 알파 블론디는 창문이 열려 있어서 환기가 잘될 것 같다. 그것도 좋은 점이 분명하다. 나는 입구의 버저를 누르고는 안으로 들어가 좁은 계단을 오른다. 안에는 푸스볼(테이블 축구 - 옮긴이) 대가 하나 있고, 냉장고에는 오렌지 환타와 코카콜라가 가득 들어 있다. 스니커즈와 M&M도 많다. 스낵으로 먹으라는 거겠지. 이 커피숍에 진짜 커피 기계가 있다는 사실이 놀랍다. 하지만 그 기계를 사용한 지 몇 달은 된 것 같다. 그냥 장식품인 모양이다.

질 나쁜 1970년대 음악이 흐른다. 소리가 조금 크다. 한쪽 벽에는 재능 있는 초등학교 6학년생의 그림 같은 것이 걸려 있다. 그림 전면에는 방금 나무를 들이받은 자동차가 한 대 있고, 스키드마크가 지평선까지 이어져 있다. 그 밑에는 다음과 같은 구절이 적혀 있다. "약에 취한 사람의 머릿속에만 존재하는 도로도 있다." 이것이 그런 길로 가지 말라는 경고인지, 아니면 그런 길로 가라고 부추기는 말인지 잘 모르겠다.

가게 안에 있는 사람들은 전부 단골인 것 같다. 물론 나만 빼고. 나는 이곳에 들어오자마자 뉴저지의 대학 시절 기숙사로 돌아온 것 같은 기분이 되었다. 차분하게 행동하면서 주위의 분위기에 자신을 맞추려고 애썼지만, 비참한 실패만 맛보던 시절.

가무잡잡한 남자가 내게 다가와 엉터리 영어로 메뉴를 설명한다. 오늘은 타이 마리화나가 들어와 있다고 한다. 마치 오늘의 수프를 설명하는 것 같은 말투다. 해시시도 두 종류 있다. 모로코제와 아프가니스탄제.

나는 어떻게 해야 좋을지 모르겠다. 그래서 메뉴를 보고 기가 질렸을 때 항상 하던 행동을 한다. 웨이터에게 추천을 부탁하는 것.

"강한 게 좋으세요, 부드러운 게 좋으세요?" 그가 묻는다.

"부드러운 거요."

"그럼 모로코제가 좋아요."

내가 그에게 5유로 지폐(약 6달러)를 주자 그는 우표만 한 크기의 갈색 분필 같은 덩어리가 든 봉지를 준다.

나는 이 물건을 어찌해야 하는지 전혀 모른다.

한순간 대학 시절 룸메이트였던 러스티 피시카인드한테 전화를 하고 싶다는 생각이 든다. 러스티라면 어떻게 해야 하는지 알 것이다. 그는 언제나 근사한 녀석이었다. 러스티는 요요마가 첼로를 다루듯이 마리화나 파이프를 다뤘다. 내가 알기로 러스티는 지금 기업의 고문 변호사로 일하면서 아이 넷과 함께 교외에서 살고 있다. 그래도 그라면 이 모로코제 해시시 덩어리를 어떻게 다뤄야 하는지 틀림없이 알 것 같다.

마치 어디에서 신호가 오기라도 한 것처럼 린다 론스태트의 노래가 들려온다. "당신은 아무 소용 없어, 당신은 아무 소용 없어, 당신은 아무 소용 없어."

순간적으로 해시시를 꿀꺽 삼키고 펩시콜라로 씻어 내릴까 생각해보았지만, 그러면 안 될 것 같아서 가능한 한 처량한 표정을 연출하려고 애쓰며 해시시를 만지작거린다. 사실 지금 같은 상황에서는 별로 애쓰지 않아도 자연스레 처량한 표정이 나온다. 마침내 턱수염을 기르고 가죽 재킷 차림을 한 남자가 나를 불쌍히 여겨 한마디 말도 없이 내 손에서 해시시를 가져다가 페타 치즈(양이나 염소의 젖으로 만드는 그리스식 치즈 - 옮긴이)처럼 부스러뜨린다. 그러고 나서 일반 담배의 겉 종이를 풀더니 해시시를 안에 재워 넣는다. 그는 능숙한 손놀림으로 담배를 흔들고, 핥고, 톡톡 두드린 다음, 해시시와 융합된 그 담배를 내게 다시 건네준다.

나는 그에게 감사를 표하고 담배에 불을 붙인다.

이제 내 실험 결과를 이야기하겠다. 먼저, 나도 모로코제를 추천한다. 모로코제는 정말 부드러운 맛이다. 둘째, 불법적인 행동을 할 때 느끼는 즐거움 중 적어도 절반은 행동 그 자체가 아니라 그것이 불법이라는 사실에서 온다. 다시 말해서, 로테르담에서 합법적으로 해시시를 피우며 느끼는 즐거움은 대학 기숙사에서 언제 들킬지 모른다는 조마조마한 심정으로 러스티 피시카인드와 함께 불법적으로 해시시를 피울 때와 비교가 되지 않는다는 얘기다.

그래도 기분은 좋다. 괴로움은 전혀 없다. 모로코제 해시시가 내 대뇌피질 속으로 침투해 들어가자 나는 이런 생각이 든다. 내가 항상 이런 상태라면? 그럼 항상 행복하지 않을까? 세상에서 가장 행복한 곳을 찾겠다고 나선 이번 여행을 여기 로테르담의 알파 블론디 커피숍에서 그냥 끝내도 될 것 같다. 여기가 세상에서 가장 행복한 곳인지도 모른다.

철학자 로버트 노직이 이 주제에 관해서 한 말이 있다. 알파 블론디에 관해서도 아니고(그가 이곳에 자주 드나들었을 것 같지는 않다), 모로코제 해시시에 관해서도 아니다(그가 모로코제 해시시를 피워보았는지 어떤지는 잘 모르겠다). 노직은 쾌락주의와 행복 사이의 관계에 대해 오랫동안 열심히 생각해보았다. '경험 기계'라는 생각 실험을 고안한 적도 있다.

'엄청나게 훌륭한 신경심리학자들'이 사람의 뇌를 자극해서 기분 좋은 경험을 유도하는 방법을 찾아냈다고 가정해보자. 부작용도 전혀 없고, 건강에도 해롭지 않은 안전한 방법이다. 이 기계를 이용하면 평생 동안 끊임없이 즐거움을 경험할 수 있다. 여러분이라면 그렇게 하겠는가? 이 경험 기계에 자신을 연결하겠는가?

만약 아니라고 대답한다면 그건 즐거움이 삶의 전부가 아니라는 증거라고 노직은 주장했다. 우리는 행복을 성취하고 싶어 하지, 그냥 행복을 경험하기만 하는 것은 바라지 않는다. 어쩌면 우리는 심지어 불행을 경험하고 싶다는 생각까지도 갖고 있는지 모른다. 아니 적어도 불행의 가능성을 열어두고 싶어 하는 것 같기는 하다. 행복을 진심으로 음미하기 위해서.

유감스럽게도 나 역시 노직과 같은 생각이다. 나라면 경험 기계와 나 자신을 연결하지 않을 것이다. 따라서 여기 알파 블론디 커피숍을 나의 새로운 집으로 삼지도 않을 것이다. 안타까운 일이다. 모로코제 해시시의 맛이 얼마나 부드러운지 내가 이미 얘기했던가?

*　　*　　*

이튿날 아침, 모로코제 해시시가 말끔히 빠져나간 머리로 나는 여느 때처럼 WDH로 향한다. 그리고 벤호벤에게 어제의 실험에 대해 이야기한다. 그는 당연히 잘했다고 말한다. 사실 성매매나 마약 복용 같은 행동이 네덜란드인들에게는 평범한 일이지만, 미국에서 그런 행동을 했다가는 체포되기 십상이라는 점을 내가 처음 지적했을 때 그는 그저 음흉한 미소를 지으며 이렇게 말했다. "나도 압니다. 즐기세요."

벤호벤은 자신의 데이터베이스가 오랜 의문에 대답을 제공해줄지도 모른다고 말한다. 즐거움과 행복이 같은 것이냐는 의문. 컴퓨터로 몇 번 엉뚱한 곳을 헤맨 끝에 나는 벤호벤 자신이 쓴 논문을 발견한다. 〈쾌락주의와 행복Hedonism and Happiness〉이라는 논문이다. 나는 초록을 읽는다.

"행복과 흥분제 복용 사이의 관계는 뒤집힌 U 자 곡선으로 나타난다. 흥분제 사용에 반대하며 남의 흥을 깨는 사람과 흥분제를 지나치게 복용하는 사람은 적당한 양을 사용하는 사람보다 덜 행복하다." 다시 말해서, 고대 그리스인들이 수천 년 전에 내놓은 충고처럼 무엇이든 적당히 해야 한다는 얘기다. 나는 논문 초록을 계속 읽는다. "성에 관한 개방적인 태도와 개인적인 행복 사이에 양의 상관관계가 있음이 여러 연구에서 나타났다." 개방적이면서 행복한 이 사람들은 교회에 열심히 다니면서 행복한 사람들과는 다른 부류인 모양이다. 한편 1995년에 실시된 마약 관련 연구에서는, 강한 마약을 사용하면 시간이 흐를수록 행복이 감소하는 경향이 있다는 결과가 나왔다(놀라운 얘기도 아니다). 하지만 모로코제 해시시처럼 부드러운 마약은 어떨까? 알고 보니 이 분야에서는 연구가 거의 이뤄지지 않았다.

이런, 나는 의자를 회전시켜 컴퓨터 모니터에 등을 돌리면서 속으로 생각한다. 어젯밤 내 여행의 첫 행선지인 이곳의 알파 블론디 커피숍에서 내가 행복에 관한 최첨단 연구를 한 거잖아. 누가 짐작이나 했겠어?

* * *

내가 로테르담에 머무르는 마지막 날이다. 잊어버려도 상관없는 도시지만, 그래도 그리워질 것 같다. 벤호벤에게도 작별을 고할 때가 되었다. 그런데 나는 항상 작별 인사를 하는 데 서툴다. 나는 그동안 도와줘서 고맙다고, 행복한 데이터를 보게 해줘서 고맙다고 인사한다. 그러고는 문 앞에서 마치 이제야 퍼뜩 생각났다는 듯이 이렇게 말한다. "행복 연구를 하는 건 정말 굉장한 일인 것 같아요."

벤호벤은 어리둥절한 표정이 된다. "무슨 뜻인지 잘 모르겠습니다."

"뭐, 행복을 느낄 수 있는 인류의 능력에 대해 영원한 믿음을 갖게 될 것 아닙니까."

"아뇨, 꼭 그렇지는 않아요."

"행복을 연구하면서 분석하는 일을 평생 동안 했는데도요?"

"그야 그렇지만, 사람들이 행복한지 그렇지 않은지는 나한테 중요하지 않습니다. 사람들 사이에 행복의 격차가 존재하기만 하면 됩니다. 그러면 나는 비밀을 파헤칠 수 있으니까요."

나는 멍해져서 잠시 가만히 서 있다. 나는 벤호벤이 나와 같은 여행자라고 생각했다. 나처럼 행복을 찾아 사냥을 떠난 동료라고. 하지만 알고 보니, 남부 사람들 말처럼, 그는 이번 사냥에 개를 데려오지 않았다. 아니, 표현을 바꿔 말한다면, 벤호벤이 행복이라는 게임의 선수가 아니라고 할 수도 있을 것이다. 그는 점수를 기록하는 심판일 뿐이다. 훌륭한 심판이 늘 그렇듯이, 그에게는 누가 게임의 승자가 되든 전혀 상관이 없다. 선수들이 행복하든 의기소침하든 그에게는 달라질 것이 없다. 한쪽 팀이 이기기만 한다면.

이것이 행복 연구라는, 이 냉정한 신학문의 핵심인 것 같다. 벤호벤을 비롯한 여러 행복 연구가는 자신의 학문을 학계가 진지하게 받아들여 주기를 필사적으로 바라고 있다. 그래야 자기들이 뉴에이지의 일시적인 유행 추종자로 무시당하지 않을 테니까. 그들은 성공했지만, 과연 얼마나 커다란 대가를 치렀는지 궁금하다. 그들의 세계에서 행복은 다른 주제와 똑같은 통계자료로, 조각내고 자르고 해부해서 컴퓨터로 돌려야 할 데이터로 전락해버렸다. 그래서 궁극적으로, 필연적으로, 스프레드시트로 전락해버렸다. 그런데 내가 보기에 스프레드시트보다 덜 행복한 것은 이 세상에 하나도 없는 것 같다.

나는 WDH를 찾아간 것이 훌륭한 출발점이었지만 완벽하지는 않았다는 것을 깨닫는다. 그곳에 소장된 8000건의 연구 결과와 논문 가운데 어디에서도 나는 어떤 나라가 예술을 통해 행복을 만들어냈다든가, 아주 사랑스러운 시를 훌륭하게 낭송하는 소리를 듣고 즐거움을 느꼈다든가, 버터를 바르지 않은 팝콘 한 통을 들고 죽여주게 좋은 영화를 보며 즐거움을 느꼈다는 기록을 보지 못했다. 가족을 묶어주는, 눈에 보이지 않는 실에 대해 조금이라도 새로운 사실을 밝혀낸 연구 또한 보이지 않았다. 세상에는 도저히 측정할 수 없는 것들이 있는 법이다.

그래서 나는 루트 벤호벤의 데이터베이스와 나의 육감을 바탕으로 내 행복의 지도를 만든다. 부자 나라와 가난한 나라, 열대와 한대, 민주주의와 독재, 이런 것은 중요하지 않다. 나는 행복의 냄새를 따라 어디든 찾아갈 것이다.

이 지도를 손에 들고 나는 로테르담 센트럴 역에서 기차에 오른다. 기차가 달리기 시작하면서 네덜란드의 시골 풍경이 차창 밖을 스쳐 지나가자 나는 뜻밖에도 안도감을 느낀다. 심지어 해방감까지도 느껴진다. 무엇에서 해방된 거지? 아무리 생각해도 알 수가 없다. 로테르담 여행은 훌륭했다. 좋은 맥주도 마셨고, 훌륭한 해시시도 피웠고, 심지어 행복에 대해 한두 가지 배운 것도 있다.

그때 깨달음이 찾아온다. 그 모든……자유로부터 해방된 느낌이라는 깨달음. 관용은 훌륭하지만, 쉽사리 무관심으로 변질될 수 있다. 그건 아주 좋지 않다. 게다가 난 그렇게 한가한 생활을 견디지 못한다. 나는 너무 약하다. 언제 멈춰야 할지 알지 못한다. 만약 내가 네덜란드로 이사한다면, 몇 달 뒤 여러분은 모로코제 해시시 연기에 둘러싸인 나를 보게 될 것이다.

그래, 네덜란드의 방식은 내게 맞지 않는다. 어쩌면 내 다음 목적지가 내게 맞는 곳일지도 모른다. 나는 기차가 항상 제시간에 다니고, 거리도 깨끗하고, 다른 모든 것과 마찬가지로 관용 또한 적당한 양으로 신중하게 배급되는 나라로 가고 있다. 스위스로. 그래, 스위스인들의 상태가 바로 이것이다."

2
스위스

행복은 조용한 만족감이다

"스위스인들의 행복을 표현할 새로운 단어가 필요하다.
단순한 만족감보다는 크고, 완전한 기쁨보다는 조금 덜한 표현.
혹시 '만족기쁨?'"
그래, 스위스인들의 상태가 바로 이것이다."

나는 스위스 사람을 생전 처음으로 만났을 때 화가 나서 죽는 줄 알았다. 여러분이 이 문장을 읽고 무슨 생각을 할지 나도 안다. 스위스 사람? 친절하고, 중립적이고, 아미나이프를 가지고 다니고, 시계를 차고, 초콜릿을 먹는 스위스 사람? 그래, 바로 그 스위스 사람이다.

1980년대 말 내가 탄자니아에 있을 때였다. 나는 여자 친구와 사파리 중이었다. 빠듯한 예산으로 여행을 즐기고 있는 다른 여행자 넷과 함께 값이 싼 사파리 프로그램을 골라 나선 참이었다. 우리의 일행 넷은 털털한 노르웨이인 둘과 조용한 스위스인 부부였다.

우리 운전사는 굿럭이라는 이름의 탄자니아인이었다. 우리는 이 것을 행운으로 생각했다. 그의 이름이 현실이 아니라 희망 사항에 불과하다는 사실은 나중에야 깨달았다. 하지만 그때는 이미 너무 늦어서 일이 엉망으로 틀어지기 시작했다. 먼저 어떤 트럭이 돌멩이하나를 차올렸는데, 그 돌멩이가 우리 차 앞 유리를 뚫고 들어오는 바람에 유리창이 산산조각으로 부서졌다. 다친 사람은 없었지만, 우리는 그 뒤 이틀 동안 마을이 나타날 때마다 차를 세우고 유리창을 갈아 끼울 수 있는지 알아보았다. 헛수고였다. 그러다 비가 내리기 시작했다. 우기가 아니었는데도. 나와 내 여자 친구는 고생 끝에 텐트를 세웠지만, 몇 분도 되지 않아 텐트가 무너지는 바람에 빗물과 진흙에 흠뻑 젖은 비참한 몰골이 되었다. 노르웨이인들의 텐트는 간신히 버티고 서 있었다.

그럼 스위스인 부부는? 두 사람의 텐트는 측지선을 이용한 것이라서 마테호른처럼 굳건히 버티고 있었다. 억수같이 쏟아지는 비와 강한 바람에도 끄떡 않는 텐트 덕분에 두 사람은 비에 젖지 않고 따뜻하게 지낼 수 있었다. 두 사람은 그 텐트 안에서 틀림없이 뜨거운 초콜릿을 마시고 있었을 것이다. 젠장, 능률적이고 능력 있는 스위스인들은 지옥에나 가버려라. 나는 그때 이런 생각을 했다.

로테르담을 출발한 기차가 독일을 통과해 스위스로 들어서는 순간 내 머릿속에는 그때의 기억이 생생하게 떠오른다. 내가 여기 온 건 볼일이 있기 때문이고, 그 볼일에 복수는 포함되지 않는다. 정말이다. 스위스인들은 루트 벤호벤이 그린 행복의 피라미드에서 꼭대기 근처에 자리를 차지하고 있다. 최고의 자산이다. 스위스인들이 뭔가 알고 있음이 틀림없다. 행복한 놈들 같으니.

내가 탄 기차가 18분 연착했기 때문에 바젤에서 큰 소란이 일어난다. 나는 국경도시인 바젤에서 제네바행 기차를 타게 되어 있다. 기차 시간표가 마구 흐트러져 버린다. 나를 포함한 승객들은 약간 늦은 독일 기차에서 허둥지둥 내려 언제나 완벽하게 시간을 지키는 스위스 기차를 타려고 달려간다. 정말 굉장해. 나는 헉헉 계단을 오르며 생각한다. 독일인을 일을 대충하는 사람처럼 만들어버릴 수 있는 건 스위스인뿐이야.

그래, 고정관념이 옳다. 스위스는 능률적이고, 시간을 칼같이 지키는 나라다. 실업자가 거의 없는 부자 나라이기도 하다. 아, 공기도 깨끗하다. 거리에는 거의 티끌 하나 보이지 않는다. 초콜릿도 잊으면 안 된다. 이 나라에는 맛있는 초콜릿이 가득하다. 그런데 이 사람들이 행복하다고? 아프리카에서 훌륭한 텐트에 앉아 있던 스위스인 부부의 얼굴에서 나는 기쁨을 전혀 보지 못했다. 새치름한 기색이 아주 살짝 섞인, 조용한 만족감밖에 없었다.

이 수수께끼를 풀기 위해 우리는 또다시 불행한 삶을 살다가 이미 세상을 떠난 백인 철학자들에게 도움을 청한다. 그중에서도 아르투르 쇼펜하우어만큼 불행한 사람은 없었다. 그의 믿음처럼 행복이 정말로 불행의 부재를 뜻하는 거라면, 스위스인들이야말로 행복해야 마땅하다. 하지만 행복이 그 이상의 것이라면, 기쁨이라는 요소가 필요하다면, 스위스의 행복은 린트 초콜릿처럼 짙은 어둠 속에 잠긴 수수께끼다.

왜 스위스인들은 모든 행복 차트에서 삶의 기쁨을 풍부하게 누리고 있는 이탈리아인이나 프랑스인들보다 항상 더 높은 순위를 차지하는 걸까? 젠장, '삶의 기쁨joie de vivre'은 사실상 프랑스인들의 발명품이나 마찬가지인데.

택시가 제네바에서 내 친구 수전의 아파트까지 나를 데려다 주는 동안 내 머릿속에서는 온통 이런 생각이 와글거린다. 수전은 뉴욕 출신의 작가다. 그녀는 자신의 마음을 솔직히 털어놓는 여자인데, 영어와 프랑스어로 모두 그렇게 할 수 있다. 그녀의 솔직함은 스위스인들의 과묵함과 항상 충돌을 일으킨다. 수전은 스위스인들이 "문화적으로 변비"에 걸려 있으며 "정보의 구두쇠"라고 불평한다. 아주 중요한 정보, 이를테면 당신이 탈 기차가 지금 출발하고 있다든가 당신 옷에 불이 붙었다는 정보가 있을 때에도 스위스인들은 아무 말도 안 한다는 것이다. 그런 얘기를 소리 내서 말하는 건 모욕으로 간주된다. 상대방이 그 정보에 대해 무지하다는 가정이 바탕에 깔려 있기 때문이다.

면전에서 속을 다 털어놓는 수전의 뉴욕식 사고방식이 제네바의 외교관들(세계의 여러 문제를 해결하겠다는 좋은 의도에서 온종일 안달하는 수천 명의 사람들)에게 항상 좋게만 받아들여지지는 않는다. 그들은 안달할 때도 옷을 훌륭하게 차려입고, 가능하다면 항상 점심을 먹으며 안달한다. 혹시 극단적으로 안달할 필요가 있을 때에는 회의를 연다. 유럽인들은 회의를 좋아한다. 유럽인 셋이 한자리에 모이면, 회의가 열릴 가능성이 아주 높다. 자그마한 이름표와 엄청난 양의 페리에 생수만 있으면 된다.

제네바는 살기 좋은 곳이라지만, 여행하고 싶은 곳은 아니다. 여기에는 일말의 진실이 들어 있다. 스위스인들은 제네바를 재미없는 곳으로 생각한다. 스위스 사람들이 어떤 곳을 가리켜 재미없다고 말한다면, 그곳은 정말로 몹시 재미없는 곳이다. 하지만 내가 보기에는 그렇지 않은 것 같다. 수전의 아파트는 토끼굴처럼 얽힌 골목길들을 굽어보고 있다. 대부분의 유럽 도시와 마찬가지로 제네바도 인간적으로 건축된 도시이기 때문에 그것만으로도 흥미로운 곳이 된다.

심지어 수전도 온통 부정적이지만은 않다. 그녀도 이곳에 사랑스러운 일면이 있다고 생각한다. 예를 들면, 시민의식 같은 것. 모호크머리(중앙에 짧은 머리를 한 줄만 남기고 나머지는 삭발하는 스타일 - 옮긴이)에 군화를 신은 10대 소년도 버스에서 할머니에게 정중히 자리를 양

보할 정도다. "뉴욕에서는 다들 꼼짝도 안 할걸." 수전이 놀랍기 그지없다는 표정으로 말한다.

나는 짐을 푼다. 스위스 아미나이프도 물론 가져왔다. 내 것은 구식 모델인데 난 이것이 마음에 든다. 요즘은 아미나이프에 플래시 드라이브가 달려 있다. 나는 어디에 가든 이 칼을 가지고 다닌다. 온 세상의 모든 군대가 스위스 아미나이프 같은 물건으로 유명해진다면 얼마나 좋을까. 내가 아는 한 스위스 아미나이프로 전쟁을 벌인 군대는 없다. 이것이 위험한 물건이라며 확산 방지를 논의하려고 국제적인 위원회가 만들어진 적도 없다.

스위스에서는 봄이 늦게 오는 편이지만, 그만큼 기쁨을 가져다준다. 날이 조금 따뜻해지는 기색만 있으면 사람들은 두꺼운 옷을 벗어젖히기 시작하고, 오래지 않아 제네바 호숫가에 운동복들이 활짝 꽃을 피운다. 정말이지 날씨가 너무 좋아서 수전과 나는 분별 있는 유럽인답게 카페로 향했다.

수전은 내가 생활 속의 진짜 스위스인들을 만날 수 있게 주선해주었다. 우리는 커다란 테이블을 차지하고 앉는다. 유럽인들이 원래 이렇다. 그냥 술이나 몇 잔 하러 온 것이 아니라 아예 몇 달 동안 여기서 눌러 살 사람들처럼 군다. 우리는 맥주를 주문하고, 담배에 불을 붙이고, 뺨에 쪽쪽 입을 맞춘다.

우리 자리에 앉은 사람들은 절충주의자들이다. 부자 은행가인 토니는 자신이 "문화적으로는 영국인이지만 지리적으로는 스위스인"이라고 말한다. 나는 말을 하지는 않지만 속으로 이런 생각을 한다. '그게 도대체 무슨 소리야?' 그의 논리를 따른다면, 나 역시 지리적으로 스위스인이다. 지리적으로 말해서 나는 지금 스위스에 있으니까. 반면 디터는 지리적인 면뿐만 아니라 다른 모든 면에서도 스위스인이다. 의사인 그는 머리숱이 많고 자신감도 넘친다. 그의 옆에는 미국인 아내인 케이틀린이 있다. 전에 할리우드에서 매니지먼트 일을 하던 그녀는 10년 전부터 스위스에서 살고 있다. 나는 우리 자리에 앉은 사람들 중 그녀만이 유일하게 블랙베리를 갖고 있음을 눈치챈다. 대화가 소강상태에 빠지면 그녀는 불안한 듯이 그 블랙베리를 만지작거린다.

내가 행복 연구 때문에 스위스에 왔다는 말을 듣고 다들 놀란다. 행복한 스위스인이라니? 잘못 아셨어요. 아니에요. 나는 강력하게 주장한다. 로빈 윌리엄스처럼 생긴 네덜란드 사람이 분명히 나한테 그렇게 말했어요. 자기 주장을 뒷받침할 연구까지 했다고요. 나는 우리 일행을 상대로 비공식적인 여론조사를 실시한다. 전체적으로 봤을 때 요즘 얼마나 행복하십니까? 다들 행복 점수가 8점이나 9점이라고 했고, 미국인만 7점이라고 했다. 스위스인들은 놀란 표정이다. '흠, 우리가 정말로 행복한가 보네. 누가 짐작이나 했겠어?' 이런 생각을 하는 것 같다.

"자, 여러분이 정말로 행복하다는 사실이 드러났으니까 이제 스위스인들이 행복을 느끼는 원인을 생각해보죠." 내가 말한다.

"깨끗함." 디터가 말한다. "우리나라의 공중 화장실을 본 적 있어요? 아주 깨끗해요." 처음에 나는 이 말이 농담인 줄 알았지만 그럴 리가 없다고 금방 생각을 바꾼다. 스위스인들은 농담을 하는 법이 없다. 무슨 일에 대해서든, 결코.

그가 옳다. 스위스의 화장실은 정말로 깨끗하다. 루트 벤호벤과 동료 학자들이 한 나라의 행복도와 화장실 청결도 사이의 상관관계를 연구해본 적이 있는지 궁금하다. 틀림없이 아주 도움이 되는 결과가 나올 텐데.

스위스에서는 화장실뿐만 아니라 다른 것도 모두 깨끗하다. 어떤 나라에서는 수돗물을 마시는 것이 곧 자살 행위가 되기도 한다. 하지만 스위스에서는 수돗물을 마시는 것이 유행을 따르는 세련된 행위다. 취리히는 심지어 관광객에게 수돗물의 수질을 자랑하기까지 한다.

스위스의 도로에는 움푹 팬 곳이 하나도 없다. 모든 것이 제대로 돌아간다. 스위스는 대단히 기능적인 나라다. 이것이 기쁨이나 행복의 원천이 될 수 없을지는 몰라도 불행의 원인을 많이 제거해주는 건 사실이다.

부유하고 깨끗하고 훌륭하게 관리되는 사회라는 스위스의 이미지가 워낙 매력적이기 때문에 다른 나라들은 자기가 자기네 지역의 스위스라는 공상에 빠진다. 싱가포르는 아시아의 스위스이고, 코스타리카는 중앙아메리카의 스위스다. 하지만 나는 지금 유럽의 스위스에 와 있다. 진짜 스위스.

그러나 때로는 진짜 스위스도 스스로의 기대치를 충족시키지 못한다. 가끔은 스위스에서도 일이 매끄럽게 돌아가지 않을 때가 있다. 디터가 내게 말한다. "기차가 20분 연착하면 사람들은 안절부절못해요." 몇 년 전 이 나라의 철도 전체가 18시간 동안 불통되었을 때는 온 국민이 한동안 실존적인 회의 속으로 깊이 빠져 들어갔다고 한다.

"그럼 깨끗한 화장실과 시간을 잘 지키는 기차 외에 여러분이 느끼는 행복의 원천은 뭐죠?"

"시기심이죠."

"그게 여러분이 행복한 이유라고요?"

그가 설명한다. 그런 게 아니라고. 스위스인들이 행복한 건 다른 사람들에게 시기심을 불러일으키지 않으려고 수단과 방법을 가리지 않기 때문이라고. 스위스인들은 시기심이 행복의 커다란 적이라는 사실을 본능적으로 알기 때문에 무슨 수를 써서라도 시기심을 짓밟아버리려고 한다. 디터가 맥주를 한 모금 마시며 말한다. "자신에게 지나치게 밝은 조명을 비추지 말자는 것이 우리의 사고방식이에요. 그랬다가는 총에 맞을 수도 있으니까요."

스위스인들은 돈 얘기를 싫어한다. 자기 수입이 얼마나 되는지 말하기보다는 차라리 자기가 곤지름(성기와 항문 주위에 나는 사마귀. 성병의 일종 - 옮긴이)에 걸렸다는 이야기를 하는 편이 낫다고 생각하는 사람들이다. 내가 만난 스위스 사람 몇몇은 심지어 돈을 뜻하는 'money'의 'm' 자도 입에 올리지 못했다. 그냥 손가락 두 개를 비비는 것으로 돈이라는 단어를 대신했다. 처음에는 이것이 이상하게 보였다. 스위스의 경제가 금융업을 기반으로 하고 있으니까 말이다. 내가 알기로, 금융업은 돈과 관련된 사업이다. 하지만 스위스인들은 돈만큼 시기심을 불러일으키는 것이 없다는 사실을 알고 있다.

미국인들의 사고방식은, 돈이 있으면 마구 뽐내자는 것이다. 하지만 스위스인들은 돈이 있으면 숨겨야 한다고 생각한다. 어떤 스위스인이 내게 이런 말을 했다. "부자처럼 옷을 입거나 행동하면 안 돼요. 물론 자기 집에 4000달러짜리 에스프레소 기계를 들여놓을 수는 있죠."

나는 디터에게 왜 이런 속임수를 쓰느냐고 물어본다.

그는 스위스 부자들이 돈을 과시하지 않는 건 그럴 필요가 없기 때문이라고 설명한다. 주위에 그가 부자라는 사실을 모르는 사람은 없다. 스위스인들은 이웃에 대해 모르는 것이 없기 때문이다. 사실 부자가 갑자기 화려한 새 차를 사들이는 식으로 돈을 과시하며 돌아다니기 시작하면, 사람들은 뭔가 수상하다고 생각한다. 저 사람이 아무래도 경제적으로 곤란해진 모양이라고.

미국인들이 가장 두려워하는 건 사회의 낙오자가 되는 것이다. 스위스인들이 가장 두려워하는 건 갑자기 화려하게 부자가 되는 것이다. "무서운 일이죠." 어떤 스위스 사람은 갑자기 돈을 많이 번 사람에 대해 이야기하면서 이렇게 말했다. 마치 무슨 끔찍한 질병에 관한 이야기를 하는 것 같았다.

* * *

철학자 마르틴 하이데거는 권태를 "우리 목에 닿는 무無의 뜨거운 숨결"이라고 정의했다. 스위스에서는 그 뜨거운 숨결이 없는 곳이 없다. 공기 중에 확 퍼져 있다. 프랑스에 와인이 있고 독일에 맥주가 있다면, 스위스에는 권태가 있다. 그들은 권태를 완벽하게 다듬어 대량생산했다.

스위스인들은 가늘고 긴 삶을 산다. 그들은 남을 따라 행동하면서 만족한다. 바닥을 파보는 일도 없고, 그렇다고 천장에 닿을 만큼 높이 올라가는 일도 없다. 스위스인들은 어떤 것을 가리켜 경이롭다거나 굉장하다는 표현을 쓰는 일이 없다. 그냥 'c'est pas mal'이라고 말할 뿐이다. 나쁘지는 않다는 뜻이다. 이것이 행복의 비결일까? 'c'est pas mal'한 삶이? 아니면 스위스인들은 사실 인생에 경이로운 측면이 많다고 생각하면서도 그런 형용사가 감동을 오히려 축소시킨다는 사실을 잠재의식으로 알고 있는 건지도 모른다. 어떤 대상에 경이롭다는 표현을 쓰면, 그 대상은 경이로움을 잃어버린다.

행복을 연구하는 학자들은 통계적인 관점에서 스위스인들이 비결을 찾아냈음을 알아냈다. 엄청나게 높은 곳과 엄청나게 낮은 곳 사이를 끊임없이 오가기보다는 중간쯤에서 사는 편이 나은 법이다.

스위스인들의 권태에 대해 조너선 스타인버그만큼 잘 아는 사람은 없다. 그는 학자로서의 생애 전체를 스위스 연구에 바친 사람이다. 그가 학생들에게 한 학기 동안 내내 스위스 내전을 다루겠다고 선언하자 학생들 중 절반이 일어나 나가버렸다. 그래서 스타인버그는 "심지어 내전조차 스위스에서 일어나면 지루한 모양"이라는 우울한 결론을 내릴 수밖에 없었다.

스위스인들은 지루할 뿐만 아니라 유머도 없다. 어쩌면 내 생각이 틀린 건지도 모른다. 어쩌면 스위스인들의 유머 주파수가 우리와는 완전히 달라서 스위스인이 아닌 내 귀로는 감지할 수 없는 건지도 모른다. 그래서 나는 마음을 열기로 하고 디터에게 묻는다(물론 외교적으로 말을 돌려서). 스위스인에게 유머 감각이 없다는 말이 사실이냐고.

"유머 감각이라는 말의 의미를 정확히 말해주세요." 그가 즉각적으로 대답한다. 이것으로 얘기는 끝났다.

스위스인들의 유머 감각 부재에는 진지하고 긴 역사가 있다. 한 학자가 해준 이야기에 따르면, 17세기 바젤에서는 공공장소에서 웃는 것이 금지되어 있었다고 한다. 물론 지금은 그런 법이 존재하지 않는다. 그런 법을 만들 필요가 없기 때문이다. 이곳 사람들의 생활이 대개 그렇듯이, 유머 감각 부재 또한 스위스인들이 스스로 감시하며 지켜나가고 있다.

네덜란드인들이 마리화나와 성매매를 좋아한다면, 스위스인들은 규칙을 좋아한다. 스위스에는 일요일에 잔디밭을 깎거나 카펫을 털면 안 된다고 금지해놓은 지역이 많다. 발코니에 빨래를 너는 건 요일을 막론하고 전적으로 금지되어 있다. 밤 10시 이후에는 화장실 변기의 물을 내릴 수도 없다.

스위스에서 만난 어떤 영국 여자는 스위스에 살면서 이곳의 규칙과 자꾸만 충돌을 일으키고 있었다. 이를테면 그녀가 밤 근무를 마치고 늦게 집에 돌아와 동료들과 맥주를 몇 병 마시며 조금 웃음을 터뜨린 것이 문제가 되는 식이다. 무슨 소란을 피운 것도 아니고, 그냥 평범한 사람들처럼 일을 마친 뒤 피로를 조금 풀었을 뿐인데 이튿날 그녀의 집 문 앞에 쪽지가 붙어 있었다. "부탁이니 자정이 지난 뒤에는 웃지 마세요."

스위스에서 더러운 자동차를 방치하면 누군가 자동차에 이런 쪽지를 붙여놓는다. "부탁이니 세차 좀 하세요." 미국 사람들 같으면 귀엽게 "절 씻겨주세요"라고 휘갈겨 쓴 쪽지를 붙여놓을 텐데. 스위스인들은 풍자 감각이 없기 때문에 언제나 자기가 하고 싶은 말을 그대로 말한다. 쓰레기를 제대로 분리해서 버리지 않으면, 잔소리 심한 이웃이 쓰레기 속에서 거슬리는 물건을 찾아내어 문 앞에 도로 갖다 놓는다. 무뚝뚝한 쪽지를 붙여서. 여긴 그냥 보모 국가가 아니라 슈퍼 보모 국가다.

스위스에서는 모든 것이 엄격히 조직되어 있다. 심지어 무정부주의도 예외가 아니다. 1년에 한 번, 휴일인 노동절에 무정부주의자들은 상점 진열창 몇 장을 깨뜨린다. 항상 같은 시각에. 어떤 스위스인은 스위스인치고는 드물게 유머 감각을 발휘해서 이렇게 비꼬았다. "맞아요, 우리한테도 무정부주의가 있죠. 오후에만."

지금까지 알아낸 것을 정리해보자. 스위스인들은 유머 감각이 없고 지나치게 딱딱하다. 대개 모든 일이 매끄럽게 잘 돌아가고, 시기심은 처음부터 짓밟히지만 거기에는 대가가 따른다. 항상 남들의 감시를 받고, 남들의 판단으로부터 자유롭지 못하다는 것. 이런 곳에 행복이 있다고?

"간단해요." 디터가 말한다. "자연이죠. 우리 스위스인들은 자연과 깊은 유대감을 갖고 있어요." 나는 깜짝 놀란다. 이 말 때문이 아니다. 나무 끌어안기를 좋아하는 사람들에게서 자주 들은 말이니까. 심지어 나도 가끔 이런 말을 한다. 내가 놀란 건 이 말을 한 사람이 디터이기 때문이다. 그는 아무리 봐도 세련된 도시인이다. 환경과 자연을 생각하는 마음은 전혀 없을 것 같다.

하지만 그가 옳다. 스위스인은 아무리 세계화된 사람이라도, 아무리 자연과 동떨어진 생활을 하는 것처럼 보여도, 땅을 사랑하는 마음을 잃어버리는 법이 없다. 심지어 스위스의 억만장자들도 속으로는 자기가 산골 사람이라고 생각한다.

알프스에 가보지 않고는 스위스 사람을 이해할 수 없다고 디터가 말한다. 그래서 나는 알프스에 간다.

수전과 나는 제르마트라는, 알프스의 싼 티 나는 마을에 도착한다. 일본어를 비롯해서 모두 5개국어로 미리 녹음해놓은 인사말이 우리를 맞이한다. 자그마한 전기 자동차들이 붕붕거리며 돌아다닌다. 보통 자동차는 금지되어 있다. 스위스인들은 사랑하는 알프스를 지키기 위해 이런 환경 규제를 기꺼이 받아들인다.

우리는 케이블카를 타고 유명한 마테호른과 인접한 산의 꼭대기로 올라간다. 아직 스키 시즌이라 (우리를 제외한) 모든 사람이 세련된 스키복을 차려입고 있다. 다들 나이가 지긋해서 피부는 축 늘어졌지만 돈이 많다.

산꼭대기를 향해 올라가면서 나는 이 산악 지대에서 가장 볼만한 건 바로 빛이라는 사실을 깨닫는다. 이곳의 빛은 색조와 강도가 물처럼 흐르듯이 변한다. 태양이 봉우리들 사이로 고개를 내밀었다가 숨었다가 할 때마다 빛이 끊임없이 변하기 때문이다. 19세기 이탈리아 화가 조반니 세간티니는, 평지 사람들은 지치고 취한 태양밖에 모르지만 산골 사람들은 생기와 에너지를 가득 품은 채 뜨고 지는 황금빛 불덩어리를 본다고 말한 적이 있다.

우리는 마침내 정상에 도착한다. 높이 3890미터. 표지판에는 이렇게 적혀 있다. "유럽에서 케이블카로 올 수 있는 산 정상 중 가장 높은 곳." 이 설명을 보니 모험이라도 하는 것처럼 들떴던 기분이 조금 풀이 죽는다. 가볍게 눈이 내리고 있다. 나무로 만든 십자가가 하나 있다. 이렇게 세속적인 나라에 십자가가 서 있는 것이 이상하다. 십자가 밑에는 짧은 구절이 적혀 있다. "더욱 인간적인 사람이 되어라."

차분한 기분이 스멀스멀 나를 덮는다. 이런 기분이 드는 게 워낙 드문 일이기 때문에 처음에 나는 깜짝 놀란다. 이 기분의 정체가 뭔지 알 수 없다. 하지만 이 기분이 존재한다는 사실을 부인할 수는 없다. 나는 평화롭다.

자연주의자 E. O. 윌슨은 내가 지금 경험하는 이 따스하고 보들보들한 기분에 생명애biophilia라는 이름을 붙였다. 그는 "인간이 다른 생명체에게 선천적으로 느끼는 정서적인 유대감"이라고 생명애를 정의했다. 윌슨은 우리가 자연에게 느끼는 유대감이 진화의 역사 속에 깊이 각인되어 있다고 주장했다. 이 유대감이 항상 긍정적이기만 한 건 아니다. 뱀을 예로 들어보자. 요즘은 뱀에게 물려 죽을 가능성은 둘째 치고, 뱀을 만날 가능성조차 지극히 낮다. 그런데도 연구에 따르면, 현대인들은 자동차 사고나 살인처럼 죽음을 불러올 확률이 더 높은 수많은 일보다 여전히 뱀을 훨씬 더 무서워한다. 뱀에 대한 두려움은 우리의 원시적인 뇌 깊숙한 곳에 자리 잡고 있다. 비록 하찮은 것이긴 해도, 롱아일랜드 고속도로에 대한 두려움은 그보다 훨씬 나중에 덧붙여진 것이다.

윌슨이 내놓은 생명애 가설은 우리가 자연 속에서 커다란 평화를 느끼는 이유도 설명해준다. 우리의 유전자가 그렇게 생겼기 때문이다. 그래서 온갖 종류의 운동경기 관중을 모두 합한 것보다 더 많은 사람이 매년 동물원을 찾는다.

1984년에 로저 얼리치라는 심리학자가 펜실베이니아 병원에서 쓸개 수술을 받고 회복 중인 환자들을 연구했다. 그는 환자들을 두 집단으로 나눠 한 집단에는 낙엽수 몇 그루가 보이는 방을 배정했고, 다른 집단에는 벽돌담이 보이는 방을 배정했다. 얼리치는 이 연구 결과를 다음과 같이 설명한다. "창문으로 자연을 바라볼 수 있었던 환자들은 수술 뒤 병원에 머무른 기간이 비교적 짧았고, 간호사의 메모에 등장하는 부정적인 말도 더 적었으며……투약이 필요할 만큼 끈질긴 두통이나 메스꺼움 같은 사소한 수술 합병증도 비교적 발생하지 않는 편이었다. 벽돌담을 바라본 환자들은 강력한 진통제 주사를 훨씬 더 많이 맞아야 했다."

별로 유명하지 않은 이 연구에 내포된 의미는 엄청나다. 자연과 가까이 있으면 단순히 따스하고 보들보들한 감정만 생겨나는 것이 아니라 우리의 신체 또한 측정할 수 있을 만큼 실질적인 변화를 일으킨다는 것이다. 이를 바탕으로 자연과 가까이 있으면 행복도 커진다는 결론을 내리더라도 지나친 비약이라고 할 수는 없을 것이다. 그래서 빈틈이라고는 전혀 없을 것 같은 사무용 건물에도 공원이나 안뜰이 설치된다(행복한 직원의 생산성이 더 높다는 믿음 때문임이 분명하다).

생명애 가설은 버클리/앨 고어/시금치 먹기 캠페인으로 상징되는 진부한 환경 운동과는 다르다. 이 가설은 우리의 책임감에 직접적으로 호소하지 않는다. 그보다 훨씬 더 기본적이고 흔하며 인간적인 특징, 즉 이기심에 호소한다. 이 가설은 사실상 우리가 행복해지기 위해 자연을 보호해야 한다고 말한다. 건국 서류에 '행복'이라는 단어가 등장하는 미국 같은 나라에서는 환경주의자들이 이미 오래전부터 생명애에 마음을 빼앗겼을 법도 하다.

나는 확실히 마음을 빼앗겼다. 마치 내가 저 아래의 계곡 위를 둥둥 떠가고 있는 것 같다. 또 다른 표지판이 보인다. "주님의 작품은 위대하여라." 나는 말없이 고개를 끄덕인다. 기분 좋은 현기증이 나면서 새가 지저귀는 소리 같은 것이 음악처럼 들려오는 듯하다. 내가 지금 초월을 경험하고 있는 걸까?

아니, 그 소리는 수전의 휴대전화 벨소리다. 문자 메시지가 들어왔다고 알려주는 소리. 유럽에서 케이블카로 갈 수 있는 산꼭대기 중 가장 높은 곳에서는 휴대전화도 잘 터지는 모양이다. 내 행복의 순간은 7월에 사라지는 산꼭대기의 눈처럼 순식간에 사라져버린다.

제르마트로 돌아온 뒤 나는 산꼭대기에서 경험한 일을 곰곰이 생각한다. 저산소증, 즉 산소 부족으로 그런 기분이 들었을 거라고 생각하는 편이 합리적일 것이다. 저산소증은 여러 가지 증상을 일으킬 수 있지만(궁극적으로 죽음에 이를 수도 있다), 약에 취한 듯한 행복감은 그중에서도 흔한 증상이다.

알고 보니 저산소증은 허기도 불러올 수 있는 모양이다. 수전은 내가 퐁듀를 경험할 필요가 있다는 결론을 내렸다. 내가 '퐁듀'라는 말을 마지막으로 들은 때, 아니 어떤 식으로든 그 단어를 생각해본 때는 1978년이었다. 그때 우리 어머니가 퐁듀 세트를 갖고 계셨다. 지금도 그 모양이 선명히 떠오른다. 병자 같은 오렌지색으로, 자그마한 포크를 놓을 수 있게 가장자리에 굴곡이 있었다. 그 퐁듀 세트는 무슨 박물관 전시품처럼 우리 집 식당에 오랫동안 놓여 있었다. 하지만 누가 그걸 사용했던 기억은 나지 않는다.

우리의 퐁듀는 커다란 그릇에 담겨 나온다. 오렌지색이 아니다. 맛도 좋다. 음식을 몇 번 덜어 먹고 나니 행복감이 사라진다. 하지만 매우 스위스인 같은 기분이 든다. 만족감. 중립적인 감정. 어쩌면 이래서 스위스가 중립국인지도 모른다. 스위스가 중립국이 된 것은 마음속 깊이 자리 잡은 도덕 때문이 아니라 현실적인 이유 때문인지도 모른다. 퐁듀와 전쟁은 어울리지 않으니까.

　　　　　　　　＊　　＊　　＊

　제네바로 돌아온 뒤 수전이 내게 잘릴을 소개해준다. 그는 밴드
활동을 하는 스위스 청년이다. 우리는 와인을 마신다. 그의 영어가
약간 서툴러서 미네소타 출신의 금발 아가씨인 그의 미국인 여자 친
구가 통역을 해준다. 그녀의 이름은 애나다. 정신이 멀쩡할 때는 다
정한 아가씨지만, 술에 취하면 거칠고 신랄한 성격이 튀어나온다.
그런데 술에 취할 때가 상당히 많은 것 같다.

　"스위스인들이 이렇게 행복한 이유가 뭐죠?" 내가 잘릴에게 묻
는다.

　"언제든 자살할 수 있다는 걸 알기 때문이에요." 그가 웃음을 터뜨
리며 말한다. 하지만 이 말은 농담이 아니다. 스위스는 안락사에 대
해 세계에서 가장 자유로운 법을 가진 나라다. 유럽 전역에서 사람
들이 이곳으로 죽으러 온다.

　이것이 얼마나 기묘한 상황인지 이제 실감이 난다. 스위스에서는
밤 10시 이후에 화장실 변기의 물을 내리거나 일요일에 자기 집 잔
디밭을 깎는 것이 불법이다. 하지만 자살은 합법이다.

　내가 행복 연구의 일환으로 스위스에 갈 생각이라고 친구들에게
말했을 때, 누군가 이런 말을 했다. "그 나라 자살률이 높지 않아?"
맞는 말이다. 이 나라의 자살률은 세계 최고 수준이다. 이건 절대로
말이 안 되는 상황 같다. 행복한 나라의 자살률이 높다니? 하지만 사
실은 이 상황을 쉽게 설명할 수 있다. 먼저 통계적으로 봤을 때 자살
건수가 아직 적은 편이기 때문에 행복도 조사에 별다른 영향을 미치
지 못한다. 행복을 연구하는 학자들이 자살 충동에 시달리는 사람과

면담할 가능성이 아주 낮기 때문이다. 하지만 이것만이 유일한 이유는 아니다. 우리가 자살을 하지 못하게 막는 요소와 우리를 행복하게 해주는 요소는 서로 다르다. 예를 들어, 로마가톨릭을 믿는 나라들은 자살을 금지하는 교리 때문에 대개 자살률이 아주 낮다. 하지만 그렇다고 해서 그 나라들이 행복하다는 뜻은 아니다. 훌륭한 정부, 의미 있는 직업, 가족 간의 강한 유대감, 이 모든 것이 행복에 기여하는 중요한 요소이지만, 불행에 지쳐 낙담한 사람의 자살을 막는 데에는 아무 소용이 없다.

어쩌면 행복한 사람들에게 둘러싸여 있다는 사실이 때로 절망의 진짜 원인이 되는 건지도 모른다. 스위스의 유명한 저술가인 프란츠 홀러는 내게 이런 말을 했다. "만약 내가 행복하지 않다면 나는 이런 생각을 할 겁니다. 젠장, 주위의 모든 것이 아름답고 제대로 돌아가는데, 나는 도대체 왜 행복하지 않지? 내 어디가 잘못된 거야?"

* * *

나라마다 칵테일파티에서 흔히 오가는 질문이 있다. 간단한 말 한마디로, 방금 만난 사람에 관한 정보가 잔뜩 들어 있는 광맥을 찾아낼 수 있는 질문. 미국에서는 "무슨 일을 하세요?"가 바로 그런 질문이고, 영국에서는 "어느 학교를 다니셨어요?"가 그런 질문이다. 스위스에서는 "어디 출신이세요?"가 그렇다. 어떤 사람을 만났을 때 우리가 알아내야 할 것은 그것뿐이다.

스위스인들은 고향에 깊이 뿌리박고 있다. 여권에는 조상들이 살던 고향이 표시되어 있다. 여권을 갖고 있는 사람의 고향이 아니라 그 사람의 뿌리가 된 마을 이름이 적혀 있는 것이다. 그 사람이 그곳에서 태어나지 않았어도 상관없다. 아예 그 마을에 가본 적이 없을 수도 있다. 그래도 거기가 고향이다. 스위스 사람들은 자기 나라를 떠날 때에야 비로소 스위스인이 된다고들 한다. 그때까지는 다들 제네바인이나 취리히인이라는 것이다. 각자의 출신지가 그들을 규정한다는 얘기다.

이러니 스위스인들이 향수鄕愁라는 현대적인 개념을 발명해낸 것도 무리가 아니다. 자신이 있어야 할 곳을 벗어난 것 같은 불쾌한 느낌, 우리가 집이라고 생각하는 장소에서 뽑혀 나왔을 때 경험하는 상실감에 'heimweh(독일어로 향수라는 뜻 - 옮긴이)'라는 이름을 처음으로 붙인 사람들이 바로 그들이다.

이런 생각을 하다 보니 궁금해진다. 행복도 정치와 마찬가지로 지방색을 띨까? 잘 모르겠다. 스위스인들이 지역에 초점을 맞추기 때문에 자신에게 뿌리가 있다는 느낌을 받는 건 분명하다. 하지만 지역을 지나치게 중시하다 보니 나쁜 점도 있다. 조너선 스타인버그는 이렇게 말했다. "옆집에서 무슨 일이 벌어지고 있는지 전혀 모른다." 공용어가 네 개나 되는 나라이니 그럴 만도 하다. 하지만 한 스위스인 친구는 이런 말을 했다. "우리 스위스인이 서로 사이좋게 지내는 건 서로 상대의 말을 이해하지 못하기 때문이야."

그럴지도 모른다. 하지만 그들은 분명히 서로를 신뢰한다. 나는 신용카드 번호를 밝히지 않고도 호텔에 방을 예약할 수 있었다. 돈을 미리 지불하지 않았는데도 차에 기름을 넣을 수 있었다. 많은 스위스인이 명예를 기반으로 움직인다. 알프스에 점점이 늘어선 자그마한 휴양 오두막처럼. 그 안에는 음식이 있다. 사람들은 거기서 음식을 먹은 뒤 돈을 놓고 나온다.

캐나다의 경제학자인 존 헬리웰은 오랫동안 신뢰와 행복의 관계를 연구했다. 그 결과 이 두 가지가 불가분의 관계라는 사실을 알게 되었다. "일상적으로 상대하는 사람들을 믿지 못한다면, 사회 활동에 제대로 참여하고 있다는 느낌이 들지 않는다. 참여는 신뢰를 낳고, 신뢰는 참여를 뒷받침한다. 이 둘은 이렇게 서로 영향을 주고받으며 중요한 역할을 한다."

이런 말도 한 번 생각해보자. "사람들은 대개 믿을 만하다." 여러 연구 결과, 이 말에 동의하는 사람이 그렇지 않은 사람보다 행복한 것으로 드러났다. 이웃을 믿는 것이 특히 중요하다. 단지 이웃과 알고 지내기만 해도 삶의 질이 눈에 띄게 달라진다. 한 연구 결과에 따르면, 특정 지역의 범죄율에 영향을 미치는 모든 요인 중 가장 커다란 차이를 만들어내는 건 순찰 경찰관의 숫자 같은 것이 아니라 자기 집에서 걸어서 15분 거리에 살고 있는 아는 사람의 숫자다.

* * *

나는 사랑에 빠졌다. 내가 사랑하는 상대는 여자가 아니다. 사람도 아니다. 스위스 철도망이다. 정말 사랑스럽다. 기차가 속삭이듯 조용히 달리는 것도 사랑스럽고, 차량 사이의 미닫이 유리문이 품위 있게 열리고 닫히는 것도 사랑스럽다. 재킷을 입은 승무원들이 금방 뽑은 커피와 크루아상을 들고 돌아다니는 것도 사랑스럽고, 진짜 도자기 그릇에 맛있는 음식을 담아 내놓는 식당차도 사랑스럽다. 화장실의 나무 장식도 사랑스럽고, 가죽 의자도 사랑스럽고, 차에서 내릴 때가 되면 자그마한 플랫폼이 발밑에서 기적처럼 모습을 드러내는 것도 사랑스럽다. 사실 영원히 스위스 기차를 타고 제네바, 바젤, 취리히 등지를 돌아다니고 싶다는 충동 때문에 어쩔 줄을 모르겠다. 어떻든 상관없다. 나는 여기 스위스 기차에서 행복해질 수 있을 것 같다.

하지만 나는 기차에 영원히 머무르지 않는다. 베른에서 내린다. 졸음에 겨운 스위스의 수도. 달콤쌉쌀한 미국인 애나가 설명한 그대로다. 극단적으로 별스러운 도시. 그래, 정말로 지나치게 별스러운 것이 있기는 있구나. 나는 성벽에 둘러싸인 이 오래된 도시를 걸어서 돌아다니며 이런 생각을 한다. 그때 누군가 벽에 써놓은 말이 눈에 들어온다. "경찰들 나쁜 새끼." 이건 별스럽지 않다. 다른 곳이라면 이 말이 불쾌하고 불온하게 보였을 것이다. 하지만 스위스에서는 이곳에도 삶이 존재한다는 표지를 본 것 같아 그저 반가울 뿐이다.

나는 스위스 의사당을 찾아간다. 웅장하고 화려한데도 어찌 된 영문인지 억제된 것처럼 보이는 건물이다. 나라마다 상징적인 인물이 있게 마련이다. 그 나라의 모든 것을 깔끔하게 요약해서 보여주는 동상 같은 것. 이오지마에는 국기를 게양하는 해병들. 런던의 트라팔가 광장에는 제왕처럼 당당하게 서 있는 넬슨 경. 스위스에는 중재자 니콜라스라는 사람이 있다. 그의 동상이 여기 서 있다. 손바닥이 아래로 가게 한쪽 팔을 쭉 뻗은 모습이다. 마치 이렇게 말하는 것 같다. "마음을 가라앉히시오, 여러분. 우리 이성적으로 대화를 해봅시다." 정말 스위스답다.

알베르트 아인슈타인이 베른에 살았다. 그는 이곳에서 "내 평생 가장 행복한 생각"을 했다고 말했다. 그가 말하는 행복한 생각이란,

나중에 특수상대성이론으로 결실을 맺은 깨달음이다. 그가 살던 집은 이 도시 중심부 쇼핑가에 있는 소박한 아파트였다. 지금은 자그마한 박물관이 되었다. 아인슈타인이 살던 때랑 완전히 똑같은 모습으로 복원되어 있다. 소파 하나, 나무 의자, 1893년이라고 적혀 있는 포도주 한 병, 아들 한스를 태우던 유모차, 그가 특허국 사무원 시절 출근할 때 입었던 양복. 젊은 아인슈타인을 찍은 흑백사진도 여러 장 있다. 머리가 사방으로 정신없이 일어서기 전의 그가 가족과 함께 포즈를 취하고 있다. 그의 아내와 아들은 카메라를 정면으로 바라보고 있지만, 아인슈타인은 모든 사진에서 어딘가 먼 곳을 바라보고 있다. 에너지와 물질에 대해 생각하고 있는 걸까? 아니면 이 결혼 생활에서 벗어나야겠다는 생각을 하고 있는 걸까? (나중에 그는 실제로 그렇게 했다.)

나는 프랑스식 유리창(미닫이창 두 짝 - 옮긴이)을 열고 목을 쭉 내밀어 거리를 내려다본다. 자동차 몇 대가 있는 걸 빼면, 1905년의 모습과 거의 똑같은 것 같다. 나는 잠시 눈을 감았다가 뜬다. 내가 과거로 시간 여행을 했을 거라고 반쯤은 믿으면서. 사실 이론적으로는 그런 일이 가능하다는 것을 아인슈타인이 증명하지 않았던가.

아인슈타인의 낡은 아파트 위층에 누군가 살고 있다. 그래픽디자이너다. 아인슈타인이 살았던 건물에서 살다니. 처음에는 굉장하다는 생각이 든다. 정말 짜릿할 거라고. 그런데 잠시 후 심리적 압박이 엄청날 것 같다는 생각이 든다. 계단을 오를 때마다, 아인슈타인이 올랐던 바로 그 계단을 오를 때마다 $E = mc^2$ 같은 것이 생각나지 않는다면 실망할 것 같다. 그래, 나는 이런 데서 살기 싫다.

아인슈타인도 나처럼 베른이 쾌적하지만 지루한 곳이라고 생각했다. 그래서 이런 의문이 든다. 스위스인들이 좀 더 재미있는 사람들이었다면 그가 그렇게 자주 몽상에 빠졌을까? 혹시 특수상대성이론을 만들어내지 못했을 수도 있지 않을까? 그러니까 다시 말해서, 권태에도 뭔가 좋은 점이 있는 게 아닐까?

영국의 철학자 버트런드 러셀은 그렇다고 생각했다. "어느 정도의 권태는……행복한 삶에 필수적이다." 그는 이렇게 썼다. 어쩌면 내가 스위스 사람들을 잘못 판단한 건지도 모른다. 어쩌면 그들은 권태와 행복에 관해 다른 사람들은 모르는 걸 알고 있는지도 모른다.

참을성과 권태는 밀접하게 연관되어 있다. 권태 중에는 사실 성급함이라고 해야 옳은 것도 있다. 세상 돌아가는 꼴이 싫고, 세상이 재미없어서 지루하다는 결론을 내리는 것이다(권태는 마음이 결정하는 것이다).

러셀은 이렇게 말했다. "권태를 견디지 못하는 세대는 소인배의 세대, 서서히 움직이는 자연과 심히 유리된 사람들의 세대, 생기 넘치는 충동이 죄다 꽃병에 꽂아놓은 꽃처럼 서서히 시들어가는 세대가 될 것이다."

스위스인들이 사실은 지루하지 않은 사람들일지도 모른다는 생각이 들기 시작한다. 밖에서 보기에 지루하게 보일 뿐이다.

* * *

내 사랑을 다시 만났다. 다시 스위스 기차 안이다. 나의 다음 목적지는 취리히다. 제네바가 빈민가처럼 보일 정도로 깨끗한 도시. 호텔에 여장을 푼 뒤 시간이 좀 남는다. 그래서 자그마한 기차를 타고 근처의 산꼭대기로 간다. 취리히의 대중교통은 명예를 기반으로 운행된다. 사복 차림의 감시원이 기차를 타고 다니면서 표가 없는 사람들을 불시에 기습할 때도 있지만. 시민의 양심을 믿지만, 그래도 확인은 해야겠다는 식이다. 내가 탄 기차에서도 그런 일이 벌어진다. 한 중년 남자가 심문을 당하고 있다. 그는 어떻게든 변명을 해서 이 궁지를 벗어나려는 모양이다. 그의 얼굴이 잿빛이다. 무서워서가 아니라 창피해서. 나는 사람들이 무임승차를 하지 않는 것은 벌금 때문이 아니라, 들켰을 때 공개적으로 당하게 될 망신 때문임을 깨닫는다.

산꼭대기에 서니 취리히의 전경이 발아래 펼쳐진다. 르네상스 시대의 그림을 보는 것 같다. 산 위에 올라오니 안전하다는 느낌이 든다. 어쩌면 그래서 우리가 산꼭대기를 좋아하는지도 모른다는 생각이 든다. 어쩌면 나무를 타던 침팬지 시절까지 거슬러 올라가는 감정인지도 모른다. 높은 곳에서는 잠재적인 위험을 모두 볼 수 있으니까, 눈에 띄는 것이 없을 때에는 긴장을 풀 수 있다.

날씨가 아주 화창하다. 하늘은 짙은 파란색이고, 시야는 한없이 탁 트였다. 사람들은 점심 도시락을 가져와서 즉흥적인 소풍을 즐긴다. 한 노인과 여자가 공원 벤치에 앉아 있는 것이 보인다. 노인은 이탈리아식의 납작한 모자를 쓰고 미동도 없이 앉아 있다. 근처에서 어떤 여자가 개 두 마리를 산책시키고 있다. 개들은 서로의 발꿈치를 물며 미소 짓고 있다. 틀림없다. 줄을 매지 않았는데도 도망칠 기색은 없다. 스위스 개답다.

아, 여긴 정말 좋지만 이제 그만 가봐야겠다는 생각이 든다. 내가 항상 하는 생각이다. 이런 생각이 들 때 대개 나는 정말로 가봐야 하는 건지 다시 생각해보려 하지 않는다. 그런데 이번에는 '잠깐만' 하고 나 자신을 붙들어 세운다. 도대체 어디로 가겠다는 거야? 지금은 오후 3시고, 넌 스위스에서 아름다운 봄 날씨를 즐기고 있어. 만날 사람도 없고 갈 데도 없잖아.

영국의 학자 애브너 오퍼는 "부가 성급함을 낳고, 성급함은 복지를 갉아먹는다"라고 썼다. 맞는 말이다. 가난한 사람들 중에는 성질 급한 사람이 많지 않다(그들이 불행한 건 다른 이유 때문이다. 나중에 자세히 설명하겠다). 그때 깨달음이 찾아온다. 스위스인들은 부유하고 참을성이 많다. 이건 보기 드문 조합이다. 그들은 꾸물거리는 법을 안다. 사실 내가 스위스에 온 지 2주째인데, 지금까지 손목시계(시간이 틀리는 법이 없는 스위스제 금장 손목시계)를 들여다보며 이제 가봐야 한다거나 당장 사무실로 돌아가야 한다고 말하는 사람을 하나도 보지 못했다. 사실 그런 말을 하는 사람은 항상 나다. 나는 빈둥거리며 돌아다니는 작가인데도 50달러짜리 세이코 손목시계를 힐끔거린다.

친구의 도움으로 나는 블로그를 만들었다. 행복에 관한 스위스인들의 의견을 모으고 싶어서였다. 그중에 특히 내 눈을 사로잡은 의견이 있었는데, 지금 그것이 새삼 떠오른다.

"어쩌면 행복은 이런 건지도 모른다. 어딘가 다른 곳에서 지금과는 다른 일을 하며 내가 아닌 다른 사람이 되어 살아가야 할 것 같은 기분이 들지 않는 것. 어쩌면 스위스의 지금 상황은……그저 '내 모습 그대로' 살아가기 쉽게 해주는 것이라서 '행복해지기'도 더 쉬운 것 같다."

그래서 나는 그 산꼭대기에 20분 동안 더 앉아 있는다. 그동안 내

내 안절부절못하면서. 정말이지 죽을 지경이다. 그래도 미쳐버리지는 않았다. 이 정도면 작은 발전을 이룩한 것 같다.

* * *

내가 여러모로 스위스 사람들과 정말 다르다는 생각이 든다. 나는 규칙을 좋아하지 않는다. 깔끔하지도 않다. 기분이 휙휙 바뀌곤 한다. 낡은 돈을 갖고 있지도 않다. 기껏해야 내 지갑 속에 들어 있는 구겨진 10달러 지폐 정도? 아마 1981년에 만들어진 지폐일 것이다. 스위스 사람들과 나 사이에 공통점이 하나 있기는 하다. 초콜릿을 좋아한다는 것. 이건 하찮은 공통점이 아니다. 스위스 사람들은 대량의 초콜릿을 먹어치우는데, 초콜릿이 사람을 행복하게 해준다는, 믿을 만한 증거가 있다.

이 연결 고리를 조사하려고 나는 초콜릿 가게를 찾아간다. 화랑을 닮은 가게다. 먹을 수 있는 화랑. 종업원들이 젓가락으로 트뤼플(초콜릿 과자의 일종 – 옮긴이)을 들어 올린다. 마치 희귀한 보석을 다루는 듯하다. 한쪽 벽 전체가 초콜릿으로 뒤덮여 있다. 사람이 상상할 수 있는 온갖 종류의 초콜릿이 다 있다. 콜롬비아, 에콰도르, 마다가스카르의 코코아로 만든 초콜릿. 오렌지, 나무딸기, 피스타치오, 건포도, 코냑, 럼, 순수한 몰트위스키를 가미한 초콜릿. 나는 종류별로 하나씩 사서 호텔로 돌아온다. 문자 그대로 사탕 가게에 들어간 아이 같은 기분이다. 나는 방문을 잠그고 내 수확물을 이불 위에 좍 펼쳐놓는다. 마다가스카르 초콜릿을 한 입 먹어본다. 맛있다. 스위스 초콜릿 중에 맛없는 건 존재하지 않는다.

하지만 아까도 말했듯이 나는 지금 무작정 초콜릿에 탐닉하고 있는 게 아니다. 이건 연구다. 과학자들은 초콜릿에서 사람의 기분을 좋게 만들어주는 성분을 분리해냈다. 사실 여기에는 여러 가지 화학 물질이 관여한다. 트립토판은 뇌가 신경전달물질인 세로토닌을 만들 때 사용하는 물질이다. 세로토닌이 많아지면 의기양양한 기분이 든다. 심지어 황홀경까지도 느낄 수 있다. 아난다마이드라는 물질도 있다. 뇌 속에서 마리화나의 활성 성분인 THC와 똑같은 부위를 겨냥하는 신경전달물질이다. 하지만 초콜릿이 마리화나와 같은 작용을 한다는 이론은 아직 그냥 이론에 불과하다. BBC의 보도에 따르면, 그런 효과를 느끼려면 "초콜릿을 몇 킬로그램이나 먹어야 한다는 것이 전문가들의 의견"이기 때문이다. 몇 킬로그램? 세상에, 파운드로 환산하면 얼마나 될지 궁금하다. 이런 생각을 하면서 나는 내 앞에 잔칫상처럼 펼쳐진 초콜릿을 부지런히 먹는다.

* * *

선택과 행복의 관계는 뭐라고 말하기가 까다롭다. 스위스의 경우가 특히 더 그렇다. 우리는 선택이 바람직한 것이며 선택을 할 수 있어야 행복하다고 생각한다. 대개는 옳은 생각이지만 항상 그런 건 아니다. 배리 슈워츠는 《선택의 패러독스》라는 저서에서 선택의 자유도 지나치면 안 된다는 걸 보여주었다. 선택할 대상이 지나치게 많으면(특히 의미 없는 것들이 많으면), 우리는 혼란에 빠지고 기가 질려서 덜 행복해진다.

스위스 사람들은 지구상의 어떤 나라 사람들보다 더 많은 선택권을 갖고 있다. 초콜릿에 대해서만 그런 게 아니다. 스위스가 직접민주주의를 채택하고 있다는 사실은, 이 나라 국민들이 크고 작은 문제를 항상 투표로 결정한다는 뜻이다. 유엔 가입 여부, 압생트 금지 여부가 모두 투표 대상이다. 스위스 국민들은 1년에 평균 예닐곱 번 투표를 한다. 스위스인들은 무엇이든 할 만한 가치가 있는 일이라면 진지하게 해야 한다고 믿는다. 투표를 할 때도 마찬가지다. 한번은 스위스인들이 실제로 세금을 올리는 안에 찬성표를 던진 적도 있다. 미국인 유권자들이 그런 행동을 할 거라고는 상상조차 할 수 없다.

직접민주주의 체제가 완벽한 건 아니다. 이것이 진정한 민주주의인 것은 사실이지만, 때로는 국민들이 어처구니 없는 결정을 내리기도 한다. 예를 들어, 스위스는 1971년에야 여성에게 투표권을 주었다. 특히 어떤 주는 1991년에야 그런 조치를 취할 정도였다.

그런데도 캐나다의 행복 연구가 존 헬리웰은 정부의 질이 국민들의 행복도를 결정하는 가장 중요한 변수라고 믿는다. 브루노 프레이라는 스위스 경제학자는 스위스 전역의 26개 주에서 민주주의와 행복의 관계를 조사했다. 그 결과 투표를 가장 많이 하는, 가장 민주적인 주가 가장 행복했다. 심지어 그곳에 사는 외국인들도 더 행복했다. 투표권이 없는데도 말이다(외국인들의 행복도는 투표권이 있는 스위스 국민들만큼 높지는 않았다).

그래, 스위스 국민들이 선택권을 좋아한다고 치자. 그렇다면 펜실베이니아 대학의 심리학 교수인 폴 로진의 독창적인 실험 결과를 어떻게 설명해야 할까. 로진은 6개국(미국, 영국, 프랑스, 독일, 이탈리아, 스위스)의 국민 구성을 대표하는 사람들을 뽑아 간단한 질문을 던졌다. "아이스크림을 먹고 싶은데, 두 군데의 아이스크림 가게 중 한 곳을 선택할 수 있다고 상상해봅시다. 한 가게에는 10가지 맛의 아이스크림이 있고, 다른 가게에는 50가지 맛의 아이스크림이 있습니다. 어떤 가게를 선택하시겠습니까?"

대부분(56퍼센트)의 응답자가 50가지 맛이 있는 아이스크림 가게를 선택한 나라는 딱 한 곳, 미국뿐이었다. 스위스인들은 미국인과 정반대였다. 스위스에서는 다양한 아이스크림을 파는 가게가 더 좋다는 응답자가 28퍼센트뿐이었다. 선택의 자유가 곧 행복으로 연결되는 것은 중요한 문제를 선택할 때뿐이다. 투표는 중요하다. 아이스크림도 중요하다. 하지만 50가지나 되는 맛 중에 하나를 고르는 문제는 그렇지 않다.

* * *

다시 기차를 탔다. 이번에는 셍튀르산이 목적지다. 내가 들은 설명으로는 '중년의middle-aged 도시'라고 한다. 이 말을 들었을 때 나는 빨간 스포츠카를 모는 비만한 대머리 남자들이 득시글거리는 도시를 연상했다. 사실 내게 그 말을 해준 스위스 사람의 의도는 중세middle-Ages 도시라는 것이었다.

그의 이름은 안드레아스 그로스다. 다들 나더러 그를 꼭 만나봐야 한다고 했다. 그는 스위스의 국회의원이며 직접민주주의의 적극적인 옹호자다. 그는 전 세계를 돌아다니며 직접민주주의의 미덕을 전파한다. 하지만 그가 유명해진 건 1989년에 주도한 투표 덕분이다. 그로스는 그때 스위스 군대를 없애고 싶어 했다. 다들 그로스의 의견에 찬성하는 유권자는 소수에 불과할 거라고 생각했다. 그런데 찬성표가 35퍼센트나 나왔다. 스위스 사람들은 충격을 받았다. 이 투표가 기존 체제를 크게 뒤흔들어놓은 덕분에, 오늘날 스위스 군대의 규모는 1989년에 비해 절반으로 줄었다.

나는 식당차로 간다. 이건 미국 기차가 아니다. 4개국어로 된 메뉴판을 보니 내가 선택할 수 있는 음식들이 적혀 있다. 신선한 버섯을 넣은 펜네, 또는 신선한 아스파라거스를 넣은 리조토. 천국에 온 것 같다.

기차가 독일어 지역과 프랑스어 지역을 가르는 선을 넘는다. 나는 원시적인 프랑스어에서 원시적인 독일어로 매끄럽게 넘어간다. "나 커피 먹어. 있어?" 스위스인들은 모든 것을 적어도 3개국어로 번역한다. 아무리 간단한 표지판도 많은 공간을 차지한다는 뜻이다. "위험 : 철로를 횡단하지 마시오"라고 적힌 표지판이 보인다. 이 표지판에서 맨 밑에 적힌 영어 주의문을 읽을 때쯤이면, 벌써 철로 위의 전선에 감전된 뒤일지도 모른다.

기차가 셍튀르산에 도착한다. 안드레아스 그로스가 나를 마중 나와 있다. 그는 청바지 차림이며, 희끗희끗하고 곱슬곱슬한 턱수염을 기르고 있다. 배는 아주 조금만 나왔다. 그는 유명한 국회의원이라기보다 나이 든 히피 같다. 우리는 그의 연구소로 향한다. 사실 연구소는 그냥 낡은 집을 개조한 것에 불과하다.

안드레아스가 내게 에스프레소(이탈리아인들이 행복에 기여한 것) 한 잔을 만들어준다. 우리는 자리에 앉아 이야기를 나눈다. 안드레아스가 행복이라는 문제에 별로 관심이 없다는 사실이 금방 분명히 드러난다. 그는 이것이 진지한 주제라고 생각하지 않는다. 그가 원하는 화제는 직접민주주의와 국회 본회의 같은, 스위스인다운 진지한 문제들이다. 그는 루소의 말을 인용하며 이렇게 말한다. "스위스 국민들이 스스로 생각하는 것보다 더 스위스인답게 변했으면 좋겠습니다." 이게 무슨 소리인지 도무지 모르겠다.

그는 스위스가 환경에 아주 관심이 많기 때문에 알프스 산맥 밑에 거대한 터널을 뚫는 데 미화로 200억 달러에 상당하는 돈을 쓸 예정이라고 말한다. 이 나라를 횡단하려는 트럭들을 기차에 실어 문자 그대로 산을 뚫고 운송하겠다는 것이다. 그는 이렇게 말한다. "인권은 전쟁의 산물입니다. 인류의 위대한 진보는 모두 전쟁에서 나왔습니다." 스위스는 1848년 이후로 전쟁을 한 적이 없다.

"그럼 스위스가 전쟁을 많이 해야겠군요." 내가 말한다.

"아뇨, 아닙니다, 아니에요." 그는 나의 무뚝뚝한 유머를 알아차리지 못한다. 그럴 줄 알았다. "인권을 증진하는 다른 방법을 찾아야 합니다."

우리는 조금 더 이야기를 나눈다. 포스트모더니즘과 민주주의와 중립에 관해서. 그러고 나서 다시 나의 스위스 모험이 시작된 지점으로 되돌아간다. 깨끗한 화장실. 안드레아스도 디터와 마찬가지로 깨끗한 화장실을 아주 좋아한다. "아무리 작은 기차역에도 깨끗한 화장실이 있습니다." 그가 자랑스럽게 말한다.

안드레아스가 차로 나를 기차역까지 데려다 주는 동안에도 우리는 계속 이야기를 나눈다. 기차 시간보다 조금 일찍 도착했는데, 밖에는 비가 내리고 있다. 공기에서 달콤한 냄새가 난다. 우리는 그의 낡고 퀴퀴한 사브 자동차 안에서 조금 더 이야기를 나눈다. 그는 예전에 나이 든 미국인 활동가를 만난 적이 있다고 말한다. 1960년대의 완고한 활동가로서 노동운동가였던 그는 니카라과에서 산디니

스타와 어깨를 나란히 했던 인물이었다.

그 구식 활동가는 안드레아스의 이상주의에 감명을 받았다면서 미국 젊은이들이 반항적인 불꽃을 잃어버렸다고 불평했다. 이제는 누가 무슨 짓을 해도 미국 사회를 바꿔놓을 수 없는 모양이다.

"당신들은 왜 비례대표제를 위해 싸우지 않습니까?" 안드레아스는 그에게 이렇게 물었다.

"그런 절차상의 문제에 신경 쓸 시간이 없어요." 구식 활동가가 쏘아붙였다.

"그럼 앞으로도 계속 머리로 콘크리트를 두드리는 식으로 활동하실 겁니까?" 안드레아스가 맞받아쳤다.

안드레아스가 보기에는 머리로 두드리는 행위가 아니라 콘크리트가 문제였다. 그는 체제를 바꿔야 한다고 믿는다. 지긋지긋한 절차들을 한 번에 하나씩 바꿔나가야 한다고. 지극히 스위스인다운 발상이다. 조용하긴 하지만 나름대로 감탄스러운 방법이기도 하다. 이 방법을 실행하려면 참을성이 있어야 하고, 권태를 참고 견디는 능력이 뛰어나야 한다. 스위스인들은 이 두 가지 모두 잔뜩 갖고 있다.

나는 마지막으로 안드레아스 그로스를 훔쳐본다. 그가 미국인이었다면 버클리의 커피하우스에서 분노에 차서 무기력하게 떠들어대기만 하는 신세가 되었을 것이다. 하지만 여기서는 저명한 국회의원이 되어 하마터면 스위스 군대를 아예 없애버릴 뻔했다. 스위스인들이 결코 지루한 사람들이 아니라는 또 하나의 증거다.

　　　　*　*　*

　나는 다시 기차에 오른다. 나를 스위스 밖으로 실어다 줄 기차다.
갑자기 슬픔 때문에 가슴이 아파온다. 이 나라가 그리울 것이다. 이
젠 스위스인들 때문에 화가 나지 않는다.

　하지만 이 사람들이 정말로 행복한 걸까? 행복하다기보다 만족하
고 있다는 편이 옳을 것 같다. 아니, 만족이라는 말도 정확하지 않다.
적당한 단어가 생각나지 않는다. 우리에게는 기분 좋은 상태보다 불
쾌한 상태를 묘사하는 단어가 훨씬 더 많다(영어뿐만 아니라 모든 언어
가 마찬가지다). 행복하지 않을 때는 뷔페에서 음식을 고르듯이 잡다
한 표현 중에서 하나를 선택할 수 있다. 기분이 처졌다, 우울하다, 비
참하다, 언짢다, 울적하다, 낙심했다, 침울하다, 의기소침하다, 풀이
죽었다. 하지만 행복할 때에는 뷔페가 피자헛의 샐러드바로 줄어든
다. 기분이 들떴다, 만족스럽다, 즐겁다. 하지만 이런 표현으로는 행
복의 강도를 섬세하게 잡아낼 수 없다.

　스위스인들의 행복을 표현할 새로운 단어가 필요하다. 단순한 만
족감보다는 크고, 완전한 기쁨보다는 조금 덜한 표현. 혹시 '만족기
쁨(conjoyment : contentment + joy, 저자가 만들어낸 말 - 옮긴이)?' 그래, 스
위스인들의 상태가 바로 이것이다. 완전한 만족기쁨. 즐겁지만 들뜨
지 않은 상태를 표현할 때 이 단어를 사용할 수 있을 것이다. 우리가
즐겁다고 말할 때, 사실은 지나치게 흥분한 경우가 아주 많다. 우리
가 느끼는 기쁨에는 광적인 측면이 있다. 패닉과 약간 비슷하다. 우
리는 그 순간이 갑자기 끝나버릴까 봐 두려워한다. 하지만 그보다 더
든든한 기쁨을 느끼는 순간이 온다. 초월적인 순간이나 황홀경을 말

하는 게 아니다. 그보다 조금 덜한 것, 스위스 같은 것을 말하는 거다.

바닥 청소를 하거나, 쓰레기를 분류하거나, 밥 딜런의 CD를 오랜만에 듣는 것처럼 평범한 일을 하면서 만족기쁨을 경험할 수도 있다. 그래, 바로 이거다. 스위스 사람들이 행복하지 않은지는 몰라도, 만족기쁨을 느끼는 법은 분명히 알고 있다.

3
부탄

행복은 국가의 최대 목표다

"우리는 가장 측정하기 쉬운 걸 측정할 뿐,
사람들의 삶에 정말로 중요한 건 측정하지 않는다.
국민행복지수는 이 문제를 바로잡으려고 만들어진 것이다."

에어버스 비행기가 3만 7000피트(약 1만 1290미터-옮긴이) 상공에서 수평비행을 한다. 히말라야 산맥 위 어디쯤이다. 객실 등이 부드럽고 따뜻하게 빛난다. 승무원들은 우아하고 상냥한 모습으로 미끄러지듯 통로를 오간다.

나는 창밖을 내다보고 있다. 이쪽 사정에 정통한 사람들이 통로쪽 좌석에 앉으면 안 된다고 미리 충고를 해주었다. 이 노선에서는 그러면 안 된다고.

한참 동안 눈에 들어오는 것이라고는 두꺼운 담요처럼 펼쳐진 구름뿐이다. 사람들의 충고를 따른 것이 과연 잘한 일이었는지 슬슬 의심스러워지기 시작할 무렵, 갑자기 구름이 사라지고 산들이 모습을 드러낸다. 탑처럼 우뚝 솟은 산들에 나는 넋을 잃는다. 히말라야를 보면 다른 산들은 전부 둔덕처럼 보인다.

주위의 사람들이 목을 쭉 빼고 밖을 바라보며 저마다 카메라로 손을 뻗는다. 아아, 오오, 탄성을 질러대면서. 하지만 내 머리는 다른 곳에 가 있다. 다른 시대의 다른 비행기를 생각하고 있다. 1933년의 덜덜거리는 프로펠러 비행기. 그 비행기도 히말라야 상공을 날고 있다. 지금 내가 있는 곳에서 그리 멀지 않은 곳이다. 하지만 그 비행기

내부는 춥고, 좌석은 딱딱하고, 승무원은 하나도 없다. 승객들(영국인 셋과 미국인 하나)은 엔진 소음 때문에 무슨 말이든 하려면 소리를 질러야 한다. 하지만 그들의 목소리에는 떨리는 기색이 역력하다. 권총을 휘두르고 있는 조종사는 정해진 항로를 한참 벗어나 어딘지 알 수 없는 곳을 향해 가고 있다. 공중 납치를 당한 것이다.

알고 보니 이 비행기는 '화려한 고요'가 있는 놀라운 곳을 향해 가고 있다. 승려들이 명상에 잠기고, 시인이 시상에 젖고, 모두들 상상도 할 수 없을 만큼 긴 세월 동안 만족스러운 삶을 즐기는, 영원한 평화의 마을. 바깥세상의 끔찍한 일들과는 단절된 외진 곳이다. 비록 문명의 이기와는 단절되지 않았지만.

그곳의 이름은 샹그릴라. 승객 넷은 《잃어버린 지평선》의 등장인물이다. 샹그릴라는 물론 상상 속의 장소다. 이 소설을 쓴 제임스 힐턴은 런던의 대영박물관에서 자료 조사를 했을 뿐, 실제로는 멀리 가본 적이 없다. 하지만 샹그릴라의 모습은 진짜처럼 실감이 난다. 평온하고 고요하면서도 지적으로 짜릿한 자극을 주는 곳을 꿈꿔보지 않은 사람이 어디 있을까? 머리와 가슴 모두를 위한 곳. 모두들 머리와 가슴의 행복한 조화 속에서 250세까지 사는 곳.

《잃어버린 지평선》은 1930년대에 소설과 영화로 발표되어 대공황에 시달리던 미국인들의 상상력을 사로잡았다. 당시 사람들은 세계대전을 한 번 겪고 나서 또 한 번의 세계대전을 앞두고 있었다. 프랭클린 D. 루스벨트는 대통령 별장의 이름을 샹그릴라라고 지었다 (나중에 캠프 데이비드로 이름이 바뀌었다). 고급 호텔과 싸구려 여관들도 저마다 샹그릴라라는 간판을 달았다. 그 이름이 내뿜는 유토피아의 빛을 쐬려고.

샹그릴라는 고전적인 낙원의 구성 요소를 모두 갖췄다. 먼저 이곳을 찾아가기가 어렵다. 택시를 타고 간단히 갈 수 있는 낙원은 낙원이 아닌 법이다. 게다가 낙원과 평범한 삶이 분명히 구분되어야 한다. 아주 운 좋은 소수의 사람들만이 건너갈 수 있는 저승 비슷한 것이 둘 사이에 놓여 있어야 한다. 다시 말해서, 낙원은 선택된 사람들만의 클럽이다. 비행기의 비즈니스 클래스와 마찬가지다. 비즈니스 클래스가 사람들에게 기쁨을 안겨주는 데에는, 운이 없어 그곳에 타지 못하고 저 뒤의 이코노미 좌석에서 질긴 닭고기를 질경거리고 자그마한 병에 나오는 보드카로 감각을 마비시키려고 잔돈(동전의 존재는 항상 고맙다)을 찾아 주머니를 뒤지는 사람들의 존재가 적잖은 역할을 한다. 비즈니스석에 앉아 있으면 그 가엾은 사람들이 직접 보이지는 않지만(커튼이 거기 왜 달려 있겠는가), 그 사람들이 거기 있다는 사실만은 분명히 알 수 있다. 그리고 그것이 둘 사이의 차이를 실감하게 만드는 결정적인 요인이다.

샹그릴라에서 라마교의 신비로운 고위 승려도 이렇게 주장한다. "우리는 폭풍 속에서 파도를 타고 넘는 단 한 척의 구명보트입니다. 우리는 우연히 목숨을 건진 사람들을 몇 명 태울 수 있지만, 만약 난파한 사람들이 전부 우리에게 와서 배에 기어오른다면 우리도 그들과 함께 물에 빠질 수밖에 없어요." 비행기도 마찬가지다. 커튼이 제 역할을 하지 못하면, 제대로 씻지도 않은 대중이 비즈니스 클래스를 향해 쏟아져 들어갈 것이다.

비록 만들어진 지 70년도 넘었지만, 제임스 힐턴의 샹그릴라는 아주 현대적인 낙원이다. 여기에는 틀림없이 동양의 축적된 지혜가 담겨 있을 뿐만 아니라 서구의 축적된 배관 기술도 있다(오하이오주 애크론에서 가져온 욕조). 가죽으로 장정한 위대한 책들이 있는 독서실은 말할 것도 없다. 숙소도 편안하고, 맛있는 음식이 넘쳐난다. 다시 말해서, 샹그릴라는 가벼운 모험에 나선 사람들이 가장 먼저 향하는 곳이었다. 가볍게 맛볼 수 있는 낙원.

하지만 문제는, 우리가 낙원을 봤을 때 그곳이 낙원임을 항상 곧바로 깨닫는 것은 아니라는 점이다. 그곳이 낙원임을 실감하는 데에는 시간이 걸린다. 《잃어버린 지평선》에서 납치당한 외국인들은 대부분 샹그릴라에서 탈출할 계획을 짠다. 그들은 필사적으로 '문명'으로 돌아가려고 하며, 라마승들이 내놓는 갖가지 핑계를 당연히 수상쩍게 생각한다. 날씨가 나쁘다거나 보급품이 부족하다는 등의 핑계. 하지만 외국인 중 하나, 다른 사람들과 잘 어울리지 못하는 영국 외교관 콘웨이는 샹그릴라에 홀딱 반해서 그곳에 남기로 한다. 처음 《잃어버린 지평선》을 읽었을 때 나는 콘웨이에게 공감했다. 그와 자리를 바꿀 수만 있다면 못할 일이 없을 것 같았다.

《잃어버린 지평선》은 내게 말을 걸었지만, 나는 오랫동안 대답하지 않았다. 부탄에 관한 이야기를 들을 때까지. 1990년대 초에 NPR의 특파원으로 인도에 살고 있을 때의 일이었다. 나는 NPR이 그 나라에 파견한 최초의 특파원이었다. 내가 아무도 밟지 않은 길을 가고 있는 셈이었다. 가끔 원숭이들이 내 아파트로 어슬렁어슬렁 들어왔다. 매력적인 뱀도 가끔 들렀다. 나는 내 생애 최고의 시간을 보내고 있었다.

내가 담당하고 있는 나라들, 그러니까 이른바 내 출입처에는 부탄도 포함되어 있었다. 믿을 수 없을 만큼 굉장한 행운이었다. 내가 생각하기에 부탄은 샹그릴라와 가장 흡사한 나라였다. 부탄에도 하늘에 닿을 듯 우뚝 솟은 산들이 있었다. 샹그릴라에 반드시 필요한 다른 특징들도 있었다. 예를 들면, 네 자매를 아내로 맞은 자비로운 왕 같은 것. 라마승과 신비로운 수행자도 있었다. 게다가 정부는 국민 행복지수를 공식적으로 채택하고 있었다.

워싱턴의 내 상사들은 부탄에 대해 나처럼 열광하지 않았다. 어디에 가고 싶다고? 돈은 얼마나 들지? 일부다처제를 실천하는 군주와 행복에 대한 집착이 있는 히말라야의 자그마한 나라에 관심을 보이는 사람은 없었다.

그렇게 세월이 흘렀다. 나는 예루살렘 특파원을 거쳐 도쿄 특파원이 되었다. 하지만 그동안 내내 부탄을 애타게 그리워했다. 아직 가보지 못한 곳은 내게 짝사랑과 같다. 그 나라가 사실은 내게 맞지 않는 곳이라고 스스로를 타이르며 아무리 마음을 돌리려 해도 둔탁한 통증이 도무지 사라지질 않는다.

"처음이십니까?"

나는 깜짝 놀라서 고개를 홱 돌린다. "뭐라고 하셨죠?"

"부탄에 가는 게 처음이십니까?"

에어버스 비행기에서 내 옆자리에 앉은 부탄의 회사원이 내게 말한다. 그는 갈색 스웨이드 재킷 차림으로 내 눈을 똑바로 들여다본다.

"예, 처음입니다."

"아주 좋은 시기를 택하셨네요." 그가 말한다. "지금 가면 체추를 보실 수 있을 겁니다. 아주 커다란 축제죠. 여태껏 한 번도 보지 못한 것들을 보실 겁니다. 깜짝 놀라실 거예요."

에어버스 비행기가 살짝 가라앉는다. 하강을 시작한 것이다. 스피

커에서 기장의 목소리가 흘러나온다. 모든 것이 다 잘 돌아가고 있다고 말하는 듯한 든든한 말투다. 어딘가에서 조종사들에게 그런 말투를 따로 가르치고 있는 게 틀림없다.

"비행기를 타고 처음으로 파로에 들어가시는 분들께 미리 말씀드립니다. 산들이 아주 가깝게 보이더라도 놀라실 필요 없습니다. 그것이 저희의 일상적인 항로입니다."

기장의 말처럼 비행기가 급하게 방향을 꺾는다. 처음에는 오른쪽, 그다음에는 왼쪽, 다시 오른쪽으로. 방향이 한 번씩 바뀔 때마다 내 창문에 산들이 커다랗게 모습을 드러낸다. 손을 뻗으면 만질 수도 있을 것 같다. 마침내 산을 벗어난 비행기가 갑자기 쑥 가라앉더니 타이어의 비명 소리와 함께 아스팔트 위에 내려앉는다. 승무원들이 문을 활짝 연다. 공기가 상쾌하고, 하늘은 짙은 파란색이다.

대부분의 나라에서 처음 도착한 사람들은 머뭇거린다. 하지만 공항이라는 세계의 친숙함과 어느 공항에서나 볼 수 있는 밀폐된 분위기 덕분에 새로운 환경 속으로 옮겨 가는 작업이 조금 쉬워진다. 그런데 솔직히 말해서 여기는 공항이라고 하기가 힘들다. 그냥 자그마한 오두막 같은 터미널이 있을 뿐이다. 이 오두막은 여러 가지 모양을 조각한 나무로 되어 있는 데다가 짙은 빨간색과 파란색이 마구 소용돌이치고 있어서 공항이라기보다는 불교 사찰처럼 보인다.

부탄을 찾는 사람에게는 모두 안내인이 하나씩 배정된다. 부탄을 방문하는 특권을 누리는 대가로 부탄 여행사에 지불하는 하루 200달러의 돈에서 안내인의 월급이 나간다. 까치집 머리로 배낭을 메고 이웃나라 네팔에 침투한 여행자들이 부탄에 들어오지 못하게 하려는 노력의 일환이다. 이걸 알고 나니 적잖이 걱정스럽다. 사담 후세인 시절에 이라크에 파견되었을 때, 안내인들은 감시원으로 불렸다. 머리에는 기름기가 번들거리고, 몸에는 잘 맞지도 않는 옷을 입은 그들은 외국인 기자들의 '편의'를 위해 일한다고 했지만, 사실은 사담 후세인의 비밀경찰인 무카바랏의 편의를 위해 일하고 있었다. 그들은 첩자였다. 그건 다들 아는 사실이었다. 우리는 그들이 첩자라는 걸 알고, 그들은 우리가 그걸 안다는 걸 알았다.

공항 밖에서 나를 기다리고 있는 청년은 첩자처럼 보이지 않는다. 첩자라기보다는 부탄의 보이스카우트 같다. 부탄에도 보이스카우트가 있는지는 잘 모르겠지만. 까무잡잡한 피부에, 금방 씻어서 얼굴에서 빛이 나는 그는 짙은 갈색의 고gho를 입고 있다. 고는 부탄 남자들의 전통 의상으로, 목욕 가운처럼 생겼지만 무게가 훨씬 더 나가고 동굴처럼 깊은 주머니가 있다. 부탄의 남자들은 고에서 온갖 물건을 꺼내놓는 것으로 유명하다. 컵과 휴대전화는 물론 농가에서 기르는 작은 동물까지 거기서 나온다. 곤란한 상황에 몰렸을 때는 고가 담요나 커튼 역할을 할 수도 있다(고가 이처럼 쓸모가 많으니 다행이다. 부탄의 남자들은 근무시간에 반드시 고를 입어야 하기 때문이다. 부탄은 남자들을 위한 복장 규정이 있는 세계 유일의 국가다).

"부탄에 오신 것을 환영합니다, 선생님." 고를 입은 청년이 내 목에 하얀 스카프를 매주면서 말한다. 그는 자기 이름이 타시라고 밝힌 다음 나와 악수를 한다. 이런 악수는 처음이다. 그는 두 손으로 내 한쪽 손을 잡고 고개를 반쯤 숙이고 있다. 아주 신중하고 주의 깊은 동작이다. 처음에는 당황스럽다. 이건 그냥 악수야, 타시. 너랑 내가 서로 사귀거나 뭐 그런 게 아니라고. 하지만 나중에 나는 부탄식 악수법을 제대로 음미하게 되었다. 사실 생각해보니 다른 일에서도 부탄식을 음미하게 된 것 같다. 부탄 사람들은 거의 모든 일을 할 때, 그러니까 길을 건너거나 설거지를 할 때도 그토록 신중하게 주의를 기울인다.

'주의를 기울인다'는 말은 제대로 평가받지 못한 단어다. 그러니까⋯⋯사람들이 이 말에 주의를 기울여야 마땅한데도 그렇지 않다는 뜻이다. 우리는 사랑과 행복에 경의를 표한다. 세상에, 생산성에도 경의를 표한다. 하지만 '주의를 기울이는 것'에 대해 뭐든 좋은 말을 하는 경우는 드물다. 아무래도 우리가 너무 바쁘게 사는 모양이다. 하지만 주의를 기울이는 것이 없으면, 우리 삶은 공허하고 무의미하다.

내가 이 원고를 컴퓨터로 쓰는 동안 이제 두 살인 우리 딸이 내 발치에서 수선을 피운다. 저 아이는 무엇을 원할까? 내 사랑? 그래, 어떤 의미에서는 그럴 것이다. 하지만 아이가 정말로 원하는 건 내가 자신에게 주의를 기울여주는 것이다. 순수하게 자신에게만 주의를 기울여주는 것. 아이들은 거짓으로 주의를 기울이는 사람을 금방 알아낸다. 어쩌면 주의를 기울이는 것이 사실은 사랑과 같은 것인지도 모른다. 이 둘은 항상 같이 존재한다. 영국의 학자 애브너 오퍼는 주의를 기울이는 것이 "행복의 보편적인 도구"라고 말한다. 다시 말해서, 주의를 기울이는 사람이 행복하다는 뜻이다.

타시가 내 가방을 우리 차로 옮긴다. 부탄의 도로 사정이 어떤지 미리 들었기 때문에 나는 도요타 랜드 크루저처럼 힘센 차가 나오기를 바랐다. 그런데 이 차는 도요타이기는 한데, 랜드 크루저가 아니다. 우리는 낡아빠진 1993년식 코롤라에 올라탄다. 아침 8시다. 나는 밤새 비행기 안에서 한숨도 자지 못했다.

"어디로 모실까요, 선생님?"

"어디든 커피가 나오는 곳으로 가요, 타시."

우리는 자그마한 카페로 간다. 비록 카페라고 부르기에는 조금 민망한 곳이지만. 나무 탁자와 의자 몇 개가 있는 콘크리트 건물일 뿐이다. 이곳에서 파는 것은 인스턴트커피뿐이다. 커피를 사랑하는 사람으로서 이 점이 대단히 거슬리지만, 그래도 불평 없이 그것을 마신다.

타시는 친절하고, 어떻게든 내 맘에 들려고 열심이다. 그가 눈에 뻔히 보이는 사실을 말하는 놀라운 재주가 있다는 사실도 곧 분명해진다. 그는 목적지에 도착하면 "목적지에 도착했습니다, 선생님"이라고 말하고, 이미 몸이 흠뻑 젖었을 때 "비가 내리고 있습니다, 선생님"이라고 말한다.

그는 기품 있게 예의를 지킨다. 마치 18세기 귀족 같다. 그는 나를 위해 문을 열어주고, 내 가방을 들어주고, 로스앤젤레스에서 자동차 추격전이 벌어졌을 때 공중에서 그 뒤를 따르는 헬리콥터처럼 내 주위를 맴돈다. 가능하기만 하다면 나를 업어 나르기라도 할 것 같다.

하지만 굽실거리는 태도가 아니라 품위 있는 자세로 이 모든 일을 해낸다. 부탄은 식민지가 되거나 정복을 당한 적이 한 번도 없다. 그래서 그들이 보여주는 친절은 담백하다. 이쪽 지역에서 흔히 볼 수 있는, 쓸데없이 굽실거리는 태도나 노골적으로 알랑거리는 태도가 없다.

타시의 영어는 서투르고 독특하다. 알아듣기 힘든 발음도 발음이지만, 어휘도 그렇다. 그가 하는 말은 이런 식이다. "흔적vestigial 음식을 가져갈까요, 선생님?" 처음에 나는 이게 무슨 말인지 도무지 알아듣지 못했다. 혹시 부탄 고유의 음식인가? 그러다가 마침내 그게 '남은 음식'이라는 뜻임을 알아차린다. '흔적으로 남은 음식'은 '지금은 더 이상 필요하지 않은 음식'이라는 뜻이다. 나는 사람들이 그런 단어를 잘 쓰지 않는다고 설명해준다. 그래도 그는 그 단어를 쓴다. 결국 나는 그의 말을 바로잡아 주는 걸 포기한다.

"좋아요, 타시, 팀푸로 갑시다." 팀푸는 부탄의 수도이자 내가 일주일 정도 머무를 곳이다.

"거긴 못 가요, 선생님."

"왜요?"

"도로가 닫혔어요."

"언제 열리죠?"

"좀 있어야 돼요."

이쪽 지역에서 좀 있어야 된다는 말처럼 달갑지 않은 말은 없다. 그렇게 '조금' 기다리는 동안에 한 재산을 챙긴 사람도 있고 잃어버린 사람도 있다. 제국이 새로 일어서기도 하고 무너지기도 했다. '조금'이라는 시간이 5분이 될 수도 있고, 닷새가 될 수도 있고, 5년이 될 수도 있다는 게 문제다. 기다리는 대상이 무엇인지는 중요하지 않다. 봄베이행 버스를 기다릴 때나, 신장이식수술을 기다릴 때나 다 똑같다. 그냥 저절로 때가 되기를 기다리는 수밖에 없다. 어떤 경우에는 아예 그때가 오지 않기도 한다.

"그럼 다른 길로 가는 건 어때요?" 내가 친절하게 의견을 내놓는다. 타시와 운전사는 배꼽을 잡는다. 무릎을 두드려가며 박장대소를 하는 걸 보니 무척 웃긴 모양이다. 다른 길이라니! 재밌습니다, 선생님, 하하, 다른 길이라니, 하하.

다른 길은 없다. 아니, 길이라고 할 만한 것이 없다. 부탄의 국립 고속도로는 이 나라의 유일한 도로인데, 자동차 한 대가 겨우 지나갈 수 있는 정도이니 도로라고 부르기도 민망하다.

그래서 우리는 가만히 앉아 기다린다. 이거 괜찮네. 나는 속으로 생각한다. 전부 부처가 된 것 같잖아. 이렇게 기다리는 덕분에 나는 잠시 숨을 고를 틈을 얻는다. 이렇게 고도가 높은 곳에서는 숨을 고르는 것도 쉬운 일이 아니다. 나는 또 이 시간을 이용해서 주위를 자세히 살펴본다.

나는 여기에 왜 온 걸까? 부탄은 내 행복 지도 어디쯤에 들어가야 할까? 그래, 이 나라는 힐턴의 샹그릴라를 닮았다. 적어도 겉으로 보기에는 그렇다. 그것만으로도 이곳이 엄청나게 매력적으로 보인다. 행복이라는 말은 심지어 이 나라 국가에도 나온다. "부처님의 법이 융성할 때, 평화와 행복의 태양이 백성들을 비추기를." 부탄이 공식적인 정책으로 채택한 국민행복지수도 있다. 간단히 말해서, 국민행복지수란 경제적인 대차대조표 대신 국민들의 행복도(또는 불행도)를 기준으로 나라의 발전도를 측정하려는 정책을 말한다. 이 개념은 돈과 만족감, 국민에 대한 정부의 의무 등에 관해 이 나라 사람들이 우리와 얼마나 다른 생각을 가졌는지를 보여준다.

하지만 수상쩍은 구석도 있다. 누군가의 표현처럼 부탄이 정말로 "인간 개선 실험실"일까? 아니면 외국 특파원들이 정부가 부패하고, 도로 사정이 열악하고, 인스턴트커피밖에 없는 나라를 묘사할 때 쓰는 막돼먹은 표현처럼 이 나라 역시 그냥 똥구덩이에 불과한 걸까?

나는 아직 이런 의문들의 답을 찾아낼 수 없으므로, 그 대신 콘웨이의 말에서 위안을 찾는다. 그는 샹그릴라에서 발목을 잡힌 잘난 일행을 달래려고 이런 말을 한다. "우리가 지금 여기 있다는 걸 그냥 받아들여. 일이 이렇게 된 이유를 찾아내고 싶어? 내 경우에는 현실을 그냥 받아들이는 게 오히려 위안이 되던걸."

'조금' 기다린 끝에 마침내 팀푸로 가는 도로가 다시 열리고, 우리는 도요타 자동차에 줄줄이 오른다. 소심한 사람들은 부탄에서 자동차를 타고 달릴 수 없다는 사실을 나는 금방 알아차린다. U 자 모양으로 굽은 길, 가파른 절벽(가드레일도 없다), 그리고 환생을 철석같이 믿는 운전사 덕분에 자동차 여행은 고문이 된다. 부탄의 도로에 무신론자는 존재하지 않는다.

다행히도 나는 차를 타고 가는 동안 대부분 잠을 잔다. 가끔 깨어보면 차가 가파른 길을 칙칙폭폭 올라가고 있다. 학교를 마치고 집으로 돌아가는 아이들이 수다를 떨고 웃어대면서 모세 앞에서 홍해가 갈라지듯이 우리 차 앞에서 양쪽으로 갈라진다. 그러면서 못된 말을 하거나 고약한 시선을 던지지도 않는다. 여기엔 다른 점이 하나 더 있다. 아니 없다고 해야 할 것 같다. 광고판이나 네온사인이 없다는 얘기를 하려던 참이니까. 부탄에는 광고라는 게 거의 없다. 네온사인도 몇 년 전까지 금지되어 있었다. 하지만 손으로 그린 광고판 하나가 나뭇조각 두 개에 의지해서 길가에 서 있는 것이 보인다.

*   *   *

마지막 나무가 잘릴 때,
마지막 강이 비워질 때,
마지막 물고기가 잡힐 때,

그제야 비로소 인간은 돈을 먹을 수 없다는 사실을 깨달으리라.

  내가 이 말을 곰곰이 되씹고 있는데 자동차가 산꼭대기의 호텔 앞에 멈춰 선다. 호텔 직원들이 전부 나와 마치 왕족을 맞이하듯 나를 맞이한다. 누군가 내 목에 하얀 스카프를 또 올가미처럼 걸어주고, 나는 2층에 있는 내 방으로 이끌려 올라간다. 주인은 상게이라는 잘생긴 여성인데, 예전에 영화배우 리처드 기어가 바로 이 방에서 묵은 적이 있다고 내게 알려준다. "지금도 기억이 생생해요." 그녀가 말한다. "그분 말씀요. 뭐라고 하시더라? 이 방의 전망이 '백만 불짜리'라고 하셨어요."

  전망 하나는 정말 좋다. 집집마다 하얀색과 초록색 지붕을 이고 있는 팀푸의 전경이 바로 발아래에 펼쳐지고, 저 멀리 지평선에는 희미한 구름과 산들이 걸려 있다. 하지만 '백만 불짜리 전망'이라는 말은 내가 보기에 딱히 잘 맞는 표현 같지 않다. 여기 부탄은 우리 삶에서 돈의 의미를 축소하려고 단호히 나선 나라니까 말이다.

  나는 완전히 지쳐서 매트리스 위에 털썩 쓰러진다. 그러고는 눈을 감고 리처드 기어, 바로 그 리처드 기어가 이 침대 위에 누워 있는 모습을 상상해본다. 그런데 그렇게 떠오른 이미지가 마음에 들지 않아서 그 대신 야구를 생각한다. 내가 무슨 개인적인 감정이 있는 것은 아니다. 나는 리처드 기어에게 아무런 유감이 없다. 사실 솔직히 말해서 만약 그가 뛰어난 배우였다면 나는 결혼하지 못했을지도 모른다. 아내와 처음 데이트를 할 때, 우리는 그리니치빌리지에서 리처드 기어가 나오는 영화를 봤다. 〈미스터 존스〉라는 영화였는데, 어느 모로 보나 너무 형편없는 작품이라서 그날 저녁 내내 우리는 그 영화의 나쁜 점들을 조목조목 지적하며 오늘날까지 이어지는 깊은 유대감을 쌓았다. 그러니 기회가 있다면 나는 리처드 기어에게 이렇게 말할 것이다. 고맙습니다, 리처드 기어 씨, 고맙습니다.

나는 잠을 잘 이루지 못한다. 꿈자리도 뒤숭숭하다. 아무래도 고도 때문인 것 같다. 이튿날 아침 나는 저 멀리서 들려오는 고함 소리와 짐승 울음 같은 소리에 깨어난다. 폭동인가? 쿠데타?

"아뇨, 아마 활쏘기 경기 소리일 거예요." 상게이가 말한다. 나는 덜 익어서 줄줄 흐르는 달걀과 토스트로 아침 식사를 한다. 활쏘기는 부탄의 국민 스포츠다. 이 나라 사람들은 시끄러운 소리를 내며 정력적으로 이 경기를 한다. 부탄 사람들은 기도할 때만 조용하고, 다른 때는 항상 소란스럽다.

식사를 한 뒤 타시가 나를 데리러 올 때까지 시간이 조금 남아서 나는 최근까지 부탄에서는 불가능했던 일, 상상조차 할 수 없었던 일을 하기로 한다. 텔레비전 시청. 부탄은 1999년에 세계에서 마지막으로 텔레비전을 도입했다. 그 뒤 텔레비전은 순식간에 삶에 없어서는 안 되는, 그리고 많은 논란을 일으키는 물건이 되었다. 부탄의 10대들은 〈레슬마니아Wrestlemania〉에 입맛을 들였는데, 그 이유는 분명치 않다. 정부는 그 프로그램을 방영하는 채널을 금지했다. 그 방법이 효과가 있었다. 한동안은. 그런데 다른 채널들이 레슬링 경기를 방영하기 시작했다. 수백 년 동안 고립되어 살아온 부탄은 지금 헐크 호건 같은 레슬링 선수들에게 침략당하고 있다.

전직 총리인 상게이 옹게둡은 많은 부탄 사람이 공감하는 우려를 표명했다. "최근까지만 해도 우리는 벌레도 함부로 죽이지 못했다. 하지만 지금은 텔레비전에서 사람들이 엽총으로 서로 머리를 날려버리는 광경을 볼 수밖에 없다." 이건 그가 영국 신문 《가디언》과의 인터뷰에서 한 말이다.

BBS^Bhutan Broadcasting Service, 즉 부탄 방송국의 뉴스는 세련된 분위기를 풍긴다. 앵커는 고를 입고 권위와 친근함이 섞인 태도로 뉴스를 읽는다. 미국 앵커들이 완벽하게 연출해내는 바로 그 분위기다. 앵커 뒤쪽으로는 부탄의 백악관 격인 팀푸의 종Dzong을 찍은 사진이 있다. 그 밑에 구불구불하게 갈겨 쓴 글은 거의 눈에 보이지 않는다. 잠깐만. 구불구불한 글씨들이 움직인다. 이게 어떻게 된 일이지? 나는 의자를 화면 쪽으로 살짝 당겨 앉는다. 세상에, 자막 뉴스잖아! 텔레비전이 도입된 지 이제 겨우 7년인데 벌써 자막 뉴스가 있다니. 부탄은 이렇게 해서 21세기 속으로 무작정 뛰어든다. 지금은 인터넷 카페도 있고, 휴대전화도 있다. 그리고 문명의 궁극적인 상징, 그러니까 적어도 1973년부터 문명의 상징이 된 디스코텍도 있다. 1962년까지는 이 나라에 도로도, 학교도, 병원도 전혀 없었음을 생각해보라. 심지어 이 나라에는 전국적으로 통용되는 화폐도 없었다.

타시가 호텔에 도착해서 마음껏 뽐내며 말한다. "제가 도착했습니다, 선생님." 나는 타시가 첩자가 아니라는 결론을 내렸다. 첩자 노릇을 할 만큼 영리하지가 않다. 아니면 지독히 뛰어난 첩자인지도 모른다. 아니다, 타시는 그냥 안내인일 뿐이다. 기자들이 잘 쓰는 표현을 쓴다면, 중개인이라고 할 수 있다. 중개인은 인터뷰를 주선하고, 통역을 해주고, 마뜩잖아하는 관리들에게서 정보를 캐고, 흥미진진한 일화들을 제공해주고, 사진을 찍어주고, 커피를 사다 주고, 때로는 기사까지 써준다. 다시 말해서, 중개인은 특파원이 할 일을 대부분 해주면서 공도 인정받지 못하고, 돈도 조금밖에 받지 못한다. 이걸 보고 불공평하다고 생각할 사람도 있을 것이다. 어쩌면 비윤리적이라는 생각까지 할지도 모른다. 그런 생각이 옳을 수도 있지만, 중개인과 특파원의 관계는 오랫동안 이어져 온 자랑스러운 전통이다. 나는 그 전통을 공연히 망가뜨릴 생각이 없다.

하지만 타시가 훌륭한 중개인이 못 될 수도 있다는 점이 걱정스럽기는 하다. 그는 영어가 너무 서투르고, 이런 일을 처음 해보는 기색이 역력하다. 완전 초보인 것이다. 그런데 내가 호텔에서 누군가에게 이런 속내를 들켰는지 타시의 상관인 소남에게서 전화가 걸려온다. 그녀는 내 여행을 맡은 여행사의 간부다.

"타시가 손님 마음에 들지 않는다는 말을 들었습니다." 그녀가 단도직입적으로 말한다. 와, 여긴 정말로 좁은 나라구나. 나는 속으로 이런 생각을 한다.

"아닙니다." 나는 거짓말을 한다. 내가 그렇게 조심성 없이 굴었다는 사실이 당황스럽다. "타시한테 아무런 불만이 없어요." 그녀는 다른 안내인을 보내주겠다고 고집을 부린다. 내가 그러라고 해도 됐을 것이다. 바로 그 자리에서 타시를 뺑 차버려도 됐을 것이다. 하지만 나는 그냥 그와 같이 다니기로 한다. 왜 그런 결정을 내렸는지 지금도 잘 모르겠다.

하지만 내가 불편해한다는 말이 타시의 귀에도 들어간 게 분명하다. 그는 자기가 내게 바짝 붙어 다니지 않고, 문을 제대로 열어주지 않고, 가방을 잘 들어주지 않아서 내가 그렇게 비판적인 태도를 보였다고 해석한 모양이다. 그래서 예전보다 한층 더 애를 쓴다.

우리는 팀푸를 향해 차를 몰고 산길을 내려간다. 사소한 일에 열광하는 사람들이 이 도시에 오면, 이곳이 전 세계의 수도 중에서 신호등이 하나도 없는 유일한 도시라는 사실을 꼭 지적하곤 한다. 그래서 나도 그렇게 하기로 했다. 팀푸는 전 세계의 수도 중에서 신호등이 하나도 없는 유일한 도시다. 주요 교차로에는 신호등 대신 하얀 장갑을 낀 경찰관이 서서 거의 코미디처럼 보이는 정확한 동작으로 교통정리를 한다. 몇 년 전 이 나라는 경찰 대신 신호등을 세우려고 했지만, 왕이 탐탁지 않다는 반응을 보였다. 이 나라의 왕은 교황과 아주 흡사하다. 즉 절대 오류를 저지르지 않는 존재로 여겨진다는 뜻이다. 그래서 왕이 싫어하자 다들 신호등을 탐탁지 않게 생각하게 됐고, 그로써 신호등 계획은 엎어져 버렸다.

팀푸는 버몬트주 벌링턴만 한 규모이며, 호감이 가는 도시다. 하늘에는 전깃줄과 기도를 위해 내건 깃발들이 제멋대로 엉켜 있다. 팀푸 사람들의 삶을 보면, 제임스 힐턴이 묘사한 샹그릴라 사람들이 자꾸 생각난다. "그들은 상냥했으며 약간 호기심이 있었다. 예의 바르고 태평했다. 헤아릴 수 없이 많은 일을 하며 저마다 바삐 움직였지만, 서두르는 경우는 한 번도 없었다."

팀푸에는 부산함과 혼란이 딱 알맞게 자리 잡고 있다. 인도인 노동자들은 휴일에 서로 모여 소문을 주고받는다. 싸구려 호텔들이 보인다. 집집마다 지붕에는 위성안테나가 야생 버섯처럼 튀어나와 있다. 길에 침을 뱉지 않아 고맙다고 내게 인사하는 표지판도 있다. 우중충한 인터넷 카페, 금방 무너질 것 같은 대나무 발판, 햇볕에 화상을 입은 채 운동화를 신고 돌아다니는 관광객, 비밀경찰처럼 그들의 뒤를 따라다니는 안내인, 한낮의 햇빛을 피하려고 우산을 들고 다니는 부탄 여성들.

길 잃은 개도 있다. 아주 많다. 녀석들은 햇빛을 받으며 누워 있거나 기분이 내키면 거리를 가로지른다. 거리를 가로지를 때 녀석들의 모습은 천하무적 같다. 녀석들은 아무도 감히 자기를 치지 못하리라는 것을 알고 있다. 부탄의 개들은 도로의 왕이다. 나는 인도에서도 동물이 이렇게 오만하게 구는 것을 보았다. 인도에서는 거룩한 존재로 추앙받으며 점잔을 떠는 소들의 태도에 문제가 아주 많았다. 녀석들은 되새김질을 하며 도로 한가운데에서 빈둥거렸다. 운전사들한테 어디 한번 칠 테면 쳐보라고 대드는 것 같았다. 다음 생에는 혹 멧돼지로 태어나서 한번 살아보시지, 친구.

나는 다음 생에 부탄의 개로 태어나고 싶다. 녀석들은 아주 잘 살고 있다. 이유는? 마음이 있는 모든 생물을 존중하는 불교의 교리가 분명히 관련되어 있을 것이다. 하지만 이것이 확실히 숭고한 교리이기는 해도 보기만큼 이타적이지는 않다. 환생을 믿는다면, 다음 생에 자신이 말이나 소로 태어날 수도 있음을 믿는다는 뜻이 된다. 그렇다면 말이나 소로 태어나도 잘 대접받기를 원할 것이다. 바바라 크로셋이 히말라야의 불교 왕국들에 관해 쓴 책에는 링진 도르지가 이런 현상을 설명한 말이 인용되어 있다. "지금 내 어머니는 인간인지 몰라도, 내가 죽어 개로 다시 태어날 수도 있다. 그럼 내 어머니는 암캐일 것이다. 따라서 모든 생명체가 내 부모라고 생각해야 한다. 내 부모는 무한히 많다. 내 부모가 고통을 겪게 하면 안 된다."

이 글을 처음 읽었을 때 나는 깊은 감동을 받았다. '내 어머니는 암캐일 것'이라는 수상쩍은 말뿐만 아니라, 우리 부모가 무한히 많다는 심오한 말도 감동적이었다. 이건 우리가 모두 혈연으로 연결되어 있다는 뜻이다.

나는 《부탄 옵저버》라는 신문을 집어 든다. 기사 제목 하나가 퍼뜩 눈에 들어온다. "거리의 어둠 속에서 암거래." 맙소사, 부탄에 마약 문제가 있는 모양이다. 아니면 그보다 더 심각하게, 무기 밀매가 성행하거나. 나는 기사를 읽는다. "여기서 주로 판매되는 상품은 과일, 채소, 신선한 우유만으로 만든 유제품 등이다." 알고 보니 정부의 인가를 받은 주말 시장에서 물건을 다 팔지 못한 상인들이 월요일에도 팀푸에 남아 호박이나 아스파라거스 같은 것들을 몰래 팔고는 마을로 돌아간다는 내용이다.

부탄에서는 이런 것이 범죄인 모양이다. 경찰은 걱정하고 있다. 바늘 도둑이 소도둑이 된다는 걸 알기 때문이다. 호박과 아스파라거스를 암거래하다 보면, 더 중요한 채소도 암거래하는 쪽으로 쉽게 이끌릴 수 있다.

부탄의 범죄율이 낮은 것이(이곳에서는 살인 사건 소식이 들려오는 경우가 거의 없다) 국민들의 전반적인 행복도에 기여하고 있음이 분명하다. 범죄율이 높은 곳들이 행복도 순위에서 낮은 자리를 차지하는 것도 무리가 아니다(예외도 있다. 예를 들어 푸에르토리코는 범죄율이 높은데도 행복하다). 그러나 그 이유는 생각만큼 분명하지 않다. 강도를 당하거나 폭행을 당한 사람은 당연히 행복할 가능성이 낮다. 하지만 전체 인구 중에서 범죄 피해자는 극소수일 뿐이다(적어도 대부분의 나라에서는 그렇다). 어떤 나라를 불행하게 만드는 건 범죄 그 자체가 아니다. 모든 사람의 삶, 심지어 범죄에 희생된 적도 없고 앞으로 그렇게 될 가능성도 별로 없는 사람들의 삶에까지 퍼져 있는 두려움이 문제다.

지난 수십 년 동안 부탄은 통계적으로 엄청난 발전을 이룩했다. 기대수명은 마흔두 살에서 예순네 살로 늘었다(그래도 샹그릴라의 기대수명 250세에는 아직 한참 못 미친다). 정부는 이제 전 국민에게 의료 서비스와 교육을 무료로 제공하고 있다. 또한 부탄은 세계 최초의 금연국가다. 담배 판매 자체가 금지되어 있다. 이 나라에는 군인보다 승려가 더 많다. 이 나라의 변변찮은 군대는 부탄 최대의 주류 제조원이다. 레드 팬더 맥주와 내가 좋아하는 드래곤 럼도 군대에서 만든다. 전 세계의 군대가 주류업에 뛰어들면 어떻게 될지 한번 상상해보라. 신세대 평화주의자들이 "전쟁 대신 술을 만들라"라는 표어를 내세우게 될지도 모른다.

* * *

나는 부탄의 국민행복지수에 대해 더 알아보고 싶었다. 이 정책은 발전의 전통적인 척도인 국민총생산의 보조 수단으로 만들어진 것이다. 이런 정책이 정말로 시행되고 있는 걸까? 부탄에 대해 조금이라도 알고 있는 사람들은 모두 내게 카르마 우라를 만나보라고 조언해주었다. 그는 부탄에서 가장 중요한 싱크탱크를 운영하고 있다. 사실 이것이 부탄 유일의 싱크탱크이기도 하다. 내가 그와의 만남을 고대하는 것은, 그가 이 나라에서 지식인으로서 대단한 인정을 받고 있으며 행복의 본질에 대해 오랫동안 열심히 생각한 인물이기 때문이기도 하고, 이름이 카르마(불교 용어로 '업業'이라는 뜻 - 옮긴이)인 사람을 처음 만나기 때문이기도 하다.

타시와 나는 차를 타고 팀푸 외곽으로 향한다. 왕이 사는 곳에서 그리 멀지 않은 곳이다. 우리는 어떤 낡은 건물 앞에 차를 세운다. 나는 몇 미터 떨어진 회의실로 안내된다. 나는 진흙 구덩이 위에 걸쳐진 나무 막대 위에서 애써 균형을 잡으며 걷는다. '회의실'에 대해 별다른 기대를 품지 않았지만, 회의실 문을 열어보니 깜짝 놀랄 만하다. 긴 나무 탁자가 가운데에 놓인, 깔끔하게 디자인된 공간이다. 부탄은 대부분의 개도국이 따르고 있는 유행에 반항한다. 대부분의 개도국은 외양에 돈을 쏟아붓는다. 공항은 화려하지만 주위는 빈민가 천지고, 호텔 로비는 휘황찬란하지만 방은 누추한 식이다. 하지만 부탄에서는 겉보다 속이 더 인상적인 경우가 많다.

나는 카르마에게 타시가 준 하얀 스카프를 건넨다. 이 물건을 주고받는 행위가 한 바퀴를 돈 셈이다. 그는 엷은 미소로 답한다. 그는 격자무늬 고를 입고 있으며, 얼굴은 갸름하고 잘생겼다. 그의 말투는 느리고 신중하다. 미리 신중하게 생각을 하고 말하기 때문이 아니다. 그는 생각을 하면서 동시에 말하는데, 생각과 말이 자로 잰 듯 정확하게 동시에 이루어진다. 침묵이 길어지면 나는 불안해진다. 아무것도 하지 않고 가만히 있으니 미칠 것 같다. 그래서 그 빈 공간을 대화로 채우고 싶다는 충동이 일지만, 그 충동을 억눌러야 한다.

카르마 우라는 정부가 비행기를 인도하는 조종사 같다고 생각한다. 날씨가 나쁠 때는 계기에 의존해서 비행해야 한다. 하지만 계기에 문제가 생긴다면? 비행기는 항로를 벗어나 버리고 말 것이다. 조종사가 조종간을 제대로 조작한다 해도 말이다. 그는 오늘날 세계가 그런 상태라고 말한다. 한 나라의 발전도를 측정하는 도구로서 국민 총생산에만 의존하는 게 문제라는 것이다. "교육을 예로 들어보죠." 그가 말한다. "우리는 취학률을 측정하는 데만 매달리고 있습니다. 그러면서 교육의 내용은 보지 않죠. 이번에는 일본 같은 나라를 예로 들어볼까요? 국민들이 장수하기는 하는데, 60세 이상 노인들의 삶의 질은 어떻습니까?" 일리 있는 말이다. 우리는 가장 측정하기 쉬운 걸 측정할 뿐, 사람들의 삶에 정말로 중요한 건 측정하지 않는다. 국민행복지수는 이 문제를 바로잡으려고 만들어진 것이다.

나는 예전처럼 냉정한 언론인다운 인터뷰 스타일로 나도 모르게 빠져 들어가는 것을 깨닫는다. 그렇다면 이제 개인적인 질문을 할 때가 되었다.

"카르마 씨, 행복하십니까?"

"제 삶을 되돌아보면 행복했던 것 같습니다. 제가 행복해질 수 있었던 건, 비현실적인 기대를 품지 않았기 때문입니다."

이건 좀 이상한 말 같다. 미국에서는 높은 기대치가 엔진이자 연료 역할을 한다. 우리의 꿈을 뒤에서 밀어주는 힘이 됨으로써 행복을 추구하는 데에도 힘이 되는 것이다.

"제 생각은 완전히 다릅니다." 그가 말한다. "전 그렇게 기어올라야 할 산이 없습니다. 기본적으로 저는 삶 그 자체가 투쟁이라고 생각합니다. 만약 만족스러운 하루를 살았다면, 하루를 잘 살아냈다면, 저녁에 저는 한숨을 내쉬며 이렇게 말합니다. 오늘도 괜찮았어."

"좋지 않은 날도 있습니까?"

"있습니다. 하지만 그런 날들을 별로 중요하지 않게 보는 것이 중요합니다. 아무리 위대한 일을 해냈다 해도, 그것은 우리 자신의 머릿속에서 공연되는 연극과 같습니다. 우리 자신은 아주 중요한 일을 해냈다고 생각하지만, 사실은 어느 누구의 삶도 바꿔놓지 못했으니까요."

"그럼, 카르마 씨, 우리의 가장 위대한 업적과 가장 커다란 실패가 모두 중요하지 않다는 건가요?"

"그렇습니다. 우리는 자기가 세상을 바꿔놓았다고 생각하고 싶어 합니다. 좋습니다. 일주일 단위로 보면 그게 흥미로운 생각일 수도 있습니다. 하지만 40년을 놓고 생각한다면, 글쎄요. 3세대가 지나면 우리는 흔적도 없이 잊힐 겁니다."

"그런 생각에서 위안을 얻는단 말입니까? 제가 듣기에는 아주 기운 빠지는 얘기인데요."

"그렇지 않습니다. 불교에서 말하는 것처럼, 측은지심보다 더 훌륭한 건 없습니다. 뭔가 착한 일을 한 사람은 그 순간 만족감을 느낍니다. 예전에 저는 매일 파리와 모기를 많이 죽였습니다. 말라리아에 걸릴까 봐 무서웠거든요. 하지만 가끔은 죽이지 않을 때도 있습니다. 녀석들을 죽이려다 말고 이런 생각을 하는 겁니다. '잠깐, 이 녀석은 날 해치지 않았어. 직접적으로 날 위협하지도 않아. 그리고 이 녀석은 방어 수단이 없어. 그런데 왜 내가 이 녀석을 눌러 죽이려는 거지?' 그래서 저는 녀석을 놓아줍니다. 그게 별로 중요하지 않은 행동이라는 건 저도 알지만, 그 순간 진정한 평화를 느낍니다. 그냥 집착을 벗어버렸으니까요."

나는 나답지 않은 일을 하기로 한다. 나 자신에 관해 이야기하는 것. 진심으로. 이유는 나도 모른다. 어쩌면 이 남자의 부드러움 때문일 수도 있고, 그의 이름이 카르마이기 때문일 수도 있고, 부탄이라는 나라가 사람을 헷갈리게 만들기 때문일 수도 있다. 이유가 무엇이든 나는 카르마에게 내 얘기를 털어놓는다. 내가 세상에서 가장 행복한 곳을 찾아 나서기 몇 주 전에 마이애미에서 있었던 일을.

"깨어나." 의사가 나를 재촉하는 소리가 들린다. 그는 시선을 아래쪽으로 고정시키고, 진찰실 문을 활짝 열어젖힌다.

"깨어 있어요." 내가 말한다.

"아니에요." 의사가 나를 나무란다. "컴퓨터한테 한 말입니다." 그럼 그렇지. 마이크가 눈에 띈다. 겉을 사탕 막으로 싼 둥근 껌만 한 크기의 마이크가 의사의 입 앞에 어른거리고 있다. 의사의 손에는 반짝이는 알약이 들려 있다.

이 묘한 광경 때문에 잠시 생각이 흐트러져서 나는 조금 시간이 흐른 뒤에야 내가 왜 여기 와 있는지 기억해낸다. 손과 발에 감각이 없어졌기 때문이다. 숨도 차다. 지난 몇 주 동안 이런 증세가 점점 심해져서 나는 밤에 잠을 이루지 못했다.

다시는 되돌릴 수 없는 중요한 시기, 삶의 절반이 끝나버린 마흔세 살이라는 나이에 나는 차가운 진찰실에 앉아 있다. 컴퓨터를 상대로 말을 하며 MRI 결과를 기다리는 의사와 함께. 내가 수술조차할 수 없는 뇌종양에 걸렸다는 우울한 결과가 틀림없이 나올 것만 같다. 그냥 그런 확신이 든다. 아니, 혹시 운이 좋다면 그냥 루게릭병이라는 판정이 나올지도 모른다. 2주 전에 나는 석관처럼 생긴 튜브 속에 엎드려 있었다. 나를 둘러싼 기계가 눈에 보이지 않는 곳에서 찰칵찰칵, 윙윙 소리를 냈다. 유리 칸막이 뒤에서 검사원들이 자기들끼리 말하는 소리가 들리는 것 같았다. "참 안됐어. 오래 못 살겠는 걸"이라고.

그래서 공식적인 검사 결과를 기다리는 동안, 서투른 솜씨로 만든 파워포인트 프레젠테이션 자료처럼 내 삶의 여러 장면이 찰칵찰칵 내 눈앞을 지나간다. 마지막 슬라이드는 죽음이다. 제 발표를 들어주셔서 감사합니다. 밖에 커피와 베이글이 준비되어 있습니다.

"아, MRI 결과가 이제 나왔네요." 의사가 말한다.

그래, 나도 안다. 당신의 차갑고 무자비한 손바닥에 그 자료가 들려 있는 게 보이니까. 빨리 말해줘요, 선생님. 난 다 받아들일 수 있어요. 아냐, 사실은 받아들일 수 없어요. 그래도 말해줘요.

"혈액검사 결과도 나왔어요."

그래, 혈액검사. 내 목숨이 얼마나 남았나요?

"그래서⋯⋯결과는⋯⋯."

"아무것도 없겠죠. 아무 문제도 나오지 않았을 겁니다." 카르마가 한 치의 의심도 없이 단호하게 끼어든다.

당황스럽다. 그가 옳기 때문이다. 내 손과 발에 감각이 없어진 것은, 호흡이 불규칙해서 산소가 제대로 공급되지 못한 탓이었다. 다시 말해서, 공황발작 탓이라는 뜻이다. 이번에도 또 공연한 일로 소란을 피웠다.

"그걸 어떻게 아셨어요, 카르마 씨?"

카르마는 또다시 잠깐 침묵하다가 대답 대신 제안을 내놓는다. 처방전처럼. "사람은 매일 5분씩 죽음에 대해 생각할 필요가 있습니다. 그것이 병을 치유하고, 균을 없애줄 겁니다."

"어떻게요?"

"문제는 죽음에 대한 공포입니다. 우리가 하고 싶은 일을 하기도 전에, 아이들이 자라는 걸 보지도 못하고 죽을까 봐 걱정하는 마음. 그것 때문에 마음이 어지러워지는 겁니다."

"하지만 매일 죽음에 대해 생각하다니, 정말 우울할 것 같은데요. 왜 그런 짓을 해야 하죠?"

"서구의 부자들은 죽은 시체, 새로 난 상처, 썩은 물건에 손을 대지 않습니다. 그게 문제예요. 인간은 그런 것들에서 벗어날 수 없습니다. 우리가 더 이상 이 세상에 존재하지 않게 되는 순간을 미리 대비해야 해요."

이 말을 하고 나서야 그는 자신이 암에 걸렸다고 말한다. 암 진단을 받은 이야기, 항암치료, 집에서 멀리 떨어진 병원에서 받은 수술, 그리고 증세의 호전.

이제는 내가 침묵할 차례다.

우리는 작별 인사를 한다. 나는 부탄을 떠나기 전에 한 번 더 만났으면 좋겠다고 신신당부를 한다. 그러고는 구덩이 위에 걸쳐진 판자 위를 다시 걸어서 도요타 자동차에 올라탄다. 우리는 호텔로 돌아가고 있다. 타시는 그 사실을 반드시 내게 알려야 한다고 생각한 모양이다. 나는 방금 만나고 온 그 놀라운 남자에 대해 생각한다. 행복한 사람이다. 그는 케임브리지에서 공부한 학자이며, 최고의 학자들과 함께 회귀분석에 대해 이러쿵저러쿵 이야기를 할 수 있는 실력을 갖췄다. 하지만 그런 이야기를 하다가도 순식간에 부처 이야기와 암 때문에 죽을 뻔했다는 이야기를 꺼낸다. 아주 매끄럽게. 카르마 우라의 삶은 잘 융합되어 있다. 유기적이다. 일, 사랑, 가족이 따로따로 존재하지 않는다. 내가 아는 사람들은 대부분 그렇게 살아가는데. 나도 그렇게 사는데.

* * *

호텔에 도착했을 때(타시는 "호텔에 도착했습니다, 선생님"이라고 선언하듯 내게 알려준다), 나는 직원들과 잡담을 나눌 기분이 아니라서 의자를 들고 내 방 발코니로 나가 앉는다. 그렇게 그냥 앉아 있다. 머릿속이 펑펑 돌아간다. 카르마 우라가 나를 고리 속으로 던져버렸다. 기대치가 낮을 때 행복해진다고? 지금까지 살아오면서 내게 그토록 도움이 되었던, 지칠 줄 모르는 포부와 그 말을 어떻게 하면 조화시킬 수 있을까? 아니, 포부가 정말로 도움이 되었던 걸까? 그는 측은지심이야말로 궁극의 포부라는 말을 했다. 이건 도대체 무슨 소리지?

그때 그것이 보인다. 내게서 60센티미터쯤 떨어진 곳에. 벌레 한 마리. 녀석은 뒤집어진 채로 바닥에 누워서 자그마한 다리를 마구 휘젓고 있지만 아무 소용이 없다. 나는 시선을 돌린다. 하지만 너무나 가엾어 보이는 이 자그마한 생명체에게 다시 시선이 돌아가고 만다.

나는 내가 할 수 있는 일을 생각해본다. 첫 번째 방안 : 녀석을 눌러 죽여서 고통을 끝내준다. 이 방안의 가장 큰 이점은, 녀석과 나의 고통이 끝난다는 점이다. 두 번째 방안 : 녀석을 무시한다. 이건 다른 사람의 고통과 맞닥뜨렸을 때 내가 주로 사용하는 방법이다. 끼어들지 않는 것. 훌륭한 기자답게 구는 것. 무슨 대가를 치르더라도 중립을 유지하는 것. 하지만 이 녀석은 기삿거리가 아니다. "히말라야에서 벌레의 죽음으로 절망에 빠진 가족들. 11시 전송 기사"라는 제목을 달아 기사를 보내는 일은 없을 것이다.

그런데 세 번째 방안이 있다는 생각이 든다. 내가 녀석의 삶에 개입해서 목숨을 구해줄 수 있다는 생각. 녀석이 벌레이기는 해도, 목숨은 목숨이다. 나는 벌레를 향해 조심스레 한 걸음 다가가서 발로 살짝 찬다. 그런데 생각보다 더 힘이 들어갔는지 벌레가 족히 3미터는 죽 미끄러지며 뜰을 가로지른다. 여전히 뒤집어진 채로 발을 마구 휘저으면서. 이런, 인류애를 발휘하려고 했더니 또 실패다. 미국은 그토록 많은 자원을 지니고도 소말리아나 이라크를 구하지 못했다. 그러니 나도 벌레 한 마리를 구하지 못했다고 해서 안타까워할 이유가 없지 않은가?

나는 아래층으로 가서 레드 팬더 맥주를 주문한다. 30분 뒤 내 방으로 돌아온 나는 병적인 호기심 때문에 뜰을 내다본다. 그런데 벌레가 여전히 허우적거리고 있다. 기운이 많이 빠진 것 같기는 하지만. 내가 알게 뭐야. 난 벌레가 싫다고, 젠장. 하지만 자비가 어쩌고 저쩌고하는 불교 이야기를 하도 많이 들어서 내가 어떻게 된 모양이다. 에라, 모르겠다. 나는 벌레를 한 번 더 발로 찬다. 이번에는 좀 더 부드럽게. 그러자 순식간에 똑바로 일어선 벌레가 뽀르르 사라져버린다. 나한테 고맙다는 인사도 안 했지만, 그건 괜찮다. 기분이 좋다. 내가 생명을 구한 것이다. 세상에 참여한 것이다.

추신 : 그날 저녁 늦게 나는 뜰에 나왔다가 벌레 한 마리를 보았다. 틀림없이 아까 그 벌레였다. 녀석은 또 벌렁 뒤집혀 있었다. 내 눈을 믿을 수가 없었다. 이번에는 녀석에게 전혀 손을 쓰지 않았다. 그러고는 그날 밤에 아주 잘 잤다. 아무도, 심지어 카르마 우라도, 자꾸만 실수를 저지르는 그 멍청한 벌레를 구해줄 수 없을 것이다.

* * *

부탄은 거꾸로 뒤집힌 곳이다. 여기서는 13이 행운의 숫자다. 아이들은 사람을 만났을 때 "바이, 바이"라고 인사한다. 왕은 왕을 없애버리고 싶어 한다.

마리화나는 또 어떤가. 부탄 사람들은 마리화나를 엉뚱한 곳에 이용한다. 돼지 먹이로 쓰는 것이다. 마리화나를 먹은 돼지들은 자꾸 배가 고파져서 뚱뚱해진다. 이 말을 처음 들었을 때, 나도 모르게 농가 마당 가득 늘어선 돼지들이 마리화나 때문에 허기를 호소하는 광경이 떠올랐다. 녀석들은 세븐일레븐, 그러니까 돼지들의 세븐일레븐으로 척척 행진하듯 걸어가서 끈적거리는 치킨 부리토를 사더니 전자레인지로 데우려고 한다(그런 모습이 내 눈앞에 생생히 떠오른다). 하지만 뭉툭한 앞발이 전자레인지 문에 끼어서 녀석들은 마구 소리를 질러대기 시작한다. 돼지 멱따는 소리 말이다. 마침내 돼지 점원이 어기적어기적 다가와서 돼지 말로 제발 소리를 줄여달라고 부탁한다. 여긴 세븐일레븐이지 농가 앞마당이 아니라면서.

부탄에서 나는 나도 모르게 이런 생각에 빠지곤 한다. 아마 고도가 높기 때문일 것이다. 하지만 그것 말고도 다른 이유가 있을 것 같은 생각이 든다. 이 나라는 내 상상력이 마음대로 날뛰게 만든다. 대개 나는 상상력을 억제하는 편이다. 그런데 부탄에서는 상상력이 제멋대로 날뛰면서 방금 깎은 잔디밭을 어지럽히기도 하고, 그러지 말아야 할 곳에서 방귀를 뀌기도 한다. 하지만 내게 뜻밖의 보상을 가져다줄 때도 있다.

이 모든 이유 때문에 부탄을 여행할 때는 믿을 수 없다며 놀라는 마음을 단단히 접어두어야 한다. 여기서는 현실과 환상이 나란히 살고 있다. 현실과 환상을 구분할 수 없을 때도 있다.

나는 호텔에 앉아 차를 마신다. 호텔 주인인 상게이가 느닷없이 말한다. "우리 남편이 달라이 라마의 형제예요."

"그래요?" 내가 말한다. "달라이 라마의 형제라고요? 달라이 라마한테 형제가 있는 줄은 몰랐네요."

"형제 없어요. 이번 생의 형제가 아니라, 전생의 형제예요. 우리 남편은 어떤 티베트 라마승의 12번째 현신이에요."

부탄에서는 이런 혼란과 항상 맞닥뜨린다. 이번 생, 전생, 후생. 이모든 것이 흐릿하게 한데 섞여 있다. 행복하게. 나는 호텔에서 일하는 상냥한 아가씨와 다음과 같은 말을 주고받은 적도 있다.

"최근 비가 많이 내렸어요." 내가 아가씨와 대화를 하려고 말한다.

"예, 손님. 축복받은 비의 날 때문이에요. 우린 매년 우기가 끝나는 걸 기념해서 그 축제를 열어요. 축복받은 비의 날이 지나면, 더 이상 비가 내리지 않아요." 그녀는 확신에 찬 표정으로 이렇게 말한다. 마치 얼간이한테 해는 항상 동쪽에서 뜬다고 설명하는 사람 같다.

이튿날, 비가 그쳤다.

* * *

타시와 나는 주말시장에 가보기로 한다. 온갖 채소와 수공예품들이 팔리는 곳이다. 사과는 사람 머리통만 하고, 부처의 그림도 아주많이 나와 있다. 시장 입구에는 점성술사가 앉아 있다. "아주 용해요. 아주 유명한 사람이에요." 타시가 말한다. 점성술사는 바닥에 쪼그리고 앉아 있다. 앞에 담요를 펼친 채. 그 순간 나는 그가 나병환자임을 알아차린다. 그는 손가락이 하나도 없다. 손가락이 있던 자리만 뭉툭하게 남아 있을 뿐이다. 그런데도 그는 점치는 카드 한 벌을 손으로 잡을 수 있다. 카드는 범퍼에 붙이는 스티커만 한 크기다.

그가 나더러 카드 세 장을 고르라고 한다. 그다음에는 주사위 세

개를 굴려야 한다. 그래서 나온 점괘. "지금 당신은 잘하고 있습니다. 모든 일이 잘 풀릴 겁니다. 꿈도 모두 이루어질 겁니다." 이렇게 좋은 점괘가 나온 것이 내가 낸 소액의 복채와 조금이라도 관련이 있는 게 아닌지 궁금해진다. 내가 타시에게 이 말을 했더니, 타시는 점쟁이가 "아주 용해서 존경받는 사람"이라고 단언한다. 그날 저녁 늦게 영국인 탐험가 로널드셰이 경이 부탄에서 겪은 모험 이야기를 읽다가 그도 1세기 전에 똑같은 점괘를 만났다는 사실을 알게 된다. "그는 나더러 신에게 공물을 바치고 주사위를 던지라고 했다. 나는 그렇게 했다. 묘하게도 주사위 세 개 모두 '1'이 나왔다. 그 자리를 주관한 라마승은 그걸 보자마자 최고의 행운이라고 선언했다!"

그날 밤 나는 잠을 설치며 내용이 불분명하고 불쾌한 꿈을 꾼다. 여기 고도가 높기 때문임이 분명하다. 틀림없다. 이튿날 아침, 나는 아침을 먹으려고 비틀비틀 아래층으로 내려간다. 덜 익어서 줄줄 흐르는 달걀을 후룩거리고 있는데, 누군가 묵직한 바리톤 목소리로 "안녕하세요" 하고 말한다. 순간적으로 텔레비전 소리인가 싶었지만, 의자에 앉은 채 몸을 확 돌려 보니 머리가 벗어져서 번쩍거리고 뺨에 살이 두둑한 남자가 미소를 짓고 있다. 그는 밝은 노란색 셔츠에 빨간 조끼 차림이다. 달라이 라마의 동생처럼 생겼다.

그는 상게이의 남편인 바르바 툴쿠다. 그는 린포체라는 경칭으로 불리기도 하는데, 린포체는 '귀하신 분'이라는 뜻이다. 그는 상냥한 눈빛과 맹렬한 웃음으로 감정을 풍부하게 표현할 줄 안다. 그가 말을 할 때면, 그의 몸 전체가 물결친다. 그는 자기 말을 강조하려고 몸을 웅크렸다가, 벌떡 튀어 올랐다가, 다시 몸을 웅크린다. 그렇게 웅크렸다가 튀어 오르기를 반복하며 그는 내게 자기 이야기를 들려준다.

그가 태어나기 며칠 전에, 존경받는 라마승 여러 명이 그의 집을 찾아왔다. "정원에서 갑자기 샘물이 솟았어요. 아주 하얀 물이었죠. 우유처럼. 냄비란 냄비가 모두 그 물로 가득 찼습니다. 그다음에는 우리 집 위에 둥근 무지개가 나타났어요." 이건 누군가의 현신이 곧 태어난다는 고전적인 징조라고 한다.

어렸을 때 그는 티베트어를 하기 시작했다. 그 말을 공부한 적이 한 번도 없는데도. 부탄어는 티베트어와 상당히 다르다.

그는 열여덟 살 때 인도에 가서 달라이 라마를 만났다.

"달라이 라마가 저를 옆으로 데려가더니 이렇게 말했어요. '당신은 아주 특별한 사람입니다. 티베트어를 어디서 배웠습니까?' 저는 그냥 알게 되었다고 말했죠. 그랬더니 달라이 라마가 '내일 아침에 오십시오'라고 했어요." 그 아침 모임에서 달라이 라마는 강렬한 미소를 지을 줄 아는 이 젊은이가 티베트 동부에 살던 라마승의 현신이라는 결론을 내렸다.

달라이 라마는 그를 자기 밑으로 받아들이고는 인도의 다람살라에서 공부를 해보라고 권유했다. 다람살라는 티베트 망명정부의 수도다.

"구전을 전수받을 수 있는 엄청난 기회였습니다. 문헌을 읽고 또 읽으며 몇 가지 생각을 해낼 수는 있지만, 문자로 인해 엉뚱한 길로 빠질 수도 있어요. 그래서 구전이 가장 좋습니다."

눈빛이 부드럽고, 웃을 때면 경련하듯 온몸을 떨어대는 이 남자를 어떻게 생각해야 할지 모르겠다. 내가 미국에서 우유처럼 하얀 샘물이며 현신이며 기적 운운하는 이야기를 들었다면 공상으로 치부해버렸을 것이다. 이 남자를 정신병자로 보았을 수도 있다. 나는 방법을 바꿔보기로 한다.

"부탄 사람들은 행복한가요?"

그는 한참 동안 침묵을 지키다가 "그럴지도 모르죠"라고 하고는 격렬한 웃음을 터뜨린다. 그의 몸이 어찌나 심하게 요동치는지 혹시 저 사람이 발작을 일으킨 게 아닐까 하는 생각이 든다. 나는 그 주제를 더 이상 파고들지 않기로 한다. 그러고는 그가 계속 늘어놓는 이야기에 귀를 기울인다. 터무니없는 이야기다. 어떤 은둔의 땅에 영적인 보물이 묻혀 있다는 이야기. 자기가 예전에 3년 석 달 사흘 동안 명상을 한 적이 있다는 이야기.

이어 그는 500년 전 부탄에 살았던 어떤 사람의 이야기를 한다. '신성한 광인'이라고 불리던 사람이다. 그의 이름은 드룩파 컨리였으며, 티베트 불교의 하워드 스턴(미국 연예인 - 옮긴이) 같은 존재였다. 다른 성인들과는 다른 거룩한 사람.

"정말 놀라운 분이었습니다. 주점에 가서 여자들에게 장난을 걸곤 했죠. 그분의 어머니는 늘 이렇게 말했습니다. '컨리, 네 형을 좀 본받아라. 네 형은 항상 기도를 드리잖니. 네 형 얼굴을 보면, 항상 극도로 집중한 표정이야.' '아니에요, 어머니.' 컨리가 대답했습니다. '형님은 화장실을 찾고 있는 거예요. 그래서 그렇게 항상 심각한 표정을 짓는 거라고요.'" 컨리의 말이 옳았다. 사실 그는 대개 옳은 말만 했다. 그의 형은 축복을 받은 것이 아니라, 변비로 고생하고 있었다. 린포체는 이 이야기의 교훈을 다음과 같이 설명한다. "행동만 보고 사람을 판단하면 안 돼요. 그런 행동을 하게 된 의도만 보아야 해요."

내가 신성한 광인 드룩파 컨리의 이름을 들은 건 이번이 처음이다. 하지만 마지막은 아니다. 사실 그 뒤로 드룩파 컨리를 이해하지 않고는 부탄을 진정으로 이해할 수 없다는 말도 들은 적이 있다. 그의 이름을 들으면 사람들은 웃음을 터뜨린다. 하지만 평범한 웃음이 아니다. 공손한 웃음이다. 그런 것이 가능한지는 잘 모르겠지만.

컨리는 광인의 지혜라고 알려진 영적인 사조에 속한다. 모든 종교에는 광인의 지혜를 설파하는 분파가 있다. 기독교에는 '예수님을 위한 바보Fools for Christ'가 있고, 이슬람교에는 수피 마스트 칼란더스가 있다. 유대교에는 우디 앨런이 있다. 하지만 어느 누구도 드룩파 컨리만큼 미치지도 않았고, 그만큼 현명하지도 않다.

나는 그에 대해 더 알아보기로 마음을 다졌다. 책이 지나치게 꽉 들어찬 팀푸의 한 서점에서 나는 영어로 번역된 그의 전집을 찾아냈다. 오늘날의 외설적인 기준을 적용하더라도 어떤 부분은 내용이 너무 음란하다. 컨리는 "용처럼 숨을 헐떡"거리는가 하면, 속바지를 아래로 내리고 자신의 "불타는 지혜의 벼락"을 사용할 때가 많다(이건 다 여러분이 생각하는 그런 뜻이다). 드룩파 컨리는 엄청난 바람둥이였으며, 처녀를 특히 좋아했다. 그 자신은 이렇게 표현했다. "최고의 술은 통 밑바닥에 있고/ 행복은 배꼽 아래에 있다."

컨리의 문란한 행동에는 의미가 있었다. 그가 그렇게 터무니없는 행동을 한 것은 무감각 상태에 빠져 있는 부탄 사람들을 충격으로 일깨우기 위해서였다. 컨리의 모험담을 영어로 옮긴 키스 다우먼은 "감정, 특히 욕망을 억압하지 말고 정화해야 한다"라는 것이 컨리의 뜻이었다고 말한다. 다시 말해서, 고대 그리스인들의 사상을 거꾸로 뒤집은 것이라고 보면 된다. 무엇이든 적당히 하지 말고, 지나치게 많이 빠져 들어라.

나는 린다 리밍과 오후에 커피를 마시기로 한 약속에 늦었다. 린다 리밍은 부탄에서 9년 동안 살고 있는 미국인이다. 아시아는 가끔 '라마 리커(lama licker : 직역하면 '라마승을 핥는 사람'이라는 뜻. 원래는 '허풍을 떨며 아첨을 일삼지만 무슨 일을 하든 실수와 실패만 연발하는 사람'이라는 뜻이지만, 여기서는 정상적인 생활을 내팽개치고 동양의 영적인 문화에 무조건 열광하는 사람들을 비꼬는 표현인 듯함 - 옮긴이)'라는 소리를 듣기도 하는 구도자들에게 매력적인 곳이다. 하지만 부탄은 1970년대까지 외부인들에게 문을 열지 않았다. 문을 연 뒤에도, 이 나라에 들어가기는 쉽지 않았다. 간절히 들어가고 싶어서 애쓰지 않는 한.

린다 리밍은 간절히 원했다. 그녀는 재산을 모두 처분해서 뉴욕을 떠나 부탄으로 와서 영어 교사가 되었다. 그녀 스스로 부탄과 사랑에 빠졌다고 말한다. 나중에는 부탄 사람들과도 사랑에 빠졌다. 그래서 그 뒤로 줄곧 여기서 살고 있다.

그녀는 아트 카페라는 곳을 추천한다. 팀푸에 새로 문을 연 밝고 탁 트인 곳이다. 바닥은 금빛 나무로 되어 있고, 빵빵하게 속을 채운 쿠션들이 놓여 있다. 미국의 대학 도시라고 해도 믿을 것 같다. 카운터 뒤의 여자가 《삶과 죽음을 바라보는 티베트의 지혜The Tibetan Book of Living and Dying》를 읽고 있는 게 눈에 들어온다. 방금 말했듯이, 여기가 미국의 대학 도시라고 해도 믿을 것 같다.

린다가 한들한들 들어온다. 무늬가 있는 스카프를 매고 있는데, 힘이 넘치는 것 같다. 유창한 영어로 대화를 나눌 수 있는 기회에 굶주려 있었음이 분명하다. 그녀의 말이 속사포처럼 튀어나온다.

"여기서는 어딜 봐도 영적인 분위기가 느껴져요." 그녀가 브라우니를 맛있게 먹으며 말한다. "바위를 봐도 그렇고, 나무를 봐도 그래요." 다른 데서 이런 말을 들었다면 나는 낄낄거렸을 것이다. 하지만 부탄에서는 아니다. 어떤 작가는 다음과 같은 말을 했다. "부탄에는 무생물이라는 것이 존재하지 않는다." 모든 것에 영혼이 스며들어 있다. 여기에는 불교 신앙보다는 본이라는 정령신앙의 영향이 더 크다. 나는 정령신앙 하면 항상 원시적인 종교를 떠올렸지만, 잘 생각해보면 모든 물건에 생기가 깃들여 있다는 주장이 조금 진보적으로 들리기도 한다.

"지리적인 요인이 이곳의 삶을 지배하고 있어요." 린다가 말을 계속한다. "부탄이 지금 같은 모습이 된 건 고립되어 있었기 때문이에요."

"그게 좋은 일인가요, 아니면 나쁜 일인가요?"

"좋은 일이죠. 산들에 둘러싸여 고립되어 있기 때문에 모두들 천천히 움직이게 돼요. 무슨 일에든 '어떻게 할까요, 라' 식의 태도를 갖게 되죠."

부탄은 라의 땅이다. 단음절로 이루어진 이 단어는 모든 종류의 긍정, 경칭, 의미 없이 덧붙이는 소리로 쓰인다. 대개는 거의 모든 말의 뒤에 붙어서 말을 부드럽게 해주는 역할을 한다. 라는 '선생님'이라는 뜻도 되고, '그거 있지'라는 뜻도 된다. 나는 이 단어의 발음이 좋아서 부탄에 머무르는 동안 이 단어를 직접 사용한다. 하지만 올바른 리듬을 찾아내지 못해서 항상 어색하다.

"당신은 어때요, 린다? 탄트라의 난해한 소리를 전부 믿어요?"

"그럼요, 믿죠." 그녀가 말한다. "난 신앙의 도약을 이룩했어요. 처음 여기 왔을 때 나는 마흔 살이 다 된 신경질적인 여자였어요. 그때 나는 때가 되기도 전에 고약하게 늙어버리고 싶지 않다고 생각했죠. 부탄이 나를 차분하게 가라앉혀 주었어요. 속도를 늦추게 해준 거예요."

그러고는 그 주제가 또 튀어나온다. 죽음. 묘하게도 내가 행복을 찾아다니는 동안 죽음이 화제로 등장하는 경우가 엄청나게 많다. 자신이 언젠가 반드시 죽을 운명이라는 사실을 먼저 받아들이지 않으면 행복해질 수 없는 모양이다.

린다는 부탄에 올 때까지 시체를 본 적이 없다고 말한다. "여기 와서 많은 죽음과 고통을 봤어요." 그녀가 말한다. 하지만 그것이 반드시 나쁜 일은 아니라는 말투다. "여기서는 죽음에 대해 더 자주 생각하게 돼요. 사람들이 좀 더 비극적으로, 좀 더 공개적으로 죽거든요. 여기 사람들은 시신을 며칠씩 곁에 둬요." 여기 부탄에서는 생활이 불편하다는 문제도 있다. "여긴 추워요. 그래서 겨울이면 집 안에서도 외투를 입어야 돼요. 그런데 이상한 건, 그 덕분에 살아 있다는 느낌이 든다는 거예요."

린다는 많은 부탄 남자들이 3년 동안 명상 수도를 한다고 설명한다. 린포체가 말한 그것이다. 3년 석 달 사흘 동안 그들은 오로지 명상만 한다. 심지어 머리도 자르지 않는다. "3년 동안 말도 안 해요." 나는 이것만은 참을 수 없을 것 같다. 내가 가장 오랫동안 말을 안 하고 버틴 것은 아홉 시간이었다. 그것도 내가 그동안 잠들어 있었기 때문에 가능했다.

정부는 남자들이 명상하는 곳에 전선을 달아준다. 절벽 가장자리에 올라앉은 자그마한 나무 오두막에 전기를 달아주는 것이다. "산속에 있는 작은 집에 전기를 달아주려고 10만 달러를 쓰는 나라가 여기 말고 또 어디 있겠어요? 다른 나라 같으면 사람들더러 산에서 내려오라고 하겠죠."

부탄은 이런 나라다. 그들은 경제적으로 말이 안 되는 행동을 한다. 관광 수입 수백만 달러를 포기하거나, 가치 있는 목재 판매를 거부하는 식이다. 부탄 사람들은 가난하지만 효율과 생산성의 신에게 무릎을 꿇지 않는다.

내가 부탄으로 향할 때 한 동료가 행운을 빌어주며 말했다. "생산적인 여행이 됐으면 좋겠다." 그때 나는 아무 생각이 없었지만, 여기 부탄에서 생각하니 어리석은 말처럼 들린다. 생산적인 여행? 즐거운 여행이나 좋은 여행을 하면 안 되나?

마침내 린다가 점점 조용해진다. 우리가 침묵 속에 앉아 있는 시간이 영원처럼 길게 느껴지지만, 십중팔구 겨우 30초밖에 안 될 것이다. 린다가 나를 바라보며 말한다. "여기서 오래 살다 보면 현실감각을 잃어버려요."

"그게 좋은 일인가요, 아니면 나쁜 일인가요?"

"나도 잘 모르겠어요. 당신이 판단하세요."

이튿날 아침 식사 때 린포체가 들른다. 그는 뭔가 둥그런 것을 신문지로 싸서 들고 있다. 그는 한껏 뻐기면서 신문지를 푼다. 사과다. 이렇게 큰 사과는 본 적이 없다. 사과가 농구공만 하다.

그가 그 사과를 내게 준다. 나는 고맙다고 인사한 뒤 믿음으로 사람들을 치유하는 일은 잘되느냐고 묻는다. 그를 만나려고 전 세계에서 사람들이 찾아오는 것 같다. 그는 서양 의사들이 아주 훌륭한 건 사실이지만, 모든 걸 약으로만 치료할 수는 없다는 사실을 그들도 이해한다면 더 좋을 거라고 말한다. 그가 나더러 언젠가 자기가 일하는 걸 보러 오라고 하기에, 나는 기다렸다는 듯이 그러겠다고 대답한다.

"누구나 자기만의 신이 있어요. 그리고 누구나, 아이들까지도 전부 구루가 있죠. 각자의 구루가 그 사람을 흔들어 깨워서 현실을 보게 해요." 이 말을 하면서 그가 자기 옆의 의자를 아주 세게 흔든다. 저러다 의자가 부러질 것 같다. 내가 자기 말을 잘 안 믿는다는 사실을 그가 알아차린 모양이다. "내 말을 안 믿는군요."

나는 지금 한 말이 전부 진실이라는 걸 어떻게 아느냐고 묻는다. 증거도 없는데.

"이 빛이 보여요?" 그가 머리 위의 램프를 가리키며 묻는다.

"예, 보여요."

"하지만 증명할 수는 없죠. 태어날 때부터 눈이 보이지 않는 사람은 빛을 못 봐요. 증거를 원한다면, 결코 깨달음을 얻지 못할 거예요."

미국에는 행복한 사람이 거의 없지만, 모두들 끊임없이 행복에 관한 이야기를 한다. 부탄에서는 대부분의 사람이 행복하지만, 행복에 관해 이야기하는 사람은 하나도 없다. 이 나라에는 자기 성찰이 없다. 자기계발서도 없고, 안타깝게도 실존적인 고뇌도 없다. 닥터 필(심리학을 다루는 미국 텔레비전 프로그램의 진행자 - 옮긴이)도 없다. 사실 이 나라 전체에 정신과 의사는 딱 하나뿐이다. 그의 이름은 필이 아니고, 슬프게도 자기 이름을 딴 텔레비전 프로그램도 갖고 있지 않다.

어쩌면 플라톤이 잘못 생각했던 건지도 모른다. 성찰하는 삶이야말로 살아갈 가치가 없는 건지도 모른다. 플라톤과 마찬가지로 이미 세상을 떠난 다른 백인 남자는 이걸 다르게 표현했다. "자신이 행복한지 자문하는 순간 행복이 사라진다." 이 남자는 존 스튜어트 밀이다. '게처럼' 옆으로 걸어 행복에 접근해야 한다고 믿었던 19세기 영국의 철학자. 부탄은 게들의 나라일까? 아니면 국민행복지수라는 것 자체가 영리한 마케팅 책략인 걸까? 몇 년 전 아루바섬이 생각해낸 슬로건처럼? "아루바로 오세요. 행복이 살고 있는 섬." 그러니까 다시 말해서, 내가 사기를 당한 걸까?

그런 것 같지는 않다. 먼저 부탄 사람들은 그렇게 닳아빠지지 않았다. 그들은 오히려 너무 진지해서 탈이다. 이건 훌륭한 마케팅에는 저주가 되는 특징이다. 부탄 사람들은 국민행복지수를 진지하게 받아들이고 있지만, 그들이 생각하는 '행복'의 의미는 미국 사람들이 생각하는, 거품이 톡톡 터지는 스마일 상징 같은 행복과는 많이 다르다. 부탄 사람들에게 행복은 집단적인 노력을 뜻한다.

'개인적인 행복'이라는 말은 그들에게 전혀 말이 되지 않는다. 카르마 우라는 내게 이렇게 말했다. "우리는 로빈슨 크루소의 행복을 믿지 않습니다. 모든 행복은 관계 속에 있어요."

* * *

간단한 퀴즈 하나. 다음 사건들의 공통점은 무엇일까? 이라크 전쟁. 엑손 발데즈 기름 유출 사건. 미국 교도소의 재소자 증가. 정답 : 모두 미국의 국민총생산, 즉 지금의 국내총생산GDP에 기여한 사건이다. 따라서 모두 '좋은' 일로 간주된다. 적어도 경제학자들의 음침한 눈으로 보기에는.

GDP는 단순히 일정 기간 안에 한 나라가 생산한 재화와 용역을 모두 합한 값이다. 자동소총을 팔든, 항생제를 팔든 상관없이 모두 전국적인 합계에 똑같이 기여한다(두 물건의 값이 같다고 가정했을 때). 우리가 섭취하는 칼로리의 총량에는 신경을 쓰면서도, 음식의 종류에는 조금도 신경을 쓰지 않는 것과 같다. 통곡물이든 돼지기름이든 쥐약이든 칼로리는 그냥 칼로리라고 보는 것이다.

GDP에는 로버트 케네디가 "시의 아름다움, 결혼 생활의 강점, 대중적인 논쟁의 지적인 특징"이라고 표현했던 것들이 포함되지 않는다. 케네디는 GDP가 "삶을 가치 있게 만들어주는 것들을 제외한" 모든 것을 측정한다고 결론지었다. 또한 GDP는 무보수 노동, 즉 인정人情 경제compassionate economy도 고려하지 않는다. 요양시설에 사는 노인은 GDP에 기여하지만, 집에서 가족이나 친척의 보살핌을 받는 노인은 그렇지 않다. 만약 그 노인을 돌보는 사람이 어쩔 수 없이 직장에서 무급 휴가를 얻어야 하는 처지라면, 노인은 오히려 GDP를 감소시키는 죄를 저지르는 셈이다. 이 점에서는 경제학자들의 공을 인정해주어야 한다. 그들은 이기심이라는 악덕을 미덕으로 바꿔놓았다.

행복, 즉 주관적인 복지에 관한 최근의 연구에 따르면, 돈으로 행복을 사는 것이 실제로 가능하다. 어느 정도까지는. 그런데 그 정도가 놀라울 정도로 낮다. 1년에 1만 5000달러 정도. 그 선을 넘으면 경제성장과 행복의 관계가 흔적도 없이 사라져버린다. 미국인들은 50년 전에 비해 평균 세 배나 부자가 됐는데도 더 행복해지지 않았다. 일본을 비롯한 많은 산업국가의 사정도 마찬가지다. 런던 스쿨 오브 이코노믹스의 리처드 레이어드 교수의 말을 생각해보자. "돈은 더 많아졌고, 일하는 시간은 줄었고, 휴일도 늘어났고, 여행도 더 많이 다니고, 수명도 길어졌고, 건강도 좋아졌다. 그런데도 그들은 더 행복해지지 않았다."

국민행복지수는 1973년에 부탄의 왕축 국왕이 처음 퍼뜨린 개념이다. 하지만 마이클 엘리엇이라는 젊고 똑똑한 기자가 1986년에 국왕을 인터뷰해서 《파이낸셜 타임스》에 기사를 실은 뒤에야 비로소 이 개념이 퍼져나가기 시작했다. 그 기사의 제목은 이 개념을 더할 나위 없이 분명하게 표현했다. "부탄 국왕 : 국민행복지수가 국민총생산보다 더 중요하다."

전통적인 경제학자들은 십중팔구 왕이 높은 히말라야 산속에 살고 있기 때문에 산소 부족으로 고생하는 모양이라고 생각했을 것이다. 아니면 왕이 또 돼지 먹이를 갉아먹고 있다고 생각했거나. 행복을 측정하는 건 불가능하다. 아니, 설사 측정할 수 있다 해도 한 나라의 정부가 어떻게 행복을 정책으로 펼 수 있는가? 말도 안 된다.

그런데도 국민행복지수라는 개념은 다른 개도국들뿐만 아니라, 부유한 산업국가 몇 군데에도 퍼져나갔다. 이 개념에 관한 논문도 나왔다. 학술회의도 열렸다. 찬사가 쏟아졌다. "부탄은 오로지 돈만이 절대선이라는 주장을 공식적으로 거부한 최초의 국가이자, 이 주장에 도전한 최초의 국가다." 제프 존슨은 《국민행복지수와 발전 Gross National Happiness and Development》이라는 개론서에서 이렇게 썼다.

캐나다의 철학자 존 랠스턴 솔은 국민행복지수가 눈부신 책략이라고 생각한다. "이 개념의 역할은 '딱!' 하고 손가락을 튕겨 대화의 방향을 바꾸는 것이다. 그래서 이야기 주제가 갑자기 바뀐다. 사람들은 과거의 담론을 바꾸려 하지 않고, 핵심에서부터 새로운 담론을 도입한다. 그래서 GNH(Gross National Happiness : 국민행복지수)가 그토록 중요하고 영리한 개념이 된 것이다."

신성한 광인이자 굉장한 트릭스터(원시 신화에서 주술이나 장난으로 질서를 어지럽히는 초자연적인 존재 - 옮긴이)였던 드룩파 컨리라면 국민행복지수라는 개념을 아주 좋아했을 것이다. 워낙 터무니없고 기이한 개념이라서 무감각 상태에 빠져 있는 우리를 흔들어 깨우니까 말이다.

하지만 국민행복지수가 정확히 뭐란 말인가? 국민행복지수는 어떤 모양인가? 내게 최고의 설명을 해준 사람은 부탄에서 호텔을 소유하고 있는 산제이 펜조라는 사람이었다. 배가 불룩 튀어나온 펜조는 GNH가 "자신의 한계를 아는 것, 어느 정도면 충분한지 아는 것을 뜻한다"라고 말했다. 자유시장 경제학이 세상에 좋은 일을 많이 한 건 사실이지만, '충분하다'는 말에 관해서는 꿀 먹은 벙어리가 된다. 괴짜 경제학자였던 E. F. 슈마허는 이렇게 말했다. "가진 것이 별로 없는 가난한 나라는 있다. 하지만 '그만! 이 정도면 충분해!'라고 외치는 부자 나라는 어디 있는가? 그런 나라는 없다."

재산이 사람을 해방시켜주는 것은 틀림없는 사실이다. 돈이 있으면 우리는 육체노동에서 자유로워진다. 한낮의 무자비한 햇빛을 받으며 밭에서 일할 필요가 없는 것이다. 요즘은 햄버거 가게에서 햄버거를 굽는 일이 그런 노동에 해당한다. 하지만 돈은 인간의 영혼에 방해가 되기도 한다. 그런데 이 점을 인식하는 경제학자는 거의 없는 듯하다. 슈마허는 이렇게 말했다. "사회가 부유해질수록 즉각적인 보상을 바라지 않고 가치 있는 일을 하기가 더 어려워진다." 이건 과격하고 심오한 발언이다. 부유한 산업국가에서 사람들은 레저에 많은 시간을 쏟으며 즐길 수 있다고들 한다. 하지만 그런 사회에서는 생산적이지 못한 일을 하는 것이 장려되지 않는다. 금전적인 면에서든 즉각적인 쾌락 면에서든 다를 것이 없다. 반면 부탄 사람들은 다트 게임에 기꺼이 하루를 쏟을 수 있다. 하루 종일 그냥 빈둥거릴 수도 있다. 샹그릴라와 부탄을 한 번 더 비교하기 위해, 소설 속에서 영국인 선교사인 미스 브링클로와 속을 알 수 없는 샹그릴라 사람 창이 나누는 다음의 대화를 살펴보자.

"라마승들은 무슨 일을 하나요?" 그녀가 묻는다.

"라마승들은 묵상과 지혜를 추구하는 일에 자신을 바칩니다, 부인."

"그건 아무것도 안 한다는 뜻이잖아요."

"그렇다면 아무것도 안 하는 거겠죠."

알베르트 아인슈타인은 다음과 같은 말을 했다. "문제를 만들어낸 의식 수준에 그대로 머물러서는 결코 그 문제를 해결할 수 없다." 아인슈타인이 물리학을 근본적으로 변화시켰듯이, 경제학도 이미 오래전에 근본적인 변화를 겪었어야 한다. 국민행복지수가 그런 변화의 돌파구를 마련해줄까? 수많은 사람이 그동안 찾아 헤맸는데도 찾지 못한 대답이 바로 국민행복지수일까? 꼭 그렇지만은 않다. 적어도 아직은. 하지만 이 개념은 근본적인 의문을 바꿔놓는다. 이건 우리가 생각하는 것보다 훨씬 중요한 일이다.

국민행복지수가 부탄 정부의 공식적인 정책으로 채택되어 있기 때문에, 무엇이든 결정을 내릴 때마다 국민행복지수라는 프리즘을 대고 검토해보아야 하는 것으로 되어 있다. 우리가 지금부터 시행하려 하는 이 조치가 국민의 전체적인 행복도를 증가시킬까, 감소시킬까? 숭고한 목적임은 분명하지만, 이런 정책이 효과를 발휘하고 있는 걸까? 이 의문을 해소하기 위해 나는 정부 쪽 사람을 만나볼 필요가 있었다.

하지만 그게 말처럼 쉽지가 않았다. 부탄의 공무원들은 세계지도에 겨우 점처럼 찍혀 있는(지도에 아예 표시가 안 되어 있을 수도 있다) 작은 나라를 운영하는데도 절대 사람을 쉽게 만나주지 않는다. 왕은 생각할 필요도 없다. 살아 있는 신으로 숭배되는 왕은 말할 것도 없다. 나는 내무장관을 목표로 삼았다. 그는 비상임 행복대사도 겸하고 있는 인물이었다.

아, 안타까워라. 내무장관님께서는 너무 바빠서 나를 만날 수 없다고 하신다. 그래서 나는 자존심이 있는 기자라면 누구나 할 만한 행동을 한다. 그의 파티장에 난입하기. 이 파티는 정확히 말해서 'GNH 느끼기'라는 행사다. 부탄에 살고 있는 일본인 독지가들이 후원하고 내무장관은 주빈으로 초대되었다. 나는 맨 앞줄에 자리를 잡는다. 내무장관이 들어오자 다들 자리에서 일어선다. 내무장관은 호리호리한 몸매에 50대 후반쯤 되어 보인다. 희끗희끗해야 할 부분은 마땅히 희끗희끗하고, 태도는 위엄 있다.

단상 위에는 거대한 종이학과 함께 '사랑, 감정, 느낌'이라고 적힌 판이 걸려 있다. 아, 안 돼. 나는 감상주의의 맹공격에 대비한다. 일본인 독지가들이 미국의 나가사키 폭격을 다룬 영상을 보여준다. 끔찍한 모습들이 번쩍번쩍 화면을 지나간다. 피부가 천처럼 벗겨진 아이들. 눈알이 빠져나와 대롱거리는 남자들. 객석에 앉은 사람들이 유일한 미국인인 나를 힐끔거린다. 마치 내가 직접 폭탄을 떨어뜨리기라도 한 것처럼.

이런 영상이 행복과 무슨 상관이 있는지 모르겠다. 이 영상은 도시에 핵폭탄을 떨어뜨리면, 그 도시의 행복도가 낮아질 가능성이 높다는 뻔한 사실을 강조해줄 뿐이다. 이것이 바로 국민행복지수의 문제다(이것 말고도 문제가 많다). 국민행복지수는 모호한 개념이라서 누구든 명분만 있으면 쉽게 이용할 수 있다. 아마도 좋은 명분이겠지만, 어쨌든 명분은 명분이다. 일단 누군가 그렇게 이용하기 시작하면, 국민행복지수는 그냥 다른 슬로건과 똑같은 존재가 되어버린다. 새로운 경제적 틀도 아니고, 새로운 생활 방식도 아니다.

영상이 끝나고, 다들 중간 휴식 시간을 즐기려고 흩어진다. 나는 내무장관의 뒤를 졸졸 따라간다. 그는 밖에 차려진 뷔페 테이블로 곧장 가서 한 손에는 모모(만두와 비슷한 음식 - 옮긴이)를 담은 접시를 들고, 다른 손에는 사과 주스 잔을 들고 있다. 나는 그에게 다가간다.

"나가사키가 국민행복지수와 무슨 관계가 있죠?" 내가 묻는다. 깜짝 놀란 표정이 그의 얼굴을 스치고 지나간다. 나의 기습에 당황한 모양이다. 하지만 금방 외교적인 자세를 회복한다.

"행복을 소중하게 생각하는 나라라면 호전적으로 굴지 않을 거라고 나는 진심으로 믿습니다. 지속 가능한 생활 방식을 추구하지 않는다면, 다들 자원을 놓고 싸움을 벌이게 되겠죠. 석유 외에 다른 것들도 분쟁의 원인이 될 것이고, 반드시 국가들만 싸움을 벌이라는 법도 없을 겁니다. 어쩌면 샌디에이고와 로스앤젤레스가 물을 놓고 싸움을 벌이게 될지도 몰라요."

그는 이제 회의장으로 돌아가고 있다. 나는 그의 뒤에 따라붙는다. 국민의 행복을 정책으로 채택한 것이 이 작은 나라에 부담이 되지는 않았나요? 성취하기 힘든 행복의 기준을 정한 건 아닌가요? 내가 묻는다.

"부탄은 행복하다고 말한 적이 없습니다." 그가 내 질문을 슬쩍 피한다. "우리는 다만 국민행복지수를 열심히 추구하고 있을 뿐입니다. 그게 우리 목표예요."

"하지만 부탄에는 국민행복지수라는 말을 들어본 적도 없는 사람이 많아요. 특히 시골 사람들이 그렇죠." 내가 반격한다.

"맞습니다. 하지만 그 사람들의 삶 자체가 국민행복지수예요."

좋은 대답이다. 그냥 잔머리만 굴린 대답일 수도 있고, 그보다 더 많은 의미가 담겨 있을 수도 있다. 나는 잘 모르겠다. 우리는 몇 분 더 이야기를 나눈다. 그는 모모를 먹고, 나는 내 의자의 끝에 앉아 있다. 그는 별 볼일 없는 나라에서 엄청나게 중요한 인물이고, 나는 엄청나게 중요한 나라에서 온 별 볼일 없는 인물이다. 왠지 이렇게 반대되는 우리의 처지가 서로를 상쇄해서 우리 사이에 묘한 균형을 만들어내고 있는 것 같다.

그는 미국에 갔을 때의 일을 이야기한다. 버클리에서 마치 록스타 같은 대접을 받았다고 한다. 버클리 같은 곳은 그러고도 남는다("놀라웠습니다. 어딜 가든 강당이 꽉꽉 들어찼어요"). 그는 행복지수를 만들 필요가 있다고 말한다("정부는 항상 데이터에만 반응을 보이니까요"). 이제 그는 내게 내어줄 시간이 아주 많은 모양이다. 좀 너무 많은 것 같기도 하다. 그가 부탄에서 세 번째로 힘센 인물이라는 점을 감안하면 그렇다. 마침내 그가 마지막 모모를 입에 넣는다. 나는 이것을 기회로 그에게 작별을 고한다.

'GNH 느끼기' 행사는 얼마 뒤 부탄의 전통 춤과 함께 끝난다. 다들 둥글게 늘어서서(원은 모든 민속춤의 보편적인 대형이다) 아름다운 음악에 맞춰 똑같이 몸을 흔들어댄다. 나는 대형에 끼지 않고 옆에 서 있는데, 누군가 내 팔을 잡는다. 정신을 차리고 보니 어느새 내가 구경꾼에서 참여자로 변해 있다. 대개 나는 무슨 일에든 참여하는 것에 질색이지만, 이 단순한 민속춤에는 말로 잘 설명할 수 없는 좋은 구석이 있다. 달리 좋은 말이 생각나지 않는다. 양팔을 올리고, 하나, 둘. 오른쪽으로 한 걸음, 셋, 넷. 구령이 다섯과 여섯에 이르렀을 무렵, 내무장관이 다른 사람들과 마찬가지로 몸을 흔드는 모습이 눈에 들어왔다. 저 사람은 왜 이걸 하는 거지? 우리나라 정치가들이 소프트볼 게임에 나가서 카메라 앞에서 떠들썩하게 웃어대는 것과 같은 행동인가? 아니다. 이곳에는 카메라가 한 대도 없다. 그 순간, 부탄에서 세 번째로 힘센 인물인 내무장관이 춤을 추는 것은, 부탄의 모든 사람이 춤을 추기 때문이라는 생각이 떠오른다. 그가 춤을 추는 건 오로지 그 이유 때문이다.

음악이 잦아들고 사람들이 줄줄이 강당을 빠져나가기 시작할 때 나는 나도 모르게 고국을 생각한다. 미국 정치가들도 오래전에는 십중팔구 이랬을 것이다. 컨설턴트와 포커스그룹이 그들의 피 속에서 진실성을 모조리 뽑아내기 전에는. 우리가 겉모습과 알맹이를 혼동하기 전에는.

*   *   *

이튿날 아침, 나는 일찍 일어난다. 이번에도 또 악몽을 꾼 모양인데 기억이 나지 않는다. 오늘은 중요한 날이다. 린포체가 일하는 모습을 보러 가기로 되어 있다. 아침을 먹은 뒤 나는 진흙투성이 길을 지나 어떤 문으로 안내된다. 나는 신발을 벗는다(부탄에 진흙이 아주 많다는 점을 감안하면, 이건 무엇보다도 실용적인 관습이다). 집 안에는 방이 두 개 있다. 하나는 치유실이고, 다른 하나는 텔레비전실이다. 텔레비전실에는 속을 빵빵하게 채운 의자와 대형 파나소닉 텔레비전이 있다. 인도 영화가 엄청 시끄러운 소리를 내며 돌아가고 있다.

나는 텔레비전실에서 치유실로 안내된다. 나더러 조용히 앉아서 지켜보라고 한다. 방 안은 짙은 파란색과 노란색으로 어지럽게 장식되어 있다. 마치 폭격을 맞은 티베트 골동품 가게 같다. 사방에 이런저런 물건이 있다. 탕카(티베트의 불화 - 옮긴이)를 비롯한 여러 그림, 악기. 하지만 이 물건들은 대부분 환자들이 감사의 뜻으로(아니면 희망을 담아서?) 바친 공물이다. 환자들은 당연히 치료비로 돈을 내지만, 과일, 비스킷, 커다란 플라스틱 병에 담긴 코카콜라와 환타도 가져온다. 벽에는 목걸이들(이것도 공물)이 걸려 있고, 올림픽 금메달처럼 생긴 것도 있다. 그것이 진짜 올림픽 메달이라는 사실을 나중에 알았다. 파킨슨병으로 고생하던 미국 수영 선수가 감사의 표시로 준 거라고 한다.

남자 네댓이 방 안에 조용히 앉아 있다. 그날 오후에 재판을 받아야 하는데, 자기들에게 유리한 판결이 나올 확률을 높이려고 여길 찾아온 것이다. 그다지 숭고한 목적 같지는 않지만, 내 생각을 입 밖에 내지는 않는다. 그 남자들은 린포체를 마주 본 자세로 무릎을 꿇고 있고, 린포체는 나무 제단 같은 곳에 가부좌를 하고 앉아 눈을 감고 있다. 그는 조용히 뭔가 읊조리며 얼굴에는 약간 고통스러운 표정을 짓고 있다. 마치 변비 환자 같다. 남자들이 동시에 똑같은 동작으로 일어서고, 린포체는 그들의 이마에 물방울을 똑똑 떨어뜨린다.

그러고는 남자들이 나간다. 그것으로 끝이다.

이제 방 안에는 나와 린포체만 남았지만, 그는 몇 분 동안 나를 알은척하지 않는다. 그는 여전히 눈을 감은 채 뭔가 읊조리고 있다. 갑자기 그가 말한다.

"이것은 바셀린입니다." 그가 자그마한 통을 들어 내게 보여준다. 그가 무슨 말을 하려는 건지 궁금하다. "전에는 축복을 내릴 때 소에게서 나온 버터를 발랐습니다. 하지만 이게 효과가 훨씬 좋아요. 특히 질병에 좋습니다. 상처나 뭐 그런 것에도."

나는 치유할 때 실제로 무슨 일이 벌어지는지, 그의 머릿속에서 무슨 일이 벌어지는 건지 설명해달라고 부탁한다. "난 신에게 정신을 집중합니다. 부처님이 아니라, 완전한 신 말입니다. 마치 거울에 비친 모습 같습니다. 신과 내가 녹아서 하나가 됩니다."

중년 여성 하나가 방으로 들어온다. 한쪽 다리가 크게 곪아서 그녀는 다리를 의자 위에 올려놓는다. 린포체는 눈을 꼭 감은 채 뭔가 읊조리며 그녀의 다리가 있는 방향을 향해 입김을 분다. 그러고는 그녀에게 물을 떨어뜨리자, 그녀가 입으로 받는다. 그가 계속 뭔가 읊조리는 동안 여자가 자신이 가져온 공물, 즉 사과와 비스킷을 제단에 바친다.

다시 방 안에 나와 린포체만 남았다. 그가 눈을 뜬다. "나는 이 사람들이 마지막으로 의지할 수 있는 존재입니다. 처음에는 저 사람들도 병원과 첨단 기술을 선호하죠. 그래서 방콕과 미국에 있는 병원을 찾습니다. 그다음에 나를 찾아옵니다." 그는 다리가 곪은 그 여자의 이야기를 들려준다. 자기를 찾아오기 전에는 상태가 훨씬 더 심각했다고 한다. "나도 나 자신의 행동을 경험해야 합니다. 이생에서 안 된다면, 다음 생에서라도." 그가 수수께끼 같은 말을 한다. 무슨 뜻이냐고 막 물어보려는데, 이상한 종소리 같은 것이 들린다. 난생 처음 듣는 소리다. 린포체의 발 가까이, 제단에서 나는 소리인데, 시간이 갈수록 점점 커진다.

"미안합니다." 그가 손을 뻗어 휴대전화를 끈다. "어디까지 얘기했죠?"

"자신의 행동을 경험해야 한다는 얘기를 했어요."

그는 내게 이야기 하나를 들려준다. 하인을 원숭이라고 부른 남자의 이야기다. "차를 좀 가져와, 원숭이. 쓰레기를 내다 버려, 원숭이." 다음 생에서 그 남자가 무엇으로 환생했느냐면, 여러분이 이미 짐작했듯이, 원숭이다.

이 이야기가 마음에 들지만, 한눈에 뻔히 드러나는 교훈, 즉 뿌린 대로 거둔다는 교훈 외에 무슨 의미가 있는 건지 잘 모르겠다. 나는 민감한 주제를 건드리기로 한다. 그래서 사람들을 치유하는 일에 조금이라도 의심을 품은 적이 없느냐고 린포체에게 묻는다.

"아뇨, 없습니다. 난 지금까지 수천 명을 도왔습니다. 그렇게 도우면서 진정한 기쁨과 행복을 느꼈습니다." 내가 자그마한 검은색 수첩에 이 말을 받아쓰는데, 그가 나를 바라보며 이렇게 말한다. "당신은 항상 뭔가 쓰고 있군요. 그 수첩에. 당신에겐 경험이 필요합니다. 진정한 경험." 나는 그의 말을 한마디도 빠뜨리지 않는다. "항상 뭔가 쓰고……경험이 필요합니다." 그런데 그때 참으로 얄궂다는 생각이 들어서 필기를 중단하고 시선을 든다. 그러고는 오랜 습관이 쉽사리 사라지지 않는다고 서투른 변명을 늘어놓는다.

"모든 것이 꿈입니다. 진짜는 하나도 없어요. 당신도 언젠가 그걸 깨달을 겁니다." 이 말을 하고 나서 그는 웃음을 터뜨리더니 다시 조용히 읊조리기 시작한다.

* * *

팀푸는 비록 신호등이 없지만(패스트푸드점이나 현금자동지급기도 없다), 그래도 한 나라의 수도다. 그러니 지방을 한 번 돌아다녀 볼 필요가 있다. 이튿날 아침, 타시와 운전사가 여행에 필요한 물품을 도요타에 잔뜩 싣는다. 우리는 동쪽으로 향한다. 우리의 목적지는 수도에서 320킬로미터쯤 떨어진 붐탕 지방이다. 다른 나라 같으면 거기까지 가는 데 대략 대여섯 시간쯤 걸리겠지만, 부탄에서는 이틀이 걸리는 거리다.

여행을 뜻하는 단어 'travel'은 노고를 뜻하는 'travail'과 어원이 같다. 여기에는 그럴 만한 이유가 있다. 수백 년 동안 여행은 곧 고생을 뜻했다. 여행을 하는 사람은 순례자, 유목민, 군인, 그리고 바보뿐이었다.

부탄에서 여행은 여전히 노고와 고생을 연상시킨다. 로스앤젤레스에서 뉴욕까지 야간 비행기 이코노미석을 타고 가는 것보다 더 그렇다. 부탄의 도로들은 자연을 압도하지 못하고, 오히려 자연에 압도당해 자연이 변덕을 부리는 대로 휘어지며 산속을 한도 끝도 없이 구불구불 휘감아 돈다. 내가 보기엔 사색에 잠기기에 딱 알맞은 길이다. 한 10분 동안은. 그다음부터는 먹은 것이 올라올 것 같다. 건조기 속에서 빙글빙글 돌고 있는 양말의 기분을 이제 알 것 같다. 양말들이 자꾸 종적을 감추는 것도 무리가 아니다.

동물들도 문제다. 부탄의 도로는 세계 최고의 동물원들과 맞붙어도 경쟁력이 있다. 소, 멧돼지, 염소, 말, 원숭이가 휙휙 지나간다. 개는 너무 많아서 셀 수도 없다.

때로는 상쾌한 기분이 들기도 한다. 절벽 같은 급경사면이 나올 때면, 우리가 능선을 따라 날고 있는 것 같은 기분이다. 배의 뒤를 따라가며 까불어대는 돌고래처럼 가끔 우리에게 그림자를 드리우는 새들이 이런 기분을 한층 더 북돋운다.

* * *

팀푸에서 몇 킬로미터 떨어진 곳까지 나왔을 때, 처음으로 남근상과 맞닥뜨린다. 무서울 정도로 실물과 똑같은 남근이 어떤 집 옆면에 그려져 있다. 남근 그림은 그 뒤로도 많이 나온다. 아주 많이. 색깔이 화려한 남근, 단색으로 된 남근, 큰 것, 작은 것, 건물 서까래에 대롱대롱 매달린 남근, 파티장에서 나눠주는 선물처럼 막대기 끝에서 흔들리는 남근. 나는 대충 이런 뜻의 말을 한다. "저 남근들은 다 뭐지, 타시?"

타시는 남근이 악령을 물리쳐 준다고 설명한다. 나도 남근을 소유하고 있는 입장에서, 악령을 물리치는 데 남근만큼 어울리지 않는 신체 부위가 또 있는지 생각나지 않는다. 남근은 원래 옆길로 잘 새는 데다가 믿음직하지 못하기로 악명이 높다. 부상에도 취약하고, 일어서야 할 때에 항상 잘 일어서는 것도 아니다. 게다가 사실 남근은 악령을 물리치기보다는 오히려 끌어들이는 편이다. 부탄 사람들은 엄지손가락이나 발가락이나 팔꿈치를 나무로 조각해서 매다는 편이 차라리 더 나을 것 같다. 아, 정말이지 남근만 아니면 뭐든지 좋다.

하지만 이렇게 많은 남근을 보고 있자니, 신성한 광인 드룩파 컨리가 또 생각난다. 알고 보니 컨리에게 봉헌된 절이 근처에 있다. 불임 부부들에게 인기가 높은 절이라고 한다.

우리는 도요타를 몰고 작은 마을로 들어간다. 타시와 나는 거기서부터 진흙 길을 걸어 깔끔하게 정비된 논을 지난다. 세상에 저런 노란색이 가능할까 싶을 만큼 노란색을 띤 논이다. 구장(식물의 일종 - 옮긴이) 즙을 한입 문 노인도 지나갔다. 구장 즙 때문에 노인의 입술이 루비처럼 새빨갛다. 그의 입에서 구장 이파리가 튀어나와 있다. 마치 수탉을 한 마리 삼킨 것 같은 모습이다. 타시는 그 노인과 뭐라고 이야기를 나누지만, 입술이 그렇게 시뻘건 사람과 어떻게 이야기를 나눌 수 있는지 상상이 안 간다.

수탉 잡아먹은 노인이 우리에게 절로 가는 길을 가르쳐준다. 우리는 계속 걷는다. "행복한 여행을 하세요"라고 적힌 표지판을 지나친다. 평화로운 느낌이 나를 뒤덮는다. 바로 이것이 행복이라는 생각이 든다. 그런데 그때 타시가 고함을 지른다. "멈추세요, 선생님! 멈춰요." 나는 '이번엔 또 뭐야, 타시? 내가 지금 드물게 행복한 순간을 즐기고 있다는 걸 모르겠어?'라고 말하려고 한다. 그런데 그때 화살하나가 내 앞에서 겨우 1미터쯤 되는 곳을 휙 지나간다.

부탄 사람들은 활쏘기를 좋아한다. 술도 좋아한다. 그래서 이 두가지를 한꺼번에 하곤 하는데, 그게 좀 걱정스럽다. 나는 타시에게 미안하다고 사과한다. 활을 쏜 사람이 다른 곳으로 가버린 뒤 우리는 진흙투성이 비탈길을 계속 올라간다. 마침내 절이 나타난다. 신성한 광인의 절. 결코 화려하지는 않다. 드룩파 컨리가 살아 있었다면 바로 이렇게 지어야 한다고 고집을 부렸을 것 같다. 우리는 절 안으로 들어간다. 타시는 여러 번 오체투지를 한다. 그는 이마를 바닥에 댔다가 벌떡 일어나서 또 바닥에 엎드린다. 불교식 유연체조다. 제단에는 사람들이 공물로 바친 돈, 견과류, 초콜릿바 등이 높이 쌓여 있다. 나는 주지를 만난다. 불쾌하지 않은 미소를 띤, 토실토실한 남자다.

"예, 사실입니다." 내가 이 절이 불임 클리닉 역할도 하고 있느냐고 묻자 그가 이렇게 대답한다. "많은 여성이 축복을 받으려고 이곳을 다녀갔습니다. 아이를 낳지 못하던 여성이 여길 다녀간 뒤에 임신할 수 있었습니다." 그가 어떤 미국 여성의 이야기를 해준다. 마흔다섯 살이던 그녀는 거룩한 딜도의 축복을 받은 뒤에야 비로소 임신할 수 있었다. 거룩한 딜도는 내가 붙인 이름이다. 나무로 깎은 35센티미터 길이의 남근. 세세한 부분까지 정확하게 표현되어 있는 것이 인상적이다. 색색가지 펜던트들이 한쪽 끝에 대롱대롱 매달려 있다. 이것이 실제 남근이라면 남자의 몸과 연결되는 쪽 끝이다. 세상 남자 중에 나무로 깎은 35센티미터짜리 남근을 지닌 사람이 있다면 그렇다는 말이지만.

주지가 내게 사진을 보여준다. 이불로 꼭꼭 감싼 아이를 기쁜 듯이 안고 웃고 있는 부부들(외국인도 있고, 부탄 사람도 있다). 카드도 보여준다.

"저희에게 생애 최대의 기쁨인……아들을 주셔서 감사합니다." 바바라 뱅크스 올터크루즈라는 사람이 보낸 카드다.

내가 카드 더미를 죽 훑어보고 있는데, 부탄 여성 둘이 나타난다.

스님은 거룩한 딜도로 두 여자의 정수리를 아주 부드럽게 차례로 건드린다. 여자들은 이 치료를 기쁘게 받아들이고는 곧 그 자리를 떠난다.

타시가 잠시 가서 주지 스님께 점을 치고 와도 좋으냐고 묻는다. 나는 좋다고 한다. 타시는 주사위 세 개를 이마에 댔다가 던진다. 주지는 주사위를 한참 바라보더니 타시에게 그의 소원이 허락될 거라고 말한다. 내가 주사위를 던지자 내 소원 역시 허락될 거라고 한다. 절에서 걸어 나오며 나는 혹시 부탄에서 불길한 점괘가 나오는 수도 있느냐고 타시에게 묻는다. "그럼요, 선생님. 당연하죠."

근처에서 한 노인이 바닥에 앉아 손으로 염주를 돌리며 가끔 자기 옆에 있는 거대한 기도바퀴를 돌린다. 기도바퀴는 거대하다. 냉장고만 한 크기다. 그래서 그걸 돌리려면 힘이 많이 든다. 나는 노인에게 이렇게 기도를 시작한 지 얼마나 됐느냐고 묻는다.

"난 항상 이렇게 해요." 그가 말한다.

"다른 일은 전혀 안 하고요?"

"그래요, 전혀 안 해요." 균형 잡힌 생활은 아닌 것 같지만, 내가 뭐라고 감히 신앙에 의문을 제기하겠는가?

* * *

우리는 근처에 있는 왕듀 마을에서 밤을 보내기로 한다. 게스트하우스가 놀라울 정도로 훌륭하다. 심지어 진짜 커피도 있다. 나는 물살이 빠른 강을 굽어보는 테라스에 앉아 있다. 풍경이 아름다워서 나는 본능적으로 수첩과 카메라를 향해 손을 뻗는다. 하지만 마음을 고쳐먹는다. 린포체의 말이 머릿속에서 메아리친다. 경험이 필요하다는 말. 맞는 말이다. 삶을 기록하는 건 실제로 삶을 경험하는 걸 대신하지 못한다. 그래서 20분 동안 나는 테라스에 앉아 강물의 포효에 귀를 기울이며 아무것도 하지 않는다. 완전히 아무것도 하지 않는다. 수첩도, 카메라도, 녹음기도 없다. 그저 나와 삶이 있을 뿐이다. 그리고 그악스레 달려드는 부탄의 살인 모기 떼도 있다. 지금은 이 정도 경험이면 충분하다.

* * *

우리는 계속 앞으로 나아가며 부탄의 중심부를 향해 동쪽으로 차를 몬다. 뭔가(아니 사람인가?) 도로를 막고 있다. 몸은 하얗고 얼굴은 검은 생물 10여 마리가 점점 가까워지는 우리 차 앞에서 종종걸음을 친다. 랑구르 원숭이라고 타시가 알려준다. 이 녀석들을 보는 것이 좋은 징조라는 말도 덧붙인다.

"부탄에 혹시 나쁜 징조도 있어, 타시?"

"그럼요, 선생님. 갈색 원숭이요. 그 녀석들을 만나는 건 나쁜 징조예요."

원숭이들은 도로 위에서 빈둥거리는 일에 이제 싫증이 난 모양이다. 우리는 계속 앞으로 나아간다. 가끔 손으로 쓴 표지판이 나타난다. 거기에는 그냥 간단히 "감사합니다"라고만 적혀 있다. 뭐가 고맙다는 거지? 그 이유는 표지판에 나와 있지 않다. 그래도 고맙다고 말해주니 고맙다.

나는 급커브를 더 이상 참을 수가 없어서 운전사에게 차를 세우라고 말한다. 그가 차를 세우자 타시와 나는 밖으로 나와 걷는다. 타시는 어둠 속에서 이렇게 걷는 게 달갑지 않다고 고백한다.

"곰 때문에 그러는 거야, 타시?" 여행사 담당자인 소남이 곰을 조심하라는 이야기를 한 적이 있다.

"아뇨, 선생님. 악령들 때문이에요. 저는 곰보다 악령이 더 무서워요. 태어날 때부터 우리는 악령을 무서워해야 한다고 배워요."

이게 건전한 생각인지 잘 모르겠다. 부탄 사람들의 마음속에는 온갖 악령이 제멋대로 날뛰고 있다.

우리는 차로 돌아와서 점점 더 높이 산길을 오른다. 고도가 3000미터가 넘는다. 길은 자동차 한 대가 겨우 지나갈 수 있을 정도로 좁다. 정교하고 창조적으로 핸들을 움직여야 이 길을 간신히 지나갈 수 있다. 팀푸에서 어떤 부탄 사람이 해준 말이 생각난다. "건방진 놈들은 부탄에서는 살 수 없어요." 맞는 말이다. 이 나라에서는 무엇을 하든 협동이 필요하다. 추수를 할 때도, 도로에서 다른 차 옆을 비껴 지나갈 때도.

서구 사람들, 특히 미국 사람들은 타협의 필요성을 없애버리려고 애쓴다. 운전자와 승객이 서로 적정 온도를 놓고 타협하지 않아도 되도록 자동차에는 '개인 온도조절기'가 따로 달려 있다. 매트리스가 얼마나 단단해야 이상적인지를 놓고 합의를 볼 필요도 없다. 설사 부부라 해도 마찬가지다. 각자 자신에게 맞게 단단함을 조절할 수 있기 때문이다. 우리는 이런 기술들을 기꺼이 받아들인다. 자동차가 됐든 침대가 됐든, 각자 자신에게 가장 편안한 환경을 조성해서 즐기지 못할 이유가 없지 않은가? 하지만 우리가 그렇게 편안한 생활을 하면서 혹시 잃어버리는 것은 없는지 궁금하다. 이제 매트리스 같은 중요하지 않은 물건을 놓고 타협을 할 필요가 없다면, 정말로 중요한 문제 앞에서는 어떨까? 타협은 기술이다. 따라서 모든 기술이 그렇듯이, 사용하지 않으면 점점 퇴화한다.

우리는 능선을 따라 들어선 아주 작은 마을 트롱사에 도착한다. 게스트하우스는 소박하다. 그저 침낭보다 조금 나은 정도. 통통한 몸매에 환한 미소를 짓는 여자가 이 여관을 운영하고 있다. 내가 그녀에게 행복하냐고 물었더니, 그녀는 한층 더 커다란 미소를 지으며 말한다. "그럼요!" 부처가 하하 웃고 있는 것 같은 모습이다.

벽에 줄줄이 걸려 있는 시계들은 각각 도쿄, 뉴델리, 뉴욕, 방콕의 시간을 보여준다. 재미있다. 트롱사에는 뉴욕 시간은 고사하고 트롱사 시간으로 지금이 몇 시인지조차 알고 싶어 하는 사람이 하나도 없는데.

* * *

이튿날 또 차를 타고 움직인다. 중간에 타시와 나는 차에서 내려 근처 절까지 걸어가기로 한다. 햇살이 강하지만, 도로에서 이틀을 보내고 나니 자동차 밖에 나와 있는 것이 좋다.

"선생님." 타시가 말한다. "선생님 나라에서 카우보이가 크게 존경받는다는 게 사실인가요?" 나는 이제 카우보이가 몇 명 남아 있지 않다는 사실을 설명하려고 애쓴다. 그는 조금 실망한 눈치다. 나더러 자기가 학교 다닐 때 암송한 시를 듣고 싶으냐고 묻는다. 나는 좋다고 한다.

"그림자 나무 아래 능선을 오르며……."

나는 타시의 발음을 거의 알아듣지 못한다. '아래beneath'라는 말이 'bequeath(유산을 남긴다는 뜻 - 옮긴이)'로 들린다. 그래도 타시는 스스로 대견한 기색이다. "이 시를 제대로 암송하지 못하면, 선생님한테 무섭게 얻어맞았어요." 그가 자기 말을 강조하려고 권투하는 시늉을 하며 말한다. 아무래도 타시가 학교에서 많이 맞았던 것 같다. 그가 지금 보여주는 행동 중 일부는 그래서 생긴 것이 아닐까. 나는 부탄에서 아직도 그런 일이 일어나느냐고 묻는다. "시골에서만 그래요, 선생님." 이 말을 들어도 별로 위안이 되지 않는다. 부탄 사람들 중 80퍼센트가 시골에 산다.

근처 절을 향해 말없이 걷다가 나는 문득 타시를 무척 좋아하게 되었음을 깨닫는다. 그의 습관적인 행동들이 처음에는 짜증스러웠지만 지금은 사랑스럽다. 그가 변한 걸까, 내가 변한 걸까?

이튿날 아침 나는 능선을 따라 혼자 걷는다. 공기가 상쾌하고 신선하다. 기분이 좋다. 그런데 그때 곰을 조심하라던 소남의 말이 생각난다. 이젠 기분이 좋지 않다. 내가 언제부터 이렇게 자연을 무서워하게 된 걸까? 왜 여기 히말라야의 야트막한 산기슭에서 전나무와 지저귀는 새들에게 둘러싸여 있을 때보다 정신없이 돌아가는 도쿄나 뉴욕에 있을 때 더 안전하다는 느낌이 드는 걸까? 나는 어린애처럼 뭘 무서워하느냐며 혼자 고개를 젓다가 어떤 물체가, 아주 커다란 물체가 저 멀리에서 움직이는 것을 본다. 그 물체가 뭔지 정확히 알아볼 수 없다. 나무 한 그루가 내 시야를 가린 탓이다. 하지만 난 그 물체의 정체를 알아낼 생각이 없다. 그대로 핵 돌아서서 반대 방향으로 성큼성큼 걷기 시작한다. 이런 젠장, 이건 성큼성큼 걷는 게 아니잖아. 뛰고 있어, 제길!

몇십 미터를 온 뒤에 나는 뒤를 돌아본다. 내가 도망친 건 크고 사나운⋯⋯소 때문이었다. 나는 좀 쉬기로 하고 근처 절로 걸어가서 바위에 앉아 눈을 감는다. 카르마 우라가 옳다. 내 머릿속에 극장이 있다. 오프오프브로드웨이 극장이긴 하지만. 비평가들은 그 극장에서 공연된 작품을 헐뜯었다. 이제 공연을 접을 때가 되었다. 그건 알겠는데, 접는 방법을 모르겠다.

다른 문제에서는 카르마 우라의 조언을 실천에 옮기는 데 좀 더 성과가 있다. 나는 그가 제안한 대로 그의 고향 마을을 찾아가 보기로 한다. 그의 가족이 살고 있는 집은 튼튼하다. 나무로 된 바닥도 단단하다. 하지만 가구는 거의 없다. 촉세라고 불리는, 무릎 높이의 탁자 하나가 전부다. 일흔아홉 살인 카르마 우라의 모친이 그 탁자 뒤에 앉아 있다. 무릎에는 검은 모직 담요가 덮여 있고, 앞에는 책이 펼쳐져 있다. 그녀는 기도를 하고 있었다.

피부에는 주름이 졌지만, 아직 탄력이 남아 있다. 빠진 이가 적잖다. 그녀는 우리를 따스하게 맞아들이며, 나더러 바닥에 놓인 쿠션에 앉으라는 몸짓을 한다. 아들과 달리 그녀는 영어를 한마디도 못한다. 타시가 통역을 하겠다고 나선다. 다행이다. 알고 보니 우라 부인은 말이 많은 사람이다.

"나는 스무 살 때 이 마을로 이사 왔어요. 어렸을 때는 말을 타고 돌아다녔죠. 우리는 소금 같은 생필품을 구하려고 일주일에 두 번씩 몇 킬로미터를 오가곤 했어요. 지금은 자동차도 있고, 도로도 있고, 전기도 들어와요."

"그때가 더 나았다고 생각하는 부분은 없나요?" 내가 끼어든다.

"없어요." 무슨 얼간이 같은 소리를 하느냐는 말투다. "지금이 더 좋아요. 텔레비전만 빼고. 텔레비전은 좋기도 하고 나쁘기도 해요."

나는 부탄에 민주주의를 도입하겠다는 국왕의 계획에 대해 묻는다. 민주주의를 받아들일 준비가 되셨나요?

"그게 백성들한테 좋을 리가 없어요. 부패와 폭력이 판칠 거예요. 네팔이나 인도의 모습을 텔레비전에서 봤어요. 사람들이 경찰에게 돌을 던지고, 경찰은 사람들에게 최루탄을 쏘고. 그보다 더한 걸 쏘기도 했어요. 생산적이지도 않고, 좋지도 않을 거예요. 이 민주주의라는 물건은. 우린 전하께 간청하고 있어요. 정말이지 우린 민주주의를 원하지 않는다고 말이에요." 몇 달 뒤, 마이애미로 돌아와 있던 나는《뉴욕타임스》에서 짤막한 기사를 하나 읽는다. 왕이 아들에게 양위했다는 소식. 거짓 선거가 치러졌고, 진짜 선거도 멀지 않았다. 나는 우라 부인을 생각한다. 그 부인은 정말 싫어할 텐데.

그녀가 몸을 일으킨다. 그런데 몸이 하도 민첩해서 나는 깜짝 놀란다. 그녀가 차를 권한다. 내가 거절하자, 그녀는 굳이 고집을 부린다. "내가 차도 대접하지 않았다고 하면 우리 아들이 뭐라고 하겠어요?" 엄마들은 어디서나 똑같은 것 같다.

다시 자동차로 돌아온 우리는 팀푸로 향한다. 타시가 내게 이야기를 하나 들려준다. 1999년에 소년 여섯이 호수로 도보 여행을 가서 호수에 돌멩이와 쓰레기를 던졌다. 갑자기 안개가 끼더니 소년들은 길을 잃어버렸다. 셋은 살고, 셋은 죽었다. 타시는 그들이 호수 여신의 심기를 거슬렸기 때문이라고 확신하고 있다.

"그렇게 믿는 사람이 많아요. 호수를 더럽히면 안 돼요."

"그럼 강은?"

"강은 달라요, 선생님."

우리는 여행의 마지막 밤을 보낼 곳에서 차를 세운다. 우리의 여행과 수고가 거의 끝났다. 저녁 식사를 한 뒤 레드 팬더 맥주의 맛을 음미하고 있는데, 친숙한 말투가 들린다. 미국인이다. 정확히 말하면, 롱아일랜드 서포크카운티 출신. 미국인 관광객들, 그러니까 테리와 마티 부부가 나를 자기들 자리로 초대한다. 내가 부탄 사람들의 행복에 관한 글을 쓰고 있다고 하자, 다들 귀를 쫑긋 세운다. 나는 국민행복지수라는 정부의 정책에 대해 이야기해준다. 마티는 회의적이다. "행복을 어떻게 측정하겠어요? 사람이 행복해지는 건 믿음 때문인데, 믿음은 측정할 수 없어요."

우리의 대화는 미국과 부탄 사이의 엄청난 경제적 격차 쪽으로 흘러간다. 미국인의 평균 수입은 부탄 사람 평균 수입의 거의 100배나 된다. "롱아일랜드에서 본 그 집 기억나?" 마티가 아내에게 말한다. "그 여자는 사람이 들어갈 수 있을 만큼 큰 벽장에 온통 신발만 보관하고 있었잖아. 여기에는 신발이 아예 한 켤레도 없는 사람도 있는데."

"맞아, 그런데도 행복해 보여." 테리가 말한다. "등에 아이를 업고 길가에서 돌을 깨는 여자들조차 행복해 보여. 우리가 차를 몰고 지나가면 미소를 짓잖아."

나는 그 여자들이 부탄 사람도 아니고 행복하지도 않다는 말을 테리에게 차마 하지 못한다. 그들은 부탄 사람들이 하기 싫어하는 일을 하려고 들어온 인도인 노동자들이다. 하지만 그녀의 말이 옳다. 부탄 사람들이 행복해 보이는 건 사실이다.

"그럼 우리가 행복해지기 위해 필요한 게 우리 생각보다 적은 게 아닐까요?" 내가 의견을 내놓는다.

"아뇨, 이 사람들은 그저 더 나은 생활이 있다는 걸 모를 뿐이에요." 그녀가 말한다. "만약 이 사람들한테 미국을 보여주면, 자기들에게 없는 게 뭔지 깨달을 거예요."

나는 해외에서 공부한 부탄 사람들 중 90퍼센트가 서구에서 고소득을 올릴 기회를 포기하고 이곳 부탄으로 돌아온다고 그녀에게 말한다. 테리는 입을 다문다. 혼란스러운 기색이 역력하다. 마침내 그녀가 말한다. "아니, 왜 그런대요?"

* * *

우린 팀푸로 돌아왔다. 자동차가 호텔 앞에 선다. 나는 잠시 휴식을 취한다. 하지만 서둘러야 한다. 부탄에서 머무를 날이 이제 이틀밖에 남지 않았다. 그런데 다시 만나야 할 사람들이 있다. 해답을 찾아야 할 의문들도 남아 있다.

카르마 우라는 수도를 굽어보는 산 위의 높은 곳에 살고 있다. 내가 전화로 길을 물었을 때 그는 이렇게 말했다. "아무나 붙들고 물어보세요. 다들 우리 집을 알고 있습니다." 옳은 말이었다. 몇 분 뒤 우리 차는 담으로 둘러싸인 단지를 향해 올라간다. 하인이 골함석 문을 지나 넓은 마당으로 나를 이끈다. 마당에서는 여자 아이 둘이 트램펄린 위에서 폴짝폴짝 뛰고 있다. 하인은 나더러 바닥부터 천장까지 유리로 둘러싸인 방으로 가라고 말한다. 방 안에는 가구가 별로 없다. 구석에 노트북컴퓨터가 한 대 있는 것을 빼면, 카르마의 모친이 살던 시골집의 방과 다를 게 없다.

카르마는 바지와 조끼를 입고 있다. 오늘은 고 차림이 아니다. 그는 바닥에 앉아 무릎에 모직 담요를 덮은 모습이다. 안색이 창백하다. 어디 몸이 안 좋은 건가 싶다. 그가 내게 호두를 권하며 망치로 능숙하게 호두를 깬다.

나는 그와 가벼운 이야기를 나누다가 타시에게서 들은 이야기에 관해 묻는다. 호수의 여신에 관한 이야기. 사람들이 정말로 그런 이야기를 믿나요?

"예, 믿습니다." 카르마가 말한다. "그건 좋은 일이에요." 그는 신들(그의 표현으로는 '온실의 신들')이 가장 고급스러운 형태의 환경주의를 상징한다고 본다. 미국 사람들이 자연을 오염시키지 않으려 하는 건 벌금이 무섭기 때문이다. 부탄 사람들이 자연을 오염시키지 않으려 하는 건 온실의 신들이 두렵기 때문이다. 이 두 가지 사고방식 중 어느 한쪽이 반드시 더 낫다고 할 수 있을까?

카르마는 이제 일어서 있다. 그가 손으로 민첩하게 파리를 잡아 밖으로 나가서 놓아준다. 그는 계속 이야기를 한다. 내가 자기 얘기를 미심쩍어하는 기색을 눈치챘는지 위에서 종양을 제거하려고 수술을 받았던 이야기를 꺼낸다. "수술은 잘됐습니다. 의사들이 종양을 제거했죠. 그런데 2년 동안 위장이 제대로 기능을 하지 못했습니다. 의사들은 '수술 합병증' 탓이라고 했습니다. 이게 무슨 뜻일까요? 문제가 뭔지 자기들도 전혀 모른다는 뜻입니다. 그래도 뭔가 이름을 붙이기는 해야 할 것 같으니까 그런 이름을 붙인 겁니다. 수술 합병증. 그런 사고방식이 호수에 신들이 산다는 믿음과 다른 걸까요?"

그는 내게 저녁을 먹고 가라고 권한다. 우리는 바닥에 앉아 그가 뒤뜰에서 직접 기른 콩과 밥을 먹는다. 나는 부탄에서 반드시 물어볼 수밖에 없는 질문을 던진다. 돈으로 행복을 살 수 있을까요?

카르마는 재빨리 대답한다(그의 말이 정말로 빨라져서 그렇게 보였을 수도 있고, 침묵을 견디는 내 능력이 많이 자라서 그렇게 보였을 수도 있다). "때로는 돈으로 행복을 살 수 있습니다. 하지만 그걸 잘 분석해보아야 합니다. 돈은 목적을 이루기 위한 수단입니다. 그런데 그걸 목적으로 생각해버리면 문제가 생깁니다. 행복은 관계인데, 서구 사람들은 관계를 맺는 데 돈이 필요하다고 생각합니다. 하지만 사실은 그렇지 않아요. 중요한 건 신뢰입니다." 나는 스위스에서도 똑같은 소리를 들었다. 신뢰가 행복의 선행조건이라는 말. 정부와 제도에 대한 신뢰뿐만 아니라 이웃에 대한 신뢰도 필요하다. 사실 행복을 결정하는 데서 소득은 물론 심지어 건강보다도 신뢰가 더 큰 영향을 미치는 가장 중요한 요인이라는 연구 결과가 여럿 나와 있다.

물론 돈이 전혀 중요하지 않다는 말은 아니다. 앞에서도 말했듯이, 어느 정도까지는 약간의 돈으로 많은 행복을 살 수 있다. 문제는 부탄이 아직 그 '어느 정도'의 수준에 도달하지 못했다는 점이다. 이 나라는 아직도 행복도/소득 그래프가 상승곡선을 그리는 단계에 있다. 사회과학자들의 말이 옳다면, 부탄 사람을 행복하게 해주는 가장 효과적인 방법은 돈을 더 주는 것이다. 연간 소득이 적어도 1만 5000달러가 될 때까지.

하지만 그때쯤이면 이미 이곳 나름의 생활 방식이 자리를 잡았을 것이다. 그런 상황에서 생활 방식을 바꾸기는 어렵다. 부탄뿐만 아니라 어디든 마찬가지다. 옛날에는 돈을 뒤쫓다 보면 행복도 얻을 수 있었다. 그래서 우리는 앞으로도 그럴 거라고 생각한다. 이건 마치 굶주린 사람에게 이런 말을 하는 것과 같다. "자, 이 햄버거를 먹으면 기분이 좋아질 거예요. 맛있죠? 자, 햄버거는 많이 있으니까 계속 먹어요."

* * *

이튿날 린다가 자기 아파트로 저녁을 먹으러 오라고 나를 초대한다. 그녀도 팀푸를 굽어보는 산속에 살고 있다. '네 왕비의 집'이 근처에 있지만, 그녀 자신이 재빨리 지적했듯이, 왕비 같은 일상을 보내지는 않는다. 그녀의 아파트는 작지만 편안하다. 그녀가 내게 남편 남게이를 소개한다. "난 고귀한 야만인과 결혼했어요." 그녀가 애정 어린 말투로 말한다.

저녁을 먹으면서 그녀는 남게이가 미국에서 샤퍼 이미지 상점에 처음 갔을 때의 일을 이야기한다. 그는 완전히 넋을 잃은 상태였다. 남게이가 존재조차 모르던 욕구를 채워줄 신기한 물건들로 가득 찬 상점이라니. 그는 물건을 하나씩 집어 들고(예를 들어 주서기와 안마기를 함께 집어 드는 식이었다) 진심으로 경이를 느끼며 자세히 들여다보았다. "그런데 이 사람은 물건을 사서 소유하겠다는 욕망이 없었어요." 린다가 말한다. "물건을 들여다보며 경탄하다가 다시 내려놓고 그 자리를 떠나는 것만으로 완벽하게 만족했어요."

이제 우리는 크고 편안한 의자에 한가로이 앉아 형편없는 인도산 포도주를 마시며 발아래로 보이는 팀푸와 어떤 절의 모습에 감탄하고 있다. 린다는 미국을 떠나 이곳에 온 뒤로 가장 그리운 것 두 가지에 대해 말한다. 수정헌법 제1조와 제대로 작동하는 화장실. 그러다 갑자기 화제를 바꿔 다짜고짜 내게 묻는다. "그래, 여기서 행복하세요?"

나는 당황한다. 여기서 내가 행복하냐고? 몇 번 행복한 순간이 있기는 했지만, 나 자신에게 그런 질문을 던져본 적은 없었다. 부탄 사람들이 행복한지 확인하려고 사방을 뛰어다니느라 너무 바빴던 탓이다. 나는 행복하다고 대답하지만, 별로 확신은 없다. 나중에 생각을 해봐야 할 것 같다.

* * *

하지만 먼저 술을 좀 마셔야겠다. 부탄에서 보내는 마지막 밤이니 타시가 나와 함께 맥주를 마셔줄 거라는 확신이 든다. 레드 팬더 맥주를 몇 모금 마신 뒤 얼굴이 빨개진 타시는 완전히 풀어져서 손님들이 모두 똑같이 훌륭한 사람들만 있는 것은 아니라고 고백한다. 독일 관광객들이 최악이다. 불평이 너무 많다. 또 다른 고백이 이어진다. 자기 미래가 걱정스럽단다. 타시는 지금 스무 살인데 아직 결혼을 안 했다. 부탄에서는 그 정도면 나이를 많이 먹은 것이다. 그는 또한 조국의 장래도 걱정스럽다. 호텔들이 계속 들어서고 사방에서 돈 냄새가 풍기기 때문이다. 이런 변화가 사업에 좋다는 점은 타시도 인정하지만, 이것이 반드시 행복을 가져다주지는 않는다. 밤 인사를 하면서 타시가 내게 선물을 준다. 아무 무늬가 없는 갈색 종이로 싼 원통형 물건이다.

그날 밤 나는 침대에 누워 내가 부탄에 너무 깊이 빠진 게 아닌지, 언론인다운 비판적인 시각이 흐려진 건 아닌지 생각해본다. 혹시 나도 라마 리커가 된 것 아닐까?

어느 날 타시 외의 다른 부탄인 관광 가이드에게서 들은 말이 생각난다. "여기 사람들은 행복하다고 말하지만 사실은 그렇지 않아요. 여기 사람들한테는 문제가 있어요. 선생님한테는 진실을 절반만 말하는 거예요." 타시의 선물을 생각하면 50퍼센트의 행복도 그다지 나쁘지 않다는 생각이 든다. 타시의 선물은 개 뼈처럼 생겼다. 타시가 내게 개 뼈를 줄 이유가 없는데. 포장을 풀어보니 개 뼈가 아니라 35센티미터 길이의 남근이다. 고환까지 달려 있다. 다른 나라에서 관광 가이드가 나무로 깎은 거대한 남근을 기념품이라며 사줬다면 걱정스러웠을 것이다. 하지만 부탄에서는 감동적이다.

이튿날 아침 나는 동트기 전에 일어나 아래층에서 타시를 만난다. 몇 분 뒤 운전사가 도요타 자동차를 조그마한 공항 터미널 앞에 세운다. 타시가 말한다. "공항에 도착했습니다, 선생님."

이 친구가 보고 싶을 것 같다. 우리는 작별 인사로 악수를 한다. 나는 한 손을 다른 손으로 감싸 쥔 채 두 손으로 악수를 하며 일부러 악수 시간을 길게 끈다. 다른 사람들의 행동을 눈여겨보아 둔 덕분이다.

나는 세관과 보안검색대를 재빨리 통과한다. 비행기 출발 시간까지 시간이 많이 남았다. 밖에는 비가 내리고 있다. 이렇게 가까이에 이렇게 높은 산들이 있는데 이런 날씨에 비행기를 띄우는 게 안전한지 궁금하다.

나는 다른 사람들에 비해 비행기 추락 사고에 관한 생각을 많이 하는 편이다. 나는 비행기를 조종할 줄 안다. 경비행기. 사람들은 이 이야기를 들으면 비행기 여행에 관해 걱정을 덜할 거라고 생각하겠지만, 내 경우는 반대다. 비행기가 흔들리거나 덜컹거릴 때마다 나는 두려움에 사로잡힌다. 날개 플랩이 제대로 펼쳐진 걸까? 하강 속도가 너무 빠른 건 아닐까? 왼쪽 엔진 소리가 조금 이상한 것 같은데…….

하지만 절처럼 생긴 공항에 앉아 자그마한 텔레비전으로 활쏘기 경기를 보며 맛없는 인스턴트커피를 마시다 보니 아주 낯선 느낌이 나를 압도한다. 차분함. 마약이나 술에 취해 느끼는 차분함과 다른, 진짜 차분함이다. 나는 펜을 꺼내 커다란 글씨로 수첩에 다음과 같은 말을 적는다. 사람들이 비행기 잔해 속에서 내 시신을 찾아냈을 때 발견하기 쉬우라고 페이지 전체에 걸쳐 큼직하게 글자를 쓴다.

나는 다시 태어나도 지금과 똑같이 살 것이다.

내 생애의 모든 순간, 지금까지 만난 모든 사람, 지금까지 했던 여행, 내가 이룩한 성공, 내가 저지른 실수, 내가 겪은 불행이 모두 내게 딱 맞았다. 그것들이 전부 좋았다거나, 다 그럴 만한 이유가 있는 일이었다는 뜻은 아니다. 난 저속한 숙명론 따위 믿지 않는다. 하지만 지금까지 내가 겪은 일들은 모두 내게 딱 맞았다. 그러니까……괜찮았다. 깨달음이라고 하기에는 꽤나 맥 빠진 소리라는 사실은 나도 안다. 괜찮다는 말은 행복을 뜻하지 않는다. 새로운 종교나 자기계발 운동의 기반이 되지도 못한다. 이 정도로는 오프라 윈프리가 나를 초대하지도 않을 것이다. 하지만 괜찮다는 말은 출발점이다. 이것만으로도 나는 고맙다.

내가 부탄에 온 덕분에 이런 깨달음을 얻었다고 생각해도 될까? 잘 모르겠다. 부탄은 샹그릴라가 아니다. 그것만은 확실하다. 하지만 이곳은 묘한 곳이다. 여러모로 독특한 곳이다. 여기서 사람들은 평상시의 모습을 잃어버린다. 그래서 갑옷에 금이 가기 시작한다.

운이 좋다면, 빛줄기 몇 개가 새어 들어올 수 있을 만큼 금이 넓어질 수도 있다.

4
카타르

행복은 복권 당첨이다

"결론은 이미 내려졌다. 카타르는 부자고, 따라서 행복하다.
아니, 이건 성급한 결론이다."

뭔가 이상한 일이 벌어지고 있었다. 2001년 말, 원래 세상을 멀리하는 편인 아랍의 부호 하나가 유럽의 화랑들을 쌩쌩 돌아다니며 걸작들을 낚아채 가고 있었다. 그것도 최고의 금액을 지불하면서. 누군가의 계산에 따르면, 그가 겨우 2년 동안 쓴 돈이 15억 달러에 달했다. 그 부호가 경매장에 나타나면, 다른 수집가들은 아예 값을 부르지도 않았다. 자기들에게는 가망이 없다는 걸 알았으니까. "그 사람한테는 한계가 없었다." 한 수집가는 이렇게 탄식했다.

이 수수께끼의 부호는 누구일까?

나중에 밝혀진 바에 따르면, 그는 사우드 빈 모하메드 알타니라는 카타르 왕족이었다. 그의 미술품 쇼핑은 겨우 작은 점만 한 크기의 카타르가 성공을 거뒀다는 신호였다. 카타르는 부자였다.

행복을 연구하는 사람으로서 나는 돈을 펑펑 써대는 그 부호의 행적을 흥미롭게 지켜보았다. 어쩌면 부탄 사람들의 생각이 완전히 잘못된 건지도 모른다. 행복의 비결이 정말로 돈일 수도 있다. 아주 많은 액수의 돈. 만약 돈으로 행복을 살 수 있다면, 아니 최소한 한동안 빌릴 수만이라도 있다면, 세계 최대의 부국으로 꼽히기도 하는 카타르가 틀림없이 세상에서 가장 행복한 나라일 것이다. 특히 '카타르'

라는 말을 아랍어로 쓰면 옆으로 고개를 돌린 스마일 상징과 닮았다는 점이 결정타였다. 뭐, 눈을 살짝 가늘게 뜨고 보면 정말로 닮은 것 같았다. 어쨌든 나는 카타르의 수도인 도하행 비행기 표를 사기로 했다.

그 여행이 행복에 대한 나의 인식을 얼마나 뒤흔들어 놓을지 나는 거의 몰랐다. 몇 주 뒤 카타르를 떠날 때 내게 남은 것은 값비싼 펜 한 자루, 풀장과 나란히 자리 잡은 바에 관한 강렬한 인상, 그리고 뜻하지 않은 결론 두 가지였다. 세금은 좋은 것이고, 가족은 나쁜 것이다. 하지만 내가 너무 앞서 나간 것 같다.

* * *

돈과 행복의 관계를 조사하겠다면서 싸구려를 찾아다니는 것은 지적으로 정직하지 못한 일이 될 것이다. 그래서 나는 비즈니스 클래스에 탄다. 이 비행기의 비즈니스 좌석에 손님이 나뿐이라니 놀랍다. 카타르 사람들은 어디 있는 걸까? 그 사람들이라면 비즈니스 좌석쯤은 충분히 탈 수 있을 텐데. 나중에 알고 보니 카타르 사람들은 비행기 맨 앞의 퍼스트 클래스에 편안히 앉아 있었다. 고작 비즈니스 클래스를 타고 여행할 카타르 사람은 하나도 없었다.

비즈니스 클래스에 손님이라고는 나밖에 없으므로, 다들 내게 주의를 집중한다. 승무원들은 내게 뜨거운 물수건을 가져다주거나, 딱 맞는 온도로 데운 마카다미아를 가져다주거나, 포도주를 한 잔 더 드시겠느냐고 물어보려고 앞 다퉈 달려온다. 아, 좋아요, 한 잔 더 마시지요.

카타르 항공의 서비스가 어찌나 극진한지(보는 사람이 조마조마할 정도다), 내가 즐거운 경험을 할 때마다 항상 그렇듯이, 가벼운 죄책감이 즐거움을 살짝 방해한다. 저 아래, 겨우 10킬로미터 아래에는 행운을 타고나지 못한 사람들이 우물에서 물을 긷고 있다. 혹시 그들이 마카다미아를 먹더라도 마카다미아의 온도는 십중팔구 상온과 같을 것이다. 이렇게 끔찍할 데가!

나는 무엇이든 마음대로 조절할 수 있는 개인 좌석 조절기의 단추를 눌러 의자의 방향을 돌린다. 그 가여운 영혼들을 보려고. 하지만 눈에 보이는 건 사막뿐이다. 모래만 있고, 사람은 하나도 없다. 안도의 물결이 나를 휩쓸고 지나간다. 죄책감도 희미해진다. 비록 완전히 사라지지는 않았지만. 죄책감은 결코 사라지는 법이 없다.

묘하게도 카타르 항공에는 카타르 출신의 승무원이 하나도 없다. 세계적인 뉴스 전문 방송국이나 국제적인 모델 에이전시들이 아주 좋아하는, 출신이 어딘지 알 수 없는 이국적인 모습의 승무원들뿐이다. 모든 승무원이 어딘가 다른 나라 출신이지만, 정확히 어디인지는 잘 모르겠다. 내 생각엔 이 사람들이 바로 그런 효과를 노린 것 같다. 카타르 항공은 푹신푹신한 배스로브처럼 사치스러운 분위기로 고객들을 푹 감싸며 고객이 불편하고 불가피한 결론을 내리지 않기를 바란다. 카타르가 항공사를 아웃소싱으로 운영하고 있다는 결론.

그들의 전략은 효과가 있다. 카타르 항공에 카타르인 직원이 있는지 없는지 나는 신경도 쓰지 않는다. 카타르 항공은 아무리 화려한 장식을 주렁주렁 매달아도 경박해 보이지 않고, 아무리 비용을 많이 지출해도 별로 표시가 나지 않는 곳이다. 어리석어 보이지도 않는다. 비행기가 도하에 착륙한 뒤 나는 비행기에서 터미널까지 차를 타고 간다. 겨우 100미터 정도밖에 되지 않는 거리인데, 완전히 새것 같은 냄새가 나는 BMW 세단이 승객들을 실어 나른다. 가죽 의자에 푹 파묻혀 나무로 된 틀을 쓰다듬어보기도 전에 벌써 내릴 때가 되었다. 왜 이런 귀찮은 짓을? 아아, 내가 묻지 말아야 할 것을 물었다. 카타르에서 왜라는 질문을 던지는 사람은 없다. 왜냐고? 그래도 되니까. 그래서 그렇다.

나는 세관을 통과해 터미널 밖으로 나온다. 그 즉시 더위가 벽처럼 나를 후려친다. 더위에도 속도가 있다. 고등학교 물리학 시간에 졸지 않고 깨어 있던 사람이라면 열기에 데워진 분자들이 차가운 분자들보다 더 빨리 움직인다는 사실을 알 것이다. 하지만 카타르의 더위에는 질량도 있는 것 같다. 이곳의 더위는 단단한 물건처럼 사람을 짓누른다. 중력과 아주 비슷하다. 중력만큼 쾌적하지 않을 뿐이지.

알고 보니 카타르에서 단단한 물건이라고는 더위가 유일하다. 이 나라에서는 더위 외의 모든 것이 덧없는 가스 같다. 그런데 이게 말이 된다. 카타르는 가스 위에 서 있는 나라다. 이 나라의 모래 밑과 페르시아만의 따뜻한 물 속에는 세계에서 세 번째로 매장량이 많은 천연가스층이 있다. 앞으로 100년 동안 미국의 모든 가정이 난방을 할 수 있을 만큼 엄청난 양이다.

터미널 밖에서 택시를 기다리는 동안 상상할 수 있는 모든 색깔의 얼굴들이 콜라주처럼 내 앞을 지나간다. 루비처럼 새빨간색, 칠흑같이 까만색, 유령처럼 하얀색, 햇볕에 탄 색. 검은 베일을 쓰고 있어서 아예 보이지 않는 얼굴도 있다. 카타르는 사우디아라비아와 마찬가지로 이슬람교 중에서도 와하브파라는 엄격한 교파를 따르고 있다.

그래서 거의 모든 카타르 여성이 공공장소에서는 머리부터 발끝까지 온몸을 가린다. 하지만 카타르인들은 자신들이 '가벼운 와하브파' 교리를 실천하고 있기 때문에 사우디 사람들보다 훨씬 더 즐거운 생활을 한다고 재빨리 지적하고 나선다. 예를 들어, 카타르에서는 여자들도 운전을 할 수 있으며, 심지어 투표도 할 수 있다는 것이다.

가지각색 얼굴들의 콜라주와 함께 여러 나라 말들이 뒤죽박죽 섞여서 들려온다. 노래를 부르는 듯한 타갈로그어, 망치로 두드리는 것 같은 리듬의 타밀어, 그리고 내 귀에는 유독 생뚱맞게 들리던 바리톤 목소리의 뉴저지 사투리. 비번인 미국 병사가 친구들과 함께 떠들썩하게 웃고 즐기는 소리다. 그들은 이라크 전쟁에 참전했다가 잠시 휴식을 취하러 이곳에 온 참이다. 나는 그들이 안쓰럽다는 생각이 드는 것을 어쩔 수 없다. 카타르는 베트남전 때 미군 병사들의 휴양지였던 방콕과는 다르다. 다른 서구인들도 보인다. 창백한 피부색의 백인 남자들. 반바지 허리띠 위로 뱃살이 선반처럼 불룩 튀어나와 있다. 유전과 가스전에서 일하는 사람들이다.

나는 포시즌즈 호텔에 묵는다. 돈과 행복의 관계를 진지하게 조사해볼 생각이라면, 모름지기 거기에 걸맞은 행동을 해야 한다. 나는 로비로 들어선다. 성당처럼, 아니 아마도 모스크처럼 크고 웅장하게 지어진 곳이다. 내가 겨우 몇 미터밖에 걸어 들어가지 않았는데, 열심히 내 시중을 들고 싶어 하는 직원들이 내게 다가와 말을 건다. 크림색 상의를 흠잡을 데 없이 차려입은 모습이다. 그들은 질릴 정도로 정중하게 나를 프런트로 안내한다. 마치 신부를 데리고 결혼식장에 입장하는 사람들 같다.

이들의 열성은 화장실에서도 발휘된다. 호텔 직원 하나가 내 대신 물을 틀어주고 수건도 건네준다. 그러더니 나더러 고맙다고 말한다. 뭐가 고마운 거야? 내가 소변을 봐서? 그건 전혀 어려운 일이 아니었다. 항상 하는 일이니까.

나는 호텔 바에 가보기로 한다. 이곳 바의 이름은 그냥 바다. 참, 상상력이 풍부하시기도 하지. 웨이터가 내 시중을 든다. 인도네시아인 같은데 확실치는 않다. 그의 움직임은 효율성과 우아함이라는 측면에서 족히 연구 대상이 될 만하다. 허튼 동작이 하나도 없다.

나는 스카치와 가스파초(에스파냐식 수프 - 옮긴이)를 주문한다. 몇 분 뒤, 웨이터가 가늘고 긴 크리스털 잔 세 개를 가져온다. 잔을 배열한 모양이 마치 3층짜리 결혼 케이크 같다. 나는 음식을 잘못 가져왔다고 말하려다가 깨닫는다. 아냐, 잠깐만, 이게 바로 내 가스파초잖아.

나는 수프를 먹는다. 아니 마신다. 그러면서 행복의 본질에 대해 생각한다. 우리는 행복과 편안함을 같은 것으로 생각하지만, 둘 사이에 정말로 무슨 관계가 있는 걸까? 편안함이 어느 수준을 넘으면 오히려 만족감이 희석되는 걸까? 좀 더 단순하게 표현하자면, 호텔이 지나치게 좋다는 생각이 드는 게 가능한 일인가? 그리고 가스파초를 빨대로 후루룩 들이마시는 건 예의 없는 짓일까?

하지만 가장 커다란 문제는 바로 이것이다. 사람이 사치를 지나치게 즐기다 못해 아주 지겨울 정도가 되면, 그 사람의 영혼은 어떻게 될까? 나는 이 질문의 답을 몰랐지만, 아메리칸 익스프레스 카드로 무장한 채 반드시 답을 찾아내고야 말겠다고 다짐했다.

돈과 행복을 동일시한 것은 우리 시대가 처음이 아니다. 고대 그리스인들은 문명에 많은 기여를 했으면서도, 유구한 역사를 자랑하는 탐욕을 극복하지는 못했다. "초기 그리스인들은 신들이……축복받았거나 행복한 존재라고 말했다. 여기에는 그들의 물질적 번영이 적잖은 영향을 미쳤다." 대린 맥마흔은 행복의 역사를 다룬 훌륭한 글에서 이렇게 썼다. 그리스인들의 역사는 후세에도 계속 이어졌다. 시대와 장소를 막론하고 사람들은 돈으로 행복을 살 수는 없다는 상투적이고 입에 발린 소리를 하면서 실제로는 돈으로 행복을 살 수 있는 것처럼 행동했다.

갑작스럽게 생긴 재산과 행복 사이의 관계를 연구하기 위해 실험을 고안할 생각이라면, 카타르 같은 곳을 하나 만들어내야 할 것이다. 페르시아만의 사막에서 낙후되고 빈곤한 지역을 골라 아주 많은 양의 석유와 천연가스 약간을 섞어 잘 휘저어준다. 아니면 자신의 집안 전체가 아주 부자라고 가정하거나. 제정신을 잃어버릴 정도로 엄청난 부자. 그런데 그 재산에 2를 곱한 뒤, 자신의 집안이 아라비아 반도 어딘가에 나라를 하나 소유하고 있다고 상상해보자. 그러면 대충 카타르의 지금 모습과 맞아떨어진다. 사실 카타르는 나라라기보다 가문에 가깝다. 깃발을 하나 내세운 부족인 것이다.

부유한 가문이 다 그렇듯이, 카타르 가문도 돈과 특권을 놓고 승강이를 벌인다. 단지 버크셔에 있는 집을 누가 가질 것인지를 놓고 싸우는 게 아니라, 도하에 있는 궁전은 누가 갖고 올해 외무장관은 누가 할 것인지를 놓고 싸운다는 점이 다를 뿐이다.

카타르는 대략 코네티컷만 한 크기다. 하지만 코네티컷과 달리 카타르에는 유서 깊은 부자가 없다. 번쩍거리는 졸부들만 있을 뿐이다. 50년 전 카타르인들은 바다 속에서 진주를 따고 육지에서 양을 길러서 간신히 먹고살았다. 하지만 지금 카타르인들에게 진주라고 하면, 자기 목을 감싸고 있는 수백만 달러짜리 진주 목걸이밖에 떠오르지 않는다. 양이라고 하면, 새로 산 메르세데스 벤츠의 좌석을 감싼 양가죽밖에 떠오르지 않는다. 역사상 한 나라가 이렇게 짧은 시일 안에 이렇게 부유해진 적은 거의 없었다.

우리가 인류의 발전을 측정할 때 주로 사용하는 여러 가지 척도를 들이대 보아도, 카타르 사람들의 생활은 비약적으로 발전했다. 수명도 길어지고, 건강도 좋아졌다. 비록 비만이 점점 심각해지고 있긴 하지만. 교육 수준도 높아졌고, 언제든 마음만 먹으면 해외여행을 즐길 수도 있게 되었다(물론 퍼스트 클래스 좌석으로). 하지만 이런 객관적인 척도는 우리가 행복이라고 부르는 주관적인 척도와는 다르다. 그런데 이 주관적인 척도로 보면, 측정 결과가 결코 명확하지 않다.

카타르 사람들은 졸부들이 다 그렇듯이, 오만과 불안감이 묘하게 뒤섞인 태도를 갖고 있다. 그들이 무엇보다 갈망하는 것은 남들의 인정이다. 카타르는 이 목적을 달성하기 위해 돈을 쓴다. 도하는 거대한 건설 현장 같다. 도하에는 호텔 41개, 마천루 108개, 운동경기장 14개가 지어질 예정이다. 앞으로 2년 뒤까지의 건설 계획만 살펴봐도 이 정도다. 이 나라가 시멘트 부족으로 허덕이는 것도 무리가 아니다.

* * *

나는 로비에 앉아 둥근 천장을 노려보고 있다. 국적을 알 수 없는 호텔 직원들이 제복을 차려입고 조심스레 내 곁을 맴돈다. 혹시 내가 뭔가 시킬 일이 생길지도 모르니까. 낯선 땅을 떠돌 때, 별 다섯 개짜리 호텔의, 세상과 동떨어진 듯한 편안함만큼 위안이 되는 것은 없다. 현대식 해자 같은 긴 진입로가 나와 바깥세상을 분리시킨다. 유리로 된 저 자동문을 통과해서 들어오기만 하면, 문자 그대로 쾌적한 삶이 이어진다. 이런 환경이 우리에게 주는 메시지는 분명하다. 필요한 것이 모두 여기 있는데 왜 이 궁전에서 나가려고 하나요? 호텔 안에서 우리는 식사도 하고, 술도 마시고, 운동도 하고, 팩스와 이메일도 보내고, 결혼식도 하고, 마사지도 받고, 회의도 열고, 테니스와 수영을 즐기고, 쇼핑하고, 이혼하고, 의사의 진찰을 받고, 비행기 표를 예약하고, 그밖에 훨씬 더 많은 일을 할 수 있다. 개도국, 그러니까 예전에 우리가 제3세계라고 부르던 지역에서 호텔은 지역 엘리트들에게 서로 만날 장소를 제공해주는 역할을 한다. 마닐라에서 나는 호텔에서 한 발짝도 나가지 않은 채 NPR에 보낼 기사 한 편을 완성한 적이 있다. 내가 인터뷰해야 할 사람들이 전부 호텔 로비에서 등받이가 높은 의자에 앉아 라임 주스를 마시고 시가를 피우며 잡담을 나누고 있었다.

하지만 여기의 이 훌륭하기 그지없는 호텔, 내게 뭔가 필요한 것이 있다는 사실을 나 자신이 미처 깨닫기도 전에 직원들이 알아서 즉시 대령하는 이 호텔에서 나는 행복하지 않다. 나한테 문제가 있는 걸까? 얼마 뒤 어떤 단어 하나가 퍼뜩 머리에 떠오른다. 지금 내 주위 환경을 감안하면, 참으로 뜻밖의 단어다. '무덤'이라니. 그래, 맞다. 이 호텔은 아주 훌륭하고, 고상한 설비를 갖추었으며, 온도와 습도가 잘 조절되는 무덤이다. 무덤은 죽은 사람을 위한 곳이다. 그런데 나는 아직 죽지 않았다.

나는 리사에게 전화를 걸기로 한다. 미국인인 그녀는 1년 전부터 카타르에 살고 있다. 그녀는 도하에 캠퍼스를 세운 미국의 한 명문 대학 직원이다. 이 학교의 도하 캠퍼스는 이른바 교육도시라는 곳에 있다. 이 교육도시는 논리적으로 반박의 여지가 없는 단순한 전제하에 세워진 곳이다. 미국 대학을 카타르로 불러올 수 있는데 카타르 사람들을 미국 대학으로 보낼 필요가 없지 않으냐는 전제. 학생들은 미국에서 공부할 때와 똑같은 교육을 받고 똑같은 학위를 딴다. 다만 남학생회 파티나 연극 동아리 같은 것이 없을 뿐이다. 사실 재미있는 일은 하나도 없다.

나는 나를 데리러 오기로 한 리사를 기다린다. 호텔 창문으로 내다보면 저 아래의 자동차들이 잘 보인다. 사람들의 운전 습관을 보면 그 나라에 대해 많은 것을 알 수 있다. 어떤 사람을 운전석에 앉히는 것은 그 사람에게 깊은 최면을 거는 것과 같다. 본연의 모습이 겉으로 나오기 때문이다. 진실의 자동차라고나 할까. 예를 들어 이스라엘 사람들은 방어적인 동시에 공격적으로 차를 몬다. 그런데 생각해보면, 이스라엘 사람들은 다른 부분에서도 거의 마찬가지다. 이스라엘에서 한번은 경찰관이 내 차를 불러 세운 적이 있었다. 나는 도무지 이유를 알 수 없었다. 내가 과속했나? 경찰관은 아니라고 했다. 내가 너무 느리게 차를 몬 게 문제라는 것이다. 우스꽝스러울 정도로 느린 게 아니라, 이 나라가 광적인 운전자 천지임을 감안했을 때 너무 느리다는 얘기였다. 마이애미도 나을 게 없다(나는 운전 습관이 나쁜 도시에 매력을 느끼는 것 같다). 마이애미 사람들은 범퍼카를 몰듯이 차를 몬다. 깜빡이는 아예 사용하지 않는다. 마이애미 주민이자 유머 작가인 데이브 배리는 그것이 "약하다는 증거"라고 비꼬았다. 마이애미의 운전자들은 방어적인 동시에 공격적인 것이 아니라, 처음부터 끝까지 공격적이다. 스위스인들은 또 어떤가. 대개 그들은 꼿꼿하고 지루하지만, 운전석에 앉혀놓으면……역시 꼿꼿하고 지루하다. 그야 뭐, 세상에는 겉과 속이 완전히 똑같은 사람도 있는 법이다.

하지만 카타르 사람들은 독특하다. 국무부는 용기 있게 해외여행에 나서는 미국인들을 위해 여행 경고를 발표한다. 대개는 테러나 내전 같은 위험이 있는 나라에만 경고가 발령되지만, 카타르에 대해서는 운전 습관이 '익스트림 스포츠' 같다고 경고한다.

카타르의 운전자는 앞차를 추월하고 싶을 때 앞차의 뒤 범퍼에 15센티미터도 안 되는 거리로 접근해서 하이빔을 계속 깜박거리며 상대가 물러날 때까지 빵빵 경적을 울려댄다. 그래도 앞차가 알아차리지 못하면 아예 뒤에서 박아버리기도 한다. 왜냐고? 그래도 되니까 그렇게 하는 거다. 카타르 여권은 자유로운 석방을 보장해주는 카드와 같다. 카타르에서 추방당한 사람에게서 예전에 다음과 같은 이야기를 들은 적이 있다. 그녀가 신호등이 바뀌기를 기다리며 서 있는데, 어떤 카타르 사람이 그녀의 차를 뒤에서 박아버렸다. 그런데 판사는 이 사건이 그녀의 잘못이라는 판결을 내렸다. 다시 말하지만, 사고 당시 그녀는 가만히 서 있는 상태였다. 카타르에서는 모든 일이 외국인의 잘못이다.

카타르에 사는 외국인들은 카타르인들의 지독한 운전 습관에 대해 끊임없이 불평을 늘어놓거나, 아예 그들과 똑같이 행동하는 길을 택한다. 리사는 카타르인이 되는 편을 택했다는 걸 나는 곧 알 수 있었다.

그녀는 아우디를 몰고 호텔 진입로를 빠르게 올라온다. 나는 무덤에서 더위 속으로 나간다. 땀이 난다. 아주 잠깐. 기분이 좋다. 내가 살아 있음이 생리학적으로 증명되었다.

리사는 새로운 얼굴을 만나서 기뻐하고 있다. 도하는 부유한 도시인데도 여전히 작은 마을 같아서, 작은 마을이 으레 그렇듯이 폐쇄공포증을 앓고 있다.

"도하에 와서 눈에 띈 게 있어요?" 리사가 걱정스러울 정도로 아우디의 속도를 높이며 묻는다.

"기가 막힐 정도로 돈이 많고, 더위 때문에 숨이 막힐 지경이고, 운전 습관이 형편없다는 거 말고 다른 걸 얘기하는 거예요?"

"세븐일레븐이 하나도 없어요." 그녀가 말한다. 무슨 암호 같다. "생각해보세요. 세븐일레븐이 안 보이잖아요."

맞는 말이다. 도하에 스타벅스와 디자이너들의 고급 의류 상점은 지천으로 널려 있지만, 세븐일레븐 같은 편의점은 하나도 없다. 대부분의 부자 나라에는 그런 가게들이 있는데 말이다. 리사가 나름대로 생각해둔 이유가 있다. 도하에 세븐일레븐이 없는 것은, 카타르 사람들에게 편의점의 편리함이 필요하지 않기 때문이라는 것이다. 장보기는 하인들(모든 카타르 국민이 하인을 적어도 하나는 부린다)의 몫이다. 그리고 하인들의 편의에 신경 쓰는 사람은 하나도 없다.

리사와 마찬가지로 외국인인 한 교수의 사례도 있다. 경영과 환경에 관한 강의를 맡고 있는 그는 어느 날 학생들에게 일부 호텔들이 환경친화적인 세탁 세제를 사용하기 시작했다는 이야기를 해주었다. 그런데 학생들은 멀뚱멀뚱 그를 바라보기만 했다. 학생들은 '환경친화적'이라는 말을 전혀 이해하지 못했을 뿐만 아니라, '세탁 세제'라는 말도 알아듣지 못했다. 그런 물건을 본 적도 없고, 들어본 적도 거의 없기 때문이었다. 세탁은 하인들이 하는 일이었다.

카타르에 사는 사람들 중 대부분은 하인이라고 리사가 설명한다. 이 말을 하면서 그녀는 어떤 SUV 차량 옆을 거의 스치듯 지나간다. 하인들 사이에도 위계질서가 분명히 확립되어 있다. 맨 밑바닥에는 네팔 노동자들이 있다. 루비처럼 새빨간 피부에 허수아비 같은 몸을 지닌 그들은 안전 케이블도 없이 비계에 기어오르는 솜씨가 대단하다. 한낮의 잔인한 햇볕 속에서 땀 흘려 일하면서도 그들은 불평 한마디 하지 않는다. 네팔에 있는 것보다는 낫기 때문이다. 그 위에는 인도인들이 있다. 피부색이 더 검은 그들은 택시를 모는데, 역시 불평이 별로 없다. 그 위에는 필리핀 사람들이 있다. 그들은 영어를 할 줄 알기 때문에 호텔과 레스토랑에서 일한다. "나도 하인이에요." 리사가 속도를 높여 빨간 불을 그냥 지나치면서 털어놓는다. "하인들 중에서 급이 좀 높을 뿐이죠."

리사와 나는 어떤 식당에 도착했다. 그녀의 운전 솜씨 때문에 나는 좀 정신이 없지만, 아무 말도 안 하는 게 상책이라는 생각이 든다. 우리는 에어컨이 작동하는 차에서 내려 단단한 벽 같은 더위 속으로 나온다. 몇 초 동안 땀이 난다. 그러고는 곧장 에어컨이 돌아가는 멋진 식당으로 들어간다.

카타르에서 삶은 에어컨이 돌아가는 순간의 연속이다. 그 사이사이에 에어컨이 없는 순간이 짧게 섞여 있다. 실외라고도 불리는 이 짧은 순간을 최대한 짧게 유지하는 게 중요하다. 카타르인들은 상상력을 동원해서 이 목적을 달성한다. 예를 들어, 그들은 모든 상점을 드라이브인 시스템으로 바꿀 수 있다. 그 원리는 이렇다. 카타르인이 차를 몰고 어떤 상점에 다가가서 강력하게 경적을 계속 울려댄다. 그러면 몇 초 만에 파키스탄이나 인도나 스리랑카 출신인 점원이 이글거리는 더위 속으로 허둥지둥 뛰어나와 카타르인의 주문을 받고는 몇 분 뒤에 물건을 가지고 다시 나온다. 거래가 이루어지는 동안 에어컨이 돌아가는 신성한 환경은 단 한 번도 방해를 받지 않는다. 적어도 카타르인 운전자 입장에서는 그렇다는 말이다.

카타르의 국토 중 98.09퍼센트가 사막이라는 얘기를 어디선가 읽은 적이 있다. 그럼 나머지 1.91퍼센트는 뭔지 궁금하다. 아마 메르세데스 벤츠일 것이다. 모래언덕은 때로 높이가 60미터에 이르기도 하며, 바람 때문에 끊임없이 모양이 변한다. 다시 말해서, 카타르는 순간마다 모습이 달라지는 나라라는 얘기다. 여기 사람들이 뿌리 없이 떠도는 듯한 느낌을 받는 것도 무리가 아니다. 발밑의 땅(모래)이 문자 그대로 계속 바뀌고 있다.

사막은 행복한 곳으로 여겨지지 않는다. 그래서 우리는 문화적 사막이니, 영혼의 사막이니 하는 표현을 쓴다. 사막은 텅 빈 곳, 가혹하고 가차 없는 곳이다. 하지만 때로는 뜻밖의 놀라운 것들이 사막에서 꽃을 피우기도 한다. 세계 최대의 종교 두 가지, 즉 이슬람과 유대교가 사막에서 뿌리를 내렸다. 그리고 아랍 문학은 특히 사막 생활에 경의를 표하는 구절로 가득 차 있다. 14세기 아랍의 위대한 지식인인 이븐 할둔은 사막에 사는 사람들에 관해 애정 어린 말투로 다음과 같이 썼다. "곡식과 양념이 부족한 사막 사람들은 모든 것을 가진 산속 사람들에 비해 몸이 더 건강하고 성격이 더 좋다." 할둔은 문명의 커다란 저주는 전쟁이나 기근이 아니라 습기라고 믿었다. "습기의 사악한 수증기가 뇌로 올라가면, 마음과 몸과 사고력이 무뎌진다. 그 결과는 어리석음, 경솔함, 전반적인 방종함이다." 더위가 기승을 부리는 8월의 뉴욕 주민들에게도 딱 맞는 표현이다.

* * *

리사는 점심을 먹으면서 굴곡 많았던 과거를 살짝 암시한다. 내 짐작에 술과 마약 문제가 있었던 것 같다. 둘을 함께 했을 가능성도 있다. 어쨌든 그 두 가지를 지나치게 즐겼음이 분명하다. 하지만 그 이야기를 계속 물어보는 건 무례한 짓인 것 같다. 내 짐작이 옳다 해도 별로 놀랄 일은 아니다. 카타르 같은 곳은 무엇을 피해 도망치는 사람들을 끌어당긴다. 힘든 결혼 생활, 전과 기록, 부적절한 이메일을 회사의 전 직원에게 보내버린 실수, 그 밖의 잡다한 불행들. 지금까지 축적된 경험상, 이렇게 도망치는 건 소용없는 짓이다. 도망칠 때 고민도 함께 가져가기 때문이다. 하지만 난 잘 모르겠다. 여행을 하면서 우리가 겪는 변화는 집으로 돌아온 뒤에나 드러난다. 때로는 고민거리를 남겨두고 떠날 때도 있다. 고민거리가 담긴 가방이 클리블랜드로 잘못 가서 종적이 묘연해지는 경우도 있다. 이 편이 훨씬 더 낫다.

점심을 먹은 뒤 리사는 나를 무덤 앞에 내려준다. 제복을 입은 호텔 직원들이 소대 규모로 즉시 내게 몰려와서 오늘 하루를 즐겁게 보내셨느냐며 뭐 필요한 게 없느냐고 묻는다. 조금 있으면 뭔가 필요해질 것 같지 않느냐고도 묻는다. 더 이상 못 참겠다. 어떻게든 해야지. 이 호텔에서 나가야겠다. 당장. 앞으로 나아가다 보면, 그러니까 내가 죽은 뒤에는 틀림없이 무덤이 아주 매력적으로 보일 것이다. 하지만 지금은 아니다. 아직은.

나는 가방을 싸고 나서 프런트의 단정한 남자 직원에게 신용카드를 준다.

"저희 호텔에 머무르시는 동안 만족스러우셨습니까?" 내가 예정보다 며칠 일찍 호텔에서 나가려 한다는 걸 깨닫고 그가 묻는다.

"아, 그냥 만족스러운 정도가 아니었죠." 내가 말한다. "훨씬, 훨씬 더했어요."

그가 조금 어리둥절한 표정을 짓더니 다시 영업용 미소를 짓는다. 몇 분 뒤 나는 다른 호텔에서 체크인을 한다. 싸구려 여관도 아니고, 무덤도 아니다. 로비 입구에서 나를 맞이하는 사람이 하나도 없다. 출발이 좋다. 천장에서 페인트가 벗겨지기 시작한 것이 눈에 들어온다. 한쪽 벽에는 실금이 가 있다. 안도감이 파도처럼 나를 휩쓴다.

하지만 새로 찾은 이 호텔에도 눈부신 사치품이 하나 있다. 바가 딸린 수영장. 수영장 옆의 술집보다 더 퇴폐적이고, 더 철저히 한가로운 기분을 안겨주는 곳을 사람들이 발명해냈는지는 몰라도, 나는 아직 그런 곳을 찾지 못했다. 나는 개헤엄으로 그 술집을 향해 가면서 이렇게 눈부신 물건이 처음 창조되었을 때의 광경을 머릿속으로 그려본다. 호텔의 젊은 중역이 처음 아이디어를 떠올리고 갈라진 목소리로 이렇게 말하는 모습이 그려진다. "수영장 안에 곧바로 술집을 만드는 겁니다. 그러면 사람들이 술집까지 헤엄쳐 와서 물속에서 바로 술을 주문할 수 있어요." 그러고는 고통스러울 정도로 어색한 순간이 이어진다. 다른 젊은 중역들은 탁자에 둘러앉은 채 사장의 눈치만 살핀다. 사장은 아주 오랫동안 아무 말이 없다가 마침내 불쑥 말한다. "훌륭해. 마음에 들어." 그래, 분명히 그런 광경이 펼쳐졌을 것이다.

나는 시원한 물속에 허리까지 잠긴 채 행복하게 코로나 맥주를 마신다. 바깥 온도가 거의 50도에 육박한다는 점을 생각하면, 물이 이토록 시원한 것이 놀랍다. 알고 보니 물의 온도를 일부러 쾌적한 수준까지 식힌 거였다. 카타르에서는 심지어 수영장에서도 에어컨이 돌아간다.

이것이 얼마나 엄청난 개념인지를 곰곰이 생각하다가 카타르 사람들이 묘하게 친숙하게 느껴진다는 생각이 든다. 마치 예전에 카타르 사람들을 많이 만난 적이 있는 것 같다. 내가 전생에 사막 유목민이었나? 아니, 그런 건 아니다. 그때 깨달음이 온다. 카타르라는 나라 전체가 훌륭한 공항 같다는 깨달음. 에어컨으로 온도가 쾌적하게 조절되고, 상점이 아주 많고, 다양한 음식을 먹을 수 있고, 전 세계에서 온 사람들을 볼 수 있다는 점이 똑같다.

이동 중in transit인 나라. 영어 단어 중에 이보다 더 달콤한 말은 아직 들어보지 못했다. 오가는 길목에서 여기도 아니고 거기도 아닌 곳에 잠시 멈춰 선 채 내 마음의 속도가 느려진다. 그리고 면세점과 안내 방송 속에서 나는 차분함과 비슷한 상태에 도달한다. 나는 공항 세계에서 사는 공상을 자주 했다. 영화에서 톰 행크스가 맡았던 인물처럼 한 공항에서만 죽 사는 게 아니라, 여러 공항을 계속 옮겨 다니며 사는 것이다. 나는 비행기를 타고 계속 공중을 떠돌며 전 세계를 날아다닐 것이다. 항상 어딘가로 가기는 하는데 목적지에는 결코 도착하지 못하는 상태로.

하지만 공항 라운지 같은 이 나라에서는 나의 공상이 덜 매력적이다. 인간은 설사 유목민이라 해도 고향이나 집이 필요하다. 집이 꼭

한 곳일 필요도 없고, 어떤 장소일 필요도 없지만 모든 집에 반드시 필요한 요소가 두 가지 있다. 첫째, 공동체 의식. 그보다 더 중요한 두 번째 요소는 역사. 예전에 스위스 남자에게 인종은 같을지 몰라도 언어가 그렇게 다양한데 그의 나라를 하나로 묶어주는 요소가 무엇이냐고 물은 적이 있다. 그는 주저 없이 역사라고 대답했다. 역사가 정말로 그런 역할을 할 수 있을까? 역사의 힘이 그토록 강할까?

공간과 시간, 우리 인간이 살아가는 이 두 개의 차원은 서로 밀접하게 연결되어 있다. "풍경은 개인의 역사와 부족의 역사가 시각적으로 구현된 것이다." 지리학자 이푸 투안은 《공간과 장소》라는 저서에서 이렇게 썼다. 장소가 타임머신과 같다는 뜻인 것 같다. 특정한 장소는 우리를 과거로 데려다준다. 리베카 솔닛은 사랑스럽고 서정적인 책 《길 잃기 안내서》에서 다음과 같이 말했다. "우리가 시간을 거슬러 올라갈 수 없다는 말이 사실인지도 모른다. 하지만 사랑, 범죄, 행복, 운명적인 결정이 이루어진 곳으로 되돌아갈 수는 있다. 그런 일들이 벌어진 장소는 계속 남아 우리의 소유가 될 수 있으며, 영원히 사라지지 않는다."

우리 과거의 이러한 시금석들이 바뀌면 우리가 혼란에 빠져서 심지어 화를 내기까지 하는 이유가 바로 이것이다. 우리는 고향이 조금이라도 변하는 것을 싫어한다. 그런 변화는 불안하다. 옛날에는 운동장이 바로 여기 있었어! 틀림없어. 우리 고향을 건드리는 것은 우리의 과거와 우리 자신을 건드리는 것과 같다. 그런 걸 좋아하는 사람은 없다.

카타르에도 물론 과거가 있지만, 별로 이야기할 만한 것이 없다. 대략 서기 650년부터 1600년까지 1000년 동안의 역사가 없다. 그냥 사라져버린 것이다. 그보다 좀 더 가까운 과거의 일은 비교적 잘 기록되어 있지만, 아무도 막을 수 없는 크롬과 시멘트 괴물이 그 기록들을 신속하게 지워버리고 있다.

영국 학자인 스티븐 울프에게서 들은 이야기 때문에 나는 과거가 우리의 삶과 행복이 형성되는 데 어떤 영향을 미치는지 생각해본 적이 있다. 울프는 아랍 전문가다. 그는 아랍어를 유창하게 구사하며 중동을 자주 오간다. 카이로, 다마스쿠스, 베이루트 등 오랜 역사를 자랑하는 이 지역의 도시들도 좋아한다. 하지만 석유가 풍부한 페르시아만의 국가들에 다녀올 때면 공허감이 느껴진다고 한다.

"두바이에 간 적이 있는데, 건물들이 전부 아주 새것처럼 보였어요. 그런데 마분지로 만든 건물처럼, 실체가 아닌 것처럼 보이는 겁니다. 두바이 여행을 마치고 런던에 있는 집으로 돌아왔는데, 내가 런던에 대해 그런 생각을 하게 될 줄은 정말 몰랐습니다. 런던 날씨가 워낙 끔찍하잖아요. 그런데 런던에 돌아오니까 기분이 한층 좋아지더란 말입니다. 건물들도 단단해 보이고요. 마치 지하 6층 깊이까지 뿌리가 박혀 있는 것 같더군요."

그런 단단함이 행복의 선행조건일까? 그 단단함이 우리를 땅에 붙들어두는 걸까? 허공 속으로, 절망 속으로 둥둥 떠가지 못하게? 카타르 사람들을 가리켜 역사를 조금도 생각하지 않는 무식한 졸부라고 비난하기 전에(이 점에서는 중국도 마찬가지다. 그들도 불도저로 과거를 속속 밀어버리고 있다), 여러분에게 들려주고 싶은 이야기가 하나 있다. 내가 일본에서 본 절에 관한 이야기다. 아주 오래되고 아름다운 절인데, 안내인 말로는 역사가 1000년이 넘는다고 했다. 정말 놀랍다는 생각이 들었다. 그토록 오래된 건물이 그토록 완벽하게 보존된 건 처음 보았다. 목재에는 갈라진 틈 하나 없었고, 나무가 잘못 삐져나온 부분도 없었다. 절 앞의 자그마한 대 위에 박힌 명판을 읽어보았더니, 이 절이 서기 700년대에 지어졌다고 되어 있었다. 그런데 그 뒤에 작은 글씨로 몇 마디가 더 적혀 있었다. "1971년에 재건."

이게 무슨 소린가? 일본 사람들이 40년도 안 된 절을 1200년 된 절로 둔갑시켜 아무것도 모르는 관광객들에게 사기를 치려는 걸까? 딱히 그런 건 아니었다. 아시아 여러 나라의 사람들은 실제 건물의 물리적인 나이보다 그 건물에 깃든 정신을 더 중요시한다. 일본에서는 절이 무너지고 재건되는 일이 수시로 반복되었지만, 사람들은 재건된 절 또한 처음 지어진 절만큼이나 오랜 역사를 지니고 있다고 생각한다.

이건 말장난이 아니다. 한 나라 사람들이 자신의 과거를 대하는 태도에 대해 많은 의미를 내포하고 있는 사실이다. 심지어는 상하이 같은 도시에서 마천루 세울 자리를 만들려고 오래된 동네들을 순식간에 밀어버리는데도 거기에 신경 쓰는 중국인이 거의 없는 이유까지도 이를 통해 알 수 있다(물론 오래된 동네를 밀어버리는 또 다른 이유는 순수한 탐욕이다). 건물 자체는 무너지더라도, 원래 건물의 본질은 그대로 남는다는 것이다.

게다가 중국인들은 오래된 절과 주택은 귀하게 여기지 않을지라도, 죽은 자를 기리는 일만큼은 확실히 해낸다. 중국인들은 조상숭배를 통해 과거와의 관계를 유지한다. 그러니 죽은 사람을 섬기는 것이 죽은 건물을 섬기는 것에 비해 더 좋다거나 나쁘다는 식의 판단을 우리가 어찌 감히 내릴 수 있겠는가?

어쨌든 좋은 삶, 행복한 삶의 중요한 요소 중 하나는 자기보다 큰 어떤 것에 유대감을 느끼며 자신이 우주라는 레이더 스크린의 작은 점이 아니라 그보다 훨씬 더 큰 어떤 것의 일부임을 깨닫는 것이다. 어떤 사람들은 계단에서 삐걱거리는 소리가 나고 몰딩이 변색된 빅토리아 시대의 건물을 보며 이런 유대감을 느낀다. 그런가 하면, 20년 전에 세상을 떠났지만 여전히 가족의 일원인 삼촌에게 선물 포장을 한 새 휴대전화를 사주는 것에서 그런 유대감을 느끼는 사람도 있다.

영국의 철학자인 버트런드 러셀은《행복의 정복》이라는 저서의 말미에서 행복한 사람을 다음과 같이 묘사했다. "그런 사람은 자신이 우주시민임을 느끼며, 우주가 보여주는 장관과 우주가 주는 기쁨을 흔쾌히 즐긴다. 그는 자신이 후세에 태어날 사람들과 분리되어 있다고 생각하지 않기 때문에 죽음을 생각하며 고민에 빠지지 않는다. 우리는 생명의 물길과 이처럼 심오하고 본능적으로 하나가 되는 것에서 가장 커다란 기쁨을 얻을 수 있다."

무신론자를 자처한 사람치고는 지독히도 초월적인 발언을 한 셈이다. 이 문장을 보니 소아마비 백신의 발명가인 조너스 소크가 인생의 가장 커다란 목적이 무엇이었냐는 질문을 받고 한 말이 생각난다. "좋은 조상이 되는 것." 이런 말은 우주 안에서 자신의 자리가 어디인지 깊게 인식하는 사람만이 할 수 있다.

나는 조너스 소크가 아니다. 우주 안에서 내 자리를 찾기는커녕 내 차를 어디에 세워놓았는지 몰라서 헤매기 일쑤다. 하지만 최근 나는 그 말에 대해 많은 생각을 하게 되었다. 만약 (운이 좋으면) 70년이나 80년쯤 이 지구 상에서 어정거리다 가는 게 인생이라고 생각한다면, 우리 삶은 정말 하잘것없는 것이 된다. 하지만 불교학자의 말처럼 "우리 부모가 무한히 많다"면 우리 역시 무한할 수도 있다.

*　*　*

내가 카타르에 온 지 벌써 며칠이 지났는데도 카타르 사람을 하나도 만나지 않았다는 사실을 이제야 알아차렸다. 이건 문제다. 20년 동안 갈고닦은 나의 기자 본능에 따르면, 진짜 카타르인을 만나 이야기를 나누는 것이 카타르의 영혼을 탐색하는 데 도움이 될 것 같다. 하지만 어디서 카타르 사람을 만난다지? 대개 기자들은 택시 운전사와 이야기를 나누는 방식을 쓰지만 여기서는 소용이 없었다. 여기 택시 운전사들은 한결같이 인도인들이었으니까. 나를 담당하고 있는 호텔 웨이터(필리핀인)나 프런트 매니저(이집트인)도 도움이 되지 않았다. 카타르인들의 부족사회 속으로 파고들어 가려면 나를 그들에게 소개해줄 사람이 필요했다.

그 실마리가 될 만한 것이 하나 있었다. 사미라는 사람의 전화번호. 그는 내 친구의 친구이며 알자지라 방송국에서 일하고 있다. 카타르에 본부를 둔, 그 말 많은 아랍 텔레비전 방송국 말이다. 사미는 카타르인이 아니지만, 틀림없이 카타르인을 몇 명쯤 알고 있을 것이다. 우리는 카타르에서 보편적인 약속 장소로 이용되는 곳, 즉 쇼핑몰에서 만나기로 한다.

사미는 정확하게 주름을 잡은 양복에 넥타이를 맨, 흠잡을 데 없는 차림으로 나타난다. 우리는 중이층中二層의 카페에 자리를 잡는다. 나는 라임 주스를 주문하고, 사미는 차를 주문한다.

사미는 아랍인이지만 영국에서 자랐으며, 미국에서 학교를 다녔다. 그래서 그는 아랍과 서구 세계 양쪽이 모두 편안하다. 그가 어떤 지역을 이해하는 데 열쇠를 쥔, 그런 인물임을 나는 경험상 알 수 있다. 그는 문화의 통역자다.

나는 사미에게 부족 문화에 대해 묻는다. 부족 문화는 서구 사람들이 별로 좋지 않은 의미로 자주 쓰는 말이다. 비록 우리가 대놓고 말하지는 않지만, 부족 문화는 낙후된 문화로 여겨진다.

여기서는 그렇지 않다고 사미가 말한다. '부족'은 가족을 뜻하는 또 다른 단어일 뿐이라는 것이다. 대가족, 확대가족을 뜻하는 단어. 확대가족이라는 말이 내 머리에 콕 박힌다. 혹시 지나치게 확대된 가족도 있을 수 있을까? 만약 그게 가능하다면, 무릎을 지나치게 늘리는 것만큼 그것도 고통스러운 일일까? 가족은 사랑과 격려의 가장 큰 원천이다. 가족은 또한 통계적으로 우리를 죽일 가능성이 가장 높은 사람들이기도 하다. 이푸 투안은 이렇게 지적했다. "우리는 적과 연인을 모두 조인다." 가족의 경우도 마찬가지다. 가족은 우리의 구원이자 파멸이다.

"부족적 가치관은 가족적 가치관과 같아요." 사미가 말을 잇는다. 좋은 시절에는 사람들이 이 가치관을 구심점으로 삼아 하나로 모이고, 어려운 시절에는 이 가치관이 사라졌다며 탄식한다는 점에서 그렇다는 것이다. 또한 가족들이 외부인을 불신하듯이(옛날에 부모님은 우리에게 낯선 사람과 이야기하지 말라고 주의를 주셨다), 부족들도 외부인을 경계한다. 사람들은 서로 같은 부족인지 아닌지를 기준으로 나뉜다. 중간 지대는 없다.

부족 문화와 기업 문화는 사실 아주 흡사하다고 사미가 말한다. 둘 다 무엇보다도 충성심을 중시하며, 충성을 보이는 사람에게 후한

상을 준다. 기업이라면 스톡옵션을 상으로 주고, 부족이라면 벨리댄서를 상으로 주는 것이 다를 뿐이다. 두 집단 모두 배신자를 가혹하게 처리한다. 기업은 해고로, 부족은 참수로.

미국의 최고 경영자는 중동의 부족 지도자와 같다고 사미가 설명한다. "타임워너 직원이라면, 사소한 문제를 갖고 최고 경영자를 찾아가지 않을 겁니다. 자기 자리가 어딘지 잘 아니까요." 카타르에서도 마찬가지다. 다들 나라를 다스리는 족장을 만날 수 있지만(그의 궁전 문은 항상 열려 있다), 그 권리를 현명하게 이용한다.

"그럼 카타르 사람들이 왜 그렇게 퉁명스러운 거죠? 때로는 무례하게 보일 정도던데요?"

"그 점에 대해서는 양해해야 합니다, 에릭. 이 사람들은 사막 민족이에요. 옛날에는 사는 게 힘들었죠. 사막에서 몇 킬로미터를 걷다가 물을 가진 사람을 만났을 때, '저, 죄송하지만, 혹시 물을 좀 나눠주실 수 있을까요?' 하고 묻지는 않았을 겁니다. 다짜고짜 '물 좀 줘요, 젠장. 목말라죽겠어!' 하고 말하겠죠." 사미는 현대의 카타르인들이 스타벅스에서 라테 그란데를 주문할 때 바리스타에게 고함을 질러대는 이유가 바로 그것이라고 설명한다. 사막 때문이라는 것이다.

아주 터무니없는 소리는 아니다. 우리가 지금 살고 있는 곳의 지형뿐만 아니라 조상이 살던 곳의 지형 또한 우리에게 영향을 미치는 법이다. 예를 들어, 미국인들은 이제 변방이라고 할 만한 게 거의 남아 있지 않은데도 개척 정신을 계속 품고 있다. 우리를 보면 우리의 과거가 보인다.

나는 라임 주스를 한 모금 마시고서 사미에게 카타르 사람들과 만

나는 자리를 주선해줄 수 있느냐고 묻는다. 누가 보면 내가 사미더러 영국 여왕과 점심 식사 자리를 주선해달라고 한 줄 알 것이다. 난 그저 내가 지금 와 있는 이 나라 사람들을 좀 만나게 해달라고 부탁했을 뿐인데 말이다. 사미는 어깨에서 눈에 보이지도 않는 먼지를 털어내더니 입을 연다.

"힘들 것 같은데요, 에릭. 지금 우리 상황을 한번 살펴보죠. 첫째, 당신은 미국인이에요. 이게 스트라이크 원. 게다가 당신은 기자예요. 스트라이크 투. 그리고 당신 이름은 지독히 유대식이에요."

"삼진이네요. 난 아웃인가요?"

"제가 한번 애써보죠. 시간을 좀 주세요." 그러고 나서 그는 일어선다.

* * *

날이 갈수록 더위가 더욱 기승을 부린다. 아침 8시만 되면 하늘에서 해가 밝은 오렌지색으로 이글거리며 나를 무자비하게 찍어 누른다. 정오가 되면 밖에서 1~2분 이상 서 있는 게 고통스러울 정도가 된다. 더위도 눈보라만큼이나 사람을 꼼짝 못 하게 만든다. 감히 밖으로 나가는 사람은 바보와 외국인뿐이다.

나는 적어도 그 둘 중 한쪽에 속한다. 어쩌면 양쪽에 다 속할 가능성도 있다. 그래서 나는 이글거리는 한낮의 햇빛 속에서 도하의 구시가지, 즉 아직 불도저로 밀어버리지 않은 지역의 야외시장을 구경하러 감히 밖으로 나간다. 이 야외시장들은 카타르인들도 옛것을 존중할 때가 있음을 보여주는 드문 사례 중 하나다.

야외시장 안의 바닥은 진주 같은 하얀색이다. 모든 것이 하얗다. 더위까지도. 맥도날드가 눈에 띈다. 주위 풍경과 잘 섞이도록 설계된 건물이다. 그 모양이……잠깐……그래, 모스크와 비슷하다. 맥모스크. 나는 그 건물 앞에 "10억이 넘게 구원받았습니다!(Over one billion saved! : 'save'에 '돈을 절약한다'는 뜻과 '구원한다'는 뜻이 모두 있는 것을 이용한 말장난 – 옮긴이)"라고 적힌 표지판이 서 있는 상상을 한다. 너무, 너무 웃긴다. 그래, 아무래도 내가 더위를 먹었나 보다.

나는 미로처럼 늘어선 상점들 사이를 돌아다닌다. 모두 외국인이 경영하고 있다. 가게 이름을 보면 주인의 국적을 알 수 있다. 마더 인디아 양복점. 마닐라 이발소. 이런 이름들이 이 도시에 국제적인 느낌을 가미해주는 것 같지만, 이 이름들 속에 고향을 향한 동경과 희망이 들어 있음도 부정할 수 없다. 고향을 떠나온 외국인들이 카타르 경제의 일벌 역할을 한다. 그들은 여기서 20~30년씩 살면서도, 결코 카타르 국민이 되지 못한다. 심지어 여기서 태어난 사람도 마찬가지다. 하지만 그들은 이런 조건을 기꺼이 받아들인다. 내가 보기에는 말도 안 되는 조건 같은데도. 그들은 대부분 고향에 가족을 두고 있다. 언젠가 마침내 생활 전선에서 은퇴하는 날, 그들은 개선장군처럼 고향으로 돌아가 큰 집을 지을 것이다. 딱 죽을 때가 되었을 때.

나는 찻집에 들른다. 차가운 음료보다는 뜨거운 음료가 더 효과적으로 몸을 식혀주는 법이다. 이 또한 사막 생활의 역설 중 하나다. 나는 이 지역 신문인 《피닌슐라 타임스》를 집어 든다. 국왕이 외향적인 네팔 대사와 만난 사진이 실려 있다. 신문들은 매일 똑같은 사진을 싣는다. 금을 두른 티슈 상자가 있고, 화려하게 장식된 똑같은 방에서 찍은 사진. 다만 국왕과 마주 보고 앉은 관리의 얼굴만 달라질 뿐이다. 관리는 지옥에라도 온 것처럼 불편한 표정인데, 풍채가 상당한 국왕은 의자에 푹 파묻혀서 그냥 즐기고 있다. 나는 신문을 넘긴다. 에어컨 부족 사태가 심각하다는 기사가 있다. 마치 항생제가 부족하다는 기사를 쓸 때처럼, 숨도 제대로 쉴 수 없을 만큼 급박한 어조로 쓴 기사다.

중동 지방의 배경음악이라고 할 수 있는, 기도 시간을 알리는 외침이 하얀 대리석 벽에 메아리친다. 내가 이 소리를 얼마나 많은 나라에서 몇 번이나 들었더라? 사실 이건 아름다운 소리다. 반드시 이슬람교 신자가 아니어도 훌륭한 무에진(이슬람교 사원에서 큰 소리로 기도 시간을 알리는 사람 - 옮긴이)의 뛰어난 목소리를 들으면 탄성이 나온다. 하지만 9·11 이후에는 그 아름다운 목소리에서 위협이 살짝 느껴진다.

이슬람교도는 하루에 다섯 번 기도를 한다. 코란에 그렇게 하라고 적혀 있다. 왜 다섯 번일까? 네 번이나 여섯 번은 왜 안 되는 걸까? 그거야 알라만이 아실 것이다. 하지만 약 1400년 전 아라비아의 사막에서 이슬람이 싹을 틔웠을 때, 이 새로운 종교는 처음부터 의도한 것이든 아니든 사람들을 하나로 모으는 역할을 했다. 의무적으로 기도를 드려야 하기 때문에 사람들이 각자의 텐트에서 나와 커다란 공동 텐트로 왔던 것이다. 나중에는 공동 텐트가 모스크로 발전했다.

그로부터 약 1300년 뒤, 프랑스의 실존주의자 장 폴 사르트르는 "지옥이란 바로 타인"이라는 말로 공동의 행복이라는 개념에 은유적으로 침을 뱉었다.

사르트르가 틀렸다. 아니, 어쩌면 그가 어울리지 말아야 하는 사람들과 어울린 건지도 모른다. 사회과학자들은 우리가 느끼는 행복 중약 70퍼센트가 질적인 면에서나 양적인 면에서나 친구, 가족, 직장 동료, 이웃과의 관계에서 나온다고 추정한다. 살다가 어려운 일을 당했을 때는 주위 사람들의 정이 고통을 덜어준다. 그리고 좋은 시절에는 주위 사람들 덕분에 행복이 한층 더 커진다.

따라서 행복의 가장 큰 원천은 타인이다. 그럼 돈의 역할은 뭐지? 돈은 우리를 타인에게서 고립시킨다. 돈 때문에 우리는 주위에 실질적으로도 정신적으로도 벽을 쌓아 올린다. 우리는 학생들이 들끓는 대학 기숙사에서 아파트로, 다시 단독주택으로 차츰 옮겨 간다. 아주 돈이 많다면, 아예 넓은 땅을 사서 저택을 짓기도 한다. 그러면서 우리는 신분이 상승한다고 생각하지만, 사실은 벽을 쌓아 스스로를 고립시키고 있다.

* * *

내가 탄 택시의 운전사는 카타르 국립 박물관이 도대체 어디 있는지 모르겠다며 세 번이나 차를 세워 길을 묻는다. 리사의 말이 옳다는 생각이 든다. 그녀는 어느 날 나와 아침 식사를 하면서 카타르에는 문화가 없다고 주장했다.

나는 카타르인들을 변호해야겠다는 생각이 들었다. 왜 그런 생각이 들었는지 이유는 잘 모르겠다.

"그건 좀 극단적인 말 같은데요. 문화가 없는 나라가 어디 있어요."

"그래요?" 그녀가 말했다. "여긴 요리도, 문학도, 예술도 없어요. 내가 보기에 그건 문화가 없는 거예요."

"그래도 문화부가 있잖아요."

"맞아요. 법무부도 있죠. 그렇다고 이 나라에서 법의 정의가 실현된다는 뜻은 아니잖아요."

일리 있는 말이었다. 리사의 주장에 따르면, 카타르에서 문화라고는 비행기를 타고 건너온 것뿐이었다. 예술가와 작가들이 매일 비행기를 타고 새로 날아온다. 이를테면 메인주에서 가재를 공수해오는 것과 같은 맥락이다.

"좋아요." 나는 아직 뒤로 물러날 생각이 없었다. "이 나라에도 박물관이 있잖아요. 지도에서 봤어요. 박물관이 있다면 틀림없이 문화가 있는 거죠."

리사는 요상한 표정으로 웃더니 이렇게 말했다. "그 박물관에 가봤어요?"

그래서 우리가 지금 박물관에 오게 된 것이다. 이 납작한 콘크리트 건물을 보고 가장 먼저 떠오른 생각은, 이 나라 전체에서 에어컨이 없는 건물은 여기밖에 없을 거라는 것이다. 이건 에어컨이 등장하기 이전에 카타르인들의 삶이 얼마나 힘들었는지 고스란히 보여주려는 장치일까? 콘크리트 건물 안의 열기는 참을 수 없을 정도다. 몇 초 되지도 않아 내 이마에서 땀이 비 오듯 흘러 눈으로 들어간다. 눈이 따갑다.

다행히도 이 안에서 꾸물거릴 이유가 거의 없다. 전시품들은 한마디로 한심한 수준이다. 리사가 낙타 발톱 조각처럼 보이는 물건을 모아둔 유리 진열장을 발견한다. 민간요법에서 약으로 쓰이던 것들도 전시되어 있다. '민간'이라는 말이 특히 강조되었다. 어떤 플래카드에는 "혈압을 낮추는 데 컵이 사용되었다. 두통과 혼절 등이 증상이다"라고 적혀 있다. 두통과 혼절이 고혈압의 증상이라는 건지, 컵치료법의 증상이라는 건지 분명치 않다. 어떤 그림에는 노인이 그려져 있는데, 머리에 거대한 국자가 붙어 있고 피가 플라스틱 컵으로 흘러내리고 있다. 중세에 사혈이라 부르던 치료법이 이것인 것 같다.

도하를 공중에서 찍은 일련의 사진들은 그나마 조금 괜찮다. 같은 풍경을 1947년, 1963년, 1989년에 차례로 찍은 것이다. 이 사진들을 보면, 도시가 잉크 자국처럼 점점 번져나간 것을 알 수 있다.

우리는 마당을 헤맨다. 산들바람이 불고 있다는데, 그 바람이 뜨거운 공기를 휘저어놓는 것 같다. 더위 때문인지, 이 초라한 박물관 때문인지는 잘 모르겠지만 리사가 자기 과거를 내게 이야기해준다. 사실 그녀의 과거는 카타르의 과거와 아주 비슷하다. 고생스럽고 변화가 많다는 점에서. 공백으로 비어 있는 시간이 꽤 된다는 점도 역시 비슷하다. 리사가 이야기를 하는 동안 나도 모르게 궁금해진다. 만약 모든 사람이 자기만의 개인 박물관을 갖고 있다면 어떨까? 실재하는 건물에 오로지 자신의 삶과 관련된 물건들만 전시할 수 있다면?

리사의 박물관은 조금 우울할 것이다. 카타르 국립 박물관처럼. 그래도 에어컨은 돌아갈 것이다. 낙타의 발톱 조각도 십중팔구 없을 것이다. 전시품 중에는 리사가 처음으로 술을 마실 때 썼던 먼지투성이 플라스틱 잔이 있을 것이다. 그 밑에 붙은 명판에는 "리사가 열 살 때 부모님의 수납장에서 꺼낸 스카치, 럼, 진을 섞었던 잔, 진품"

이라고 적혀 있겠지. 그녀가 열다섯 살 때 가출하려고 집어탔던 밝은 오렌지색 폰티악 르망 컨버터블 자동차도 전시되어 있을 것이다. 아, 저쪽에는 리사가 열아홉 살 때 들어갔던, 오하이오주 컬럼비아의 재활 센터를 정확히 재현한 축소 모형도 있다.

이제 이쪽으로 오시겠습니까. 종소리를 잘 들으세요. 여긴 초기 튀니지 시대입니다. 리사는 이제 정신을 차리고 새사람이 되어 평화 봉사단에 합류했다. 봉사단 사람들이 그녀를 북아프리카의 튀니지로 파견한다. 다 좋은데……이런, 안 돼……이게 뭐야? 리사가 양손에 맥주를 한 병씩 들고 있는 사진이다. 입가에는 담배가 매달려 있다. 아무래도 '재발 시대' 전시실에 들어온 모양이다. 플래카드에는 리사가 수레에서 떨어져 심각한 부상을 입었다고 적혀 있다. 그래서 구급 헬리콥터에 실려 암스테르담으로 가서 고향으로 돌아갈 예정이었지만, 그녀는 돌아가고 싶지 않다. 리사는 하기 싫은 일을 해본 적이 없는 사람이므로, 거리의 아이 시절에 써먹던 수법을 다시 꺼내 든다. 미친 척하는 것이다. 암스테르담 스키폴 공항에서 리사의 행동을 찍은, 낡은 비디오를 돌려보자. "죄송하지만, 세상이 종말을 향해 다가가고 있다는 걸 아세요?" 그녀는 이렇게 말한다. 자기 얘기를 듣고 싶어 하는 사람이든 그렇지 않은 사람이든 무조건 아무나 붙들고 같은 말을 반복한다. 네덜란드 당국은 그녀를 정신병원에 감금하고 약을 준다. 하지만 리사는 능숙하게 '빰치기'를 한다. 약을 입 안에 머금은 채 삼키는 시늉만 하는 것이다. 이것도 가출 청소년 시절의 수법이다. 마침내 네덜란드 당국은 그녀를 포기하고 미국행 비행기에 태운다. 그녀는 비행기 화장실에서 방금 만난 긴 머리 남자와 섹스를 한다.

리사의 박물관을 나올 때 여러분도 리사에 대해 나와 같은 기분을 느꼈으면 좋겠다. 따뜻하고 모호한 기분으로 그녀에게 행운을 빌어주고 싶은 기분. 이제 그녀는 요가 강습과 알코올중독 치료 모임으로 가득 찬 황금시대로 향하고 있다. 카타르처럼 리사에게도 행운이 찾아들기를. 그녀가 자신의 사막 밑 깊숙한 곳에서 거대한 천연가스층을 찾아내기를.

자동차로 돌아오면서 나는 생각한다. 내 박물관은 어떤 모습일까? 아무 생각도 떠오르지 않는다. 기분이 아주 찜찜하다. 그 어떤 큐레이터도 한 지붕 아래서 내 이야기를 들려줄 수 없을 만큼 내 삶의 궤적이 모호하고 흐릿한 걸까?

"어때요, 내 말이 옳았죠?" 리사가 묻는다.

그래, 그녀가 옳다. 카타르에는 문화가 없다. 솔직히 카타르 사람들을 탓할 수는 없다. 우리도 수천 년 동안 사막에서 근근이 살아가며, 수시로 침략해오는 수많은 부족은 물론이고 무서운 더위와도 싸움을 벌이다 보면 문화를 가꿀 시간이 없을 것이다. 예전에 카타르 사람들의 삶은 문화를 가꿀 수 없을 만큼 가혹했다. 지금은 문화를 가꾸기에는 삶이 너무 편안하다. "창조적인 도시들은 사회적으로나 지적으로나 커다란 어려움과 소란을 겪은 곳이다. 결코 편안한 곳이 아니다." 영국의 역사가 피터 홀의 말이다.

카타르 국왕, 이 땅의 통치자는 이 나라의 문화 결핍 상태를 어떻게든 개선해볼 생각이다. 그래서 진정한 카타르인답게 그는 문화를 사들일 계획을 세웠다. 하는 김에 역사도 조금 곁들일 것이다. 괜찮은 계획인 것 같지만, 문제가 하나 있다. 돈이 제일이라 해도 돈의 힘은 미래에나 발휘된다. 돈의 힘은 100퍼센트 잠재력이다. 돈으로 미래를 건설할 수는 있지만 과거는 안 된다.

그래도 국왕은 굴하지 않았다. 그는 곧 수백만, 수천만 달러를 들인(에어컨도 있을 것이다) 박물관 여러 곳을 개관할 것이다. 카타르가 최근에 구축한 과거를 기념하는 박물관들이다. 박물관 광고판에 뭐라고 적혀 있을지 짐작이 간다. "여러분의 문화유산, 개봉 박두!"

카타르 국왕은 전형적인 아랍 지도자가 아니다. 그는 가문 내의 쿠데타로 정권을 잡았다. 기본적으로 가족 사업체라고 할 수 있는 이 나라에 잘 맞는 이야기인 것 같다. 그는 즉위하자마자 새로운 종류의 아랍 통치자로 자리를 잡았다. 부드럽고 껴안아주고 싶은 권위주의자.

국왕은 표리부동한 술수를 부리는 데 능하다. 카타르에는 대규모 미군 기지가 있다. 2003년에 이라크를 침공할 때 미국은 이곳 기지를 이용했다. 카타르에는 알자지라의 본부도 있다. 오사마 빈 라덴의 테이프를 방송해서 유명해진 위성방송국이다. 이렇게 해서 국왕은 친미주의자와 반미주의자 행세를 동시에 할 수 있게 되었다. 아무나 부릴 수 있는 재주가 아니다.

국왕은 다른 건 몰라도 일단 인심이 후하다. 그는 카타르의 석유와 천연가스로 벌어들인 막대한 돈을 신민들과 함께 나눈다. 사실, 이 나라야말로 궁극의 복지국가다. 휘발유는 1갤런에 50센트로 물보다 싸다. 아니, 사실은 그렇지 않다. 카타르에서 물은 공짜니까. 전기, 의료, 교육도 역시 공짜다. 심지어 정부가 카타르 대학생들에게 소액의 월급까지 주고 있다. 카타르 남자가 결혼하면, 정부는 그에게 집을 지을 땅을 주고, 이자 없는 담보대출을 해주고, 게다가 약 7000달러에 이르는 용돈도 매달 준다. 유럽의 복지국가와 달리, 카타르에서는 고액의 세금을 낼 필요도 없다. 사실 카타르 사람들은 세금을 전혀 내지 않는다. 소득세도 없고, 판매세도 없고, 아무것도 없다.

여러분은 굉장하다며 감탄할지도 모른다. 나도 처음에는 그랬다. 하지만 최근 오리건 대학에서 실시한 연구 결과에 따르면, 실상은 그렇지 않은 모양이다. 학자들은 지원자 19명에게 100달러를 준 뒤 가만히 누워서 그 돈이 사라지는 과정을 지켜보게 했다. 돈은 컴퓨터 화면에서 이루어진 일련의 금융거래를 통해 사라져버렸다. 학자들은 이 과정을 지켜보는 지원자들의 뇌를 MRI로 촬영했다.

한 실험에서 지원자들은 돈을 기부해도 아깝지 않을 단체를 적극적으로 찾아다녔다. 그들이 그런 단체를 찾아냈을 때, 뇌의 원시적인 부위 두 곳(미상핵과 측좌핵)에 반짝 불이 들어왔다. 하지만 정말로 놀라운 것은, 지원자들이 타의로 어쩔 수 없이 돈을 포기하게 되었을 때(학자들은 그들에게 좋은 일에 돈을 기부하는 거라고 말했다)에도 이타주의와 관련된 뇌의 부위들이 활성화되었다는 점이다. 물론 자발적으로 기부할 때만큼 활발하지는 않았지만. 이 실험을 하기 전에 경제학자들에게 결과가 어떻게 나올 것 같으냐고 물어보았다면, 그들은 강요 때문에 돈을 토해낼 때(다시 말해서 세금을 낼 때)에는 뇌의 어떤 부분도 활성화되지 않을 거라고 예측했을 것이다. 최소한 긍정적인 부위는 활성화되지 않을 거라고.

이 연구 결과를 어떻게 해석해야 할까? 각자에게 적절한 세금 수준을 찾아내기 위해 모든 사람에게 MRI 검사를 실시해야 할까? 그럴 필요는 없을 것 같다. 게다가 오리건 대학의 실험에도 문제가 있었다. 현실 세계에서 사람들이 항상 세금을 공평하게 받아들이지는 않는다. 세금이 어디에 얼마나 쓰이는지 의심스러울 때도 있다. 하지만 세금을 내는 건 분명히 좋은 일이다. 분명히 말하지만, '고액의' 세금이 좋다는 말은 아니다. 그냥 세금이라는 개념이 건전한 민주주의 체제를 위해 좋은 것이며, 필수적이라는 뜻일 뿐이다. '세금'은 투표의 또 다른 표현이다. 공무원이 실수를 저질렀을 때, 카타르 국민들은 "당신 월급은 내 돈에서 나가는 거야, 알아?"라며 그를 나무랄 수 없다. 그럴 수 없다. 카타르 국민들은 세금을 내지 않기 때문에 자기주장을 내세우지 못한다. 그건 행복한 일이 아니다.

* * *

사미한테서 전화가 왔다. 좋은 소식이다. 알자지라 사무실에서 카타르인 친구 몇과 만나는 자리를 마련했단다. 나는 택시를 잡아타고 가서 알자지라 본부 앞에서 그를 만난다. 입구 근처에 자그마한 모스크가 있는 것만 빼면, 여느 텔레비전 방송국과 다를 바 없는 모습이다. 우리는 직원 식당으로 향한다. 굉장하다. 금빛이 도는 나무로 된 바닥. 스칸디나비아에서 들여온 가구. 벽에는 평면 텔레비전이 현대 미술 작품처럼 걸려 있다. 알자지라는 국왕의 자식이다. 국왕은 자기 자식들에게 잘해준다.

사미가 나를 친구들에게 소개한다. 모두들 하얀 디시다샤 차림이다. 디시다샤는 페르시아만 지역의 아랍인들이 입는, 아래로 흐르는 듯한 긴 로브다. 그들은 모든 사람이 기본적으로 달고 다니는 액세서리도 달고 있다. 커프스단추, 값비싼 시계. 가슴 주머니에는 몽블랑 펜이 꽂혀 있다. 대부분의 사람들이 디시다샤를 입기 때문에, 이런 액세서리들은 카타르 남자들이 부를 과시할 수 있는 유일한 수단이다. 그런 물건을 구하는 것이 이곳 사람들의 생활에서 아주 중요한 부분을 차지한다.

우리는 서로 악수를 나눈다. 커피가 나오고, 각자 담배에 불을 붙인다. 나는 먼저 카타르인들의 운전 습관에 대해 물어보기로 한다. 왜 그렇게 거칠게 운전하는가?

한참 동안 침묵이 흐른다.

"다음 질문." 한 남자가 이렇게 말하자 다들 웃음을 터뜨린다.

"사실," 다른 남자가 말한다. "그건 당신들 잘못이에요. 미국인들 말입니다. 우린 할리우드 영화를 보며 운전을 배웠어요. 자동차 추격전이나 뭐 그런 걸 보면서. 남자답잖아요."

좋아, 잡담은 이만하면 됐다. 나는 용기를 짜내서 불쑥 심각한 질문을 던진다.

"행복하세요?"

한참 동안 불편한 침묵이 흐른다. 마침내 한 남자가 말한다. 살짝 짜증이 밴 목소리다. "왜 그런 걸 묻는 겁니까?"

행복하냐는 질문, 우리 미국인들이 날마다, 시간마다 곱씹는 그 질문이 카타르 같은 이슬람 국가에서는 별로 적절하지 않다. 내가 이 질문을 던지면 사람들이 조금 움찔하면서 정중하게 화제를 바꾸려 하는 것을 전에도 본 적이 있다. 이 사람들이 불편해하는 건, 행복이 알라의 손에 달렸기 때문이다. 그건 사람의 일이 아니다. 우리가 행복하다면 그건 신의 뜻이다. 마찬가지로 우리가 불행하다면 그것 역시 신의 뜻이다. 행복하세요? 차라리 다리털을 밀었느냐고 물어보는 편이 나았을 것이다. 어디로 도망치고 싶다.

"좋습니다, 꼭 대답을 들어야겠다면, 뭐, 그래요, 행복합니다." 마침내 한 남자가 말한다.

"세상에 완전한 행복이라는 건 없어요." 또 다른 남자가 담배를 뻑뻑 피워대며 말한다.

"진정한 행복을 알고 싶다면, 이슬람을 믿으세요." 또 다른 남자가 말한다. "신을 믿고, 모든 것이 신의 손에 달렸다는 걸 알아야 합니다. 알라께서 당신을 위해 마련하신 걸 얻게 될 거예요. 그래요, 행복을 알고 싶다면 이슬람을 믿어야 합니다."

* * *

종교와 행복 사이의 관계를 주제로 수많은 책을 쓸 수도 있을 것이다. 아니, 이미 수많은 책이 나와 있다. 이 깊고 깊은 저수지에 살짝 발을 담가볼까 한다. 행복 연구라는 신흥 학문이 만들어낸 통계 결과를 한번 살펴보자. 종교적인 의식에 참석하는 사람들은 그렇지 않은 사람보다 더 행복하다고 대답한다. 왜 그럴까? 종교적인 의식 중에서도 종교적인 부분인 모종의 초월적인 경험 때문일까? 아니면 비슷한 생각을 지닌 영혼들이 한자리에 모이기 때문일까? 다시 말해서, 교회에 다녀서 행복하다는 사람들이 만약 교회 대신 볼링 리그나 KKK단에 소속되어 있어도 똑같이 행복을 느끼게 될까?

그렇지는 않을 것이다. 다음의 연구 결과를 보자. '내 삶에서 신이 중요하다'라는 말에 동의하는 사람들은 특정 종교 소속 여부와 상관없이 그렇지 않은 사람들보다 훨씬 더 행복하다고 대답한다. 행복의 보너스를 세속적인 금전 가치로 환산하면, 월급이 두 배로 오르는 것과 같다.

무신론자들이 말도 안 된다며 아우성치는 소리가 들리는 듯하다. 사람을 현혹시키는 교조적인 종교에 대한 믿음이 사람을 행복하게 해준다 해도, 나는 그런 행복을 느끼고 싶은 마음이 전혀 없다. 어쩌면 무신론자들이 뭔가 알고 있는 건지도 모른다. 먼저 행복학자들은 행복의 도덕적 토대를 고려하지 않는다. 그들의 연구에서는 행복도가 높은(예를 들어, 10점 만점 중 9점 정도) 아동성애자도 역시 행복도가 9점인 사회복지사와 똑같이 취급된다. 비슷한 맥락에서 알라에 대한 신앙이 확고한 자살 폭탄 테러범이 아동성애자나 사회복지사보다 더 높은 점수를 기록할 수도 있다. 어쩌면 스스로 폭탄을 터뜨려 무고한 시민 수십 명을 죽음의 길로 함께 데려가기 직전에 행복도가 10점에 이를지도 모른다. 아리스토텔레스라면 이런 도덕적 혼란을 금방 해결해버렸을 것이다. 그는 행복이란 기분이 좋은 상태뿐만 아니라 선한 일을 하는 것 또한 의미한다고 믿었다. 따라서 아동성애자와 자살 폭탄 테러범이 느끼는 행복은 그냥 그들의 '생각'에 불과했다. 사실 그들은 전혀 행복하지 않았다.

어쩌면 굳이 신을 믿지 않더라도 그냥 무엇이든 믿는 것이 있을 때 행복해질 수 있는 건지도 모른다. 그렇지 않고서야 세상에서 가장 행복한 나라들(덴마크, 아이슬란드, 스위스, 네덜란드)이 전혀 종교적이지 않다는 사실을 어떻게 설명할 수 있겠는가? 하지만 이 나라의 국민들이 뭔가 믿는 것이 있음은 분명하다. 그들은 6주에 달하는 휴가, 인권, 민주주의, 카페에서 한가로운 오후를 보내는 것, 양말과 샌들을 동시에 신는 것을 신봉한다. 개중에는 우리가 감탄하는 신념도 있고, 양말과 샌들을 함께 신는 것처럼 경악을 금할 수 없는 일도 있다. 그래도 신념은 신념이다.

＊　＊　＊

"그럼 내가 알라를 믿기만 하면 되는 건가요?" 나는 알자지라에서 만난 사람들에게 다그치는 듯한 인상을 주지 않으려고 조심하고 있다. 이건 위험하고 신성한 주제다. "행복해지기 위해서 다른 일은 전혀 할 필요가 없어요?"

"노력을 해야죠. 중요한 건 노력이지 결과가 아니에요." 한 남자가 말한다.

이슬람은 다른 종교와 마찬가지로 행복해지고 싶다면 보답 같은 것은 전혀 기대하지 않고 미덕을 실천하는 삶을 살기 위해 많은 노력을 기울여야 한다고 주장한다. 자신의 행동과 그 결과를 분리해서 생각하면, 행복이 석유처럼 흐른다는 것이다.

대화가 점점 끝나간다. 남자들은 한 사람씩 차례로 몽블랑 펜을 꺼내 만지작거리며 다이아몬드로 뒤덮인 손목시계를 힐끔거린다. 우리는 작별 인사를 한다. 그들은 떠나면서 내게 조금은 불길한 말을 남긴다. "종교는 칼과 같아요. 자칫하면 자기 칼에 자기가 베일 수 있어요."

＊　＊　＊

1445년 플랑드르의 네덜란드 지역에서 인류 역사상 중요한 전환점이 된 사건이 일어났다. 하지만 대부분의 역사책에는 이 사건이 언급되어 있지 않다. 플랑드르는 최초의 복권 추첨이 실시된 곳이다. 당첨 상품은 별로 대단하지 않았다. 염소 머리 하나와 정숙하고 아름다운 아가씨와의 데이트 정도였던 것 같다. 하지만 이 행사는 커다란 변화의 조짐이었다. 내가 '패러다임의 변화' 같은 말을 입에 담는 사람이라면 그렇게 일컬었을 만한 사건이다. 이 행사를 통해 역사상 처음으로 하층계급의 무지렁이가 손가락 하나 까딱하지 않고 순식간에 부자가 되는 것이 가능해졌다. 상류계급의 지주들처럼. 처음에는 성매매가 합법화되더니 이번에는 이렇게 복권이 등장했다. 다시 말하지만, 네덜란드 사람들은 분명히 뭔가 알고 있었다.

복권은 그 뒤로 지금까지 죽 인기를 끌고 있다. 오늘날 전 세계에서 수십 개 나라가 복권제도를 운영한다. 잭팟을 터뜨리는 공상을 해보지 않은 사람이 어디 있을까? 월요일 아침에 상사의 사무실로 들어가 악의라고는 눈곱만큼도 없이 지극히 예의 바른 태도로 당장 꺼져버리라고 말하는 순간을 상상해보지 않은 사람이 어디 있을까? 그러고는 곧장 직장을 그만둔다. 직장 따위 다닐 필요가 없다. 여행을 다니고, 쇼핑을 즐긴다. 과자를 먹으며 〈사인펠드〉(미국의 시트콤 - 옮긴이) 재방송을 본다.

하지만 이기적인 복권 당첨자가 되고 싶지는 않을 것이다. 그래, 재산을 여기저기 나눠주고 싶을 것이다. 어머니에게는 플로리다에 아파트를 사주고, 동생에게는 스포츠카를 사준다. 좋은 일을 하는 단체에 수천 달러를 그냥 줘버릴 수도 있다. 흥청망청 재산을 탕진하는 복권 당첨자가 되고 싶지도 않을 것이다. 그래, 책임감 있게 행동하고 싶을 것이다. 그래서 돈을 적절한 곳에 투자할 것이다. 몇 년쯤 세월이 흐르면 다시 일을 하게 될지도 모른다. 매주 화요일 오후에만. 어쩌면. 그래, 복권에 당첨된다면, 한마디로 말해서 행복한 사람이 될 것이다.

카타르 사람들도 그렇게 생각했다. 이 나라는 석유와 천연가스라는 복권에 당첨되었다. 그래서 이제는 일을 할 필요가 없다. 다른 복권 당첨자들과 마찬가지로, 카타르는 자신의 욕망을 채우고, 오랫동안 소식이 끊겼던 친척이나 고교 동창들의 전화를 잘 받아넘기느라 많은 시간을 보낸다. 다만 그 고등학교의 이름이 유엔이라는 점이 다를 뿐이다. "카타르, 아이고 요즘 어떻게 지내? 네 옛 친구 소말리아야. 야, 지이이인짜 오랜만이다. 우리 언제 점심이나 같이하자."

결론은 이미 내려졌다. 카타르는 부자고, 따라서 행복하다.

아니, 이건 성급한 결론이다.

1978년에 심리학자 필립 브릭먼이 두 집단의 사람들을 연구했다. 한 집단은 바로 얼마 전에 복권에 당첨되어 부자가 된 사람들이고, 다른 한 집단은 사고를 당해 몸이 마비된 사람들이었다. 복권에 당첨된 직후 당첨자들이 행복감이 증가했다고 답한 것이나, 사고 피해자들이 사고 직후 행복감이 줄어들었다고 말한 것은 당연한 일이다. 하지만 브릭먼이 이 두 집단을 계속 추적한 결과, 전혀 뜻밖의 일이 일어났다. 복권 당첨자들의 행복도는 오래지 않아 복권에 당첨되기 이전 수준으로 되돌아갔다. 하지만 사고로 몸이 마비된 사람들의 행복도는 사고 이전에 비해 아주 조금 낮은 수준까지 회복되었다.

이게 어찌 된 일일까? 브릭먼은 복권 당첨자들의 경우 옷을 사거나 친구들과 이야기를 나누는 등 일상적인 일에서 느끼는 행복감이 크게 줄어든 것 같다고 추측했다. 예전에는 즐거웠던 일이 이제는 즐겁지 않게 되었다는 것이다. 심리학자들은 이런 현상을 '쾌락의 트레드밀hedonic treadmill'이라고 부른다. 트레드밀이 원래 그렇듯이 쾌락의 트레드밀 역시 수고스럽기 때문에 무슨 수를 쓰더라도 피해야한다. 하지만 보통 트레드밀과 달리, 쾌락의 트레드밀은 결코 건강에 좋지 않다. 쾌락과 적응이 무한 반복되는 이 트레드밀은 사람을미치게 만든다. 재미있는 것은, 쾌락의 트레드밀에 두 가지 눈에 띄는 예외가 있다는 점이다. 소음과 큰 가슴. 여러 연구 결과에 따르면,사람들은 소음에 아무리 오랫동안 노출되어도 결코 익숙해지지 못한다. 또 다른 연구 결과에서는 가슴 확대수술을 받은 여성들이 그덕분에 경험하게 된 즐거움에 결코 질리는 법이 없음이 밝혀졌다.그들의 파트너도 아마 그 여성들과 같을 것으로 짐작된다.

아리스토텔레스의 말이 옳았다. "약간의 행운(과 약간의 불운)은 우리 삶의 행로를 방해하지 않음이 분명하다." 만약 브릭먼의 연구 결과가 옳다면, 커다란 행운 역시 우리 삶의 행로를 방해하지 않는다.우리 삶의 행로를 바꾸는 것은 하나도 없다. 그렇다면 다음의 질문을 피할 도리가 없다. 아침에 굳이 침대에서 일어날 필요도 없는 것아닌가?

이 질문에 대답하려면 한 걸음 뒤로 물러서야 한다. 복권에서 중요한 것은 사실 돈이 아니다. 행운과 행복이 복권을 통해 교차한다는 점이 중요하다. 이 교차로는 통행량이 많아서 사고가 일어나기쉽다. 고대 그리스인들은 행복에 어느 정도 행운이 필요하다고 믿었다. 살아가면서 미덕을 실천해야 한다고 설교했던 아리스토텔레스조차 행운이 필요하다고 믿었다. "외모가 추한 사람, 출신이 비천한사람, 고독하고 자식도 없는 사람은 행복해지기 어렵다. 자식과 친구가 있기는 있는데 아무짝에도 쓸모없는 녀석들이거나, 훌륭한 자식과 친구가 있었지만 지금은 죽어버린 경우라면, 더욱더 행복해지기 어려울 것이다."

하지만 아리스토텔레스의 말을 액면 그대로 받아들이면 안 된다. 인도·유럽어족에 속하는 모든 언어에서 행복을 뜻하는 단어는 행운을 뜻하는 단어와 연결되어 있다. 영어의 'happiness'는 행운을 뜻하는 고대 스칸디나비아어인 'hap'에서 유래했다. 그래서 'mishap'은 불운을 뜻한다. 현대 독일어에서 'glück'에는 '행복'과 '행운'이라는 뜻이 다 있다. 아리스토텔레스 시대에 행운은 신들이 주는 것이었다. 오늘날에는 복권 회사의 착한 사람들이 그 일을 맡고 있다.

하지만 복권 당첨자들에 관한 연구 결과에서 알 수 있듯이, 처음에는 행운처럼 보였던 것이 정반대의 결과를 낳을 수도 있다. 다음은 내가 얼마 전 우연히 발견한, 파키스탄의 한 통신사가 전송한 단신이다.

물탄, 3월 16일 : 하크 나와즈(70)라는 죄수가 어제저녁 법원이 그에 대해 형 집행정지 판결을 내려 석방을 명했다는 소식을 듣고 뉴센트럴 교도소 바왈푸르에서 세상을 떠났다. 교도소 당국자들에게서 목요일에 석방될 것이라는 소식을 들은 그가 기쁨을 주체하지 못해 너무 흥분한 나머지 맥박이 멈춰버린 것이다. 하크 나와즈의 시신은 장례식을 치르기 위해 친척들에게 인계되었다.

나는 이 기사를 냉장고에 붙여놓았다. 행복이 사람을 죽일 수 있다는 사실을 매일 나 자신에게 일깨우기 위해서였다.

*   *   *

그날 저녁, 나는 리사와 함께 호텔 안의 인도 식당에서 저녁을 먹는다. 맛있는 인도 정통 요리다. 이 식당의 직원들이 모두 바로 어제 봄베이에서 온 사람들일 가능성이 높다는 점을 감안하면 그리 놀랄 일도 아니다.

우리는 가벼운 대화를 나누려고 하지만, 리사가 지독하게 정직한 사람이라는 사실이 자꾸만 방해가 된다. 그래서 파파담(얇고 넓적한 인도 빵의 일종 - 옮긴이)을 먹은 뒤 비르야니(인도식 볶음밥 - 옮긴이)가 나오기 전에 그녀가 다짜고짜 내게 묻는다. 카타르에서 행복하냐고.

"사실 슬퍼요." 내가 말한다. "아주 슬퍼요. 왜 그런지 잘 모르겠어요."

"그건 당신한테 그게 필요하기 때문이에요. 당신이 그걸 사랑하기 때문이에요."

"내가 뭘 사랑한다는 거예요?"

"슬픔요. 당신은 슬픔에 중독돼 있어요."

그녀의 말투만 보면, 이게 뜬금없는 얘기가 아니라 분명한 사실 같다. 지구는 둥글다는 말이 사실인 것처럼. 내가 슬픔에 중독되어 있다고? 그런 게 가능하기는 한가? 정신이 멀쩡한 사람이 슬픔 같은 걸 갈망할 리가 없잖아.

만약 그녀의 말이 사실이라면, 내가 정말로 슬픔에 중독되어 있다면, 그건 내 잘못이 아니다. 책임은 전적으로 내 뇌에 있다. 뇌의 설계가 잘못된 탓이다. 1975년에 나온 포드 핀토 자동차보다 더 설계가 형편없고, 그 차만큼 위험하다.

신경과학자들은 뇌에서 욕구를 조절하는 부위와 호감을 조절하는 부위가 따로 떨어져 있음을 발견했다. 이 두 부위는 서로 독자적으로 활동하며, 서로 다른 화학물질의 영향을 받는다. 신경과학자들은 뇌의 기능을 알아내고 싶을 때 항상 사용하는 방법, 즉 쥐에게 괴상하고 끔찍한 짓들을 해서 이 사실을 알아냈다.

1950년대에 캐나다의 학자들은 쥐의 뇌에 자그마한 전극을 심은 뒤, 외측 시상하부라고 불리는 부위에 전기 자극을 가했다. 쥐는 그 자극을 너무나 좋아했다. 학자들은 쥐에게 녀석의 몸 크기에 알맞은 레버를 주었다. 쥐가 직접 그 레버를 누르면 외측 시상하부에 자극이 갔다. 쥐들은 이 레버를 훨씬 더 좋아했다. "이 보상을 얻으려고 그들(과학자가 아니라 쥐들)은 성적으로 반응할 수 있는 이성異性과 음식은 물론 심지어 물까지 무시해버리고 오로지 레버를 누르는 데만 매달렸다." 대니얼 네틀은 《행복의 심리학》이라는 저서에서 이렇게 썼다.

조금 이상하기는 해도, 이해할 수는 있는 얘기다. 전기 자극이 쥐의 외측 시상하부에 어떤 영향을 미쳤는지는 몰라도, 기막히게 좋은 일이었음은 분명하다. 쥐들이 그 자극을 다시 얻으려고 수단과 방법을 가리지 않을 만큼.

과학자들도 같은 생각을 했는지, 또 다른 실험을 계획했다. 쥐들이 먹이를 먹는 동안 시상하부를 자극하는 실험이었다. 그 결과는 놀라웠다. 쥐들은 음식을 다른 때보다 많이 먹었지만, 몸짓을 보고 판단하건대, 그것을 즐기지는 않았다. 네틀은 "어떤 것을 크게 갈망하다가도 일단 그것을 손에 넣고 나면 즐거움을 거의 또는 전혀 느끼지 못할 수 있다"는 확실한 증거라고 말했다. 담배에 중독된 적이 있거나 낸시 그레이스(검사 출신의 텔레비전 사회자로, 범죄 피해자의 관점을 중시하는 태도로 인해 찬사와 비난을 동시에 받고 있다 - 옮긴이)가 진행하는 프로그램을 본 적이 있는 사람이라면 누구나 이 사실을 직관적으로 알고 있다.

무엇을 원하는데 사실은 그것을 좋아하지 않는다니. 이 말이 사실이라면, 경제학은 뿌리부터 흔들리게 된다. 경제학자들은 합리적인 인간이 '효용'을 증가시키는 대상을 추구한다는 전제를 기반으로 연구를 진행한다. 여기서 '효용'이라는 말은 행복을 경제학적으로 표현한 것이다. 조는 BMW 자동차를 살 돈을 모으려고 가족의 얼굴도 제대로 보지 못한 채 매일 초과근무를 한다. 따라서 BMW 자동차는 그의 효용, 즉 행복을 높여주는 물건임이 틀림없다. 하지만 여기서 경제학자들이 보지 못한 것은, 조가 바보라는 사실이다. 아니, 이 말은 좀 지나친 것 같다. 조는 바보가 아니다. 하지만 그의 뇌는 확실히 바보다. 뇌의 구조가 잘못되었기 때문에 조가 자신을 행복하게 만들어주지도 못하는 물건을 추구하게 된 것이다.

인간이 겪는 불행의 많은 부분을 이처럼 미친 뇌의 탓으로 돌릴 수 있다. 우리는 자신이 새 차나 복권 당첨 같은 것을 간절히 바라기 때문에, 일단 그 꿈이 이루어지면 행복해질 거라고 생각한다. 하지만 신경학적인 측면에서 보면, 그런 상관관계는 존재하지 않는다. 우리가 기대를 했다가 실망을 맛보면서도 그 경험에서 교훈을 배우지 못하는 것은 원래 소프트웨어에 결함이 있기 때문이다. 데이터에 문제가 있는 게 아니라, 프로그래밍에 문제가 있는 것이다. 그런데 그 편이 고치기가 훨씬 더 어렵다.

슬픔에 중독돼 있다……. 리사의 이 말이 여전히 내 머릿속에서 윙윙 울리는 와중에 사그 파니르(인도 요리의 일종 - 옮긴이)가 나온다. 웨이터는 굳이 내 접시에 요리를 밀어주겠다고 고집을 부린다. 내가 요리를 잘게 잘라서 입에 넣어달라고 해도 그렇게 해줄 것 같다. 그가 그렇게 하면 내가 더 편안해지겠지만, 그로 인해 나는 시금치와 치즈를 내 접시에 직접 쌓으며 느낄 수 있는 즐거움을 맛볼 수 없게 된다. 하지만 웨이터는 자기 임무를 수행하려는 것뿐이다. 그래서 나는 그에게 내 생각을 말하지 않기로 한다.

슬픔에 중독돼 있다……. 난 여전히 이 말을 받아들일 수 없다. 슬픔은 즐겁지 않다. 나는 슬픔을 원하지도 않고 좋아하지도 않는다. 그래, 이번에는 리사가 틀렸다. 정말 그럴까? 슬픔을 느끼는 것도 감정이다. 말도 안 되는 소리를 믿는 것 역시 믿음인 것처럼. 아무것도 못 느끼고, 아무것도 믿지 않는 허무보다는 그래도 이편이 낫다. 사람들은 허무를 피하려고 무진 애를 쓴다. 낯선 땅을 정복하기도 하고, 달까지 날아가기도 하고, 호텔 방에서 혼자 케이블티브이를 보기도 하고, 총으로 32명을 쏘아 죽이기도 하고, 아름다운 음악을 작곡하기도 한다.

슬픔에 중독돼 있다……. 내가 난을 한 조각 찢어내는 순간 이 말이 점점 이해되기 시작한다. 그래, 난 확실히 슬퍼하고 있다. 이 점에 대해서는 이론의 여지가 없다. 내가 나름대로 이것저것에 중독되어 있는 것도 사실이다. 특히 한 가지가 머리에 떠오른다. 아내는 내가 전문가에게 상담을 받아봐야 한다고 생각할 정도다. 어느 날 밤늦게 내가 남의 눈을 피하려는 사람 같은 자세로 노트북컴퓨터 앞에 쭈그리고 있다가 아내에게 들킨 적이 있다.

"뭘 보고 있는 거야?" 아내가 비난하듯 물었다. 나는 윈도 창을 재빨리 아래로 내렸다.

"아무것도 아냐."

"아무것도 아니긴 뭐가 아냐. 사진을 보고 있던데."

들켰다. 이제 방법이 없다. 내가 마우스를 누르자 사진이 화면을 가득 채웠다. 찬란한 모습을 뽐내고 있는 그녀. 게다가 미인이기까지 하다.

"어머나, 세상에." 아내가 역겹다는 듯 한숨을 내쉬더니 잠잠해졌다.

나는 부끄러워서 고개를 늘어뜨리고 가만히 앉아 아내의 다음 말을 기다렸다. 마침내 아내가 입을 열었다.

"차라리 평범한 사람들처럼 포르노를 보지."

화면을 채운 것은 빌링햄 335다. 영국의 아름다운 수제 카메라 가방. 이중 박음질이 되어 있고, 어깨 끈은 두툼한 패딩으로 되어 있다. 그래, 내 이름은 에릭이고, 나는 가방에 중독되어 있다. 아, 다 털어놓고 나니 벌써 기분이 좋아지는 것 같다.

모든 중독이 그렇듯이, 이 중독도 제멋대로 나를 엄습했다. 내가 단순히 가방에 열광적인 관심을 지닌 사람에서 완전한 중독자로 돌아선 게 언제인지 잘 기억나지 않는다. 징조는 이미 옛날부터 있었다. 내가 벽장을 열었을 때, 가방 더미가 무너져 내려 하마터면 질식할 뻔했던 사건 같은 것. 만화의 한 장면 같다. 도쿄에서 500달러짜리 구르카 브리프케이스를 사고는 짜증스러울 정도로 정신이 멀쩡한 아내의 분노가 너무 두려워 꼬박 1~2주 동안 동네 지하철역의 사물함에 가방을 숨겨두었다가 아내에게 들키지 않고 간신히 집으로 가져와 다른 가방들이 들어 있는 벽장에 집어넣은 적도 있다.

지금까지 내가 수집한 가방은 64개다(나는 '수집'이라는 말이 좋다. 정상처럼 들리니까). 여러분이 보기에는 지나치게 많은 것 같은가? 아내는 그렇게 생각한다. 몰라서 그렇다. 내가 질 좋은 캔버스 천이 살갗에 닿는 느낌을 얼마나 좋아하는지 아내가 몰라서. 세심한 인체공학적 디자인, 딱 알맞은 자리에 달린 주머니, 필로팩스(시스템 다이어리의 상품명 - 옮긴이)가 쏙 들어가는 지퍼 달린 주머니에서 느끼는 기쁨을 몰라서(필로팩스도 역시 수집할 수 있는 물건이다). 디자인이 훌륭한 가방은 디자인이 훌륭한 부속지(다리, 꼬리, 지느러미 등을 가리키는 말 - 옮긴이)만큼이나 필요한 존재다.

만약 내가 가방처럼 흔해빠진 물건에 중독되어 있다면, 그보다 더 무거운 것에도 틀림없이 중독될 수 있을 것이다. 슬픔 같은 것에도. 웨이터가 마살라 차를 내오는 동안 내가 얻은 깨달음이다.

* * *

수요일 오후 3시. 나는 자존심이 있는 카타르인이라면 이 시간에 할 법한 일을 하기로 한다. 스타벅스에 가는 것. 카타르 남자들이 라테를 마시면서 금연 표지판 바로 밑에서 담배를 피우고 있다. 필리핀 출신의 바리스타가 감히 규칙을 지켜달라고 말할 리가 없다는 철석같은 믿음을 안고서. 카타르에서 중요한 것은 규칙이 아니라, 규칙 준수를 요구하는 사람이 누구인가 하는 점이다.

음악이 흐른다. "우리가, 우리가 널 흔들어놓을 거야(퀸의 노래 〈We Will Rock You〉의 가사-옮긴이)." 하지만 여기에는 흔들릴 사람이 하나도 없다. 이곳에서 혁명은 일어나지 않을 것이다. 사람들의 삶이 너

무 편안하다. 편안함은 원래 혁명가에게 최악의 적이다. 천연자원
이 풍부한 나라가 모두 그렇듯이, 카타르도 석유의 저주에 시달리
고 있다.《뉴욕타임스》의 칼럼니스트인 토머스 프리드먼은 석유 가
격과 민주주의 사이에 반비례 관계가 성립한다는 사실을 증명한 바
있다. 석유 가격이 오르면 민주화 움직임이 줄어든다. 석유가 풍부
한 나라의 지도자들은 권력을 움켜쥔 손에서 힘을 뺄 생각을 조금
도 하지 않는다. 그럴 이유가 없지 않은가? 모두들 편안하고, 따라
서 행복한데.

  정말 그럴까? 어쩌면 그들은 심리적 상처로 인해 서서히 죽어가
고 있는 건지도 모른다. 금장 나이프로 스스로를 찔러 생긴 상처다.
그 칼로 찌를 때는 통증이 거의 없기 때문에, 사람들은 때가 너무 늦
은 뒤에야 비로소 상처를 발견한다. 에어컨 바람 속에서 맞는 편안
한 죽음이다.

  19세기, 즉 카타르라는 나라가 생겨나기 100년 전에, 프랑스의 사
회학자인 에밀 뒤르켕은 '아노미 자살'이라는 말을 썼다. 이것은 사
회의 도덕이 흔들릴 때 나타나는 현상이다. 뒤르켕은 엄청난 재앙이
나 행운이 도덕을 흔들어버릴 수 있다고 믿었다.

  재앙에 대해서는 이해가 간다. 경제적인 어려움을 겪는 사람이 절
망으로 곤두박질치는 건 당연한 일이다. 하지만 복권 당첨자나 석유
부국의 국민들이 낙담하는 건 뜻밖이다. 하지만 실제로 그런 일이
일어난다. 대부분의 사람들은 좋은 소식, 이를테면 승진이나 갑작스
러운 횡재 소식을 들었을 때 뜻밖에도 불안감이 언뜻 스쳐 지나가는
기묘한 경험을 한다. 주위 사람들도 잘됐다고 축하해주고 본인도 기
분이 좋아야 마땅하다는 걸 아는데, 기분이 좋지 않다. 본인도 그 이

유를 모른다.

* * *

나는 자리를 찾으려고 애쓴다. 스타벅스는 사람들로 북적거린다. 수요일 오후 3시치고는 조금 지나치게 북적거린다. 이 사람들은 직장도 없나? 나중에 알았지만, 사실 이 사람들은 직장이 있었다. 그리고 그 시간에 라테를 마시면서도 월급을 꼬박꼬박 받고 있었다. 그들은 여기 사람들 말로 유령 직원이었다. 직장에 나타나지는 않지만, 자신이 속한 부족의 영향력 덕분에 월급을 챙겨가는 사람.

스타벅스에서 노닥거리며 월급을 받는 셈이다. 그냥 듣기에는 엄청난 행운 같다. 카페인 향기가 감도는 훌륭한 행복의 길. 전통적인 경제학자라면 이 말에 동의할 것이다. 유령 직원들은 부정적인 외부 요소인 노동을 없애버리는 한편, 바람직한 소비재인 여가 시간을 극대화했다. 그래도 월급을 받을 수 있으니 효용 면에서 순수하게 이득만 거두는 셈이다. 여기서 이득이란 다름 아닌 행복이다.

그런데 현실은 그렇지 않다. 여러 연구 결과에 따르면, 유럽 실업자의 행복도는 직장이 있는 사람들에 비해 크게 떨어진다. 인정 많은 복지제도 덕분에 해고당한 노동자들이 월급과 똑같은 액수의 보조금을 받는데도 말이다. 이 불편한 현실은 한가로운 삶이 행복한 삶이라는 생각에 푹푹 구멍을 뚫어놓는다. 사실 학자들의 연구에 따르면, 바쁘지 않은 사람보다 지나치게 바쁜 사람이 더 행복하다. 다시 말해서, 흥미로운 노동이 "노는 것보다 더 재미있다"라는 극작가 노엘 카워드의 말이 옳다는 얘기다.

나와 카타르 사이에 거리가 느껴져서 마음이 괴롭다. 나는 여기 있지만, 정말로 여기에 있는 걸까? 카타르 사람들의 디시다샤 속으로 파고들어 가려면 단 몇 분만이라도 카타르 사람처럼 생각할 필요가 있다. 하지만 어떻게? 이슬람으로 개종하거나, 담배를 피우거나, 미친 사람처럼 운전하고 싶은 생각은 없다. 그런데 호텔 선물 가게 앞을 지나다가 좋은 생각이 떠오른다. 펜을 하나 사자. 그래, 말도 안 되게 비싼 펜을 사는 거야. 나는 말도 안 되게 비싼 펜을 가져본 적이 없다. 그런 펜이 필요하다는 생각을 해본 적이 없다. 나의 가방 수집을 보면 알 수 있듯이, 나 역시 지각없이 물질에 집착할 수 있는 사람이다. 다만 펜에 대해서는 그런 생각이 들지 않을 뿐이다. 물질주의라는 건 변덕스럽기 짝이 없다. 여러 연구 결과에 따르면, 물질주의적인 사람은 그렇지 않은 사람보다 덜 행복하다. 중요한 건 은행 잔고가 아니라 돈을 바라보는 태도다. 그래도 좋은 펜이나 자동차나 뭐 그런 물건의 매력은 저항할 수 없을 만큼 강렬하다. 그런 물건들은 잠재적인 행복을 의미한다. 우리는 그런 물건들이 우리를 바꿔줄 거라고 자기도 모르게 믿어버린다.

말도 안 되게 비싼 펜을 고르려면 직관을 이용해야 한다. 합리적인 정답은 없다. 자동차를 살 때와 달리 안전은 중요한 문제가 아니다. 펜이 주머니에서 폭발하거나, 제임스 본드 영화에서처럼 유독가스를 내뿜지만 않는다면 안전하다.

나는 엄지와 검지로 펜을 잡고 무게를 가늠하며 여러 모델을 시험해본다. 말도 안 되게 비싼 펜을 고를 때는 무게가 아주 중요하다. 너무 가벼운 건 좋지 않다. 싸구려처럼 느껴지기 때문에 목적을 만족시키지 못한다. 하지만 너무 무거우면 손의 근육에 무리가 갈 수 있다. 그래서 그것도 좋지 않다. 그다음 평가 기준은 외양이다. 나는 그래도 덜 어리석게 보이는 것을 고를 생각이었다. 마지막 평가 기준은, 말도 안 되게 비싼 펜으로도 글씨를 쓸 수 있어야 한다는 점이다. 놀랍게도 이 기준이 제일 안 중요하다. 글씨가 잘 써지는 펜이 얼마나 적은지 알면 깜짝 놀랄 것이다. 종이에 얼룩이 남거나, 글씨를 한창 쓰는 중에 잉크가 흐려지곤 한다.

'에헴', '에에'를 많이 연발한 끝에 마침내 나한테 딱 맞는, 말도 안되게 비싼 펜을 찾아냈다. 선이 깔끔하고 검은색으로 광택이 없이 마무리된, 매끈한 펜이다. 나는 즉시 이 펜을 이용해서 카드 영수증에 서명한다. 기막히게 잘 써진다.

* * *

모자 알말키 같은 사람은 아랍 세계에서 보기 드물다. 선동꾼에다가 부끄러운 줄 모르고 자기 자랑을 늘어놓는 사람이고, 심지어 여자이기까지 하다. 나는 전에 한 번 그녀를 만난 적이 있다. 아랍 여성에 관한 기사를 준비할 때였는데, 그녀는 공직에 출마한 최초의 아랍 여성 중 하나였다. 그녀는 선거에서 참패했지만, 지금도 그때 경험을 성공으로 생각한다. 모자는 다른 문화권에서라면 뻔뻔스럽다고 했을 만한 성격을 지니고 있다.

내가 전화를 하니 그녀는 내 이름을 기억하고 있다. 아니, 최소한 기억하는 척이라도 한다. 모자처럼 자기 홍보에 열심인 사람을 상대

할 때는 어느 쪽이 진실인지 알기가 어렵다. 내가 만나자고 하니 그
녀도 좋다고 한다.

나는 30분 동안 기다리고 있다. 그녀는 아직 나타나지 않았다. 결
국 내가 그녀에게 전화를 건다. 그녀는 흥분한 목소리로 전화를 받
는다.

"어디 있었어요?" 그녀가 말한다.

"당신이 말한 대로 스타벅스에서 당신을 기다리고 있었어요."

"어떤 스타벅스요?"

몇 년 전만 해도 사실상 존재하지 않는 거나 마찬가지였던 이 나
라에서 한 쇼핑몰 안에 스타벅스가 둘이나 있을 줄은 정말 몰랐다.
내가 엉뚱한 곳에서 그녀를 기다리고 있었던 것이다.

모자는 이미 쇼핑몰을 떠나 자연스러운 상태로 돌아가 있었다. 항
상 끊임없이 움직이는 상태. 그녀는 쇼핑몰로 돌아올 생각이 없다.
모자는 절대 같은 길을 되돌아오는 법이 없으니까. 그녀는 그 대신
도시 건너편의 다른 몰에서 만나자고 말한다. 이번에는 하겐다즈 카
페가 약속 장소다. 그녀는 그곳에 하겐다즈 카페가 하나밖에 없다며
나를 안심시킨다.

내가 도착하니 모자가 기다리고 있다. 그녀는 얼굴을 가리지 않았
다. 머리에 쓴, 얇디얇은 스카프 밑으로 새까만 머리카락이 삐죽 나
와 있다. 그녀는 이슬람 세계의 여성들이 머리에 써야 하는 히잡의
모양을 사회적으로 허용되는 한계까지 밀어붙이고 있다. 게다가 지
금은 대부분의 카타르 여성이 추잡하다고 생각할 만한 행동을 하고
있다. 공공장소에서 친척이 아닌 남자인 나를 만나는 것.

모자는 대부분의 카타르 여성과 다르다. 그녀는 1983년부터 직

접 자동차를 몰기 시작했다. 카타르 여성에게 운전이 허용된 게 1997년이라는 사실을 모른다면 그게 무슨 대수냐는 생각이 들 것이다.

"거리에서 경찰한테 잡힌 적이 얼마나 많은지 몰라요. 경찰들은 나한테 여자는 운전하면 안 된다고 하더군요. 그래서 내가 그랬어요. '그래서 어쩔 건데요? 내 면허증을 압수할 건가요? 난 면허증이 없어요.' 그랬더니 경찰들이 내 차를 압수하겠다고 하더군요. 그래서 이렇게 말했죠. '좋아요. 차는 또 있어요.' 이번에는 경찰이 나를 감옥에 가두겠다고 하기에 나는 '와! 감옥이라니, 근사한데요. 감옥에서 지내는 동안 논문을 서너 개는 쓸 수 있겠어요' 하고 말했어요." 이쯤 되면 경찰관들도 대개 구두 경고만으로 모자를 보내주곤 했다.

나는 나무딸기 셔벗을 주문한다. 모자는 저지방 바닐라 아이스크림을 얹은 퍼지 와플을 먹는다. 우리는 서점의 부족 현상, 카타르의 정치, 그녀가 출마했다가 실패한 일 등에 관해 이야기를 나눈다. 물론 그녀에게 행복하냐고 물어보는 것도 빠질 수 없다.

"그럼요, 행복하죠." 그녀가 쾌활한 표정으로 말한다. "1에서 10까지 점수를 매긴다면, 난 10점이에요. 난 전 세계를 돌아다닐 수 있어요. 지난달에는 세 번이나 학술회의에 다녀왔어요. 그쪽에서 내 경비도 다 내주고, 1등석 비행기 표도 끊어주고, 최고급 호텔의 숙박비도 대줬어요."

"그럼 돈으로 행복을 살 수 있다는 건가요?"

그녀는 녹아서 접시에 흥건히 고인 저지방 아이스크림을 물끄러미 바라보며 잠시 말이 없다.

"아뇨, 꼭 그런 건 아니에요. 하지만 사치스러운 생활 덕분에 행복을 더 쉽게 느낄 수는 있죠. 그런 게 행복에 도움이 돼요. 비행기 1등석을 타고 전 세계를 돌아다니며 고급 호텔에 묵으려면 돈이 필요해요. 나한테는 그런 게 행복의 일부예요. 우리 증조할머니는 천막 안에서도 행복했지만, 난 천막 안에서는 행복해질 수 없어요."

그러고 나서 그녀는 내게 이야기를 하나 해준다. 실화다. 며칠 전, 부유한 카타르 남자가 휴대전화 번호로 쓸 행운의 번호를 샀다. 나는 그 번호를 듣고 깜짝 놀랐다. 66666이라니(아랍 세계에서는 이것이 행운의 번호다). 하지만 그 가격을 듣고는 더욱더 깜짝 놀랐다. 250만 달러. 이것이 약간의 물의를 일으켰다. 카타르 사람들 중 일부는 물질주의와 달러 숭배가 도를 넘었다고 말했다. 하지만 모자는 텔레비전에 출연해서 그 남자를 변호했다. 다들 행복에 대해 나름대로 생각을 갖고 있으며, 이 남자가 전화번호를 사려고 250만 달러를 내면서 행복하다면 남들이 어찌 그걸 갖고 왈가왈부할 수 있겠느냐는 것이었다.

"하지만 돈을 쓰는 데도 가치 있는 방법이 있고, 멍청한 방법이 있는 법이에요." 내가 말한다.

"그건 본인한테 달린 거죠." 모자가 반박한다. "그 사람한테는 멍청한 방법이 아니에요. 내 친구 하나는 바로 얼마 전에 8000달러나 하는 가방을 샀어요. 삭스 피프스 애비뉴 백화점에서 파는 예쁜 가방이었는데, 친구가 얼마나 좋아했다고요."

당연히 그랬겠지. 하지만 고대 스토아학파의 철학까지 갈 것도 없이, 최신 사회과학의 연구 결과들 역시 모자의 친구가 그 가방으로 인해 오랫동안 행복을 느끼지는 못할 거라고 예언한다. 머지않아 그녀는 1만 달러짜리 가방을 원하게 될 가능성이 높다. 그다음에는 똑같은 만족감을 느끼기 위해 1만 5000달러짜리 가방을 사야 할 것이다.

모자와 나는 작별 인사를 한다. 그녀가 워낙 서구식으로 치장하고 있기 때문에 나는 하마터면 그녀의 뺨에 입을 맞추는 실수를 저지를 뻔한다. 그랬다가는 많은 사람이 불쾌해졌을 것이다. 그녀는 자신의 이력서와 가장 최근에 쓴 글들을 내게 팩스로 보내주겠다고 약속한다. 호텔로 돌아와 보니 자료가 벌써 나를 기다리고 있다. 서류철이 크고 두툼하다.

*   *   *

"아아, 에릭." 수화기 건너편에서 따뜻한 목소리가 들려온다. 마치 오랜 친구를 대하는 듯하다. "전화를 기다리고 있었어요."

대개 나는 만난 지 얼마 안 되는 사람들이 고등학교 동창이라도 되는 것처럼 대뜸 내 이름을 부르는 게 싫다. 하지만 압둘아지즈의 태도는 아주 자연스럽고 사랑스럽다. 벌써부터 그가 마음에 든다.

사람들은 나더러 그를 반드시 만나봐야 한다고 말했다. 그가 자기 성찰을 할 줄 아는 카타르인이라면서. 나는 그날 오후에 엘리 프랑스라는 프랑스 패스트리 전문점에서 그와 만나기로 한다. 도하의 현대적인 수크(아랍어로 '시장'을 뜻하는 단어 - 옮긴이)에 있는 가게다. 몇 시간 뒤 택시를 타고 그곳으로 가보니, 수크의 모습이 미국 사람들이 스트립몰이라고 부르는 곳과 무서울 정도로 비슷하다. 하지만 '수크'가 '스트립몰'보다 더 이국적으로 들리는 것 같다.

내가 약속 시간보다 몇 분 일찍 왔다. 나는 가게 여주인에게 두 사람이 앉을 자리를 마련해달라고 말한다. 그녀는 말문이 막힌 채 그대로 얼어붙어 버린다. 잠시 후 나는 문제가 무엇인지 깨닫는다. 내가 여주인에게 충분한 정보를 주지 않은 것이다. 여주인은 내가 함께 저녁을 먹을 사람이 남자인지 여자인지 알 필요가 있다. 만약 여자라면 '가족석'에 우리 자리를 마련해줄 것이다. 식당의 다른 구역과 격리된 가족석에서는 남편과 아내가 아이들과 함께 외간 남자의 시선을 의식하지 않고 식사를 할 수 있다. 만약 내 손님이 남자라면 여주인은 독신자 구역에 우리 자리를 마련해줄 것이다. 그곳은 가족을 동반하지 않은 남자들만을 위한 자리다. 나는 남자 둘이 앉을 자리를 마련해달라고 고쳐 말한다. 여주인은 안도한 표정으로 앞장서서 상판이 대리석으로 된 자그마한 테이블로 간다. 나는 라임 주스를 주문하고 압둘아지즈를 기다린다.

몇 분 뒤 그가 도착한다. 말을 할 때면 그의 눈이 자글자글한 주름 속에서 밝게 반짝인다. 그는 얼그레이를 주문한다. 그가 웨이트리스를 대할 때 하인이 아니라 동등한 인간을 대하듯이 정중하게 예의를 지키는 모습이 눈에 들어온다.

압둘아지즈의 아버지는 교사였다. 오늘날 카타르에서는 전혀 대접받지 못하는 직업이다. 그의 아버지는 자동차를 한 대 갖고 있었지만 별로 대단한 물건은 아니었다. 아침에 시동이 걸릴 때도 있고 그렇지 않을 때도 있었다. 당시 도하에는 도로 하나와 주택 몇 채밖에 없었다. 카타르 사람들은 직접 자기 집 청소를 하고, 아이도 직접 키웠다. 지금보다는 사는 게 힘들었지만, 그래도 인정이 있었다.

그러다가 1980년대에 경제가 확 일어나면서 모든 게 변했다. 먼저 이집트 피라미드처럼 생긴 셰라톤 호텔이 들어서서 피라미드처럼 존경과 숭배를 받았다. 그다음에는 여러 호텔, 콘도, 사무실 빌딩 등이 뒤를 이었다. 계속 쏟아져 들어오는 외국인 노동자들이 이런 건물들을 전부 지었다. 위아래가 붙은 파란색 작업복을 똑같이 차려입은 외국인 노동자들은 고향에서 벌 수 있는 것보다 서너 배나 많은 봉급을 받으며 행복해했다. 그다음에는 하녀, 요리사, 유모 등이 등장했다. 오로지 카타르 사람들의 삶을 편안하게 해주기 위해서 존재하는 사람들이었다.

"지금 우리는 엉뚱한 곳에서 행복을 찾고 있습니다. 행복과 돈을 같은 것으로 착각하고 있어요." 그는 돈이 모든 악의 근원일 뿐만 아니라 모든 불행의 근원이기도 하다는 생각을 갖고 있다.

"카타르 사람들은 불평불만이 많습니다. 정부가 국민들의 삶을 더 편안하게 만들어줘야 한다고 생각하죠. 정부가 국민들에게 전기 요금을 내라고 하면, 그게 아무리 적은 액수라도 사람들은 불평을 늘어놓습니다. 정부가 국민들에게 세금을 물리려고 하면, 그게 아주 적은 액수라도 사람들은 불평을 늘어놓습니다. 사실 정부도 문제가 있어요. 정부는 국민을 행복하게 해주는 방법은 돈을 주는 것밖에 없다고 생각합니다. 멍청하죠. 나라면 이보다 더 나은 체제를 위해 내 월급의 절반을 기꺼이 포기할 수 있습니다."

압둘아지즈는 도하에서 떠돌아다니는 우스갯소리를 내게 들려준다.

어떤 남자가 친구에게 말한다. "나쁜 놈들이 부잣집의 여덟 살짜리 아들을 유괴했다는 얘기 들었어? 그런데 몸값을 못 받았대. 아이 아버지가 아들이 없어졌다는 사실을 알아차리지 못하는 바람에 말이야."

"엄청난 실수를 했네." 친구가 말한다. "그 집 하녀를 납치했어야지. 그러면 그 부자는 사람이 실종됐다는 걸 금방 알아차렸을 텐데."

지금 카타르의 아이들은 이 나라 말도 할 줄 모르고 아이를 혼낼 권위도 없는 유모들의 손에 자라고 있다. 사내아이들은 너무 금이야 옥이야 자라다 보니 응석받이가 되어버렸다. "아이가 열서너 살이 되면, 가족들은 더 이상 아이에게 버릇을 가르치려 하지 않습니다. 공공장소에서 아이가 하는 행동을 감시하지도 않아요. 교사들한테는 지옥이 따로 없죠. 교사들 중에도 외국인이 많아서 이렇다 할 권위가 없습니다. 그래서 요즘 카타르의 남자아이들은 누구의 말도 듣지 않습니다. 심지어 경찰의 말도 안 들어요." 압둘아지즈가 말한다.

이것이 행복의 처방전처럼 보이지 않는다는 사실은 나도 인정한다. 하지만 현대 카타르의 다양성, 즉 온 세계 사람들이 이곳으로 몰려와 살고 있다는 사실은 틀림없이 좋은 일이다. 사막 생활에 색다른 맛을 덧붙여주기 때문이다.

"그렇지만은 않습니다." 압둘아지즈가 차를 마시며 말한다. "카타르 사람의 관점에서 한번 바라보세요. 분명히 자기 나라에 살고 있는데, 자기와 같은 민족은 20퍼센트밖에 안 됩니다. 그래서 매일 수많은 외국인과 마주쳐야 하죠. 이 나라가 제대로 돌아가려면 그 외국인들이 필요합니다. 그 사람들이 없으면 돈이 아무리 많아도 소용없어요. 하지만 카타르 사람들은 외국인을 싫어합니다. 자기가 그 사람들에게 의존하는 바로 그만큼. 이런 식의 다문화주의를 멀리서 보면 아름답지만, 가까이서 보면 그렇지 않습니다."

"만약 카타르가 외국인들에게 전부 이 나라를 떠나라고 한다면 어떻게 될까요?"

"나라가 무너지겠죠. 우리한테는 이 사람들이 필요합니다. 심지어 이 나라 재판관도 외국인이에요. 한번 생각해보세요. 재판관도 외국인이란 말입니다!"

나는 압둘아지즈에게 카타르 같은 나라의 부족적 본성은 어떻게된 거냐고 묻는다. 행복을 위해 가족이 중요하다는 것은 모두 아는 사실이다. 그런데 부족이라는 것도 사실은 확대가족에 불과한 것 아닌가. 따라서 카타르 같은 부족사회가 행복할 거라고 생각하기 쉽다. 특히 이 나라가 아주 부자라서 편안한 생활이 가능하다는 점을 감안하면 더욱더 그렇다.

부족적인 삶이 자양분이 된다는 데에는 압둘아지즈도 동의한다. 부족은 안전망이다. 그런데 이 안전망이 오히려 목을 조이고 있다.

"여기서는 항상 경계해야 합니다. 항상 누군가의 감시를 받기 때문에, 행여 말이나 행동에서 실수를 하지 않게 조심해야 돼요."

"비밀경찰이라도 있는 건가요?"

"아뇨." 압둘아지즈가 나의 무지를 가볍게 비웃으며 말한다. "가족이 감시하는 겁니다."

그가 계속 말을 잇는다. "외국인과 결혼하고 싶어 하는 사람이 있다고 칩시다. 아니, 다른 부족 사람과 결혼하고 싶어 해도 마찬가집니다. 사는 게 힘들어질 테니까요. 결혼할 수는 있지만, 그러려면 일종의 정치적 캠페인을 벌여야 합니다. 잔치를 열어 사람들의 마음을 바꿔놓아야 하거든요."

카타르에서는 돈이나 교육 수준보다도 부족 내의 지위가 더 중요하다. 도하의 스카이라인이 아무리 바뀌어도, 패스트푸드점이 아무리 많이 들어서도, 이 나라는 사회적으로 정체되어 있다. 태어나서 죽을 때까지 사람들의 지위는 전혀 변하지 않는다. 무슨 짓을 해도 소용없다. 중요한 건 이름뿐이다.

압둘아지즈는 이름만 듣고도 그 사람의 지위, 부족 내의 위치, 소득수준을 알아맞힐 수 있다. 그는 냅킨을 한 장 들더니 가슴 주머니에서 펜을 꺼내(좋은 펜이지만 몽블랑은 아니다) 동심원을 몇 개 그린다.

"이게 카타르 사회입니다." 그가 냅킨을 가리키며 말한다. "그리고 이게 가족, 또는 부족입니다." 이건 동심원들을 가리키며 한 말이다. "가운데에는 당연히 이 나라를 다스리는 가문인 알타니 가문이 있습니다."

"그럼 당신 위치는 어디죠?"

그는 중심부 근처에 X 표시를 한다. 중심부와 아주 가까워서 나는 깜짝 놀란다. 그가 이 사회에 불만이 많기 때문에 나는 그가 아웃사이더인 줄 알았다. 하지만 이 말을 하지 않기로 하고 다음 주제로 넘어간다.

"이 나라에는 돈이 아주 많은데, 그게 사람들을 행복하게 해줍니까?"

"아뇨, 그렇지는 않습니다. 품위를 지키려면 어느 정도 돈이 있어야 하죠. 하지만 그 단계를 넘어서면 돈으로 행복해질 수 없습니다."

나는 그가 '품위'라는 말을 쓴 것에 주목한다. 편안함이나 안전이 아니라 품위를 위해 어느 정도 돈이 있어야 한다……. 이 말을 조금 확대해석하면, 명예를 지키기 위해 돈이 필요하다고 볼 수도 있다. 명예는 아랍 세계의 기반이다. 우리처럼 해방된 서구 남자들도 명예로부터 자유롭지 못하다. 월스트리트의 중역들이 이미 수백만 달러나 되는 연봉을 더 올리려고 일주일에 80시간씩 일하는 건 명예를 향한 끝없는 욕망 때문이다. 같은 무리의 사람들에게서 존경을 얻고 싶다는 욕망.

우리는 차를 다 마시고 옆집인 자리르로 향한다. 카타르에서 크기를 막론하고 서점은 이곳뿐이다. 아무리 봐도 지적인 호기심이 대단해 보이는 압둘아지즈는 이곳에 책이 그리 많지 않다는 사실을 창피하게 생각한다. 미국에서 나온 자기계발서 몇 권(이 책들을 보니 마치 고향에 돌아온 듯 마음이 편안해진다), 그리고 사우디아라비아의 베스트셀러로 아랍판 칙릿(젊은 여성의 일과 사랑을 주제로 한 소설 장르–옮긴이)인 《리야드 걸즈》가 보인다. 하지만 카타르 문학이라고 할 만한 책은 하나도 없다. "돈으로 문화를 살 수는 없습니다." 압둘아지즈가 말한다. 이 나라 정부가 표방하는 철학과는 어긋난 말이자, 리사가 한 말과 아주 비슷하게 들리는 말이다.

"하지만 예술 작품을 많이 살 수는 있죠." 내가 말한다. 걸작을 무더기로 사들인 부호를 염두에 둔 말이다.

압둘아지즈가 목소리를 낮춘다. 왕족에 관한 이야기를 해야 하므로, 조심할 필요가 있다. "문제는 그 사람이 국립 미술관을 위해 사들이는 작품과 개인 소장품으로 사들이는 작품을 분명히 구분하지 않았다는 겁니다." 그 때문에 수억 달러의 돈이 낭비되었다. 모두 카타르 납세자들의 돈이다. 물론 카타르 사람들이 세금을 낸다면 그렇다는 말이다.

"규칙이 없습니다." 압둘아지즈가 말을 잇는다. "그 사람한테 10억 달러를 주면서도 규칙을 정하지 않았습니다."

하지만 부족 안에는 규칙이 너무 많다. 이 얼마나 끔찍한 삶의 방식인가. 겉만 화려한 모래통 같은 이 나라에서 살고 있는 압둘아지 즈가 안됐다는 생각이 또 든다. 그도 눈치를 챘는지, 예전에 캐나다 로 이민을 가려고 계획한 적이 있다고 말한다. 하지만 지금은 그럴 생각이 없다. 9·11 이후로 생각이 바뀌었다. 압둘아지즈라는 이름으 로는 캐나다에 갈 수 없다.

이제 헤어질 시간이다. 그가 나를 호텔까지 태워다 주겠다고 말한 다. 차를 타고 달린 지 몇 분쯤 됐을 때, 압둘아지즈의 휴대전화가 울 린다. 나는 아랍어를 거의 모르지만, '무시칼라'라는 말에 귀가 쫑긋 해진다. '문제'라는 뜻이다. 중동에서는 '무시칼라'라는 말을 아주 자 주 들을 수 있다. 대개는 검문소에서 검문을 받는 긴장된 순간에 이 말을 쓴다. "아인 무시칼라." 아무 문제 없어요. 운전사가 이런 말을 하며 승객을 안심시킨다. 하지만 사실은 '엄청난 문제'가 있다는 뜻 이다. 아주 엄청난 문제.

"에릭." 압둘아지즈가 전화를 끊고 말한다. "아주 심각한 문제가 생겼을 때, 너무 심각해서 계속 살 수 있을지조차 알 수 없을 때 당신 은 어떻게 합니까?"

이 질문이 당황스러워서 나는 몸을 꼼지락거린다. 압둘아지즈가 같은 부족도 아닌 내게 속내를 털어놓은 게 감격스럽다. 하지만 다 른 부족에 대한 연대감이 나의 인간애를 방해한다. 언론이라는 부 족. 모든 부족이 그렇듯이, 이 부족도 비록 말로 하지는 않지만 엄격 한 규칙을 갖고 있다. 규칙 1. 인터뷰 대상에게서 들은 이야기를 마 음대로 가져다가 써라. 그들의 사연과 고통을 소비하라. 하지만 그 대가로 이쪽에서 뭔가 주는 건 절대 안 된다. 돈도 주지 말고(이건 말 이 된다), 우정도 충고도 주지 마라. 그런데 압둘아지즈가 지금 내게 요청하는 게 바로 이것이다.

그래서 나는 임기응변을 동원해 압둘아지즈에게 어떤 이야기를 하나 해주기로 한다(나의 부족도 이야기를 들려주는 것에는 반대하지 않는다). 이야기가 으레 그렇듯이, 이 이야기도 조금 서투른 구석이 있다. 심지어 이 이야기가 압둘아지즈의 질문과 관련되어 있는지도 잘 모르겠다. 그래도 일단은 해봐야겠다.

내가 집에서 NPR을 듣고 있을 때 귀에 익은 목소리가 들려왔다. 나처럼 NPR에서 기자로 일하는 동료가 기사를 보도하는 중이었다. 그녀의 기사는 자그마한 걸작이었다. 아주 완벽한 이야기. 옛날부터 나를 괴롭히던 직업적인 시기심이 발동했다. 세상에, 저 여자는 완벽한 삶을 살고 있어. 아주 확실하게. 저 여자한테는 모든 일이 술술 풀리고 있어. 나는 별로 중요하지도 않은 일들에 파묻혀서 익사할 지경인데. 나는 그 친구에게 이메일을 보내 기사가 아주 마음에 들었다면서, 시기심 같은 건 전혀 드러내지 않고 아주 상쾌한 말투로 그녀의 행복을 바란다고 덧붙였다.

그녀는 답장에서 고맙지만 행복하지는 않다고 말했다. 바로 어제 세 살짜리 아들이 희귀병 진단을 받았다는 것이다.

나는 바보가 된 기분이었다. 내가 현실을 잘못 읽은 것이다. 힌두교도들의 말처럼, 모든 것이 마야, 즉 환상임을 이번에도 깨닫지 못하다니. 무엇이든 겉만 보고 판단하면 안 된다. 우리 인간은 아무것도 모른다. 전혀. 무서운 생각이지만, 어떤 의미에서는 우리를 해방시키는 생각이기도 하다. 우리가 기뻐하는 것, 우리가 성취한 일은 모두 진짜가 아니다. 하지만 우리의 패배, 우리의 무시칼라도 마찬가지다. 그것들도 진짜가 아니다.

압둘아지즈는 침묵 속에서 내 이야기를 빨아들인다. 그가 무슨 생각을 하고 있는지 잘 모르겠다. 내 이야기가 도움이 되었을 것 같지도 않다. 그는 자신의 무시칼라가 무엇인지 내게 절대 말해주지 않는다. 내가 물어보는 것도 옳은 일이 아닌 것 같다. 마침내 그가 말한다. "무슨 뜻인지 알겠습니다. 고맙습니다." 그냥 예의상 하는 말인지 아닌지 잘 모르겠다.

압둘아지즈는 나를 호텔에서 내려준다. 지금 나는 싸구려 여관 같은 곳까지 내려와 있다. 그 과정에서 교훈을 얻었다. 아주 불편한 순간이 드문드문 섞여 있어야 편안함을 가장 잘 느낄 수 있다는 교훈이다. 여기에는 지겨울 정도로 떼를 지어 몰려드는 직원들이 없다. 그냥 한쪽 귓구멍에서 털이 자라고 있는 파키스탄인이 혼자서 프런트를 지키고 있을 뿐이다. 내가 정중하게 부탁하면 그가 차가운 맥주를 한 병 가져다준다. 오늘 밤에는 두 병이 필요하다.

압둘아지즈가 한 말이 머리에서 떠나지 않는다. 그는 기분이 우울할 때 신과 대화를 나눈다고 했다. 기도를 하는 게 아니라 대화를 나눈다고. 그 표현이 마음에 들었다. 대화는 내게 자연스러운 일이다. 기도는 아니지만. 물론 압둘아지즈의 신은 알라다. 정확히 말해서, 내가 믿는 신과는 다르다. 그럼 내가 믿는 신은 누구지? 답이 금방 떠오르지 않는다. 지금까지 나는 힌두교, 불교, 조로아스터교를 집적거리며 영적으로 문란한 생활을 했다. 심지어 유대교를 집적거린적도 있다. 하지만 그중 어느 것도 내가 전적으로 믿는 신의 자리를 차지하지 못한다. 그때 갑자기 그분의 이름이 머리에 떠오른다. 전혀 뜻밖의 이름이다. 야심. 그래, 이것이 나의 신이다.

야심을 신으로 섬기는 사람들에게는 사무실이 곧 신전이고, 직원

지침서가 곧 경전이다. 신성한 음료인 커피는 하루에 다섯 번씩 마신다. 야심을 섬기는 사람들에게 안식일은 없다. 그들은 매일 일찍 일어나 PC의 지시 속에서 야심이라는 신 앞에 무릎을 꿇는다. 그들은 혼자 기도한다. 언제나 혼자. 다른 사람들이 함께 있는 자리에서도 마찬가지다. 야심은 복수심이 강한 신이다. 그는 자신을 성실히 섬기지 않는 사람들에게 벌을 내린다. 하지만 그가 성실한 신자들을 위해 마련해둔 일에 비하면 그건 아무것도 아니다. 성실한 신자들은 그 누구보다 비참한 운명에 시달린다. 그들이 늙고 지쳐서 사무실 구석 자리로 밀려난 뒤에야 성경 속의 뇌성처럼 깨달음이 찾아오기 때문이다. 야심이라는 신은 처음부터 가짜 신이었다는 깨달음.

* * *

나는 이튿날 저녁에 카타르를 떠난다. 공항에 도착했을 때는 이미 날이 어두워진 뒤였지만, 내 눈에는 틀림없이 태양이 보인다. 이 유령 같은 더위가 앞으로도 몇 주 동안이나 내 뒤를 따라다닐 것 같다.

나는 압둘아지즈의 명함을 가슴 주머니에 넣는다. 말도 안 되게 비싼 펜과 나란히. 내가 내 펜에서 느끼는 강렬한 기쁨(이 펜은 내 손에 딱 맞고, 종이에 글을 쓸 때면 마치 구름을 타고 날아가듯 종이 위를 미끄러진다)은, 루트 벤호벤을 비롯한 여러 행복 전문가들에 따르면, 시간이 갈수록 줄어들 것이다. 나는 더 좋고 더 비싼 펜을 갈망하면서 쾌락의 트레드밀의 제물이 될 것이다.

하지만 전문가들이 틀렸다. 나는 그 펜이 내 손 안에 있는 동안 계속 즐거웠다. 정확히 아흐레 동안. 아흐레 뒤에 나는 뉴욕의 택시 안에서 그 펜을 잃어버렸다. 아니, 히스로 공항에서 비행기를 갈아타려다가 잃어버린 것 같기도 하다. 중요한 건 그게 아니라, 펜을 잃어버렸다는 사실이다. 내가 처음이자 마지막으로 산, 말도 안 되게 비싼 펜이 영원히 사라져버렸다. 나는 가끔 그 펜을 애타게 그리워하면서도, 그 펜이 내게 준 기쁨이 사막의 신기루처럼 환상에 불과했다는 걸 속으로는 잘 알고 있다.

나는 다시 99센트짜리 펜을 쓰고 있다. 무게감이나 세련된 감각 같은 건 없다. 그 펜이 나의 개성을 대변해주지도 않는다. 이건 그냥 펜일 뿐이다. 나도 그 이상은 바라지 않는다. 아무래도 그래서 내가 이 펜과 이렇게 사이가 좋은 것 같다.

5
아이슬란드

행복은 실패할 수 있는 기회다

"엉터리 작품들이 예술의 세계에서 중요한 역할을 한다.
사실 이 엉터리 작품들은 농사를 지을 때의 거름과 같다.
엉터리가 없으면 좋은 작품이 나올 수 없다."

우리가 알고 있는 모든 물질 중에서 가장 불안정한 것은 프랑슘이라는 녀석이다. 이 물질은 22분 이상 존재한 적이 없다. 지각 속에 존재하는 프랑슘은 항상 28그램밖에 안 된다. 사람들은 흔히 이 물질을 가리켜 "없다고 해도 좋을 만큼 희귀하다"라고 말한다. 세상에도 프랑슘 같은 곳이 존재한다.

* * *

눈보라가 치고, 하늘은 우주 공간처럼 어둡고 광활하다. 지금 시각은 오전 10시.

"해가 언제 뜨죠?" 나는 호텔 프런트의 친절한 남자에게 묻는다.

그가 이런 멍청이가 있나 하는 시선으로 나를 바라본다. 그러고는 천천히 또박또박 대답해준다.

"해요? 오늘은 해를 못 볼 것 같은데요."

누구나 뻔히 아는 일을 얘기하는 것 같은 말투다. 일요일에는 가게들이 전부 문을 닫는다는 당연한 사실을 이야기하는 것 같은 말투.

해를 못 본다고? 마음에 들지 않는 소리다. 옛날에는 항상 해가 내 곁에 있었다. 해는 내가 믿고 의지할 수 있는 천체였다. 사실은 소행성에 불과한 주제에 수십 년 동안 내 앞에서 진짜 행성 행세를 한 명왕성과는 다르다.

마이애미에서 이곳까지 한참 동안 비행기를 타고 오면서 나는 천체에 대해 생각할 시간이 아주 많았다. 한겨울에 플로리다에서 아이슬란드로 날아오는 건 좋게 말하면 직관에 반하는 행위고, 나쁘게 말하면 완전히 미친 짓이다. 내 몸이 무엇보다 먼저 이 사실을 감지했다. 뭔가 잘못됐다는 것, 자연의 법칙을 어기는 일이 벌어지고 있다는 것을 깨달은 내 몸은 여느 때보다 더 많이 움찔거리고 방귀를 뀌며 불만을 표출했다.

하지만 내가 이런 짓을 한 데에는 그럴 만한 이유가 있다. 루트 벤호벤의 행복 데이터베이스에 따르면, 아이슬란드는 세상에서 가장 행복한 나라 중 한 곳으로 일관되게 꼽히는 곳이다. 어떤 조사에서는 1위를 차지한 적도 있다.

맨 처음 그 자료를 봤을 때, 나도 여러분과 똑같은 반응을 보였다. 아이슬란드? 그 얼음 나라? 지도 끝 자락에서 금방이라도 떨어질 것처럼 위태롭게 흔들리는 그 춥고 어두운 나라? 그래, 그 아이슬란드였다.

하필 겨울에 이 나라를 찾은 건, 한밤중에도 해가 빛나고 날씨도 어떤 아이슬란드인의 표현처럼 "기분 좋게 춥지 않은" 이곳의 여름에는 누구든 행복해질 수 있을 것 같아서였다. 하지만 겨울은, 그래 춥고 어두운 겨울은 아이슬란드의 행복도를 확인해볼 수 있는 진짜 시험대였다.

나는 호텔 침대 위로 푹 쓰러져서 몇 시간 동안 스르르 잠에 빠진다. 한낮에도 이러기가 쉽다. 한밤중과 아주 비슷하기 때문이다. 잠에서 깨어보니 하늘이 조금 밝아져서 기분 좋게 어둡지 않은 상태가 되어 있다. 하지만 기분 좋게 춥지 않은 날씨가 따뜻한 날씨와는 다른 것처럼, 기분 좋게 어둡지 않은 상태 역시 밝은 것과는 다르다.

나도 모르게 어둠에 대해 생각하게 된다. 옛날에는 그다지 생각해본 적이 없는 주제다. 내게 어둠은 항상 그냥 어둠일 뿐이었다. 아마 대부분의 사람들이 마찬가지일 것이다. 그러니 어둠에 대해 생각할게 뭐 있겠는가? 사실 어둠에도 다양한 종류가 있다. 풍경이나 구름의 종류가 다양한 것처럼. 어떤 어둠은 매몰차고 무자비하다. 달빛이나 저 멀리 보이는 도시의 불빛 때문에 그보다는 조금 부드러워진 어둠도 있다. 새벽 5시 무렵의, 기대에 찬 어둠도 있다. 아직 눈에 보이지는 않지만 먼동이 트고 있음을 느낄 수 있는 시간이니까.

아이슬란드의 어둠은 따로 분류해야 한다. 아무것도 드러내지 않는 깍쟁이 같은 어둠. 만약 이 어둠이 말을 할 수 있다면, 십중팔구 심한 뉴욕 사투리로 이렇게 말할 것이다. "여, 어둠 씨한테 무슨 불만이라도 있어?" 이 어둠은 매년 몇 달씩 아이슬란드를 뒤덮고 질식시킨다. 마치 일부 이슬람 국가에서 여자들이 머리부터 발끝까지 뒤집어쓰는 부르카 같다. 어둡고 답답하다는 점이 똑같다.

호텔 창문을 통해 아무것도 보이지 않는 어둠을 노려보다 보니 이런 생각이 든다. 이런 어둠의 장막 속에서 아이슬란드 사람들은 도대체 어떻게 행복해질 수 있는 거지? 나는 행복 하면 항상 야자수와 바닷가와 파란색 음료를 떠올린다. 물론 풀장 안에서 음료를 주문할 수 있는 바도 빼놓을 수 없다. 그런 게 낙원 아닌가. 전 세계의 관광산업 종사자들은 틀림없이 사람들에게 그런 생각을 심어주려 한다. 그들의 광고에 따르면, 행복은 어딘가 다른 곳에 있다. 햇볕이 쨍쨍하고 기온은 섭씨 25도 언저리인 곳. 언제나 그렇다. 우리가 쓰는 말에도 역시 야자수와 낙원을 동일시하는 편견이 배어 있다. 행복한 사람들을 가리켜 우리는 햇살처럼 밝은 성격이라거나 항상 밝은 면만 바라본다고 말한다. 반면 불행한 사람들을 표현할 때에는 어두운 영혼이나 음울한 기질이라는 말을 쓴다.

하지만 세계 행복 데이터베이스의 통계 전문가들은 이번에도 역시 우리 생각이 틀렸다고 말한다. 기후가 중요한 건 사실이지만, 우리가 생각하는 이유 때문은 아니라는 것이다. 모든 요인을 고려했을 때, 추운 곳일수록 행복하다. 여기에 내포된 의미는 엄청나다. 어쩌면 모두들 카리브해가 아니라 아이슬란드로 휴가를 떠나야 할지도 모른다. 이렇게 되면 지구 온난화가 한층 더 중요한 문제가 된다. 지구 온난화는 생태계를 파괴하고, 해안 도시에 홍수를 일으키고, 어쩌면 지구상에서 생명을 없애버릴 수도 있는 위협일 뿐만 아니라, 우리를 몹시 불행하게 만들 가능성이 높다. 어쩌면 이것이야말로 그 무엇보다 불편한 진실인지도 모른다.

열대보다 한대나 온대 지방의 사람들이 더 행복한 이유에 대해서는 수많은 이론이 나와 있다. 그중에서 가장 마음에 드는 이론에 나는 '사이좋게 지내지 못하면 죽어 이론'이라는 이름을 붙였다. 이 이론에 따르면, 따뜻한 곳에서는 삶이 너무 편안하다. 다음 끼니가 코코넛 나무에서 저절로 떨어지는 식이다. 그러니 다른 사람들과의 협력은 선택 사항이다. 하지만 추운 곳에서는 협력이 필수다. 풍성한 수확을 거두거나 대구를 푸짐하게 잡으려면 모두 협력해야 한다. 그렇지 못하면 모두가 죽는다. 다 같이.

필요가 발명의 어머니인지는 몰라도, 상호의존성은 틀림없이 애정의 어머니다. 우리 인간은 서로를 필요로 하기 때문에 협력한다. 처음에는 순전히 이기적인 이유 때문이다. 하지만 어느 정도 시간이 흐르면 서로를 필요로 한다는 부분은 흐릿해지고 협력만 남는다. 우리가 남을 돕는 건 그럴 만한 능력이 있거나 기분이 좋아지기 때문이다. 나중에 보답을 받으려고 그런 행동을 하는 게 아니다. 이것을 가리키는 단어가 하나 있다. 사랑.

* * *

나는 반드시 독한 술을 마셔야 한다. 물론 취재를 위해서다. 여행을 떠나기 전에, 아이슬란드를 아는 사람들은 내게 아이슬란드의 영혼을 정말로 이해하려면, 이 변덕스러운 바이킹의 아들딸들을 정말로 이해하려면 자연스러운 상태에서 그들을 관찰해야 한다고 말해주었다. 여기서 자연스러운 상태란, 만취한 상태를 말한다.

다행히도 내가 도착한 날이 토요일이다. 아이슬란드의 퇴폐적인 주말의 가운데 날. 모두들 맑은 정신으로 돌아다니는 아이슬란드의 평일과 주말을 혼동하면 안 된다. 아이슬란드인들은 특정한 날을 정해놓고 그날만 방종을 즐긴다. 그들은 무엇이든 절제해야 한다고 생각한다. 심지어 절제조차 절제해야 한다고. 주말에는 혼수상태가 될 정도로 술을 마시는 게 결코 이상한 일이 아니다. 하지만 화요일 밤에는 샤르도네 와인을 한 잔만 마셔도 주정뱅이라는 낙인이 찍힌다. 아이슬란드인들은 자기들이 저지르는 다른 작은 과오들과 마찬가지로 이 이상한 사고방식 역시 바이킹 조상 탓으로 돌린다. 그들의 이론은 이렇다. 살기가 힘들었던 옛날에는 언제 또 고기를 잡게 될지, 언제 또 곡식을 거두게 될지 결코 알 수 없었다. 그래서 고기를 잡거나 곡식을 거두면 탐욕스럽게 먹어댔다. 물론 오늘날 아이슬란드인들에게는 부족한 것이 없다. 햇빛만 빼면. 하지만 한꺼번에 흥청망청 먹어대던 과거의 습관이 아직 남아 있다. 우리 몸에 아직 맹장과 꼬리뼈가 남아 있는 것과 같다. 흥청망청 먹어대는 편이 더 즐겁다는 점이 다를 뿐.

사실 흥청망청한 주말에 대해 내가 들은 이론 중 최고의 것은 햇볕에 탄 펭귄의 입에서 나온 것이었다. 물론 진짜 펭귄은 아니고, 마이애미 해변에서 사는 마그누스라는 아이슬란드인이다. 어느 날 점심을 함께 먹으려고 그를 만난 순간, 나는 햇볕에 탄 펭귄을 떠올렸다. 어떤 서점 안의 카페에서 두 시간 동안 먹고 마시면서 나는 이 이미지를 머릿속에서 털어내려고 애썼지만 결국 실패했다. 마그누스는 아이슬란드인들이 술을 그렇게 많이 마시는 건 인구가 너무 적기 때문이라고 생각한다. 그들은 매일 똑같은 얼굴과 마주친다. 그래서 주말이 되면 한숨 돌릴 시간이 필요하지만, 섬을 떠나기가 쉽지 않다. 그래서 엄청나게 술을 마셔대는 것이다. 그러면 매일 보던 얼굴들이 갑자기 조금 낯설어 보인다. "마치 도수가 다른 안경을 쓰는 것과 같아요." 햇볕에 탄 펭귄은 이렇게 말했다. "세상이 조금 다르게, 조금 낯설게 보이는 거죠."

아이슬란드의 수도인 레이캬비크에서 내가 묵고 있는 호텔 바로 옆에 술집이 하나 있다. 시르쿠스라는 술집이다. 이 술집 전면은 밝은 빨간색과 초록색으로 되어 있다. 춥고 어두운 레이캬비크가 아니라 카리브해에 더 어울릴 것 같은 집이다. 나는 호텔 프런트의 친절한 남자에게 그 집이 추천할 만하냐고 묻는다. 그는 재빨리 나를 위아래로 훑어보더니 이렇게 단언한다. "손님한테 어울리는 집은 아닌 것 같은데요."

"그 말은," 나는 최대한 상처 받은 표정으로 말한다. "내가 그런 술집에 드나들 만큼 세련된 사람 같지 않다는 뜻인가요?"

"그런 건 아닙니다. 손님은 펑크 음악을 듣거나 중고품 가게에서 옷을 구입하는 분이 아니라는 뜻이죠."

일리 있는 말이다. 나는 포기하고, 그 대신 그가 추천해준 대로 좀 더 어른스러운 취향의 집으로 향한다.

이 술집은 정말로 어른 취향이다. 그러니까 지금이 1982년이라면 그렇다는 뜻이다. 나무 패널과 트랙 조명이 걱정스러울 정도로 많다. 음악은 너무 디스코풍이라서 수상쩍을 정도다. 아이슬란드의 청년들이 한자리에 모여 앉아서 테이블 중앙의 장식물을 바라보는 모습이 눈에 들어온다. 얼음 그릇에 꽂혀 있는 커다란 탠커레이(영국산 진-옮긴이) 두 병이다. 청년들은 주말에만 즐길 수 있는 흥청망청 파티를 위해 모였음이 분명하다.

나는 맥주를 주문한다. 웬만한 나라의 대학 등록금만큼이나 비싼 맥주다. 아이슬란드 사람들이 죽기 아니면 살기로 술을 마시는 데에는 술값이 비싼 탓도 있다(다른 물건들도 대부분 비싸다). 술값이 워낙 비싸기 때문에, 아이슬란드 사람들은 술을 마시며 취하지 않는 건 돈 낭비라고 생각한다. 북유럽 스타일의 이 완고한 논리에 맞서기는 쉽지 않다.

아이슬란드와 술은 오래전부터 파란만장한 역사를 일궈왔다. 이 나라는 미국이 금주법을 시행했을 때와 대략 비슷한 시기에 잠깐 실험적으로 금주법을 시행했지만, 미국과 마찬가지로 그다지 효과를 보지 못했다. 1930년대에 금주법이 폐지되고 지금까지 줄곧 아이슬란드 사람들은 질릴 정도로 술을 마시고 있다. 묘한 것은, 정부가 금주법을 폐지한 뒤에도 수십 년 동안 맥주의 판매와 소비를 금지했다는 점이다. 주중에는 멀쩡한 정신으로 지내다가 주말에 한꺼번에 몰아서 술을 마시는 방식 대신, 국민들이 일주일 내내 가볍게 술에 취한 상태로 지낼까 봐 걱정되었던 모양이다. 1989년에 마침내 맥주에 대한 금지 조치가 풀리자, 아이슬란드 사람들은 양주잔을 내려놓고 커다란 맥주잔을 집어 들었다. 아이슬란드의 한 심리학자는 내게 이렇게 말했다. "예전에 아이슬란드인들은 보드카 같은 독한 술을 마시고 취했지만, 지금은 포도주와 맥주로 취합니다." 마치 이것을 발전으로 생각하는 듯한 말투였다.

나는 엄청나게 비싼 맥주를 홀짝거리며 재미 삼아 한 모금의 값이 얼마나 되는지 계산해본다. 꿀꺽. 1.25달러가 사라졌다. 꿀꺽. 이번엔 양이 조금 적었으니까 75센트밖에 안 된다. 어디선가 여자의 목소리가 들려온다. 어떤 여자가 영어로 내게 말을 걸고 있다.

"날 좀 묶어줄래요?" 깜짝 놀라서 휙 고개를 돌려 보니 왼팔에 뭔지 모를 문신을 새긴 커다란 여자가 서 있다. 나는 멍하니 그녀를 바라보며 가만히 앉아 있다. 그런데 그게 좀 길었던 모양이다.

"날 좀 묶어주실래요?" 여자가 다시 말한다. 아까는 음탕한 느낌이었는데, 이번에는 살짝 바뀐 말투 때문에 느낌이 다르다. 그녀가 원피스 뒤의 끈을 가리킨다. 나비 모양으로 묶여 있어야 하는데 풀려버린 모양이다. 나는 그 끈을 묶어주고 자기소개를 한다.

그녀의 이름은 에바이고, 그녀는 지금 술에 취한 상태다. 몇 분 되지도 않아서 나는 오늘이 그녀의 생일이며, 그녀가 혼자서 아이를 키우고 있고, 자신을 때리던 남편과 지금은 헤어졌으며, 7년 동안 다른 나라에서 살았고, 지금은 세 가지 직업을 갖고 있다는 사실을 알아냈다. 그녀는 절대 수줍음을 타는 편이 아니다. 그다지 행복한 것 같지도 않다. 1에서 10까지 점수를 매긴다면 6점쯤 될 거라고 그녀는 말한다. 그녀가 자기 친구 하르파에게 나를 소개한다. 하르파는 에바보다 더 술에 취했고, 더 행복하다. 확실히 9점은 될 거라고 그녀가 말한다. 마치 오랜 친구를 대하듯이 팔로 나를 감싸 안으면서. 나는 재빨리 계산을 해본다. 하르파와 에바의 행복 점수 평균은 7.5점이다. 그렇다면 두 사람은 전형적인 아이슬란드인보다 아주 조금 덜 행복할 뿐이다. 두 사람이 친구가 된 것도 놀랄 일이 아니다.

하르파와 에바가 취한 건 이 술집에서 마신 술 때문이 아니다. 두 사람은 이미 취한 상태로 이곳에 왔다. 두 사람의 말에 따르면, 아이슬란드인들은 보통 집에서 술을 마시기 시작한다. 그 편이 싸게 먹히기 때문이다. 그들은 이렇게 집에서 술을 마시며 충분히 기름칠을 한 뒤에야 술집으로 향한다. 유난히 돈에 쪼들리는 사람들은 술집 근처의 길에 술병을 하나 놓아두고는 몇 분마다 한 번씩 술집 밖으로 나가서 홀짝거리고 들어오기도 한다. 이 튼튼한 바이킹들이 인간이 살기에는 명왕성만큼이나 조건이 나쁜 섬에서 1000년이 넘도록 살아남은 건 바로 이렇게 머리를 쓸 줄 아는 능력 덕분인 것 같다.

음악 소리가 시끄럽다. 에바와 하르파는 술에 취했다. 나는 시차 때문에 고생하고 있다. 이 세 가지 요인이 하나로 합쳐져서 조리 있는 대화를 방해한다. "난 프리랜서 작가writer예요." 내가 안개 같은 장

막을 뚫으려고 애쓰면서 에바에게 말한다.

에바는 어리둥절한 표정이다. "라이더요? 뭘 타는데요? 말을 타나요?"

"아뇨, 작가라고요." 내가 소리를 지른다.

이것으로 나는 점수를 얻는다. 아이슬란드에서 작가는 대략 최고의 직업이다. 작가로 성공한 사람인지, 생활이 어려워서 허덕이는 사람인지, 책을 출판한 적이 있는지, 아니면 혼자서 머릿속으로만 작가라고 생각하는 사람인지는 중요하지 않다. 아이슬란드 사람들은 자기네 작가들을 무척 사랑한다. 이것은 일종의 자아도취다. 아이슬란드에서는 거의 모든 사람이 작가 아니면 시인이기 때문이다. 택시 운전사, 대학 교수, 호텔 종업원, 어부, 모든 사람이 그렇다. 아이슬란드 사람들은 한 번도 시를 쓴 적이 없는 아이슬란드인을 기리기 위해 언젠가 레이캬비크 한복판에 동상이 서는 날이 올 거라는 농담을 하곤 한다. 아이슬란드 사람들은 아직도 그런 사람이 태어나기를 기다리고 있다.

"책 없이 사느니, 맨발로 다니는 편이 낫다." 아이슬란드에는 이런 속담이 있다. 정부는 작가들에게 최대 3년 동안 후하게 보조금을 지급한다. 사실상 월급이라고 해도 될 정도다. 아이슬란드에서 가장 유명한 작가이자 노벨상 수상자인 할도르 락스네스는 예전에 이런 말을 했다. "나는 굶주리는 예술가라는 말이 이해가 안 된다. 나는 한 번도 굶어본 적이 없다."

이제 내가 나무 패널로 장식되고 술값이 지나치게 비싼 이 술집을 찾은 목적을 달성할 때가 된 것 같아서 나는 질문을 던진다.

"아이슬란드 사람들이 이렇게 술을 많이 마시는 이유가 뭐죠?"

"어둠 때문이에요." 하르파가 자신 있게 단언한다. "날이 너무 어두워서 술을 마시는 거예요."

"그럼 여름에는 술을 안 마셔요?"

"어머, 여름에도 술을 마시죠. 너무 밝아서. 날이 밝으면 너무 기쁘기 때문에 술을 마셔요."

하르파는 앞뒤로 휘청거리며 서 있다. 손에는 잔을 들었고, 맥주에 푹 젖은 그녀의 뇌는 도저히 피할 수 없는 결론을 열심히 생각하는 중이다. 아이슬란드인들은 1년 내내 술을 마신다는 결론.

나는 맥주를 한 병 더 마실 돈이 없다. 하르파와 에바도 이제는 너무 취해서 도무지 무슨 말을 하는지 이해할 수가 없다. 그만 가봐야겠다.

"잠깐만요." 하르파가 마지막으로 맑은 정신을 짜낸다. "당신이 알아야 할 게 있어요. 어둠에 대해서."

"아, 그게 뭔데요?"

"어둠과 싸우지 말고 끌어안아요."

이 말과 함께 그녀와 에바는 자욱한 담배 연기와 아이슬란드인들의 유쾌한 수다 속으로 사라진다. 재미있네. 나는 옷을 챙겨 입으며 생각한다. 꼭 물개들이 짖어대는 소리 같잖아.

* * *

이튿날 아침, 나는 하르파의 말대로 어둠을 끌어안으려고 시도한다. 효과가 없다. 오히려 어둠이 나를 끌어안고 질식시키는 것 같다. 자명종은 아침 8시를 가리키고 있지만, 창밖을 보면 한밤중이다. 나는 자명종이 울릴 때마다 일시 정지 버튼을 자꾸만, 자꾸만 누른다. 마침내 아침 9시 30분에 나는 그만 일어나야겠다고 간신히 마음을 다잡는다. 창밖을 내다보니 아직도 어둡다. 먼동이 트려는 기미조차 없다. 태양도 우리 주위에 있는 대부분의 물건과 같다. 사라진 뒤에야 비로소 우리가 그리워하게 된다는 점에서.

아냐, 잠깐, 무슨 빛이 잠깐 보인다. 햇빛은 아니고, 푸르스름한 빛이다. 오로라, 그러니까 북극광인가? 길 건너편의 건물에서 나오는 빛이다. 혹시 바이킹의 이국적인 의식 같은 건가? 나는 안경을 쓴다. 이제 보니 컴퓨터 스크린에서 나오는 빛이다. 아이슬란드 사람들의 근무시간이 시작된 것이다. 이 사람들은 어떻게 해내는 걸까? 어떻게 어둠 속에서 하루를 시작하고 끝내는 걸까?

내 자명종은 9시 55분을 가리키고 있다. 세상에, 이럴 수가. 공짜로 뷔페식 아침 식사를 먹을 수 있는 시간이 5분밖에 남지 않았다. 아이슬란드에서 공짜 음식은 정말로 귀한 물건이다. 나는 허둥지둥 아래층으로 내려가 접시에 청어와 구다 치즈를 넘칠 만큼 잔뜩 쌓아 올린다. 커피 잔도 끝까지 찰랑찰랑 채운다. 아이슬란드에서 커피는 산소처럼 없어서는 안 되는 기본 음료다.

여러분은 이렇게 어둠이 계속되면 계절성 정서장애(SAD)가 유행병처럼 번질 거라고 생각할 것이다. 햇빛 부족이 원인인 SAD의 증상은 절망감, 무관심, 탄수화물에 대한 갈망 등이다. 내 생각에는 아주 잔인한 병인 것 같다. 기분이 우울해질 뿐만 아니라, 지나친 탄수화물 섭취로 뚱뚱해질 가능성도 높기 때문이다. 몸이 뚱뚱해지면 한층 더 우울해져서 탄수화물을 더 많이 찾을 것이고, 그러면 더욱더 우울해질 것이다.

하지만 아이슬란드에는 그 병의 환자가 사실상 존재하지 않는 거나 마찬가지다. 아이슬란드보다 미국 북동부에 SAD 환자가 더 많다. 이런 현상에 당황한 심리학자들은 아이슬란드인들이 수백 년 동안 유전적으로 이 병에 대한 면역력을 획득했다는 이론을 내놓았다. SAD에 걸린 사람들이 죽어서 도태되면서 그들의 유전자도 사라졌다는 것이다. 적자생존이 아니라 행복한 사람의 생존이다.

나는 세 번째로 담아 온 커피를 다 마시고, 일을 시작할 열정에 불타고 있다. 해가 나오기를 기다리는 건 무의미한 짓이다. 몇 달이 지나야 해가 나올 테니까. 그래서 나는 따뜻하게 옷을 챙겨 입고 밖으로 나간다. 아이슬란드어에는 얼음을 뜻하는 단어가 여러 개 있다. 당연한 일이다. 지금 내 발에 밟히는 얼음은 '할카hálka'다. 날아다니는 얼음이라는 뜻이다. 사실 날아다니는 건 얼음이 아니라 사람이지만. 나는 계속 발이 미끄러져서 몇 번이나 넘어질 뻔한 끝에 간신히 이 날아다니는 얼음 위를 걷는 법을 터득한다.

레이캬비크가 금방 마음에 든다. 아이슬란드의 수도인 이 도시는 작은 도시라기보다는 국제적인 마을에 더 가깝다. 도시와 마을의 장점이 모두 모여 있다. 소도시 같은 이웃의 정과 함께 일본 음식인 초밥도 맛볼 수 있는 곳. 레이캬비크에서 걸어서 10분 안에 갈 수 없는 곳이라면, 별로 가볼 만한 가치가 없는 곳일 가능성이 높다. 이 점이 마음에 든다. 내가 날아다니는 얼음과 씨름하는 시간에 한계를 설정해줄 뿐만 아니라, 이 말이 맞다는 생각이 드니까. 대부분의 도시가 필요 이상으로 크다. 어느 수준을 넘어서면, 도시 생활의 단점이 장점을 압도하기 시작한다.

레이캬비크는 그 결정적인 선을 넘을 위험이 없다. 아이슬란드의 인구를 다 합해도 30만 명밖에 되지 않는다. 켄터키주 루이빌의 인구와 대략 비슷한 수준이다. 아니면 중국의 평균적인 버스 정류장과 같은 수준이거나. 아이슬란드는 나라가 나라의 모습을 유지할 수 있는 최소한의 크기에 머물러 있다.

30년 전, 괴짜 경제학자 E. F. 슈마허는 경제학에서는 작은 것이 좋다고 주장했다. 그럼 작은 것이 더 행복하기도 할까? 아이슬란드 같은 초소형 국가가 미국이나 중국 같은 큰 나라보다 행복해질 가능성이 더 높을까?

현실적인 차원에서 아이슬란드의 크기가 작다는 것은, 부모들이 자녀들에게 낯선 사람과 이야기하면 안 된다는 진부한 주의를 줄 필요가 없다는 뜻이다. 아이슬란드에는 낯선 사람이라는 게 없다. 모두들 친구나 지인과 계속 마주친다. 출근길에 친구들을 연달아 만나는 바람에 30분쯤 직장에 지각하는 건 이 나라에서 드문 일이 아니다. 이 나라에서는 그것이 지극히 정당한 지각 사유가 된다. 하지만 나쁜 점도 있다. 아이슬란드는 불륜을 저지르기가 가장 힘든 곳이라는 점. 그렇다고 사람들이 불륜을 시도하지 않는 건 아니다.

프랑스의 대통령이었던 자크 시라크는 고별 연설에서 "국가는 가족"이라고 선언했다. 이건 비유적인 표현이었지만, 아이슬란드는 정말로 가족이다. 유전학자들의 연구에 따르면, 7~8세대쯤 거슬러 올라가면 이 나라 국민들은 전부 혈연으로 연결되어 있다. 아이슬란드에는 직장 동료나 친구, 또는 어젯밤을 함께 보낸 귀여운 아가씨와 자신이 얼마나 가까운 혈연관계인지 알아볼 수 있는 웹사이트도 있다.

어떤 여성은 내게 이것이 정말 신경에 거슬린다고 말했다. "조금

전에 만난 남자와 함께 밤을 보내고 이튿날 가족 모임에 갔는데, 그 남자가 저쪽 구석에서 훈제 생선을 먹고 있는 거예요. 어떡해, 내가 어제 육촌 오빠랑 잠을 잔 거잖아, 뭐 이런 식이죠."

이처럼 국민들이 서로 가깝고 친밀하게 연결되어 있다는 사실이 정부의 활동 방식에 직접적인 영향을 미친다. 실업 문제를 예로 들어보자. 정치가들은 자기 동생의 가장 친한 친구가 실직했을 때 더 관심을 보인다. 미국에서 인플레이션율은 1~2퍼센트를 넘지 않는 선에서 아주 낮게 유지되어야 하지만 실업률은 5~6퍼센트 정도라도 괜찮다는 암묵적인 이해가 사람들 사이에 존재한다.

아이슬란드 사람들의 생각은 정반대다. 실업률이 5퍼센트 수준에 이르면, 온 나라에 난리가 난다. 대통령이 쫓겨날 정도다. 하지만 아이슬란드인들은 비교적 높은 인플레이션율을 잘 참는 편이다. 왜 이렇게 생각이 다른 걸까?

두 나라가 고통, 특히 경제적인 고통을 바라보는 자세가 다르기 때문이다. 인플레이션율이 높을 때는 모두가 고통을 겪는다. 모든 사람이 식품점이나 주유소에서 물가가 높아진 고통을 느끼는 것이다. 다들 조금씩 고통을 겪지만, 유난히 심한 고통을 겪는 사람은 없다. 실업은 선택적인 고통이다. 대부분의 사람들은 고통을 전혀 겪지 않는 반면, 비교적 소수의 사람들이 커다란 고통을 겪는다.

아니, 정말로 그런가? 연구 결과에 따르면, 실업률 상승이 물가 상승보다 훨씬 더 전체적인 행복도를 떨어뜨린다. 일자리를 잃을지도 모른다는 두려움이 수면에 퍼지는 잔물결처럼 온 나라로 퍼져나가기 때문이다.

* * *

나이가 지긋한 남자가 힘없는 걸음으로 지나간다. 수염도 깎지 않은 부스스한 몰골에 보머 재킷(2차 대전 때 미국 폭격기 승무원들이 입은 가죽 재킷 - 옮긴이)을 입고 있다. 혹시 보비 피셔가 아닌가 싶다. 예전에 체스 챔피언이었던 그가 여기 산다는 이야기를 들은 적이 있다. 아이슬란드인들은 보비 피셔를 사랑한다. 그는 바로 여기 레이캬비크에서 역사상 가장 유명한 체스 경기에 나선 적이 있다. 피셔는 전세계가 지켜보는 가운데 눈부신 솜씨로 러시아인인 보리스 스파스키를 물리쳤다. 미국에서 피셔는 순식간에 영웅이 되었다. 그는 악의 제국을 물리친 냉전의 전사였다. 비록 그의 싸움터는 체스판에 지나지 않았지만. 하지만 아이슬란드에서 피셔는 다른 이유로 영웅이 되었다. 그가 아이슬란드를 지도에 올려놓았다는 것. 이 자그마한 나라에 그보다 더 좋은 일은 없다.

피셔는 곱게 늙어가지는 못했다. 나이를 먹으며 점점 완고해진 데다가 때로는 앞뒤가 안 맞는 행동을 하기도 했다. 그는 반유대주의 발언을 내뱉었으며, 9·11 사건 이후에는 반미 발언도 일삼았다. 2004년에 피셔가 구유고슬라비아 여행 금지 조치를 위반한 혐의로 도쿄에서 체포되어 미국으로 송환될 위험에 처하자 아이슬란드 의회가 그를 구하려고 나섰다. 그때 그들이 피셔에게 시민권을 부여했기 때문에 피셔는 그 뒤로 죽 이곳에 살면서 레이캬비크 일대를 돌아다니고 있다. 혼자 중얼거리면서. 냉전의 유령인 셈이다.

보비 피셔의 기묘하고 슬픈 이야기는 보비 피셔 자신보다 아이슬란드에 대해 더 많은 것을 알려준다. 아이슬란드 사람들은 체스를 깊이 사랑하고, 친구에게 영원히 의리를 지키며, 지도에 올라가는 것에 집착하고, 남들의 괴팍한 행동을 잘 참아준다. 아니, 나중에 알고 보니 아이슬란드 사람들은 괴팍한 사람뿐만 아니라 괴팍한 음식도 잘 참아 넘겼다.

음식과 행복이 서로 연결되어 있음은 이미 잘 알려진 사실이다. 맥도날드 사람들도 이 점을 잘 안다. 그래서 햄버거와 프렌치프라이드 세트에 가치 있는 식사라거나 실존적인 식사라는 이름 대신 해피밀이라는 이름을 붙인 것이다. 사람들은 비록 불행을 씹을지라도 삼킬 때는 행복을 삼키고 싶어 한다.

"맛을 보면 안다." 수피즘의 오랜 가르침이다. 프랑스의 가장 유명한 식도락가인 장 앙텔름 브리야사바랭은 음식이 우리 영혼의 거울이라고 믿었다. "당신이 어떤 음식을 먹는지 말해주면, 당신이 어떤 사람인지 내가 알려주겠다."

그렇다면 이것이 아이슬란드 사람들과 무슨 관계일까? 아주 많은 관계가 있다. 아이슬란드 사람들은 음식에 대해서 약간 엉뚱한 생각을 갖고 있기 때문이다. 전통적으로 아이슬란드 사람들은 못생긴 음식을 먹지 않는다. 1950년대까지 아이슬란드의 어부들은 바다 가재를 도로 바다로 던져버렸다. 너무 못생겨서. 오늘날에도 대부분의 아이슬란드 사람들은 같은 이유로 대구를 먹지 않는다. 북대서양에 대구가 어찌나 많은지 물고기들이 아예 스스로 헤엄쳐 식탁까지 올라와서 스스로 포가 되어 레몬 뫼니에르 소스에 풍덩 몸을 던질 지경인데도 말이다. 아이슬란드 사람들은 대구를 먹는 대신 미국으로 수출한다. 미국 사람들은 못생긴 음식을 별로 꺼리지 않는 것 같다.

아이슬란드 사람들은 음식의 생김새를 가지고 이렇게 유난을 떨면서도, 정작 맛에 대해서는 그렇지 않다. 그렇지 않고서야, 이 사람들이 'súrsaðir hrútspungar', 즉 양의 고환이나 'harkarl', 즉 썩은 상어 같은 요리를 좋아하는 걸 어떻게 설명할 수 있겠는가. 썩은 상어 요리는 정력과 내장 건강에 좋다고 한다.

시인 W. H. 오든은 1930년대에 아이슬란드를 방문했을 때 썩은 상어를 먹은 적이 있다. 오든은 "그 맛이 구두약과 비슷했다는 말 외에는 다른 표현이 생각나지 않는다"라면서 이렇게 덧붙였다. "그 냄새 때문에 밖에서 먹을 수밖에 없었다."

《자갓》(세계적인 맛 비평지 - 옮긴이)에서 최고의 평점을 얻을 수 있는 맛은 아닌 것 같다. 하지만 나는 궁금했다. 정말로 그렇게 형편없는 맛일까? 게다가 취재를 해야 한다는 책임감도 있었다. 음식이 정말로 한 나라의 영혼을 비추는 거울이라면, 나는 아무리 역겨운 냄새가 나더라도 그 거울을 들여다볼 의무가 있었다.

내가 듣기로 썩은 상어를 먹기에 가장 좋은 곳은 주말의 벼룩시장이라고 한다. 항구 근처의 넓은 창고에서 열리는 벼룩시장은 아이슬란드인들이 물건을 싸게 사려고 가는 곳이다. 뭐, 이 나라에서는 커피 한 잔 값이 10달러이니 물건이 싸다 해도 그 값이 오죽할까 싶기는 하지만. 벼룩시장에는 헌책과 헌 옷과 온갖 종류의 고물들이 가득하다. 세련되지 않은 모습이 신선하게 느껴진다. 최신 유행의 거대한 바다 위에 떠 있는 고지식한 섬 같다.

나는 시장을 조금 돌아다니다가 썩은 상어와 마주친다. 보기에는 괜찮다. 주사위 크기로 자른 회색 고기. 판매대 뒤에 서 있는 여자는 근육질이고 우울해 보인다. 혹시 저 여자가 맨손으로 상어를 때려 잡은 게 아닐까? 나는 조심조심 다가가서 혹시 고기를 한 조각 살 수 있느냐고 묻는다. 여자는 아주 매끈한 동작으로 이쑤시개를 회색 고기에 꽂아 내게 내민다. 웃음기라고는 전혀 없는 얼굴이다.

난 깊이 숨을 들이쉬고 고기를 꿀꺽 삼킨다. 순식간에 단 한 가지 생각만이 내 머릿속에 흘러넘친다. 오든이 옳았어. 솔직히 난 구두약을 먹어본 적이 없지만, 틀림없이 구두약 맛이 이럴 것 같다. 썩은 상어는 자극적이고 괴이한 맛이다. 무엇보다 나쁜 건 뒷맛이 끈질기게 남는다는 점이다. 입천장에 냄새가 떡하니 자리를 잡고는 쫓겨나지 않으려고 기를 쓴다. 내가 그 냄새를 없애려고 물을 몇 잔이나 마시고, 꿀을 발라 구운 캐슈너트를 한 봉지나 먹고, 구다 치즈 한 통을 다 먹고, 맥주도 두 병이나 마셨는데 소용이 없다. 한 시간 뒤 호텔로 돌아올 때쯤에는 무섭게도 그 맛이 목구멍으로 옮겨가 있었다. 내 입을 조만간 떠나려는 기미는 전혀 없다. 속이 뒤집힌다.

"썩은 상어를 먹어보셨군요, 그렇죠?" 프런트의 친절한 남자가 내 불편한 기색을 보고 말한다.

"예, 어떻게 알았어요?"

그는 대답하지 않는다. 그냥 조용히 혀를 끌끌 차더니 나더러 'svarti dauoi', 즉 검은 죽음이라는 술을 마셔보라고 말한다. 이것은 아이슬란드의 국민주다. 그리고 내 경험상, 썩은 상어의 맛을 목구멍에서 몰아낼 수 있을 만큼 맛이 강한 유일한 물질이기도 하다. 이술을 마시면 아주 고약한 숙취 때문에 고생하는 건 사실이지만, 자유를 얻기 위한 대가치고는 그리 비싼 것도 아니다.

＊　＊　＊

나는 레이캬비크 시내를 슬슬 돌아다닌다. 그런데 왠지 뭔가……
이상해 보인다. 뭔가 잘못돼 있다. 알고 보니 이 도시는 단단한 느낌
이 들지 않는다. 카타르처럼 구름 위에 둥둥 떠 있는 느낌은 아니지
만, 일시적이고 덧없는 느낌이 든다. 마치 어제 갑자기 생겨난 도시
가 내일 또 갑자기 사라져버릴 것 같은 느낌. 누군가 "잘라버려, 그
건 포장 덮개야" 하고 외치는 소리가 들릴 것만 같다. 그리고 그 소리
와 함께 무대 담당자들이 도시 전체를 수레에 싣고 가버릴 것 같다.
건물의 생김새도 이런 느낌에 일조한다. 많은 건물이 골판지 모양의
강철로 되어 있어서 금방이라도 부서질 것처럼 보인다. 게다가 모퉁
이를 돌 때마다 나타나는 절벽, 산, 바다가 금방이라도 이 도시를 지
워버리겠다고 위협하는 듯하다. 조금 전까지만 해도 카페와 디자이
너들의 고급 상점이 즐비한 도시의 분위기에 푹 젖어 있었는데, 거
리를 조금만 내려오면 갑자기 야생의 풍경이 나타나는 식이다.

　뉴욕이나 상하이와 달리 레이캬비크에는 웅장함을 보여주는 환
상이 없다. 이 도시는 우주에서 자신이 어떤 위치에 있는지 잘 안다.
그 자리가 보잘것없다는 사실을 알고 아무런 불만 없이 받아들인다.
아이슬란드 사람들은 삶이란 원래 이처럼 덧없는 것이라는 생각 덕
분에 번영을 누리고 있다. 그런 생각 덕분에 항상 조심하는 자세를
잃지 않고 상상력을 마음껏 발휘하는 것이다. 무엇보다 중요한 건
그런 생각 덕분에 삶이 연약하다는 사실을 인식하게 된다는 점이다.
대도시들은 불멸의 존재인 척 허세를 떤다. 자기가 워낙 크기 때문
에, 자연을 정복했기 때문에, 죽음을 이길 수 있을 거라는 망상에 빠

져 있다. 아이슬란드에서는 자연이 항상 최종적인 결정권을 지니고 있기 때문에 불멸성이라는 것이 웃기는 소리라는 사실을 모르는 사람이 없다.

사실 아이슬란드 사람들은 종말이 임박했다는 느낌 때문에 더 잘 사는 것 같다. 텔레비전 프로듀서인 크리스틴은 최근에 집에서 겨우 10분이면 갈 수 있는 곳에서 산책을 하면서 느낀 기분을 내게 말해주었다. 그녀의 집은 레이캬비크 교외에 있는데, 마을 바로 옆에 용암지대가 있다. "사람이라고는 하나도 보이지 않았어요. 만약 내가 넘어져서 발목이 부러지기라도 하면, 몇 시간도 안 돼서 죽겠구나 싶더라고요." 내게는 무시무시한 소리였지만, 그녀는 오히려 기운이 나는 모양이었다. 스카이다이버나 오토바이 스턴트맨들이 추구하는 짜릿함과 같은 기분을 느끼는 걸까? 그렇지는 않은 것 같다. 그녀의 말은 짜릿함과 흥분을 느꼈다는 뜻이 아니라, 오히려 시간을 초월한 자연과의 깊은 유대를 느꼈다는 뜻이었다. 죽음의 가능성을 포함하면서도 죽음에 구애받지 않는 유대감.

레이캬비크를 돌아다니다 보면, 이곳이 보기 드물게 창조적인 도시라는 사실을 금방 깨닫게 된다. 거리에 늘어선 건물들에는 한 집 건너 하나씩 화랑이나 음반 가게나 카페가 들어 있는 것 같다. 그리고 카페에는 위대한 아이슬란드 소설을 쓰는 작가들이 북적거린다. 어쩌면 이것이 아이슬란드 사람들이 느끼는 행복의 비결인지도 모른다.

행복이 차갑고 냉혹한 논리의 함수가 아님은 분명하다. 그렇지 않다면 세상의 모든 회계사들은 환희에 들떠 어쩔 줄 모를 것이다. 위대한 사상가들은 오래전부터 창의성과 행복이 서로 관련되어 있음을 지적했다. 칸트는 "행복은 이성의 이상이 아니라 상상력의 이상"이라고 말했다. 다시 말해서 우리가 행복을 창조한다는 뜻이다. 그런데 무엇을 창조하기 위한 첫 단계는 바로 그것을 상상하는 것이다.

영국 학자인 리처드 쇼치는 《행복의 비결》이라는 저서에서 그것을 다음과 같이 표현했다. "어느 정도는 이성을 넘어선 영역에서 상상력이 발휘되어야 한다. 미래의 현실, 어쩌면 자신이 될 수도 있는 미래의 모습을 상상하는 것이 출발점이기 때문이다."

*　*　*

우리는 문화를 오래되고 연약한 것으로 생각하는 경향이 있다. 문화는 우리가 조상에게서 물려받아 보존하거나, 아니면 탕진하는 것 (이편이 더 가능성이 높다)이다. 맞는 말이지만, 여기에는 진실이 일부만 들어 있다. 문화는 발명될 수도 있다. 당연한 얘기다. 누군가 문화를 발명해야 우리가 망칠 수도 있는 법이다.

아이슬란드는 지금 자신의 문화를 발명하는 중이다(이게 정말로 환상적인 부분이다). 여러분이 이 글을 읽는 동안 아이슬란드의 음악가들은 아이슬란드의 정수를 표현한 노래를 작곡하고 있다. 아직은 그런 노래가 존재하지 않는다. 아이슬란드에는 연주곡의 전통이 없다. 옛날에는 이곳이 너무 춥고 어두워서 그런 걸 만들 여유가 없었다. 아니, 고대 아이슬란드인들이 너무 술에 절어 있었던 건지도 모른다. 그래서 젊은 아이슬란드인들은 아이슬란드의 정수가 무엇인지를 스스로 결정하고 있다. 정말 굉장한 광경이다. 창조의 순간을 현장에서 목격하다니.

단순히 말만으로 행복을 기르고 민족 전체의 창조적인 영혼을 자극하는 것이 가능하다면, 아이슬란드어야말로 바로 그런 언어다. 아이슬란드 사람들은 자기 나라 말을 사랑한다. 나라보다 훨씬 더 사랑한다. 이건 의미심장하다. 아이슬란드인들에게 언어는 문화의 성궤다. 여기 사람이 나한테 직접 해준 말이다. 다른 나라였다면, 나는 민족주의에 물든 과장이라며 그 말을 그냥 흘려 넘겼을 것이다. 심지어 웃음을 터뜨렸을 수도 있다. 하지만 아이슬란드에서는 다르다.

아이슬란드인은 기회가 생길 때마다 강조한다. 자기네 말이 바이킹의 순수한 언어라고. 다른 스칸디나비아 국가들의 언어는 피가 많이 희석된 사생아와 같다고. 프랑스 사람들처럼 아이슬란드 사람들도 자기 나라 말을 무서울 정도로 지킨다. 하지만 프랑스인들과 달리 아이슬란드 사람들은 자기 나라 말을 종교처럼 신봉하지는 않는다. 이 나라 사람들은 누구나 영어를 모국어만큼 잘한다. 2개국어를 구사한다는 게 여기서는 더러운 낙인이 아니다.

새로운 물건, 예를 들어 컴퓨터나 저지방 블루베리 머핀 같은 것이 발명될 때마다 전 세계 나라들은 그런 물건을 지칭하는 단어를 새로 발명해야 한다. 대부분의 나라들은 영어 단어를 빌려 와서 자기 나라 말에 맞게 살짝 바꾸는 손쉬운 방법을 택한다. 그래서 일본에서는 퍼스널 컴퓨터가 파소콘이 된다. 하지만 아이슬란드 사람들은 현대적인 발명품을 뜻하는 순수한 아이슬란드 단어를 새로 만들어야 한다고 고집을 부린다.

아이슬란드의 국어학자들은 순수한 아이슬란드 단어를 만들기 위해 바이킹의 언어를 끌어온다. 물론 바이킹의 언어에는 광대역은 고사하고 전구를 뜻하는 단어도 없었다. 그래서 국어학자들은 창의력을 발휘해야 한다. 예를 들어, 텔레비전을 뜻하는 아이슬란드 단어 'sjónvarp'은 직역하면 '구경거리 전달자'라는 뜻이다. 대륙간탄도미사일을 아이슬란드어로 옮기는 것은 정말 힘들었다. 결국 국어학자들은 '장거리를 날아가는 불'이라는 뜻의 단어를 만들었다. 나쁘지 않다. 하지만 내가 가장 좋아하는 단어는 컴퓨터를 뜻하는 'tolva'다. '숫자의 예언자'라는 뜻이다. 이 단어를 쓰면 내 컴퓨터가 왠지 마법의 물건 같고, 조금은 불길한 물건 같은 느낌이 드는 게 마음에 든다. 사실 컴퓨터가 그런 물건이기도 하다.

지금까지 외국인이 아이슬란드에 바친 최고의 찬사는 19세기에 라스무스 크리스티안 라스크라는 덴마크인의 입에서 나왔다. 그는 "생각을 하기 위해서" 아이슬란드어를 배웠다고 주장했다. 나는 이 말을 듣고 정말로 생각을 하게 되었다. 언어와 행복 사이의 관계에 관해서. 언어가 사람을 행복하게 해줄 수 있을까? 우리가 말로 자신의 기분을 묘사하는 데 그치지 않고 기분을 창조해낼 수도 있을까?

몇몇 단어들이 즉각적으로 기쁨을 이끌어낼 수 있는 건 사실이다. '사랑해'나 '당신은 이미 승자나 마찬가지'라는 말이 그렇다. 하지만 '감시'나 '전립선 검사' 같은 말은 정반대의 효과를 낸다.

모든 언어에는 공통적인 특징이 하나 있다. 사람을 행복하게 해주는 특징은 아니다. 내가 이미 스위스에서 깨달은 것처럼, 모든 언어에는 긍정적인 감정을 표현하는 단어보다 부정적인 감정을 표현하는 단어가 훨씬 더 많다. 내가 사람들에게서 행복에 관한 이야기를 이끌어내기가 이토록 어려운 데에도 그 점이 한몫을 하는 것 같다. 문자 그대로 행복을 표현할 단어가 없는 것이다. 그렇다면 우리의 뇌 구조가 처음부터 불행에 적합하게 되어 있는 것인가 하는 의문이 든다. 우리는 원래 칭얼거리게 되어 있는 종족인가? 그런지도 모른 다. 아니면 행복이 워낙 고귀하고 자명한 것이라서 그것을 표현하는 데 여러 말이 필요하지 않은 것일 수도 있다.

낙관적인 사람이라면 신경과학 분야에서 나온 희망적인 증거들 을 지적할지도 모르겠다. 위스콘신 대학의 연구 팀은 우리 뇌에서 언어를 담당하는 부분이 행복을 담당하는 부분과 마찬가지로 진화 적인 관점에서 비교적 최근에 생겼다는 사실을 알아냈다. 그렇다면 최근에 업그레이드된 이 두 부분 사이에 모종의 관계가 있는 걸까? 만약 그렇다면 언어는 그냥 조수석에 앉아서 드라이브를 즐기는 입 장인 걸까, 아니면 운전석에 앉아 있는 걸까?

아직은 뭐라고 말하기가 어렵지만, 적어도 아이슬란드 사람들에 게는 언어가 엄청난 기쁨의 원천임을 부인할 수 없다. 이 변덕스럽 고 자그마한 나라에서 현명하고 굉장한 일들은 모두 언어에서 흘러 나온다. 아이슬란드 사람들의 전형적인 인사말인 'komdu sæll'을 직 역하면 '행복하게 오다'가 된다. 아이슬란드 사람들이 헤어질 때 하 는 인사말인 'vertu sæll'은 '행복하게 가다'라는 뜻이다. 나는 이 말이 아주 마음에 든다. '조심해서 가라'라든가 '나중에 보자'라는 말보다 훨씬 더 낫다.

아이슬란드어는 아이슬란드 사람들과 마찬가지로 평등주의적이 며 허세가 전혀 없다. 빌 홈은 아이슬란드어의 무심한 우아함을 시 로(달리 뭐가 있겠는가?) 포착해냈다.

에어컨이 켜진 방에서는 이 언어의 문법을

이해할 수 없다.

윙윙거리며 돌아가는 기계 소리에 부드러운 모음이 묻혀버린다.

하지만 산바람 속에서는 그 모음의 소리를 들을 수 있다.

작은 배의 뱃전을 타고 넘는 험한 바다에서도.

노부인들은 이 언어로 긴 머리를 말 수 있다.

콧노래를 부를 수도, 뜨개질을 할 수도, 팬케이크를 만들 수도 있다.

하지만 이 언어로 칵테일파티를 할 수는 없다.

손에 술잔을 들고 일어서서 재치 있는 말을 할 수는 없다.

이 언어를 말하려면 앉아야 한다.

이 언어가 너무 무거워서 예의를 차리거나 가벼운 수다를 떨 수가
없다.

일단 문장을 시작하면, 자신이 살아온 삶 전체가

눈앞에 펼쳐진다.

나는 특히 마지막 줄이 마음에 든다. 말이 문자 그대로의 의미를
넘어서서 자기만의 힘을 지닐 수 있음을 잘 보여준다.

아이슬란드 최고의 시인은 에질 스칼라그림손이라는 바이킹이
다. 약 1000년 전에 살았던 그는, 한 아이슬란드인 예술가의 표현에
따르면 "아름다운 시를 쓴 비열한 개자식"으로 널리 알려져 있다. 에
질은 가볍게 무시해버릴 수 있는 시인이 아니었다. "그는 우리 문학
역사상 가장 아름다운 시들을 썼지만, 조금이라도 기분이 상하면 자
기를 초대한 사람에게 달려들어 눈알을 파버리기도 했다." 당시의
문학평론가들이 에질의 작품을 아주……조심스레 평했을 것 같다.
아이슬란드에서는 시와 폭력이 어찌나 긴밀하게 연결되어 있는지,

고대 북유럽의 신인 오딘이 시의 신과 전쟁의 신을 겸할 정도다.

이처럼 격렬한 문학적 경향 덕분에 아이슬란드 사람들이 행복한 걸까? 잘 모르겠다. 언어를 사랑한다고 해서 행복이 보장되지는 않을지 몰라도, 자신의 절망을 유창하게 표현할 수는 있다. 이건 대단한 일이다. 시인이라면 누구나(블로거도 마찬가지다) 알고 있듯이, 불행도 표현하면 줄어든다.

그래도 아직 이해가 안 된다. 레이캬비크, 세상의 끝에 있는 이 코스모폴리탄 마을에서 왜 창의력이 이토록 꽃을 피우는 걸까? 스웨덴이나 덴마크 같은 다른 북유럽 국가들은 인구가 훨씬 더 많은데도 똑같은 수준의 예술을 만들어내지 못했다. 아이슬란드의 어떤 점이 그토록 특별한 걸까?

내 생각에 그 답은 이름 속에 숨어 있는 것 같다. 아이스 랜드. 먼저 아이스를 살펴보자. 수백 년 전, 길고 추운 겨울에 사람들의 생활은 과연 어땠을까? 그들은 일종의 감각적 결핍 상태를 경험했을 것이다. 케이블티브이의 인기가 증명하듯이, 정신은 아무것도 없는 진공을 몹시 싫어한다. 따라서 고대 아이슬란드인들은 난쟁이, 엘프 등 우리와는 다른 생명체들이 거친 산과 들판에서 살고 있을 거라고 상상했다. 이건 공상이었을까? 아니면 광기?

인기 있는 블로거인 알다는 최근에 자신이 겪은 일을 내게 이야기해주었다. 그녀가 친구와 함께 외진 시골을 찾아갔을 때의 일이었다. 그곳은 북극 제비갈매기가 새끼를 낳아 기르는 곳이었다. 두 사람이 해변을 걷고 있는데, 갑자기 사람들이 떠들썩하게 웃어대며 잔을 부딪치는 소리가 들려왔다. 누가 이런 외딴 곳에서 파티를 하는 거지? 알다와 친구는 궁금증을 해결하려고 10분 동안 파티를 벌이는 사람들을 찾아 헤맸지만 찾지 못했다.

그제야 두 사람은 파티 같은 건 열리지 않았다는 것을 깨달았다. 절벽에 부딪치는 파도 소리와 새들이 지저귀는 소리가 메아리치면서 그런 환상을 만들어냈던 것이다. 정보화 시대의 아이일 뿐만 아니라 계몽주의의 아이이기도 한 알다가 아이슬란드의 검은 마술에 속아 넘어간 셈이었다. 그러니 1000년 전의 조상들은 어땠겠는가.

이제 랜드를 생각할 차례다. 대부분의 땅은 제자리에 가만히 앉아 있다. 아무리 아름다운 땅도 하는 일이라고는 그냥 제자리에 가만히 앉아 있는 것뿐이다. 하지만 아이슬란드의 땅은 다르다. 이 땅은 쉭쉭 소리를 내고, 침을 뱉고, 트림을 한다. 가끔은 방귀도 뀐다. 이런 소리들을 지질학적으로 설명할 수 있다지만, 나는 그런 설명에는 전혀 관심이 없다. 내가 알고 싶은 것은, 땅이 내는 이 갖가지 소리들(과 가끔 뀌는 방귀)이 아이슬란드 사람들의 행복에 어떤 영향을 미치는가 하는 점이다.

아이슬란드 사람들의 말에 따르면, 우선 땅 자체가 창조적인 영감의 원천이며, 행복의 간접적인 근원이다. 이 나라의 땅은 문자 그대로 발밑에서 살아 움직인다. 아이슬란드에서는 매일 평균 스무 건의 지진이 발생한다. 물론 엄청난 재앙을 불러오는 지진은 아니지만, 그래도 이런 지진 활동이 모든 걸 뒤흔들어 놓는 것은 엄연한 사실이다.

아이슬란드에서는 지질시대의 진행 속도가 빠르다. 다른 곳에서는 화산이 태어나려면 수백 년이 걸리지만, 이 나라에서는 사람의 평생 정도면 된다. 에너지 소용돌이 같은 걸 믿고 싶은 사람이라면 아이슬란드가 딱이다. 여기 사람들만큼 에너지 이야기를 많이 하는 사람들은 어디서도 보지 못했다. 아이슬란드의 한 그래픽디자이너는 어두운 겨울을 견디기 위해 햇빛 밝은 여름에 햇빛 속의 에너지를 저장해둔다고 말했다. 음반 프로듀서인 또 다른 아이슬란드인은 모든 것이 죽어가는 계절인 가을에 대부분의 음반이 발표되는 건 '괴상한 에너지' 때문이라고 말했다.

오랜 세월 동안 세계는 몇 번의 황금시대를 목격했다. 특정한 시기에 특정한 장소에서 사람들이 엄청난 창의력을 발휘하며 번영을 누린다. 5세기의 아테네, 엘리자베스 여왕 시대의 런던, 르네상스 시대의 피렌체, 20세기 말의 시애틀, 황금시대는 결코 오래 지속되는 법이 없다. 황금시대는 프랑슙처럼 순식간에 스치듯 사라져버린다.

"역사를 보면, 도시의 황금시대는 아주 드물다. 그들은 특수한 빛이 들어오는 창문처럼 안과 밖의 세상을 잠깐 밝힌 뒤 다시 닫혀버린다." 영국의 역사가 피터 홀은 놀라운 저서 《문명 속의 도시Cities of Civilization》에서 이렇게 썼다.

이 자그맣고 변덕스러운 레이캬비크가 그 보기 드문 특수 창문일까? 여기가 르네상스 시대의 피렌체 같다고 할 수는 없다. 그건 지나친 과장이 될 것이다. 하지만 두 도시에 공통점이 몇 가지 있기는 하다. 인구가 대략 9만 5000명이라는 점. 그리고 14세기의 피렌체처럼 레이캬비크에도 창의적인 엘리트가 없다는 점. 모든 사람이 예술을 창조하고 즐긴다.

역사와 지진 활동 에너지만으로 레이캬비크의 왕성한 창의력을 설명할 수 있을까? 아니면 내가 뭔가 다른 요인을 미처 보지 못한 걸까?

한 가지는 확실하다. 아이슬란드 사람들은 선천적으로 세련된 감각을 지니고 있다. 그런데 내 입장에서는 그게 무엇보다 신경에 거슬린다. 가짜로 세련된 척하는 사람들은 남들도 가짜로 흉내 낼 수 있지만, 선천적인 감각은 흉내 낼 수 없다. 내가 해봐서 안다. 나는 검은 옷이 유난히 많고, 펑키한 안경 두 개를 항상 쓰고 다니며, 캉골(영국의 모자 브랜드 ─ 옮긴이) 모자를 여러 개 갖고 있는데 그것들을 거꾸로 쓰고 나간 적이 몇 번 있다. 내 수염은 조각처럼 다듬어져 있고, 옷깃 모양은 촌스럽다. 그냥 평범한 사람들이 보면 나는 그럭저럭 괜찮은 감각을 지닌 중년 남자처럼 보인다. 하지만 정말로 감각이 있는 사람들과 스물다섯 살 이하의 젊은이들 대부분은 내 실체가 가짜 패셔니스타라는 것을 알아차린다. 나는 걸어다니는 짝퉁이다.

나는 다른 곳도 아니고 하필이면 어떤 중고품 가게에서 내 패션 감각이 형편없다는 사실을 깨닫는다. 그 가게 이름은 아이슬란드 단어가 모두 그렇듯이 외국인들이 섣불리 발음하려 했다가는 얼굴이 완전히 마비돼서 다시는 정상으로 돌아갈 수 없게 될 위험이 있다. 그래서 안전을 위해 그 가게 이름을 밝히지 않겠다. 그 가게는 중고품을 새것 가격으로 파는데, 그 정도면 아이슬란드에서는 값싼 물건을 찾아다니는 사람들의 낙원으로 꼽힌다.

나는 아주 세련된 스카프를 하나 찾아내서 값을 지불하러 간다. 카운터를 맡은 청년은 뭘 찾느라고 정신이 없다. 그가 허리를 숙이자 속옷이 적잖이 드러난다. 충격적이다. 뜻밖에 속옷이 드러났기 때문이 아니라(이런 광경은 전에도 본 적이 있다), 속옷이 멋지기 때문에. 최신 유행의 속옷이기 때문에. 빨간색, 파란색, 초록색에 가끔 자주색이 세련되게 흩뿌려진 가로줄 무늬가 팬티에 아주 깔끔하게 늘어서 있다. 세상에, 심지어 속옷도 최신 유행을 따르다니! 내 겉옷보다 더 감각적이다. 나는 이 아이슬란드인 점원의 속옷을 멍하니 바라보며 한동안 서 있다가 깨닫는다. 이 나라에서 나는 아무런 가망이 없다는 것을.

아이슬란드의 세련된 감각은 풍토병이라서 젊은이들뿐만 아니라 중년들도 그 병에 걸린다. 라루스 요하네손 같은 사람도. 그는 자그마한 음반 가게와 음반사를 소유하고 있다. 모두들 라루스를 안다. 아이슬란드를 휩쓸고 있는 창의력을 이해하고 싶다면 라루스를 만나보라고 다들 말해주었다.

나는 그의 레코드 가게에서 그를 만난다. 소파와 CD들이 아무렇게나 놓여 있는 아늑한 곳이다. 라루스는 격자무늬 상의를 입고, 검은 테 안경을 썼다. 뭔가 중요한 말을 강조하고 싶을 때면, 그는 안경을 코에 꾹 누르곤 한다. 그에게는 자연스러운 감각이 있다. 어쨌든 나는 그가 마음에 든다. 문밖에서는 연한 어둠이 도시를 감싸고 있다.

라루스는 예전에 프로 체스 선수였다고 말한다. 잘 어울렸을 것 같다. 그 세련된 안경 뒤에서 마구 돌아가고 있는 머리와 수줍음을 타는 사랑스러운 태도는 그 시절의 산물인 모양이다. 그는 수줍음을 극복하려고 노력을 많이 했을 것 같다. 아이슬란드 사람들은 체스를 잘 두기로 유명하다. 왜 그렇지? 이번에도 사람들은 긴 겨울을 이유로 든다. 어둠 속에서 달리 할 일이 뭐가 있겠어?

라루스의 삶이 절충주의적이었다고 말하는 건, 로저 페더러가 취미 삼아 테니스를 친다고 말하는 것과 같다. 40여 년을 살아오면서 라루스는 체스 선수뿐만 아니라 기자, 건설회사 중역, 신학자 등의 직업을 거쳤으며, 지금은 음반 프로듀서로 일하고 있다. "나도 압니다."내가 자기 말을 잘 믿지 못하는 걸 깨닫고 그가 말한다. "하지만 아이슬란드에서는 그게 아주 정상적인 삶이에요."

그는 여러 개의 정체성을 갖는 것(다중인격과는 다르다)이 행복에 도움이 된다고 믿는다. 미국을 비롯한 여러 서구 국가들에 만연한 믿음과는 정반대다. 서구 국가들은 전문화를 최고로 친다. 학자, 의사 등 전문 직업인들은 점점 한 가지 주제에만 초점을 맞춰 그것에 대해서만 더 많은 것을 알아내는 데 평생을 보낸다. 아이슬란드 사람들은 점점 더 광범위한 것들에 관해 점점 더 많이 배우려고 한다.

나는 라루스에게 레이캬비크에 창의력이 흘러넘치는 현상에 대해 묻는다. 창의력의 원천이 무엇인가? 어떻게 하면 나도 창의력을 얻을 수 있나?

그는 안경을 코에 꾹 누르며 말한다.

"시기심이죠."

"시기심이라뇨?"

"아이슬란드에는 시기심이 별로 없습니다."

그가 말하는 시기심 부족은 스위스의 경우와 조금 다르다. 스위스 사람들은 시기심을 억누르기 위해 물건을 숨긴다. 아이슬란드 사람들은 시기심을 억누르기 위해 물건을 함께 나눈다. 아이슬란드 음악가들은 서로를 돕는다는 것이 라루스의 설명이다. 한 밴드에 앰프나 리드 기타리스트가 필요하다면, 다른 밴드가 아무런 조건 없이 도와준다. 아이디어도 시기심의 방해를 받지 않고 자유로이 흘러 다닌다. 시기심은 일곱 가지 죄악 중에서도 가장 지독한 죄다. 조지프 엡스타인은 시기심에 관한 글에서 일단 시기심이 풀려나면 "그것에 사로잡힌 사람의 모든 것을 망가뜨리는 경향이 있다"라고 썼다.

피터 홀은 시기심이 비교적 눈에 띄지 않는 것이 황금시대의 확실한 특징이라고 말한다. 이건 그가 19세기 말의 파리를 설명하면서한 말이지만, 21세기의 레이캬비크에도 아주 잘 들어맞는다. "그들은 항상 함께 살고 일했다. 모든 혁신, 새로운 트렌드는 즉시 널리 알려져서 다른 사람들의 작업에 자유로이 통합될 수 있었다." 다시 말해서 1900년의 파리 예술가들은 오픈소스 소프트웨어의 가치를 신봉했다는 뜻이다. 아이슬란드인들도 마찬가지다. 물론 그들도 경쟁을 한다. 하지만 그들의 경쟁은 경쟁이라는 단어의 원래 의미 그대로다. 경쟁을 뜻하는 단어 'compete'의 어원은 라틴어의 'competure'인데, 이 단어는 '함께 구하다'라는 뜻이다.

그래, 내가 퍼즐 한 조각을 더 찾아낸 것 같다. 최소한의 시기심. 그래도 여전히 뭔가 빠진 것 같은 느낌이 들었다. 파리똥처럼 자그마한 이 나라의 인구에서 예술가와 작가의 비율이 다른 나라보다 더높은 이유가 도대체 무엇일까?

"실패 때문입니다." 라루스가 안경을 콧등 위로 세게 밀어 올리면서 말한다.

"실패라고요?"

"예, 아이슬란드에서는 실패가 낙인이 되지 않습니다. 사실 어떤의미에서는 실패를 오히려 찬양하죠."

"실패를 찬양한다고요? 그건 좀……터무니없는 소리 같은데요.실패를 찬양하는 사람이 어디 있어요?"

"그럼 표현을 좀 바꾸죠. 우리는, 누구보다 착하기 때문에 실패한사람들을 좋아합니다. 그 사람들이 실패한 건 냉혹하지 못한 성격때문일 수도 있잖아요."

이 말은 생각할수록 말이 되는 것 같았다. 실패해도 괜찮다면, 자유로이 새로운 시도를 할 수 있다. 우리 미국인들도 스스로 실패를 포용한다고 생각한다. 어느 정도까지는 맞는 말이다. 우리는 훌륭한 실패담을 사랑한다. 그 이야기의 결말이 성공으로 끝나기만 한다면. 몇 번이나 실패를 겪은 뒤 눈부신 아이디어로 대박을 터뜨린 기업가의 이야기, 출판사에서 몇 번이나 퇴짜를 맞은 적이 있는 베스트셀러 작가의 이야기. 이런 이야기에서 실패는 성공의 맛을 더 달콤하게 해주는 역할을 할 뿐이다. 애피타이저처럼. 하지만 아이슬란드 사람들에게 실패는 메인 코스다.

라루스는 10대들이 자기들끼리 밴드를 만들어 활동할 때 부모들이 전적으로 지원해주는 게 아이슬란드에서는 지극히 일상적인 일이라고 말한다. 이 아이들은 성공을 바라고 밴드 활동을 하는 게 아니다. 시도하는 것 자체가 중요하다. 게다가 실패하더라도 언제든 다시 시작할 수 있다. 유럽식의 사회복지제도 덕분에. 이 나라는 비록 종교적인 의미와는 조금 다르지만, 어쨌든 거듭난 사람들의 나라다.

심리학자인 미하이 칙센트미하이는 《몰입》이라는 저서에서 "우리의 기분을 결정하는 것은 우리가 실제로 갖고 있는 재주가 아니라 우리가 갖고 있다고 생각하는 재주"라고 썼다. 이 문장을 처음 접했을 때 나는 네다섯 번이나 다시 읽어보았다. 틀림없이 실수로 단어가 잘못 인쇄됐거나, 칙센트미하이가 실수를 저질렀을 거라는 생각이 들었다. 이 문장에서 칙센트미하이는 삶에 관한 망상을 옹호하는 것 같다. 만약 내가 음치면서도 스스로 바이올린 연주자라고 생각한다면, 나 자신을 속이는 짓이 아닌가? 하지만 칙센트미하이는 그것이 별로 중요하지 않다고 주장한다. 내가 어떤 생각을 하든 몰입을 경험한다는 것이다. 여기서 몰입이란 우리가 어떤 활동에 몰두한 나머지 근심을 잊어버리고 시간 감각마저 잃어버리는 상태를 말한다. 긍정 심리학 운동의 창시자인 마틴 셀리그먼도 행복한 사람들은 자신의 삶에 좋은 일이 실제보다 많았던 것으로 착각한다는 사실을 발견했다. 반면 우울한 사람들은 과거를 정확히 기억하고 있었다. "너 자신을 알라"가 최고의 충고가 아닐 수도 있다는 뜻이다. 이 연구 결과에 따르면, 약간의 자기기만은 행복의 중요한 구성 요소다.

아이슬란드인들에게는 이것이 맞는 말이다. 이 섬에는 사람들에게 어디어디가 부족하다고 지적해주는 사람이 아무도 없기 때문에, 아이슬란드인들은 그냥 마음 내키는 대로 노래도 부르고, 그림도 그리고, 글도 쓴다. 이렇게 자유분방한 태도 때문에 아이슬란드의 예술가들은 엉터리 작품을 많이 만들어낸다. 그러고는 누구보다 먼저 그 사실을 인정한다. 하지만 그 엉터리 작품들이 예술의 세계에서 중요한 역할을 한다. 사실 이 엉터리 작품들은 농사를 지을 때의 거름과 같다. 엉터리들 덕분에 좋은 작품이 자랄 수 있는 것이다. 엉터리가 없으면 좋은 작품이 나올 수 없다. 물론 엉터리 작품이 화랑에 떡하니 걸려 있는 모습을 보고 싶지는 않을 것이다. 동네 식품점의 채소 진열대에 거름이 버티고 있는 걸 보기 싫은 것과 마찬가지다. 그래도 엉터리는 중요하다.

앞날에 겪게 될 어려움에 관해서 아이슬란드인들은 무지하다. 라루스는 이것이 의도적이라고 말한다. "아이슬란드인들은 무지합니다. 그것이 우리의 가장 커다란 강점이죠. 지뢰밭을 걸으면서도 지뢰가 있다는 걸 모르고 그냥 앞으로 나아가는 것과 비슷합니다. 우리나라의 젊은 음악가들과 작가들이 어찌나 순진한지 나도 믿을 수없을 정도입니다. 보고 있으면 놀라움을 금할 수가 없어요."

나는 미소를 짓는다. 라루스는 내가 왜 웃는지 절대 모를 것이다. '순진하다'는 말이 나쁜 뜻이 아닌 다른 뜻으로 쓰인 걸 보고 내가 얼마나 기뻐하고 있는지 절대 모를 것이다.

거의 20년 전에 나도 그 '순진하다'라는 말과 부딪친 적이 있다. 그때 나는 성급한 스물여섯 살의 청년이었다. 나는 대형 언론사에서 일하기를 간절히 바랐다. 물론 《뉴욕타임스》보다 더 큰 언론사는 세상에 없었다. 내가 그 엄청난 신문사에 들어가려고 시도하는 것조차 비현실적인 일이라서 가히 망상이라고 할 만했다. 나는 그 신문사에 들어가는 데 필요한 조건을 갖추지 못했다. 아이비리그 대학에 다니지도 않았고 외국어가 유창하지도 않았다. 인상적인 기사를 쓴 적도 없었다. '인상적인 기사'라는 말이 무슨 뜻인지도 몰랐다. 사실 나는 저 위대한 《뉴욕타임스》는 고사하고 그 어떤 신문사에서도 일해본 적이 없었다.

하지만 내게는 계획이 있었다. 나는 비행기에 대해 알고 있었다. 경비행기 조종사 자격증도 있고, 경비행기에 관한 글을 쓴 적도 있었다. 그래서 나는 《뉴욕타임스》에 항공 분야에 관해 권위 있는 기사를 쓸 사람이 필요하다고 관계자들을 설득했다. 마침 시기가 좋았다. 항공 분야를 담당하던 기자가 은퇴를 앞두고 있었던 것이다.

면접을 보러 오라는 연락이 왔다. 사실 면접을 한 번이 아니라 여러 번 보아야 했다. 면접을 한 번씩 거칠 때마다 면접 장소가 점점 숨막히고 위협적인 곳으로 바뀌었다. 맨 처음에는 뉴욕에 있는 하버드

클럽에서 면접을 봤지만, 마지막에는 《뉴욕타임스》의 지성소, 즉 중역 식당에서 면접을 봤다.

나는 속을 채운 가죽 의자에 뻣뻣하게 앉아서 나의 경외심과 불안감을 감추려고 애썼다. 면접관은 존 리라는 기품 있는 남자였다. 남부 신사다운 그의 매력이 단호하고 가차 없는 태도를 가려주었지만, 그는 내 마음을 편안하게 풀어줄 생각이 전혀 없는 것 같았다. 리는 이런저런 방법을 쓰지 않고, 구식 심문 방식에 의존했다. 노골적으로 상대를 위협하는 방식.

이미 세상을 떠난 백인 남자들이 리의 조력자 역할을 했다. 퓰리처상 수상자들이 근처 벽의 나무 액자 속에서 꾸짖는 듯한 얼굴로 나를 쏘아보고 있었던 것이다. "그래, 자네가 정말로 《뉴욕타임스》에 잘 맞는다고 생각하나?" 그 사람들이 거만한 표정으로 내게 이렇게 묻는 것 같았다. 아니, 잠깐, 그건 내 상상이 아니었다. 존 리가 실제로 내게 그렇게 묻고 있었다.

"그래, 자네가 정말로 《뉴욕타임스》에 잘 맞는다고 생각하나?"

"예, 그렇게 생각합니다." 내가 말했다. 멋지게 자신감을 회복한 것 같다는 생각이 들었다.

리는 남의 말을 곧이곧대로 받아들이는 사람이 아니었다. 그러니 건방지게 자기가 《뉴욕타임스》에 잘 맞는다고 생각하는 스물여섯살의 풋내기(이런 철면피 같으니!)가 하는 말을 곧이곧대로 받아들일 리가 없었다.

그는 당시 세상을 떠들썩하게 만들었던, 스코틀랜드 로커비 상공에서 팬암 103편이 폭탄에 맞아 추락한 사건을 어떻게 취재하겠느냐고 물었다. 나는 뭘 어떻게 취재해야 하는지 아는 게 전혀 없었지만 무조건 아는 척 허세를 부리며 대답했다. 솔직히 그때 내가 뭐라고 대답했는지 지금은 생각도 나지 않는다. 하지만《뉴욕타임스》에 잘 맞는 대답이었던 것 같다. 내가 그 면접을 통과해서 시험 삼아 취재를 해보는 단계로 넘어갔으니 말이다. 나는 착실하게 기사를 써서 제출했지만 그러고는……감감무소식이었다. 3주가 지나도록 저쪽에서는 아무 연락이 없었다.

《뉴욕타임스》에 들어갈 희망을 거의 포기하다시피 한 나는 어느 날 아침 2번 애비뉴를 걷다가 여느 때처럼 신문 판매대에서《뉴욕타임스》를 한 부 집어 들었다.

"이런 세상에." 나는 고함을 질렀다. 길을 걷던 사람들은 내가 무슨 광신도라도 되는 줄 알고 멀찍이 나를 피해 돌아갔다. 내 기사가 거기 있었다. 1면에. 물론 오른쪽 하단에 실려 있을 뿐만 아니라 내 이름도 빠져 있었지만(신문에 이름이 실리려면 정식 기자가 되어야 했다), 그래도 이게 어딘가. 내 기사가 실리다니.《뉴욕타임스》1면에!

짧지만 유난히 파란만장했던 나의《뉴욕타임스》시절은 이렇게 시작됐다. 나는 아직 나이가 젊고 학벌이나 믿을 만한 재주가 없었기 때문에 계약직으로 고용되었다. 일종의 수습 기간이었던 셈이다. 내가 실력을 증명하면 정식 기자가 될 수 있을 거라는 약속이 계약에 은연중에 포함되어 있었다. 나는 미친 듯이 일하면서 1면에 실릴 만한 기사를 발굴해냈다. 항공 관련 기사의 정의를 최대한 확대해서 남아메리카 마약 밀수꾼에 관한 기사도 썼다. 그들이 마약 밀수에 비행기를 사용하니까 내 담당 분야에 속한다며 부장들을 설득한 것이다. 테러리스트에 관한 기사도 썼다. 그들이 비행기를 폭파시켰으니까. 대통령이 비행기를 타고 다닌다는 이유로 미국 대통령에 관한 기사를 쓰겠다는 제안은 즉시 폭탄을 맞았지만, 간부들도 내 근성만 은 인정해주었다.

나는 칸막이로 나뉘진 공간에서 다른 기자 둘과 함께 일했다. 그 중 펑퍼짐한 몸매의 플로이드는 금융시장에 대해 정말로 권위 있는 기사를 썼다. 플로이드는 전화를 할 때 의자에 등을 기대는 습관이 있었기 때문에 나는 구석으로 몸을 피해야 했다. 그 구석 자리에 나 의 또 다른 동료인 커트가 있었다. 커트는 어두운 음모의 세계를 누 비는 민완 기자였다. 커트가 전화기에 대고 "백설 공주가 성안에 있 다"라는 식의 말을 하는 걸 들은 적이 있다. 이건 절대 월트 디즈니 에 관한 이야기가 아니었다. 커트가 그렇게 암호로 말하는 것에 나 는 개의치 않았다. 그 덕분에 우리 셋이 함께 쓰는 공간에 왠지 추리 소설 같은 분위기가 감돌았으니까. 하지만 그가 전화를 하면서 계속 서성거리는 것은 신경에 거슬렸다. 게다가 그는 거의 하루 종일 전 화기에 붙어살다시피 했다. 그의 전화기 선이 가끔 내 목에 감겨서 내 뇌가 그토록 좋아하는 산소를 막아버리는 것도 싫었다.

존 리는 6개월마다 한 번씩 나를 자기 사무실로 불러서 안경을 쓴 채 아래를 내려다보고, 검은 양말을 고쳐 신으며 내가 아주 잘하고 있다고 말해주었다. B 학점쯤, 아니 어쩌면 B+쯤 된다는 것이었다. 하지만 A 학점은 아니었다. 《뉴욕타임스》 사람이라면 반드시 A 학 점을 올려야 하는데 말이다. 그렇게 해서 수습 기간이 또 6개월 늘어 났다. 나는 전보다 두 배로 노력을 기울였다. 언젠가 반드시 정식 기 자가 될 거라는 확신을 안고. 하지만 어느 날 마침내 내 세계가 무너 져 내렸다.

커트가 사색이 돼서 내게 다가왔다.

"왜 그래?" 내가 물었다.

"재채기가 숲속에 있어."

"커트, 그냥 알아듣기 쉽게 말해. 무슨 일이야?"

알고 보니 웬만한 동화보다 훨씬 더 지독한 이야기였다. 매일 열리는 편집회의, 그러니까 부장들이 내일 신문 1면에 어떤 기사를 배치할 것인지 결정하는 회의에서 내 이름이 언급되었다고 했다. 맥스 프랭클 주필은 내 기사를 좋아하지 않았다. 항공관제사들에 관한 소박한 기사였다. 그는 내 기사를 두고 "순진하고 세련된 맛이 없다"라고 단언했다.

기자에게, 특히 《뉴욕타임스》의 기자에게 "순진하고 세련된 맛이 없다"라는 말은 단연코 최악의 비난이다. 차라리 프랭클이 나를 두고 아내를 때리는 녀석이라거나 악마 숭배교 신자라고 했더라면 더 나았을 것이다. 순진하고 세련된 맛이 없다는 말만 아니면 무엇이든 상관없었다.

나는 방사성 물질처럼 불안한 존재였다. 그러니 모든 방사성 물질이 그렇듯이 나 역시 한시라도 빨리 확실하게 처리할 필요가 있었다. 아니나 다를까, 몇 주 뒤에 나는 해고당했다. 아니, 해고당한 게 아니라 쫓겨났다.

이제 그 운명적인 말, "순진하고 세련된 맛이 없다"라는 말을 곰곰이 생각해볼 시간이 아주 많이 생겼다. 세련된 맛이 없다는 말은 그다지 마음에 걸리지 않았다. 솔직히 그 말에 일말의 진실이 들어 있는 것 같기도 했다. 하지만 순진하다? 그건 정말 아팠다.

나는 그 모욕을 잊어버리지 못했다. 지금까지도. 그런데 지금 이 새까만 점 같은 나라에서 라루스와 함께 앉아서 나는 그때의 상처에서 피가 멎는 것을 느낄 수 있었다. 이 나라는 온통 순진한 사람들 천지였다. 그런데도 다들 잘해나가고 있는 것 같았다.

게다가 순진한 게 왜 잘못인가? 크리스토퍼 콜럼버스도 순진하지 않았던가? 간디도 순진하지 않았던가? 1969년의 뉴욕 제츠(미국의 프로 미식축구 팀 - 옮긴이)도 순진하지 않았던가? 이제 나는 결론을 내린다. 순진한 사람들이 지금보다 조금만 더 많아진다면 세상이 훨씬 더 좋아질 거라고.

라루스는 아이슬란드에서는 순진해도 괜찮다고 말한다. 언제든 다시 시작할 수 있으니까. 그도 그랬다. 네 번이나. 우리 미국인들도 미국에서는 무엇이든 가능하다는 점을 자랑스러워한다. 그게 사실이긴 하지만, 우리 시스템은 사람들이 그런 믿음을 갖는 것을 방해하도록 설계되어 있다. 미국에서 직장을 떠난다는 건 건강보험을 포기한다는 뜻이다. 사회적 안전망 없이 일한다는 뜻이다. 하지만 아이슬란드에서는 어떤 사람이 내게 이런 말을 했다. "블랙홀에 떨어지는 걸 걱정할 필요가 없어요. 블랙홀 같은 건 존재하지 않으니까."

사람들이 라루스를 가리켜 통찰력이 깊은 사람이라더니 그 말이 맞는 것 같다. 그에게 물어볼 것이 아직 남았다. 나는 엘프와 난쟁이들, 바위 속에 숨어 산다는 그 종족들에 대해 알고 싶다. 21세기인 지금 아이슬란드 사람들 대부분이 그런 터무니없는 이야기를 여전히 믿고 있다는 말을 들은 적이 있다.

아이슬란드 남부에서 도로 공사를 하던 사람들이 어떤 일을 실제로 겪었다는 얘기도 있다(이 얘기를 나한테 해준 사람들은 한사코 이게 실화라고 주장했다). 그 이야기에 따르면, 공사 현장에서 자꾸만 일이 어긋나곤 했다고 한다. 불도저가 고장 나고, 트럭은 시동이 걸리지 않았다. 누군가 저기 저 바위 속에 숨어 사는 종족의 소행인 것 같다는 의견을 내놓았다. 이 도로 공사가 그 종족에게 거슬리는 모양이에요. 처음에 사람들은 이 말을 무시했다. 하지만 일이 계속 잘못되기만 하자 결국 바위를 빙 둘러서 둥글게 도로를 내기로 했다. 그랬더니 역시나 모든 문제가 사라졌다.

아이슬란드에서 내가 만난 한 여성은 원래 아주 분별 있는 사람인데, 엘프가 있다는 말에는 코웃음을 치더니 순식간에 태도를 바꿔 예전에 유령 때문에 집 안에서 추운 바깥으로 도망친 적이 있다고 말했다("유령의 존재감이 아주 확실하게 느껴졌어요"). 실오라기 하나 걸치지 않은 알몸으로.

나는 라루스에게 에둘러 묻는다. 이런 얘기를 믿느냐고. 라루스는 잠시 침묵하다가 한쪽 눈초리로 짓궂은 미소를 짓더니 안경을 콧등에 꾹 누른다. 두 번이나. 아, 진짜 재미있는 이야기를 하려나 보다.

"내가 그런 얘기를 믿는지는 잘 모르겠지만, 다른 사람들은 확실히 믿습니다. 그리고 그 사람들 덕분에 내 삶이 더 풍요로워졌죠."

이게 대체 무슨 소리인가? 라루스는 스핑크스 흉내를 내고 있었다. 더 이상 비밀을 말해줄 생각이 없었다. 사실 나는 몇 주 동안 자료를 조사하고, 이 사람 저 사람에게 물어보고, 혼자 생각해본 끝에 비로소 그의 말뜻을 이해할 수 있었다. 아이슬란드 사람들은 특별히 종교를 신봉하는 편이 아니라서 종교적인 감정을 신봉하지 않는 편과 그렇게 신봉하지 않는 태도를 신봉하지 않는 편 중간쯤을 차지하고 있다. 이건 정말 소중한 자산이다. 설명할 수 없는 세계와 이어진 문이 항상 살짝 열려 있는 셈이니까. 혹시 모르는 만약의 경우를 대비해서.

나도 그 중간 지대에 가본 적이 있다. 1990년대 초에 뉴델리에서 NPR의 특파원으로 일할 때 있었던 일이다. 어느 날 아침 나는 이상한 소리 때문에 잠에서 깼다. 아니, 사실은 완벽한 적막 때문에 잠에서 깼다고 해야 맞을 것이다. 도저히 설명할 수 없는 깊은 침묵이 내 신경을 건드렸다. 인도에는 많은 특징이 있지만, 적막은 인도와 거리가 멀다. 그런데 그날은 적막했다. 상인들이 채소를 실은 달구지를 밀며 노래하듯 외쳐대는 소리도 없고, 우리 집 요리사가 부엌에서 아침 식사를 준비하느라 달그락거리는 소리도 없었다. 발코니로 나가 보니 어떤 남자가 양철로 된 우유통을 들고 아주 빠르게 걷고 있었다. 인도 사람들은 한가로이 어슬렁거리는 게 정상인데 말이다. "어디 가는 거예요? 다들 어디 있어요?" 내가 그에게 큰 소리로 물었다.

"사원에요, 선생님. 다들 사원에 갔어요. 기적이 일어났거든요."

"무슨 기적요?"

하지만 그 남자는 이미 모퉁이를 돌아서 내 말이 들리지 않는 곳까지 가 있었다.

나의 기자 본능이 발동했다. 인도는 이른바 기적이라는 것이 워낙 많이 일어나는 나라지만, 이번 일은 뭔가 완전히 다른 것 같았다. 나는 녹음기를 들고 사원으로 달려갔다. 100미터쯤 떨어진 곳에서도 사원 밖에 사람들이 구름처럼 모여드는 게 보였다. 자동차를 타고 가던 사람들도 사원 앞에서 차를 멈췄기 때문에 도로 양방향이 모두 꽉 막혀 있었다. 사람들은 내 하얀 얼굴과 마이크를 보고 나를 위해 길을 터주었다. "무슨 일이죠?" 나는 특별히 누구에게랄 것도 없이 질문을 던졌다.

"기적이에요." 어떤 남자가 말했다.

"예, 기적이란 건 알아요. 어떤 기적이죠?"

"신들이, 신들이 우유를 마시고 있어요."

이건 새로웠다. 인도에서 2년간 살면서 나는 갠지스의 신성한 물이 느닷없이 솟아올랐다는 얘기, 병자가 기적적으로 치유되었다는 얘기를 들었다. 하지만 신들이 우유를 마시다니. 혹시 낙농업협회가 새로 고안해낸 영리한 홍보 작전이 아닌가 싶었다. 나는 조금씩 앞으로 나아갔다. 일단 사원 안으로 들어서자 여러 사람이 코끼리 머리를 한 가네샤 신의 신상 옆에 옹기종기 모여서 숟가락으로 우유를 떠서 신상에 붓고 있었다. 과연, 우유는 신상에 닿자마자 증발하듯 사라져버렸다. 나는 이걸 어떻게 해석해야 할지 알 수 없었지만, 어쨌든 모든 걸 녹음한 뒤 나중에 보도를 내보냈다.

그날 저녁 마을이 서서히 정상으로 돌아오고 있을 때, 나는 텔레비전을 켰다. 사리를 입은 여성 앵커가 그날 있었던 일을 보도하고 있었다. 이제 '우유 기적'이라는 이름이 붙은 우리 마을의 사건은 원래 아침에 펀자브의 한 사원에서 시작되었다고 했다. 그 소문이 급속하게 인도 전역으로 퍼져나갔고, 나중에는 영국과 홍콩의 힌두교 사원에까지 퍼졌다. 인도에서는 모든 일상이 멈춰버렸다. 공무원들이 기적을 보려고 모두 자리를 비운 탓이었다. 내가 낮에 본 사람들처럼 기쁨에 들뜬 신자들의 모습이 텔레비전을 가득 채웠다.

화면은 금방 어떤 물리학자와의 인터뷰 장면으로 바뀌었다. 물리학자는 그 '기적'이 사실은 모세관현상이라고 설명했다. 모세관현상 때문에 신상이 우유를 마시는 것처럼 보였다는 것이다. 그건 전혀 기적이 아니라, 고등학교 수준의 간단한 물리 현상이었다. 나중에 나는 '인도합리주의협회'의 창립 회원인 쿠시원트 싱과 인터뷰를 하게 되었다. 싱은 내게 이렇게 말했다. "우리 인도인들이 또 멍청하기 짝이 없는 짓을 한 거죠."

인도 관리들은 이렇게까지 대놓고 말하지는 않았지만, 내가 보기에는 그들 역시 이 '우유 기적'이 나라의 이미지에 어떤 영향을 미칠지 걱정하는 눈치였다. 인도가 이미 핵을 보유한 나라라는 점은 차치하더라도, 주요 경제대국의 반열에 막 올라서려는 참인데 말이다. 나는 그 일에 대해 어떻게 생각했느냐고? 솔직히 잘 모르겠다. 하지만 세월이 흐른 지금 라루스에게 물어보면 그가 뭐라고 할지는 알 수 있을 것 같다. "나는 그런 기적을 믿지 않지만, 다른 사람들은 믿습니다. 그리고 그 사람들 덕분에 내 삶이 더 풍요로워졌죠." 이 절반의 믿음이라는 어중간한 공간은 살기에 그리 나쁘지 않은 곳 같다.

라루스는 이제 가봐야겠다고 말한다. 아주 좋은 소리를 내는 새 밴드가 어쩌고저쩌고하면서. 그는 전화번호를 적어 내게 준다. "내 친구 힐마르의 번호입니다. 꼭, 반드시, 그 친구를 만나보세요. 그 친구는 이교도입니다."

"뭐라고요?"

"이교도요."

내가 바보지. 난 이교도들이 공룡의 전철을 밟아 사라져버린 줄 알았다.

라루스가 일어서는데, 내 머릿속에 떠오르는 질문은 딱 하나뿐이었다. 사람을 만날 때마다 묻는 질문. "그 사람은 행복한가요? 이 이교도라는 분."

"아, 그럼요. 아주 행복하죠."

그래서 며칠 뒤 오후에 나는 행복한 이교도인 힐마르와 마주 앉아 커피를 마시게 되었다.

* * *

나는 그때까지 이교도를 만난 적이 없었다. 그래서 이교도가 어떤 사람인지 몰랐기 때문에 기자들은 취재라고 부르고, 학자들은 연구라고 부르고, 평범한 사람들은 독서라고 부르는 행위를 하기로 했다. 알고 보니 이교는 아이슬란드 사람들이 서기 1000년에 대거 개종하기 전에 원래 믿던 종교였다. 당시 아이슬란드인들이 개종한 것은 주로 사업을 위해서였다고 보는 시각이 우세하다. 사실 아이슬란드인들은 특별히 훌륭한 기독교도였던 적이 없다. 아이슬란드인들은 누가 태어나거나 결혼하거나 죽었을 때 교회에 가지만, 다른 때에는 한 아이슬란드인의 표현처럼 "마음씨 착한 무신론자들"이다.

힐마르에 대해 알수록 점점 흥미가 동한다. 힐마르(그의 성을 발음하는 건 고사하고 감히 글자로 쓰는 것조차 나는 시도할 생각이 없다)는 아이슬란드에서 이교도들을 이끌고 있다. 일종의 드루이드교 수석 사제인 셈이다. 그는 이교도들의 결혼식과 장례식을 집전한다. 힐마르는 결코 평범한 이교도가 아니다. 음악적인 면에도 재능이 있다. 그래서 수십 편의 영화음악을 작곡했으며, 팝스타 비욕의 초창기 스승이었다.

행복한 이교도 힐마르와 나의 첫 번째 접촉은 이메일을 통해 이루어진다. 이 자그마한 아이러니에 웃음이 나온다. 그는 바쁘다며(혹시 인간 제물을 바치느라 바쁜 건지도 모른다) 며칠 동안은 나를 만날 시간이 없다고 말한다.

마침내 약속한 날이 되어 우리는 내가 묵는 호텔 로비에서 만난다. 힐마르가 걸어 들어와 자기소개를 하며 이교도답게 씩씩한 악수를 한다. 그는 제멋대로 헝클어진 수염을 기르고 있으며, 눈은 착하게 생겼다. 목에는 자그마한 은 펜던트를 걸고 있다. 고대 스칸디나비아의 신, 토르의 망치다. 우리는 근처 카페에 앉아 마실 것을 주문한다. 나는 녹차, 그는 카푸치노. 재미있네. 이교도들이 카푸치노를 마시는 줄은 몰랐는데.

힐마르는 수줍음이 많다. 거의 안쓰러울 정도다. 그는 말을 할 때 시선을 내리깔고, 목소리도 거의 들리지 않을 정도로 작다. 나는 그의 말을 들으려고 계속 가까이 몸을 기울인다. 그는 무거운 초록색 외투를 입고 있는데, 나랑 이야기를 끝낼 때까지 끝내 벗지 않는다.

힐마르는 다른 시대에서 온 사람 같다. 나는 이런 사람들을 만나본 적이 있다. 엘리자베스 여왕 시대의 런던이나 20세기 초의 뉴욕 거리에 잘 어울릴 것 같은 사람들. 그들의 외모, 그러니까 예를 들어 팔자수염 같은 것뿐만 아니라 몸짓과 말투도 항상 이 시대와는 어울리지 않는 것처럼 보인다. 내가 보기에 힐마르는 1800년대 초의 사람이다. 그가 고래 기름을 채운 등불 옆에서 음악을 작곡하는 모습이 눈에 선하다.

이미 말했듯이, 힐마르의 삶은 그가 사랑하는 두 가지, 즉 이교와 음악을 중심으로 돌아간다. 이교에 관해 어떻게 물어야 할지 잘 알 수가 없어서 나는 먼저 음악에 대해 묻는다.

힐마르는 여덟 살 때 직업 음악가였던 한 친척의 바이올린 연주를 들었다. 그 친척은 하루에 열 시간씩 바이올린 연습을 했다. 어린 힐마르가 보기에 너무 힘들 것 같았다. 그렇게 열심히 노력하지 않으면서 음악가가 되는 방법은 없어요? 그는 친척에게 물어보았다. 작곡가가 돼라. 이것이 친척의 대답이었다. 그래서 힐마르는 작곡가가 됐다. 지금까지 살아오면서 다른 분야를 기웃거린 적도 있지만, 매번 음악으로 다시 돌아오곤 했다. 머리에서 떠나지 않는 아름다운 음악의 세계로.

힐마르는 장엄한 세계를 추구한다. 자동차를 주차하거나 공공요금을 지불하는 등의 일상적인 일들에는 전혀 흥미가 없다. 그래서 그는 항상 차를 형편없이 주차하고, 공공요금 내는 날을 깜박한다.

나는 힐마르에게 음악을 작곡할 때 기분이 어떠냐고 묻는다.

"작곡할 때는 시간의 흐름을 잊어버려요. 정말 행복한 작업이죠. 자기가 상상도 할 수 없었던 일을 하고 있는 거니까요. 작곡은 나 자신보다 훨씬 더 위대한 작업이에요. 그 일을 통해서 내가 커지는 느낌이에요."

이것은 미하이 칙센트미하이가 정의한, 몰입의 전형적인 증상이다. 행위자와 행동을 구분하는 선이 흐릿해지다 못해 때로는 아예 사라지기도 한다. 무용수는 이미 존재하지 않고, 오로지 춤만 존재한다. 몰입과 행복은 같지 않다. 사실 우리가 자신의 행복을 확인하려고 몰입에서 빠져나오면 두 가지 모두 잃어버린다.

힐마르는 또한 음악을 작곡할 때 자기 뇌의 수학 센터에 불이 붙는다고 말한다. 창조적인 작업을 하다 보면 어느 순간 악보가 수학적인 퍼즐이 된다는 것이다. 나는 개인적으로 수학과 행복을 동일시해본 적이 없지만, 힐마르의 머릿속에서는 이 둘이 서로 연결되어 있는 것 같다.

힐마르는 이교도로 성공을 거뒀지만 야망이 크지는 않다. 오늘 그의 목표는 예전과 똑같다. 자기만의 음악을 작곡하는 것, 좋은 소파를 갖는 것, 좋은 책을 읽는 것. 힐마르는 책을 많이 갖고 있다. 아이슬란드 사람들의 기준으로 봐도 그렇다. 일전에 그가 책을 한 아름 사 들고 집에 돌아왔더니 다섯 살짜리 딸이 그의 눈을 똑바로 바라보며 이렇게 애원하더라고 했다. "아빠, 제발, 제발, 책은 그만 사요!" 힐마르는 자신의 지나친 도서 구입을 비판하는 사람들에게 항상 똑같은 대답을 한다. "다른 사람들이 어떻게 시간을 낭비했는지 연구하는 건 결코 시간 낭비가 아냐."

힐마르는 아이슬란드 사람들이 시를 사랑하는 것에 대해 나름의 의견을 갖고 있다("아이슬란드 사람들이 시로 바꿔놓을 수 없는 건 전혀 없어요"). 라루스와 내가 이야기했던 영웅적 실패에 대해서도 나름의 의견을 갖고 있다. 아이슬란드 사람들이 훌륭한 실패를 사랑하는 건 사실이고, 심지어 '불행의 향유'에 탐닉하기까지 한다는 것이다. 이 말이 무슨 뜻인지 알 것 같다. 불행은 이제 막 썩기 시작한 고기 조각 같다. 특별히 영양가가 많지도 않고, 확실히 맛도 없지만, 그래도 아직 씹을 만은 하다. 그러니 아무것도 없는 것보다는 낫다. 나도 벌써 약 40년째 내 불행을 씹고 있다.

마지막으로 나는 용기를 내서 힐마르에게 이교에 관해 묻는다. 태어날 때부터 이교도였나요, 아니면 중간에 개종했나요?

힐마르가 이교로 개종했다기보다는, 이교가 힐마르에게로 개종했다고 하는 편이 맞을 것 같다. 1970년대 초에 젊은 힐마르는 의미를 찾아 헤매고 있었다. 그러다 우연히 위대한 신화학자인 조지프 캠벨을 만났다. 캠벨은 힐마르를 설득해서 자신의 장래가 과거 속에 있다고 믿게 만들었다. 아이슬란드는 풍부한 신화를 갖고 있으며, 그 신화들은《에다》라는 책 속에 구현되어 있다. 힐마르는 이 말에 홀딱 넘어갔다. 자신의 과거와 교감한다는 말, 진실의 계시나 이런저런 명령이 없는 종교에 관한 이야기가 마음에 들었다. 그는《에다》를 읽고 또 읽었다. 그리고 1000년 동안 죽어 있던 종교를 되살리는 수준까지 나아간 소수의 아이슬란드인들 무리에 합류했다.

힐마르는 몇 가지 분명히 해두고 싶은 것이 있다고 말한다. 고대 바이킹은 강간과 약탈을 자행하지 않았다. 적어도 그 시대의 다른 민족들보다 더 많이 그런 짓을 저지르지는 않았다. 바이킹의 만행에 관한 이야기는 아일랜드계 정착민들이 새로 등장한 바이킹을 깎아내리고 싶어서 지어낸 것이다. 이교는 땅에 대한 사랑, 이곳의 정신을 바탕으로 한 평화로운 종교라고 그는 내게 말한다. 이교에는 신이 많은데,《에다》에는 애꾸눈 거인들이 기적을 일으키는 환상적인 이야기들이 들어 있다.

"힐마르." 내가 말한다. "당신은 분별 있고 합리적인 사람처럼 보이는데, 그런 이야기를 정말로 믿어요?"

힐마르는 잠시 가만히 있다가 입을 연다. 그런데 내가 기대했던 대답이 아니다.

"글쎄요, 좀 혼란스럽게 보일 수도 있지만 누구에게나 믿음이 필요해요. 초월적인 순간을 경험하기 위해서."

정말 믿을 수가 없다. 아이슬란드의 이교를 이끄는 사람이 지금 이 자리에서 내게 그 종교 자체가 '혼란스러울' 수도 있다고 말하고 있는 것이다. 이건 마치 교황이 "뭐, 성경이 그냥 시시한 이야기들의 집합일 수도 있지만, 어쨌든 믿고 매달릴 수는 있잖아"라고 말하는 것과 같다. 힐마르가 지금 바로 그런 말을 하고 있는 것이다. 우리를 행복하게 해주는 건 우리가 믿는 대상이 아니라 믿는 행위 그 자체다. 무엇을 믿든 상관없다.

"그럼 혹시 그동안 나쁜 일을 경험한 적은 없어요? 좌절 같은 것?" 내가 묻는다.

힐마르는 곱슬곱슬한 수염을 긁적이며 잠시 생각에 잠긴다. "예, 아주 못된 직장 상사 때문에 알거지가 돼서 런던의 아파트에서 굶주린 적이 있어요. 하지만 그때는 젊어서 그런 것도 즐거웠죠. 나는 숙명론자 같아요. 행복한 의미의 숙명론자."

힐마르가 시간이 좀 있다고 하기에 우리는 감히 날아다니는 얼음 위를 걸어 서점으로 향한다. 서점 이름은 아주 단순하다. '책.' 이곳은 제멋대로 지식의 신전이다. 책들이 주제나 언어 구분 없이 제멋대로 꽂혀 있다. 아이슬란드어로 된 체스 책이 영어로 된 정원 가꾸기 책과 나란히 꽂혀 있는 식이다.

힐마르는 이 서점의 단골이다. 그는 아무렇게나 흩어져 있는 책들 속에서 내게 보여줄 《에다》를 아주 익숙한 솜씨로 찾기 시작한다. 그것도 그냥 아무 《에다》나 찾는 게 아니다. "형편없는 번역본이 아주 많이 나와 있어요." 그가 내게 주의를 준다. 그러고는 한참 책들을 뒤진 끝에 마침내 좋은 번역본을 찾아낸다.

나는 호텔로 돌아와서 '혼란스러운' 책을 펼치고 읽기 시작한다. 맨 앞에는 제시 비욕이라는 사람이 쓴 서론이 있다. 그는 UCLA에서 아이슬란드와 고대 스칸디나비아에 관해 강의하는 교수다. "그리스와 로마 신화의 신들과는 달리 (고대 스칸디나비아의 신들은) 인간이나 반쯤은 신의 경지에 이른 영웅에 대한 통제권을 놓고 자기들끼리 다

투는 경우가 거의 없다. 불멸의 생명을 즐기지도 않는다. 그들의 우주는 끊임없이 위험에 처하고, 그들의 행동은 미처 예상하지 못한 결과를 낳기 일쑤다."

와, 고대 아이슬란드에서는 신들도 살기가 힘들었다. 불멸의 생명을 즐길 수 없다면, 굳이 신이 될 까닭이 없지 않은가? 그런 상황에서는 신이 되어봤자 아무 의미가 없는데.

나는 계속 책을 읽는다. 좋은 번역본이라는데도 이해하기 어려운 이야기들이 많다. 나는 '현인의 말씀'이라는 장을 찾아낸다. 마음에 든다. 이교판 행운의 쿠키 같다. 여행자들을 위한 조언은 다음과 같다.

널리 여행하는 사람은 재치가 필요하다.
어리석은 자는 집에 가만히 있어야 한다.

주정뱅이들을 위한 조언도 있다.

사람은 술을 마실수록 아는 것이 적어져서
흐리멍덩한 바보가 된다.

하지만 가장 내 마음에 든 보석은 다음의 조언이다.

적당히 현명한 것이 최선이다.
지나치게 꾀바르거나 영리하지 않게.
학문이 깊은 사람이
진심으로 행복한 경우는 드물다.

적당히 현명해진다……. 사람이 지나치게 현명하거나 지나치게 학식이 높을 수도 있다는 생각은 한 번도 해본 적이 없었다. 이교도가 이 교훈을 내게 어떻게 가르치는지 한번 두고 보자.

* * *

나는 쿨투라라는 카페에 앉아 있다. 레이캬비크에 몇 군데 안 되는, 세계 각국의 사람들이 모여드는 장소다. 절충주의적으로 장식된 이곳에서는 에스파냐 출신 웨이터들이 후머스(이집트 콩을 삶아서 만든 중동 음식 - 옮긴이)를 내온다. 국제적인 분위기를 완성시키는 건 바로 내 맞은편에 앉은 젊은이다. 제러드 비블러라는 미국인인 그는 2년 전부터 아이슬란드에 살고 있다.

제러드의 얼굴이 반짝거린다. 그의 표정을 달리 설명할 길이 없다. 그의 입술은 항상 미소를 짓는 것처럼 휘어져 있다. 그는 행복해 보인다. 기분 나쁠 정도로.

"제러드." 나는 단도직입적으로 부딪치기로 한다. "도대체 무엇 때문에 여기 아이슬란드에 살고 있는 거죠?"

제러드가 쿡쿡 웃는다. 그렇지 않아도 웃는 얼굴이 완전한 체셔 고양이 미소로 꽃을 피운다. "살다 보면 생각지도 못했던 곳에서 살게 되기도 하죠." 그가 수수께끼 같은 말을 한다.

제러드 비블러라는 수수께끼 같은 인물을 완전히 이해하려면, 비행에 대해 조금 알아야 한다. 아이슬란드 상공으로는 북대서양 항로가 곧바로 지나간다. 다시 말해서, 사람들이 이를테면 뉴욕과 런던 사이를 오갈 때 아이슬란드 상공을 통과한다는 뜻이다. 뉴욕과 로스앤젤레스를 오가는 사람들이 캔자스 상공을 지나가는 것과 똑같다. 그러니까 아이슬란드는 사람들이 비행기를 타고 지나가는 곳이다.

캔자스 사람들과 마찬가지로 아이슬란드 사람들도 약 10킬로미터 상공에서 남들이 자기를 내려다본다는 사실이 그다지 마음에 들지 않을 것 같다. 하지만 몇 년 전 아이슬란드의 국적 항공사인 아이슬란드에어의 한 중역이 굉장한 아이디어를 내놓았다. 기착지가 되자는 것. 뉴욕과 런던을 오가는 사람들이 추가 비용 없이 며칠 동안 레이캬비크에 머무를 수 있는 프로그램을 아이슬란드에어가 제공하자는 것이었다. 이 프로그램은 돈은 충분하지 않지만 며칠 동안 시간 여유가 있는 여행객들을 주로 유치하는 성과를 거뒀다.

2002년 봄 대학을 갓 졸업하고 보스턴에 살고 있던 제러드는 아이슬란드에어의 이 기착지 프로그램 표를 사서 유럽을 여행하고는 보스턴으로 돌아가는 길에 레이캬비크에서 사흘을 보냈다. 그가 집으로 돌아간 뒤 친구들은 유럽 여행이 어땠느냐고 물었다. 그런데 그가 친구들에게 해줄 수 있는 이야기라고는 아이슬란드 이야기뿐이었다. 제러드는 아이슬란드를 깊이, 미친 듯이, 돌이킬 수 없을 만큼 사랑하고 있었다. 사랑에 빠진 사람들이 대개 그렇듯이, 제러드도 남들이 도저히 참아줄 수 없는 수준이었다. 그는 아이슬란드가 얼마나 굉장한 나라인지 입에 침이 마르도록 끊임없이 이야기를 늘어놓았다. 그래서 친구들은 곧 그에게 유럽 여행에 관해 묻지 않게 되었다.

제러드는 아이슬란드로 반드시 돌아가겠다고 결심했다. 관광을 하러 가는 게 아니라 그곳에서 아예 눌러 살겠다고. 그는 친구의 친구의 친구들에게까지 전화를 걸었다. 혹시 아이슬란드에 아는 사람

있어요? 아무도 없었다. 그러다가 마침내 입질이 왔다. 아이슬란드 상공회의소가 한 소프트웨어 회사와 그를 연결시켜준 것이다. 달랑 두 사람이 운영하고 있던 그 회사는 3인 회사로 확장을 꾀하던 중이었다. 제러드는 면접을 보려고 아이슬란드로 날아갔다. 회사 경영자 두 사람은 제러드를 데리고 점심을 먹으러 갔다. 그들이 간 곳은 한창 인기를 누리던 베가못이라는 식당이었다. 그날은 토요일 오후였는데, 정오의 하늘이 초콜릿처럼 검은색이던 바로 그날 그 자리에서 두 사람은 제러드를 고용하겠다고 말했다.

미국 밖에서 살게 될 거라고는 꿈에도 생각해본 적이 없을뿐더러 바로 얼마 전까지만 해도 아이슬란드가 지도 어디에 붙어 있는지도 몰랐던 제러드 비블러는 이렇게 해서 짐을 꾸려 레이캬비크로 이사했다. 그는 원뿔 모양으로 자른 피타 빵을 후머스에 찍으면서 내게 말한다. "그냥 여기서 사는 게 더 좋을 것 같았어요."

제러드는 내가 미심쩍어한다는 걸 눈치채고 혼자 알아서 자세히 설명하기 시작한다. "지금 우리는 유례없는 이동의 시대에 살고 있잖아요. 자기가 살 곳을 결정하는 건 자신의 삶이 어떻게 펼쳐질지를 직접 결정하는 방법이에요. 자기 자신에게서 도망칠 수도 있어요. 적어도 자신의 과거로부터 도망칠 수는 있죠. 하지만 미국인들은 어딘가로 옮겨갈 생각을 할 때 기껏해야 노스캐롤라이나나 노스다코타를 생각해요. 심지어 캐나다도 생각하지 않아요. 아이슬란드는 물론이고요."

좋아, 우리 모두 짐을 꾸려서 어딘가 먼 곳으로 가고 싶다는 충동을 느낀다는 점은 나도 인정한다. 하지만 먼 곳을 꿈꾸면서 사람들 대부분은 하얀 백사장을 상상한다. 백사장이 아니라면 하다못해 햇빛이라도 밝은 곳을 상상하게 마련이다. 그런데 아이슬란드라니?

"난 그냥 여기가 좋아요."

"그건 알겠는데, 여기의 어떤 점이 좋은 거예요?"

제러드는 깊이 숨을 들이쉬더니 차분하지만 열정적인 태도로 자신이 아이슬란드의 어떤 점을 좋아하는지 내게 말한다. 나는 그 말을 모두 받아쓴다. 말의 속도를 따라가기가 힘들 정도다.

제러드는 땅에서 지열이 만들어낸 황금처럼 뜨거운 물이 솟아오르는 걸 좋아한다. 사람들이 특별한 이유가 없어도 커피나 마시러 오라며 남을 자기 집으로 초대해서, 특별한 화제가 없는데도 몇 시간 동안 수다를 떠는 것도 좋아한다. 아이슬란드 사람들이 애정 담긴 목소리로 자기 나라를 '얼음 덩어리'라고 부르는 모습도 좋아한다. 애써 노력하지 않아도 국회의원 세 명의 이름을 금방 외울 수 있다는 점도 좋아한다. 상쾌한 겨울날 발밑에 밟히는 눈이 천국에서 만든 스티로폼처럼 사박사박 소리를 내는 것도 좋아한다. 12월에 시내 중심부의 쇼핑가에 늘어서는 성가대도 좋아한다. 강하고 눈부신 그들의 목소리가 밤을 돌려놓는다. 다섯 살짜리 아이들이 새까만 어둠 속에서 혼자 학교까지 걸어가도 안전하다는 사실도 좋아한다. 눈보라가 몰아치는 와중에 수영장에서 수영을 할 때의 마술 같고 초자연적인 느낌도 좋아한다. 차가 눈 속에 갇혀 꼼짝도 할 수 없게 됐을 때 항상 누군가 차를 멈추고 도와준다는 사실도 좋아한다. 비행기가 케플라비크의 국제공항에 내려앉으면 아이슬란드 사람들이 그저 집에 돌아온 게 기뻐서 박수를 치는 것도 좋아한다. 아이슬란드 사람들이 하늘 같은 자부심을 갖고 있으면서도 조금도 오만하지 않은 것도 좋아한다. 그리고 물론 어둠도 좋아한다. 그는 어둠을 그냥 견디는 수준이 아니라 진심으로 좋아한다.

하지만 제러드가 무엇보다도 좋아하는 건 사람을 틀에 가두지 않는 문화, 아니 적어도 사람이 이 틀에서 저 틀로 자유로이 오갈 수 있게 해주는 문화 속에서 사는 것이다. 소프트웨어 회사에 취직한 지 1년 뒤에 그는 금융업으로 직업을 바꿨다. 미국에서 살았더라면, 이렇게 직업을 바꿀 생각은 아예 하지 못했을 것이다. "주위 사람들이 저더러 이랬겠죠. '넌 소프트웨어 쪽 사람이잖아. 네가 금융업에 대해 뭘 안다고 그래?' 하지만 여기 사람들은 그냥 그렇게 옮겨도 괜찮을 거라고 생각해요." 이것도 제러드가 좋아하는 점이다. 무슨 일이 있어도, 삶이 아무리 팍팍하게 보여도, 항상 일이 좋은 쪽으로 풀릴 거라고 생각하는 태도. 사실 일이 잘 풀리는 경우가 대부분이다.

제러드가 아이슬란드의 모든 점을 좋아하는 건 아니다. 나라가 워낙 작아서 숨이 막히기도 하고, 패거리주의에 쉽게 빠져 들 위험도 있다. 여성들은 어찌나 독립적인지 남자가 문을 열어주는 것조차 마다할 정도다. 그래서 그는 미칠 지경이다. 하지만 이런 건 그냥 트집일 뿐이다. 제러드 비블러는 아이슬란드에서 그 어느 때보다 행복하게 살고 있다.

제러드가 그냥 가만히 앉아서 온천의 진흙 목욕을 즐기듯이 아이슬란드 사람들의 행복이 몸을 적시기를 바라는 건 아니다. 그도 노력을 기울였다. 아이슬란드어를 배우고, 아이슬란드 음식을 좋아하게 되었다(썩은 상어는 예외. 그 음식을 좋아하는 법을 배울 수 있는 사람은 없다). 그러고 보니 제러드는 아이슬란드 사람들을 이야기할 때 '그들'이 아니라 '우리'라고 말한다.

다시 말해서 제러드는 '현지화'된 사람의 모든 특징을 내보이고 있다. '현지화'란 자신이 살게 된 나라를 너무 사랑한 나머지 인류학자들이 '참여관찰자'라고 부르는 사람과 참여자 사이의 선을 넘어버린 해외특파원과 외교관, 그리고 그 밖의 이유로 조국을 떠난 사람들을 설명할 때 쓰는 말이다. 현지화된 사람들을 알아보기는 쉽다. 그들은 그 지역 언어를 쓰고, 그 지역 사람들의 기질을 닮는다. 옷도 그 지역의 것을 입는다. 어떤 경우에는 그 지역 풍토병에 면역력을 갖게 되기도 한다. 나는 인도에서 아주 오래 산 덕에 그 나라 수돗물을 마시고도 끄떡없는 영국인을 만난 적이 있다.

'현지화'라는 말은 대개 현지화되지 않은 사람들이 상대를 경멸하듯이 쓰는 말이다. 그렇다. 우리 기자들과 외교관들은 해당 지역 언어를 배우고, 그 지역 음식을 먹고, 지리를 익혀야 한다. 하지만 그것도 어느 정도까지만 그렇다. 항상 직업적인 거리를 유지해야 하는 것이다. 현지화된 사람들은 원래부터 약한 사람, 그러면 안 된다는 걸 알면서도 넘어가 버린 배신자 같은 사람 취급을 받는다. 현지화는 사육제 마지막 날 파티에서 고주망태가 되어 하룻밤을 함께 보낸 아가씨와 결혼하는 것과 같다. 그러니까 우리가 해외에서 보내는 시간 또한 그냥 하룻밤의 일로 생각해야 한다. 그 선을 넘으면 안 된다.

하지만 지난 세월 동안 나는 제러드처럼 자신이 태어난 나라가 아닌 다른 나라에서 더 편안하고 행복해 보이는 사람들을 많이 만났다. 부탄에서 만난 린다 같은 사람. 그녀와 제러드는 난민이다. 억압적인 정권을 피해 도망친 정치적 난민도 아니고, 보수가 좋은 일자리를 찾아 국경을 넘은 경제적 난민도 아니다. 그들은 새로운 땅, 새로운 문화에서 더 행복하다는 이유로 삶의 터전을 옮긴 쾌락의 난민이다. 대개 쾌락의 난민은 깨달음의 순간을 경험한다. 자기가 태어난 나라가 자기와 맞지 않는다는 사실을 추호의 의심도 없이 분명하게 깨닫는 순간.

내 친구 롭은 밤늦은 시간에 몬태나주 빌링스의 트럭 휴게소에서 그런 순간을 경험했다. 영국인인 롭이 아직 젊을 때였다. 그때 그는 배낭여행을 하며 전 세계를 돌아다니고 있었는데, 빌링스에 도착했을 무렵에는 빈털터리가 되어 있었다. 그는 트럭 휴게소 식당에서 밤을 보내고 아침에 대책을 생각해볼 작정이었다.

롭은 커피를 주문했다. 커피를 딱 한 잔 마실 수 있는 돈이 수중에 남아 있었다. 몇 분 뒤 웨이트리스가 커피 주전자를 들고 다가와서 커피 잔을 다시 채워주려고 했다. 롭은 손을 들어 올리며 말했다. "죄송하지만, 돈이 없어요." 웨이트리스는 부드러운 미소를 지으며 딱 한마디를 했다. 그리고 그 한마디가 롭의 인생을 바꿔놓았다. "공짜예요."

공짜, 무한 리필, 무료. 롭에게 이 한마디는 엄청난 의미가 있었다. 통이 크고 후한 사람들. 이것이 미국이다. 커피를 너무 많이 마셔서 머리가 찌릿거리는 상태로 돈 한 푼 없이 빌링스의 그 더러운 트럭 휴게소에 앉아 있던 롭은 갑자기 깨달았다. 자기가 있어야 할 곳을 찾았다고. 의심의 여지가 없었다. 테네시 윌리엄스의 표현을 빌리자면, 여기가 바로 '마음의 고향'이었다.

몇 년 뒤 롭은 보스턴으로 이사했다. 그러고는 곧 NPR에 들어와 내 동료가 되었다. 롭의 말투에는 여전히 영국식 발음이 남아 있지만, 내 귀에는 들리지 않는다. 내 귀에 그는 미국인이다.

사회과학자들은 예전부터 이런 현상을 연구하고 있다. 그들이 '문화적 적합성cultural fit'이라고 부르는 이 현상은 행복에 대해 많은 것을 설명해준다. 사람과 마찬가지로 문화에도 나름의 성격이 있다. 예를 들어, 집단적인 문화가 있는가 하면 개인적인 문화가 있는 식이다. 일본처럼 유교의 영향을 받은 여러 나라의 집단적인 문화는 개인의 행복보다 사회적인 조화를 더 중시한다. 미국 같은 개인주의 문화권은 집단의 조화보다 개인의 만족감을 더 중시한다. 그래서 일본에는 "튀어나온 말뚝이 얻어맞는다"라는 유명한 속담(우리나라의 "모난 돌이 정 맞는다"와 같은 뜻 - 옮긴이)이 있고, 미국에서는 튀어나온 말뚝이 승진을 하거나 〈아메리칸 아이돌〉에 출연하게 되는 것이다. 미국은 삐죽삐죽 튀어나온 말뚝들의 나라다.

일본 대학생과 미국 대학생의 성격을 조사한 연구가 있었다. 이 연구에 참여한 학자들은 우선 학생 개개인의 행동이 개인주의적인지 집단주의적인지 파악했다. 그들이 '개인적 성취' 같은 표현을 중시하는가, 아니면 '집단적 조화' 같은 표현을 중시하는가? 그다음으로 학자들은 학생들의 행복도, 즉 주관적인 복지를 측정했다. 개인주의 성향(즉 미국적 성향)을 지닌 일본 학생들은 집단주의적인 성격을 지닌 학생들보다 덜 행복했다. 다시 말해서 문화적 적합성이 뛰어난 사람이 그렇지 않은 사람보다 더 행복하다는 뜻이었다.

이 정보를 어떻게 이용하면 될까? 직업 적성 테스트를 실시하듯이 고등학생들에게 문화 적성 테스트를 실시해야 할까? 그러면 학교 상담 교사가 학부모에게 이런 전화를 하게 될 것이다. "안녕하세요, 윌리엄스 부인. 댁의 아드님 조니의 적성 테스트 결과를 보니 알바니아에 꼭 맞는 성격이네요. 알바니아에 가면 지금보다 훨씬 더 행복해질 거예요. 저녁 7시에 떠나는 비행기가 있는데, 제가 대신 예약해드릴까요?"

물론 안 될 말이다. 우리가 꼭 문화적으로 적합한 곳에서만 살아야 한다는 법은 없으니까 말이다. 게다가 모든 사회에는 문화적으로 부적합한 사람들이 필요하다. 위대한 예술과 과학을 만들어내는 것이 바로 그런 사람들이다. 자기가 태어난 문화로부터 완전히 소외되지는 않았을망정 부분적으로 소외된 사람들. 독일계 유대인인 아인슈타인도 문화적으로 부적합한 사람이었다. 그가 행복했든 아니든, 우리는 모두 아인슈타인의 연구 덕을 보고 있다.

나는 또 다른 카페에서 마지막으로 제러드를 만났다. 금요일 오후 4시였다. 나는 맥주를, 제러드는 카푸치노를 주문했다. 그는 머리를 맑게 유지해야 한다고 했다. 동료들과 함께 스키를 타려고 북극권 언저리까지 차를 몰고 갈 예정이기 때문에. 하지만 그는 전혀 서두르지 않았다. 우리의 대화는 편안하게 술술 풀려나갔다. 밖에서는 하늘이 칠흑처럼 새까맣게 어두워져 있었다. "잘 모르겠어요." 제러드가 카푸치노 잔을 뚫어지게 들여다보며 말했다. 마치 소용돌이 모양의 거품과 에스프레소가 삶의 모든 수수께끼에 대한 답을 쥐고 있기라도 한 것 같았다. "그냥 여기서 살면 행복할 것 같았어요."

* * *

나는 점점 이 어둠이라는 녀석에게 다가가기 시작한다. 아직 어둠을 끌어안는 단계는 아니지만, 어둠과 내가 조금씩 가까워지고 있다. 추위에도 나름의 장점이 있다. 추위가 없다면, 우리는 아늑함을 모를 것이다. 나는 마이애미에 살면서 이 점을 터득했다. 마이애미에서는 건전한 운전 습관과 마찬가지로 아늑함 또한 쉽사리 볼 수 없다. 어둠 속에서는 자신이 하루를 일찍 시작한 것 같은 느낌이 들기 쉽다. 얼마나 멋진가? 정오가 되기 전에 침대에서 일어나기만 한다면 해가 뜨기도 전에 먼저 일어나서 움직이는 것 같은 느낌을 받을 수 있다니. 대개는 주식 중개인이나 도넛을 만들어 파는 사람들만 그런 느낌을 맛볼 수 있는데 말이다.

어쩌면 나도 아이슬란드인처럼 변해가고 있는 건지도 모른다. 뭐, 완전한 아이슬란드인은 아니지만. 지금도 내가 제대로 발음할 수 있는 아이슬란드어 단어는 두 개밖에 안 된다. 그래도 이 나라의 깊고 깊은 아늑함을 제대로 느낄 수는 있게 되었다. 지도 가장자리에서 떨어졌는데도 이상하게 여전히 우주의 중심에 있는 것 같은 느낌이다. 길을 걷다 보면 아는 사람들과 우연히 마주친다. 이 나라 사람들과 똑같이.

나는 카피타르에 있다. 내가 가장 좋아하는 카페다. 이 집의 벽이 파란색, 빨간색 등 부드러운 원색으로 칠해져 있는 게 마음에 든다. 바리스타들이 노래하는 것 같은 목소리로 라테나 카푸치노가 다 만들어졌다고 소리를 질러대는 것도 마음에 든다.

전에 만난 적이 있는 아이슬란드인 예술가 라그나르가 다른 테이블에서 킬킬 웃어대는 소리가 들린다. 라그나르는 밝은 색 스카프를 목에 두르고 있다. 한 손으로는 손가락을 튕기고 다른 손으로는 손짓을 한다. 그런데 뭔가 이상하다. 뭐가 이상한지 콕 집어서 말할 수는 없지만. 그러다 갑자기 깨달음이 온다. 라그나르가 지금 행복하다는 사실, 라그나르는 예술가라는 사실. 이 두 가지 사실은 대개 동시에 나타나지 않는다. 진짜 예술가는 원래 고통을 겪어야 하며, 고통은 일반적으로 행복한 상태가 아니다.

불행한 예술가라는 고정관념은 오랫동안 끈질기게 살아남았다. 바이런이나 셸리 같은 19세기 영국 시인들은 요절했다. 최근에는 지미 헨드릭스나 커트 코베인 같은 가수들이 이 고정관념을 널리 퍼뜨리는 데 힘을 보탰다.

아이슬란드는 이 어리석은 고정관념을 단번에 몰아낸다. 나는 수십 명의 예술가들을 만났는데 그들은 모두 대체로 행복했다. 힐마르에게 행복하냐고 물었을 때 그가 한 말이 생각난다. "예, 하지만 나는 우울한 기분을 소중하게 생각합니다."

햇볕에 탄 펭귄 마그누스도 아주 비슷한 말을 했다.

"약간의 우울증을 잘 보살피면, 그 덕분에 살아 있다는 느낌이 들어요. 자신을 뚝 꺾어버리면, 삶이 얼마나 연약한지, 자신은 또 얼마나 연약한지에 관해 안도감이 들죠."

"그럼 우울증을 앓으면서도 행복해질 수 있단 말이에요?"

"당연하죠!"

현대의 사회과학은 햇볕에 탄 펭귄의 말이 옳다는 걸 확인해준다. 심리학자 노먼 브래드번은 《심리적 복지의 구조》라는 책에서 행복과 불행이 우리 생각과는 달리 반대개념이 아니라고 말한다. 행복과 불행은 동전의 양면이 아니라, 아예 다른 동전이라는 것이다. 다시 말해서 행복한 사람이 가끔 발작처럼 불행을 느끼는 것도 가능하고 불행한 사람이 커다란 기쁨의 순간을 경험하는 것도 가능하다는 얘기다. 그런데 이곳 아이슬란드에서는 행복과 슬픔을 동시에 경험하는 것조차 가능한 것 같다.

* * *

심오함이란 웃기는 녀석이다. 심오할 거라고 사람들이 기대하는 장소, 그러니까 이를테면 아이비리그 대학 같은 곳에서는 가끔 심오함을 찾아볼 수 없는 반면, 전혀 뜻밖의 장소에서 심오함이 정곡을 찌르기도 한다.

나는 아이슬란드에서 마지막 밤을 보내고 있다. 반드시 늦게까지 자지 않고 버티면서 주말을 맞아 사람들이 코가 비뚤어지도록 술을 마시고 흥청거리는 모습을 보고야 말 생각이다. 나는 제러드가 추천해준 술집으로 간다. 저녁 9시. 손님이 몇 명밖에 안 되는데도 술집 안에는 이미 연기가 자욱하다. 이렇게 연기가 자욱한 곳은 본 적이 없는 것 같다. 실제로 불이 붙은 방이라면 또 모를까.

나는 블루 오팔 한 잔을 주문한다. 이곳에서 인기를 끌고 있는 블루 오팔은 훨씬 더 인기가 많은 사탕을 원료로 만든 술이다. 기침이 날 때 먹는 화한 느낌의 홀스 사탕을 밤새 보드카에 절인 것 같은 맛이 난다.

연기가 자욱한 이 술집의 분위기 때문인지 아니면 보드카에 절인 사탕 때문인지 니체가 생각난다. 대개 니체를 생각하면 나는 머리부터 아파오는 사람이다. 하지만 니체의 말 한마디가 자꾸만 부글거리며 의식의 표면으로 떠오른다. 온천물처럼. 니체는 고통을 가치 있는 것으로 얼마나 잘 변화시키는지가 사회를 판단하는 기준이 된다고 말했다. 고통을 잘 피하는 요령이 기준이 되는 것이 아니다. 마음의 고통이 심했던 니체(말년에 그는 정신병에 걸렸다)는 고통을 피하는 것이 불가능하다는 걸 알고 있었다. 그래서 고통을 변화시키는 요령이 기준이 된다고 말한 것이다. 아이슬란드 사람들은 이 요상한 달나라 같은 땅에서 훌륭하게 살아남았을 뿐만 아니라 고통을 가치 있는 것으로 바꾸는 데에도 성공했다. 심지어 행복해지기까지 했다.

나는 사라라는 여자를 만난다. 적어도 내가 보기에는 여자인 것 같다. 그녀가 내게 한 첫마디는 이랬다. "사람들은 항상 나를 남자나 레즈비언으로 착각해요." 외양적으로 무슨 소리인지 알 것 같다.

사라는 자기가 '햇볕형 인간'이 아니라고 말한다. 그녀가 가장 좋아하는 일 중에는 새벽 6시에 수영하기가 있다. 특히 아주 추운 날 새벽에 김이 피어오르는 물속에서 수영하는 걸 좋아한다. "눈이 오면 더 좋아요." 그녀가 말한다. 사라는 미국인 관광객과 정신병자의 말투를 짓궂게 흉내 낸다. 그녀는 여름에 국립공원에서 일하기 때문에 미국 관광객들을 자주 접하는 편이고, 현재 직장이 정신병동이기 때문에 정신병자도 많이 만난다. 나는 사라가 마음에 든다.

우리 대화는 당연히 행복으로 흐른다. 내가 지금 취재하고 있는 주제를 말해주면, 사람들은 한결같이 두 가지 질문을 던진다. 행복을 어떻게 측정하죠? 아니, 행복을 정의할 수는 있어요?

"나도 잘 몰라요." 내가 대답한다. "당신이라면 행복을 어떻게 정의하겠어요?"

사라는 잠시 생각을 해보고는 이렇게 말한다. "행복은 마음의 상태이자, 그런 상태에 도달하려는 노력이에요."

아리스토텔레스도 대충 비슷한 말을 했다. 물론 남자 같은 여자들이 드나드는 아이슬란드의 연기 자욱한 술집에서 그런 말을 한 것은 아니다. 행복이라는 목표를 추구하는 방식도 최소한 그 목표 자체만큼 중요하다. 어쩌면 더 중요할 수도 있다. 사실 이 둘은 같다. 수단이자 목적이다. 착하게 살다 보면 반드시 행복해진다.

나는 안으로 들어오는 수많은 사람 사이를 헤치며 술집을 나선다.

새벽 4시 30분. 아침이 되려면 아직 멀었다. 나는 휘청휘청 집으로 돌아와 그대로 침대에 쓰러진다. 지금 이 순간만은 어둠이 고맙다.

*   *   *

최근 나는 멕시코 맥주인 도스 에퀴스의 훌륭한 광고를 우연히 보게 되었다. 50대 후반의 남자가 시가를 손에 들고 대략 헤밍웨이를 연상시키는 포즈를 취하고 있는 사진이었다. 그의 양편에서는 젊은 여자 둘이서 동경의 눈빛으로 그를 바라보고 있다(아, 물론 맥주도 몇 병 있다). 남자의 눈빛을 보면, '내가 인생에 대해 뭘 좀 알지' 하고 말하는 듯하다. 그 밑에 적힌 광고 문구는 이렇다. "지루함도 선택이다. 부드러운 살사와 주름 잡힌 군복이 저절로 생기지는 않는다."

행복도 마찬가지다. 유전적 요인이니 공동체적 유대감이니 상대적 소득이니 하는 것들을 모두 빼버리면, 행복도 선택이 된다. 쉬운 선택도 아니고, 항상 바람직한 선택도 아니지만 선택인 건 맞다.

잔혹한 기후와 철저한 고립 앞에서 아이슬란드인들은 절망 때문에 술독에 빠져 사는 삶을 쉽사리 선택할 수도 있었다. 러시아인들은 그랬다. 하지만 이 바이킹의 강인한 아들딸들은 정오의 하늘에서 꿈쩍도 하지 않는 검은 어둠 속을 들여다보며 다른 삶을 선택했다. 행복하게 술독에 빠지는 삶. 내가 보기에 그건 현명한 선택이다. 사실 어둠 속에서 달리 할 일이 뭐가 있겠는가?

6
몰도바

행복은 여기 아닌 다른 곳에 있는 것이다

"몰도바에는 내가 그리워할 만한 것이 하나도 없다.
전혀. 아니, 꼭 그렇지만은 않다. 나는 루바와 꽃무늬가 그려진
그녀의 실내복을 그리워할 것이다. 그녀는 좋은 사람이다."

너무 행복한 사람들만 봐서 그런지 이제 질리기 시작한다. 독일의 철학자이자 나처럼 불평불만이 많았던 쇼펜하우어는 이런 말을 했다. "사람들은 자기가 불행하다고 생각하기 때문에 남이 행복해 보이는 꼴을 참고 보지 못한다."

맞는 말이다. 지금 나한테 필요한 것, 내 기분을 북돋워줄 수 있는 것은 불행한 곳을 여행하는 것이다. 상대적인 행복의 법칙에 따르면, 불행한 곳이 내 기분을 한껏 띄워줄 것이다. 내가 아직 불행의 밑바닥까지 떨어지지는 않았음을 깨닫게 될 테니까 말이다.

그런 곳에서 행복의 본질에 대한 소중한 통찰력을 얻을 수도 있다. 우리는 반대의 것을 보고 어떤 사물의 본질을 깨닫곤 한다. 차가움이 없다면 뜨거움도 무의미하다. 배리 매닐로(부드럽고 감미로운 노래를 주로 부르는 미국의 가수 - 옮긴이)가 존재하기 때문에 모차르트도 한층 돋보인다. 따라서 행복한 곳이 행복해진 것도 어느 정도는 불행한 곳 덕분이다.

그래, 지구의 뒤편에 가봐야 할 필요가 있다. 약간 우울하고 약간 절망스러운 정도가 아니라 진정으로 심히 비참한 곳으로. 하지만 그런 곳이 어디지?

이라크가 곧장 머리에 떠오른다. 우리 집 텔레비전에서 매일 볼 수 있는 대량 살육 장면이 증명하듯이, 이라크는 확실히 불행한 곳이다. 하지만 이라크의 불행은 행복의 본질보다는 전쟁의 본질을 더 많이 보여준다. 나는 세계 행복 데이터베이스에서 메모한 자료를 뒤진다. 어디 보자. 아프리카의 몇몇 나라들은 확실히 비참하다고 할 만하다. 그래서 짐바브웨로 가는 다음 비행기를 잡아탈까 잠시 생각해본다. 하지만 아프리카의 불행 또한 쉽게 진단할 수 있다. 비록 해결책을 찾기는 그리 쉽지 않을지도 모르지만.

그때 머리에 떠오르는 나라가 있다. 몰도바. 그렇지. 루트 벤호벤의 자료에 따르면, 구소련 공화국인 몰도바는 지구상에서 가장 덜 행복한 나라다. 심지어 몰도바라는 이름조차 우울하게 들린다. 몰도오오바. 여러분도 한번 해보면 턱이 반사적으로 아래로 처지면서 어깨가 움츠러든다는 것을 알게 될 것이다. 이요르처럼('자메이카'는 정반대다. 이 나라 이름을 말할 때는 반드시 미소를 지을 수밖에 없다). 심지어 '몰도바'라는 단어를 '포괄적인 불안감'이라는 뜻으로 쓸 수도 있을 것 같다.

"오늘 어때, 조?"

"별로야. 조금 몰도오오바스러워."

"저런, 기운 내."

그래, 몰도바야말로 지금 내 기운을 북돋워줄 약이다.

세상에서 가장 행복하지 않은 곳에 갈 때는 어떻게 짐을 꾸려야 할까? 우울한 러시아 소설을 몇 권 가져가야 할까(사실 러시아 소설 말고 그런 소설이 있기는 한가)? 혹시 도스토옙스키? 그냥, 뭐, 나도 불행한 사람이라는 걸 보여주기 위해서라도.

하지만 먼저 비자를 받을 때 필요한 사진을 찍어야 한다. 나는 즉석 사진관의 자그마한 의자에 앉아 있다. "웃으세요." 사진사가 말한다. 나는 그대로 얼어붙는다. 어쩌지? 미소 띤 사진이 나한테 이로울까? 기근에 지친 나라에 밀 자루를 들고 가는 것처럼? 아니면 혹시 위험인물처럼 보일까? 뚱한 이민국 관리(뚱하지 않은 이민국 관리도 있나?)가 환하게 웃고 있는 내 사진을 보고는 동료에게 "어이, 보리스, 이리 좀 와봐. 말썽꾼이 나타났어"라고 소리를 지르는 모습이 머리에 떠오른다. 나는 중간을 택한다. 명랑한 표정으로 보일 수도 있고 비열한 표정으로 보일 수도 있는, 중립적이고 어중간한 미소.

그다음으로 해야 할 일은 지도에서 몰도바를 찾는 것이다. 그런데이 일이 생각보다 어렵다. 나는 지도를 몇 번이나 훑어본 뒤에야 간신히 이 나라를 찾아낸다. 몰도바는 루마니아와 우크라이나 사이에 샌드위치처럼 끼어 있다. 루마니아와 우크라이나도 나름대로 상당히 불행한 나라들이다. 불행도 끼리끼리 어울리는 걸 좋아하는 모양이다.

몰도바에 가는 것도 이 나라를 지도에서 찾아내는 일만큼이나 어렵다. 마치 몰도바 사람들이 세상의 구석에 자기들끼리 처박혀서 샐쭉하니 화를 내고 있는 것 같다. "건드리지 좀 마. 우린 안 행복해. 그래도 우린 지금이 좋으니까 꺼져버려!"

하지만 나는 이것이 도와달라는 외침임을 알고 있다. 그래서 포기할 생각이 없다. 어디 보자. 프랑크푸르트에서 출발하는 에어 몰도바가 있다. 하지만 나는 이 비행기를 곧장 머리에서 지워버린다. 심히 불행한 몰도바인 조종사에게 내 목숨을 맡길 생각은 없다. 빈에서 출발하는 오스트리안 에어웨이즈가 있다. 됐다. 오스트리아인들이 게르만족답게 조금 유머 감각이 없는지는 몰라도, 행복 점수는 6.5점으로 괜찮은 편이다. 나는 비행기 표를 예매한다.

자그마한 제트기가 몰도바의 수도인 키시나우에 착륙한다. 오래지 않아 나는 입국 수속을 하려고 줄을 서 있다. 공항은 조그맣다. 국제적인 관문이라기보다는 그레이하운드(미국의 버스회사이자 이 회사가 운행하는 장거리 버스 자체를 지칭-옮긴이) 버스터미널 같은 느낌이다. 나도 모르게 눈에 띄게 드러나는 불행의 징후를 찾는다. 공기 중에 섞여 있나? 아주 높은 곳에 위치한 공항(예를 들면 볼리비아의 라파즈 같은 곳)에 비행기가 착륙하면 곧바로 머리가 어지러워지는 것처럼, 불행한 공항에서도 감정적으로 즉시 반응이 나타날까? 아니, 이곳에 착륙하자마자 내 기분이 우울해진 것 같지는 않다.

아주 기분이 나쁜 것처럼 보이는 여자가 "도착 시 비자 발급"이라고 적힌 카운터 뒤에 앉아 있다. 나는 중립적이고 어중간한 미소를 띠고 찍은 비자 사진을 건넨다. 빳빳한 20달러짜리 지폐 세 장도 함께. 경험상 나라가 엉망일수록 빳빳한 지폐를 특히 강조하는 법이다. 예를 들어, 스위스 사람들은 지폐가 구겨졌든 찢어졌든 상관하지 않는다. 하지만 카불에서 비행기 표를 살 때는 담당 직원이 내가 건넨 100달러짜리 지폐를 꼼꼼히 살펴보았다. 마티스의 작품을 감정하는 사람처럼. 어쩌면 정교한 위조지폐가 아닌지 살펴본 것일 수도 있지만. 그 직원은 내 지폐 중 적어도 절반에 대해 퇴짜를 놓았다. 하나는 살짝 찢어졌다는 이유로, 또 하나는 너무 오래됐다는 이유로, 또 하나는 왠지 이상하다는 이유로.

여자는 내 사진을 보고, 나를 한 번 보고, 다시 사진을 본다. 아, 어떡하지, 내 정체가 탄로 난 건가. 웃을 때 이를 보이지 말았어야 하는 건데. 그런데 갑자기 여자가 내 여권에 도장을 찍더니 나더러 어딘가에 서명을 하라고 한다. 그러고는 "즐거운 시간 보내십시오"라고 말한다. 하지만 진심으로 하는 말 같지는 않다.

이제 나는 공식적으로 몰도바에 입국했다. 세상에서 가장 안 행복한 나라. 묘하게 기분이 들뜬다. 마치 내가 에베레스트산을 오르는 에드먼드 힐러리 경이라도 된 것 같다. 아니, 바다 밑바닥을 향해 내려가는 자크 쿠스토(해저탐험가 - 옮긴이) 같다고 하는 편이 더 정확할 것이다.

나는 나타샤를 찾으려고 사람들을 훑어본다. 나타샤가 공항까지 나를 마중 나와서 자기 할머니 집으로 데려다 주기로 되어 있다. 나는 그곳에 머무를 예정이다. 호텔은 훌륭한 발명품이지만, 한 나라의 영혼을 들여다보기에 이상적인 장소는 아니다. 사실 카타르에서 겪은 일들을 보면 알 수 있듯이, 호텔은 정확히 그 반대의 목적으로 만들어진 곳이다. 우리가 방문한 나라와 편안한 거리를 유지할 수 있게 해주는 곳이라는 뜻이다. 몰도바의 불행을 바닥까지 파헤치려면 이 나라 사람들의 생활을 아주 가까이서 살펴보아야 한다. 진짜 몰도바인과 함께 살아보아야 한다. 나는 Marisha.net에서 바로 이런 서비스를 제공하고 있는 마리샤라는 여자를 찾아냈다. 그녀는 나 같은 여행자들을 나타샤 같은 몰도바인과 연결해주는 일을 한다. 돈이 궁해서(거의 대부분의 몰도바인들이 그렇다) 빳빳한 미국 달러 지폐 몇 장을 받고 남는 방을 기꺼이 빌려주는 몰도바인들. 나는 마리샤와 몇 번 이메일을 주고받았다. 괜한 의심을 사고 싶지 않아서 내 행복 취재에 관해서는 자세히 말하지 않았다. 며칠 뒤 마리샤가 이메일로 답장을 보내왔다. 내가 묵을 아파트를 찾아냈다는 내용이었다. 수도의 중심부에 있고, 진짜 몰도바인이 살고 있었다. 완벽했다.

그런데 나타샤는 도대체 어디 있는 거지? 그녀는 여기 나와서 내 이름이 적힌 판을 들고 있기로 했다. 나는 사람들을 훑어본다. 아무도 없다. 마침내 기껏해야 열아홉 살 정도로 보이는 아가씨가 내게 달려온다. 한 손에 구겨진 마분지를 들고 있다.

"에릭 씨?"

"나타샤?"

"예, 늦어서 미안해요."

"괜찮아요."

나는 나타샤와 함께 그녀가 밖에 대기시켜둔 택시로 걸어간다. 나는 이제야 처음으로 그녀를 제대로 살펴본다. 그녀는 치마 비슷한 것을 입고, 뾰족한 하이힐을 신었으며, 눈 화장이 하도 짙어서 너구리처럼 보인다. 내가 혹시 이상한 집에 묵기로 한 건 아닌지 슬쩍 걱정이 되기 시작한다.

우리는 낡은 메르세데스 벤츠 택시에 올라탄다. 좌석은 다 낡았고, 차 안에서는 정체를 알 수 없는 독한 냄새가 난다. 라디오에서는 러시아 유행가가 쾅쾅 울려나온다. 러시아 유행가는……어떻게 해야 외교적인 표현이 될까? 형편없다. 아주 형편없다. 어찌나 형편없는지 소련이 무너지는 데에 유행가도 일조했을 거라는 생각이 들 정도다. 나는 택시기사에게 소리를 줄여달라고 부탁한다. 그는 내 말대로 한다. 내키지 않는 기색이 역력하다. 시내가 가까워지자 거리에 행인들이 점점 북적거린다. 나타샤 같은 여자들이 많이 보인다. 다들 나타샤처럼 미니보다 짧은 마이크로스커트를 입었고, 너구리 같은 화장을 했다. 세상에, 몰도바 여자들이 이런 건가? 상황이 생각보다 훨씬 더 나쁘다. 하지만 나는 곧 깨닫는다. 이 여자들은 매춘부가 아니다. 그냥 옷을 그렇게 입었을 뿐이다. 그것이 온 나라의 제복이다.

그것만 빼면 시내는 마음에 든다. 거리에는 가로수가 늘어서 있다. 비록 자동차들은 한 번 박박 닦아주어야 할 것 같은 모습이지만 (사람들도 마찬가지다), 눈에 띄게 드러나는 불행의 징후 같은 건 보이지 않는다. 요즘 같은 시각적인 시대에 우리 머리는 눈에 띄는 불행의 징후를 찾는 데 익숙해져 있다. 폭격을 맞은 건물, 총을 멘 10대들, 스모그 같은 것들. 그래서 절망을 뜻하는 이런 분명한 징후가 전혀 보이지 않으면, 우리는 그곳 사람들이 상당히 행복한 모양이라고 생각해버린다. 하지만 불행은 고인 물과 마찬가지로 아주 깊은 곳까지 스며든다.

"여기 사람들이 불행하다고 하던데, 사실이에요?" 내가 나타샤에게 묻는다.

"예, 사실이에요." 나타샤가 말한다. 영어 실력이 그럭저럭 괜찮은 편이다.

"왜요?"

"생활에 필요한 돈이 없거든요." 그녀가 말한다. 그녀는 이것으로 모든 의문이 해결된다고 생각하는 모양이다. 그럼 나는 이제 그냥 집으로 돌아가도 되는 걸까? 생각해보니 재미있다. 얼마 전에 나는 돈이 너무 많아서 주체하지 못하는 나라에 있었는데. 혹시 이 나라와 카타르가 무릎을 맞대고 뭔가 방법을 생각해낼 수는 없을까?

"몰도바에 얼마나 계실 거예요?" 나타샤가 묻는다. 택시기사가 기어를 지나치게 올린다.

"거의 2주 동안." 내가 말한다. 그녀는 고개를 끄덕인다. 감탄한 표정이다. 이 나라를 찾는 사람들 대부분이 그렇게 오래 머무르지는 않는 모양이다.

차가 내 숙소에 도착한다. 전형적인 소련 스타일로 나지막하게 늘어선 아파트 건물이다. 소련 사람들이 만든 건물은 버거킹이 만든 미식가용 음식 같다. 아파트 앞쪽에는 일종의 공원 같은 게 있는데, 아무렇게나 흩어져 있는 낡아빠진 놀이 기구보다 빈 맥주병이 훨씬 더 많이 공원 바닥을 채우고 있다. 아파트 계단 안에도 쓰레기가 있다. 몰도바 젊은이들이 하고 싶은 말을 확실히 써놓은 낙서도 몇 개 있다. '백인의 힘', '체제 따위 엿이나 먹어라' 같은 말들.

나타샤가 앞으로 2주 동안 나의 셋집 주인이 될 자기 할머니에게 나를 소개한다. 루바라는 이름의 이 할머니는 전형적인 이 나라 아줌마다. 몸은 땅딸막하고, 정수리 부분의 머리카락은 불그스름하고, 표정이 사납다. 솔직히 나는 겁이 좀 난다. 그녀가 입고 있는 실내복이 이런 인상을 조금 누그러뜨리기는 한다. 밝은 색깔과 꽃무늬가 불행하게 어우러진 옷이다.

원래 러시아인인 루바는 수십 년 전에 몰도바로 왔다. 러시아의 훌륭한 기질을 퍼뜨리려고 소련 전역으로 흩어졌던 수많은 러시아인 중 하나였다. 인생은 달콤했다. 베를린 장벽이 무너지고, 소련이 무너지고, 루바의 삶까지 무너지기 전에는. 이제 그녀는 끼니를 해결하기 위해 돈을 한 푼이라도 아끼고, 행복을 찾아 헤매고 있다는 정신 나간 미국인에게 남는 방을 빌려줘야 하는 신세가 됐다. 역사의 수레바퀴는 때로 잔인하다.

루바가 아는 영어는 '아니요'와 '50 대 50'이라는 두 마디뿐이다.

'50 대 50'이라는 말을 할 때마다 그녀는 어김없이 손바닥을 시소처럼 흔든다. 루바에게는 모든 것이 50 대 50이다. 동네 시장에서 파는 생선에서부터 몰도바 대통령에 이르기까지 모든 것이. 미하일 고르바초프만 예외다. 예전에 소련의 지도자였으며 소련의 붕괴를 앞당긴 이 남자는 루바의 머릿속에서 50 대 50보다 훨씬 더 낮은 점수를 기록하고 있다.

루바의 영어 실력보다는 내 러시아어 실력이 나은 편이지만, 그 차이라고 해봤자 50보 100보 수준이다. '아니요' 외에도 나는 '예'와 '무슨 말인지 모르겠어요'와 '보드카 한 잔 더요'라고 러시아어로 말할 수 있다. 그러니까 나타샤가 가겠다고 했을 때 내가 얼마나 기겁했을지 짐작이 갈 것이다. 내가 루바와 단둘이서 2주를 보내야 한다는 것이다. 신이여, 저를 도우소서.

루바의 아파트는 흐루쇼프 시절의 모습 그대로인 것 같다. 중앙에 떡하니 놓인 텔레비전 앞에서 루바는 몇 시간씩 죽치고 앉아 러시아의 멜로드라마를 보며 가끔 '쯧쯧' 소리를 내곤 한다. 타이어에서 바람이 빠지는 소리 같다. 그녀는 텔레비전에 나오는 장면이 마음에 들지 않을 때 그런 소리를 내는데, 그런 장면이 많은 모양이다. 아파트 건물에서도 소리가 난다. 삐걱거리는 소리, 뭔가 공사를 하는 소리. 하지만 근처에는 공사장이 전혀 없기 때문에 나는 불안하다. 틀림없이 파이프를 교체하는 소리일 거야. 나는 혼잣말을 한다.

나는 루바에게 전화를 써도 되느냐고 묻는다. 수화기를 귀에 대는 시늉을 하면서. 그녀는 구석의 탁자 위에 있는 검은 물건을 가리킨다. 기계식 전화기다. 이런 걸 써본 게 얼마 만인지 기억도 나지 않는다. 전화기가 너무 무겁고, 다이얼이 너무 느리다. 마치 바람을 거슬러 다이얼을 돌리는 것 같다. 하지만 다이얼의 무게감이 뜻밖에도 만족스럽다. 내 손가락이 구멍에 착착 달라붙고, 번호를 하나 돌릴 때마다 차르르 소리가 나는 것이 좋다. 30분이 걸려 마침내 마지막 숫자까지 다 돌리고 나니 전화를 걸 수 있는 당당한 권리를 내 힘으로 획득한 것 같은 기분이다.

수화기 건너편에서 비탈리의 목소리가 들려온다. 그는 몰도바에 몇 되지 않는 블로거다. 그는 몰도바 사람들의 불행에 대해 뭔가 얘기해줄 수 있는 사람 같았다. 우리는 이튿날 만나기로 한다. 비탈리는 내게 혹시 좋은 식당을 아느냐고 묻는다. 이상한 질문이다. 그는 여기서 평생을 산 사람이고, 나는 몰도바에 온 지 이제 한 시간 정도밖에 안 됐으니 말이다. 나는 이것을 몰도바의 음식에 관한 불길한 징조로 받아들인다. 나중에 누군가 몰도바에서는 주인과 손님의 관계가 뒤바뀌어 있다고 설명해주었다. 주인이 편안함을 느끼게 신경을 써주는 게 손님의 의무라는 것이다. 뒤집힌 친절. 이 나라에는 이것 말고도 독특한 관습이 많다.

나는 손짓 발짓을 동원해서 루바에게 산책을 다녀오겠다고 말한다. 그녀는 내게 열쇠를 주고는 문에 달린 여러 개의 자물쇠를 여는 법을 가르쳐준다. 거리는 상쾌하다. 회색의 소련식 거리치고는. 적어도 여기에는 가로수가 있다. 나는 시내로 가는 버스에 올라탄다. 버스 안은 만원이다. 다들 공허하면서도 왠지 화난 것 같은 표정 그대로 굳어 있다. 나는 이 표정에 '찌푸린 몰도바'라는 이름을 붙였다 ('찌푸린 몰도바'는 '발을 끄는 몰도바'의 가까운 친척이다. 여기 사람들은 발을 질질 끌며 걷는 걸 좋아한다).

몰도바는 소련이라는 제비뽑기에서 짧은 막대를 뽑았다. 사실, 다른 막대들도 그리 긴 편이 아니긴 했다. 러시아 제국이 무너졌을 때, 발트해 국가들은 열렬한 민족주의에 매달렸지만 몰도바에는 그런 것이 없었다. 중앙아시아의 이슬람 국가들은 신앙이나 문화를 지주로 삼았지만 몰도바에는 그런 것도 없었다. 몰도바 사람들이 믿을 것은 자신뿐이었다. 그런데 역시 그것만으로는 부족했던 것 같다.

사방 어디서나 불행이 보인다. 시각장애인의 캐리커처와 똑같이 색안경을 쓰고 지팡이를 짚은 시각장애인 남자가 더듬거리며 거리를 걸어온다. 어떤 할머니는 허리가 어찌나 굽었는지 몸통이 지면과 거의 평행을 이룰 정도다. 뒤에서 흐느끼는 소리가 나기에 돌아보니, 검은 머리의 중년 여자가 울어서 빨개진 눈을 하고 서 있다. 하지만 궁금해진다. 여기가 정말로 이렇게 불행한 걸까, 아니면 내가 사회과학에서 '확증편향'이라고 하는 것에 빠져버린 걸까? 다시 말해서 몰도바가 불행할 거라고 예상했기 때문에 사방에서 불행이 보이는 걸까?

나는 전염병 특별연구소라고 적힌 건물을 지나간다. 금방이라도 쓰러질 것처럼 낡고 더러운 건물이다. 이런 곳에서는 전염병을 치료하기는커녕 오히려 전염병에 걸릴 것 같다. 혹시 그래서 여기가 특별한 게 아닐까? 나는 자그마한 야외 카페에 들르기로 한다. 몰도바인들이 맥주를 마시고 있다. 지금은 오전 11시. 맥주를 마시기에는 조금 이른 것 같은데. 하지만 여기에 온 뒤로 이렇게 행복해 보이는 사람들은 처음이다. 휴대전화 광고판에서 미소를 짓고 있던 모델들을 빼면. 허공에 연기가 자욱하다. 몰도바 사람들은 내일이 없는 사람들처럼 담배를 피워댄다. 어쩌면 이 사람들에게는 정말로 내일이 없는 건지도 모른다.

몰도바는 건국 과정에서 끔찍하게 뒤틀려버린 나라다. 성형수술이 끔찍하게 잘못되었을 때처럼 이 나라의 모습도 전혀 예쁘지 않다. 고개를 돌리고 싶을 정도다. 소련은 몰도바라는 나라를 창조하려고 했으나, 이 나라는 역사상 실제로 존재한 적이 없었다. 적어도 소련 사람들이 생각하던 국가의 형태로는. 몰도바 사람들은 기본적으로 루마니아인이다. 역사적 뿌리도 같고, 언어의 차이도 미국 영어와 영국 영어의 차이 정도다. 예전에 누군가 루마니아어·몰도바어 사전을 출판한 적이 있는데, 그건 사전이라기보다 팸플릿에 더 가까웠다.

물이 반쯤 담긴 잔을 보고 반밖에 없다고 생각하는 사람과 반이나 있다고 생각하는 사람에 관한 진부한 해설은 완전히 틀렸다. 정말로 중요한 건 물이 잔 속으로 흘러 들어가는지 아니면 흘러나오는지 하는 점이다. 몰도바에서는 물이 콸콸 흘러나오고 있다. 소련 시절에 몰도바는 이웃의 루마니아보다 부유했다. 지금은 루마니아인들이 동쪽의 가난한 이웃인 몰도바를 놀림감 취급한다. 소련 시절에 몰도바인들은 소련 내 14개 공화국을 모두 자유로이 여행할 수 있었다. 하지만 지금은 우크라이나를 제외하고는 어딜 가든지 항상 비자를 받아야 한다. 그러니 얼마나 맥이 빠지겠는가. 몰도바 최고의 인기곡은 비틀스의 〈예스터데이〉다. 그럴 만도 하다.

이 나라가 이렇게 될 운명은 아니었다. 1990년대 초에 수억 달러의 해외 원조가 이 나라로 쏟아져 들어왔다. 몰도바가 제2의 룩셈부르크가 될 거라는 얘기도 있었다. 오늘날 몰도바와 룩셈부르크의 공통점이라고는 지도에서 이 나라들을 아무도 찾지 못한다는 점뿐이다.

나는 몰도바 경찰 둘을 지나친다. 몰도바의 모든 남자가 그렇듯이 경찰관도 깡패 같은 분위기를 풍기며, 목욕을 좀 하면 좋을 것처럼 보인다. 또한 대부분의 몰도바 남자들과 달리 경찰관들은 눈에 띄게 통통하다. 국민들은 말랐는데 경찰이 뚱뚱한 건 결코 좋은 징조가 아니다.

나는 서점을 발견하고 한번 들어가 보기로 한다. 서점 안이 어둡다. 또 전기가 나간 모양이다. 하지만 희미한 불빛 속에서도 푸슈킨의 책이 많이 보인다. 몰도바 사람들은 이 러시아 작가를 자랑스러워한다. 그가 19세기에 이곳에서 여러 해 동안 살았기 때문이다. 알렉산드르 푸슈킨은 이 사람들에게 그만큼 애정이 없다. 그는 몰도바의 수도에 대해 "저주받은 도시 키시나우"라며 "네게 욕을 하다 보면 혀가 피로해질 것"이라고 썼다. 푸슈킨이 이처럼 적의를 품은 데에는 그가 원해서 이곳으로 온 게 아니라는 사실이 어느 정도 영향을 미친 것 같다. 그는 몰도바로 추방당했다. 사람이 추방당한 곳에 애정을 품는 경우는 드물다. 그곳이 아무리 사랑스러운 곳이라 해도 그런 법인데, 몰도바는 사랑스럽지도 않다.

나는 길에서 어떤 남자를 지나친다. 목이 굵고 깡패처럼 생긴 남자다. 마피아 조직원이라고 해도 될 것 같다. 그가 내 옆을 지나간 뒤 내가 뒤를 돌아보니 그의 티셔츠 등에 '마피아'라는 말이 찍혀 있다.

* * *

루바의 아파트로 돌아오는 길에 버스가 갑자기 멈춰 선다. 운전기사가 뭐라고 하자(아마 기계적인 문제가 발생한 모양이다) 사람들이 모두

차에서 내리기 시작한다. 나는 쉽사리 체념하는 그들이 놀랍다. 투덜거리는 사람도, 한숨을 내쉬는 사람도 없다. 다들 끽소리도 없다. 몰도바인들이 자신이 처한 상황을 부처처럼 받아들이는 경지에 이르렀다는 결론을 내리고 싶어진다. 하지만 실제로 그런 것 같지는 않다. 이 사람들의 이면에 뭔가 숨어 있는 것 같다.

지금은 긍정 심리학 운동의 거물이 된 마틴 셀리그먼이 젊은 시절이던 1960년대 말에 개를 대상으로 실험을 했다. 그는 개를 우리에 가두고 전기 충격(별로 해롭지는 않다고 했다)을 주었다. 개는 원한다면 우리 안쪽으로 도망쳐서 전기 충격을 피할 수 있었다. 셀리그먼은 시끄러운 소리와 플래시 불빛으로 전기 충격을 가할 것임을 미리 알려주기까지 했다. 그다음에 셀리그먼은 상황을 바꿔서 개가 무슨 짓을 해도 전기 충격을 피할 수 없게 만들었다. 그 뒤에(나지막한 담을 뛰어넘기만 하면) 전기 충격을 쉽게 피할 수 있는 우리로 개를 다시 옮겨놓았더니 놀라운 결과가 나왔다. 개가 전기 충격을 피할 생각을 전혀 하지 않은 것이다. 개는 그냥 가만히 앉아서 전기 충격을 견뎌냈다. 자신이 아무런 희망이 없는 상황에 처했다고 믿도록 학습되었기 때문에 무기력해진 것이다.

나는 고장 난 버스에서 내리면서 이런 생각을 했다. 몰도바인들이 셀리그먼의 개와 같은 걸까? 너무나 많이 두들겨 맞아서(전기 충격을 받아서) 아예 아무 노력도 하지 않게 된 걸까? 이 나라는 무기력을 학습한 사람들의 나라일까?

몰도바인들은 내게 아니라고 한다. 자기들이 느끼는 절망의 원인은 그보다 훨씬 더 단순하다는 것이다. 한마디로 하면, 돈이다. 몰도바인들에게는 돈이 충분하지 않다. 인구 1인당 소득은 연간 880달러에 불과하다. 돈을 벌려면 외국으로 나가야 한다. 일부 몰도바 여성들은 속임수에 빠져 매춘부가 되기도 한다. 심지어 현금을 얻으려고 콩팥 한쪽을 파는 몰도바인들도 있다.

물론 이건 전혀 좋은 상황이 아니다. 나는 몰도바인들이 직면한 경제적 어려움을 깎아내릴 생각이 없다. 하지만 내가 여행을 하면서 배운 것이 있다면, 겉으로 보이는 것만큼 상황이 단순한 경우는 아주 드물다는 점이다. 몰도바보다 가난한데도 더 행복한 나라는 얼마든지 있다. 나이지리아나 방글라데시가 좋은 예다. 문제는 몰도바인들이 자신을 나이지리아인이나 방글라데시인과 비교하지 않는다는 점이다. 그들은 자신을 이탈리아인이나 독일인과 비교한다. 몰도바는 부자 동네에 사는 가난한 사람이다. 이런 처지에서는 결코 행복해질 수 없다.

내가 아파트로 돌아오니 루바가 문간에서 나를 맞이한다. 몇 개나 되는 자물쇠를 여느라 몇 분이나 걸린 다음이다. 나는 손바닥을 벌리고 어깨를 으쓱하며 별일 없었느냐고 '묻는다.' "50 대 50." 그녀가 왼쪽 어깨를 가리키며 말한다. 아마 거기가 아픈 모양이다. 그러고 나서 그녀는 더워죽겠다는 뜻으로 손부채질을 한다. 놀랍다는 생각이 든다. 공통적으로 알고 있는 단어가 여섯 개밖에 안 되고, 그나마 그중 하나는 '보드카'인데도 이렇게 의사소통을 할 수 있다니.

몇 분 뒤 루바가 고개를 한쪽으로 기울이고 그 밑에 손을 갖다 댄다. 그만 자겠다는 뜻이다. 나는 그 기회를 이용해서 액자에 걸려 있거나 벽난로 위에 놓여 있는 사진들을 본다. 이 사진들은 루바의 과거다. 어떤 남자의 사진도 있다. 세상을 떠난 루바의 남편인 것 같다. 멀리서 찍은 사진이다. 너무 멀리서 찍은 것 같다. 나는 그의 얼굴 윤

곽을 알아보려고 눈을 가늘게 뜬다. 그의 머리카락은 반백이고 이목구비는 강인하며 남성적이다. 그는 소련 시절의 기념물처럼 보이는 회색 구조물 앞에 서 있다. 웃는 얼굴은 아니지만, 그렇다고 찡그린 표정이라고 하기에도 좀 뭣하다. 나는 눈을 좀 더 가늘게 뜬다. 그제 야 웃으려다 만 표정이 눈에 들어온다. 거의 알아보기 힘들 정도지만 분명히 그런 표정이다. 나중에 루바는 통역을 동원해서 그 사진이 카자흐스탄에서 찍은 거라고 설명해주었다. 오래전에 그곳에서 산 적이 있다면서. 그의 희미한 미소가 몰도바에서도 살아남았는지 궁금하다.

나는 점점 편안하게 똑같은 하루하루를 보내게 됐다. 아침에 루바가 아침 식사를 만들어준다. 냄새가 강한 몰도바 치즈, 인스턴트커피, 그리고 뭔지 모르지만 죽 같은 게 안에 든 비스킷이 아침 식사다. 식사를 마친 뒤 나는 샤워를 하고 키시나우의 거리로 나가 몰도바의 불행을 조사한다. 며칠도 안 돼서 나는 몰도바 이외의 세상이 존재한다는 사실을 잊었다. 초고속 인터넷과 위성 텔레비전의 시대에 사람이 어떤 장소에 완전히 매몰되어 그곳을 세상의 전부로 인식하게 되다니. 정말 놀랍기 그지없다.

나는 몰도바 포도주 한 병을 사서 아파트로 돌아온다. 몰도바인들은 이 나라의 몇 안 되는 수출 품목 중 하나인 포도주를 자랑스러워한다. 몰도바의 포도 농장과 포도주 전시장을 도는 관광 프로그램도 있다. 사람들은 집에서 만든 포도주를 자랑스레 손님들에게 대접한다. 내가 루바에게 포도주를 한 잔 따라주자 그녀는 꿀꺽꿀꺽 마시더니 1~2초 동안 눈을 감고 있다가 50 대 50이라고 말한다. 그녀는 지금 후하게 인심을 쓰는 중이다. 몰도바 포도주는 원래 50 대 50 수준까지 올라오지 못한다. 아무도 몰도바인들에게 그들이 국가적 보물로 여기는 포도주가 엉터리라고 차마 말하지 못한다는 것이 슬픈 현실이다.

이튿날 나는 근처 레스토랑에서 블로거인 비탈리를 만난다. 이 레스토랑은 정통 몰도바 요리를 내놓는다고 한다. 요리가 어떨지 정말 기대가 된다. 음식은 그 나라의 영혼을 비추는 거울이라고 생각하기 때문이다. 비탈리는 얼굴이 반짝반짝 빛나는 20대 청년이며, 영어 실력이 완벽하다. 교과서를 던져버린 덕분에 영어 실력을 쌓을 수 있었다고 한다. 부루퉁한 웨이터가 우리를 데리고 계단을 내려가 어둡고 곰팡내 나는 지하로 들어간다. 지금은 정오인데 손님이라고는 우리밖에 없다.

그래, 몰도바인들이 왜 불행한 거죠? 내가 단도직입적으로 묻는다. 비탈리는 시간이 얼마나 있느냐고 묻는 듯한 표정으로 나를 바라본다. "우선 트란스니스트리아 문제가 있죠." 그가 말한다.

"항생제로 해결하면 안 되나요?" 내가 묻는다.

그런데 알고 보니 트란스니스트리아는 질병이 아니라 몰도바에서 떨어져 나간 공화국으로, 친러시아 세력의 지배를 받고 있다. 트란스니스트리아 사람들은 코냑과 섬유를 생산한다. 가끔 한 번씩 폭탄이 떨어지면, 더블 양복을 입고 에비앙 생수를 마시는 중재자들이 브뤼셀에서 날아온다. 회의가 열리고 결의안이 채택된다. 그러고 나서 브뤼셀에서 온 사람들이 집으로 돌아간다. 다음번 폭탄이 터질 때까지.

비탈리는 트란스니스트리아 문제 자체가 "말할 필요도 없이 어이없다"라고 단언한다. 나도 같은 생각이다. 나중에 나는 일부 몰도바인들이 트란스니스트리아에 대해 묘한 자부심을 품고 있음을 눈치 챘다. 그 사람들은 마치 이렇게 생각하는 것 같다. "그래, 우리는 낙후되고 엄청 불행한 나라야. 하지만 적어도 우리한테는 분리를 선언한 공화국이 있어. 진짜 나라라면 이런 게 있어야 하는 법이지."

비탈리는 프리랜서로 활동하는 금융자문이다. 그의 고객들은 대부분 외국인이기 때문에 그는 몰도바의 기준으로 보면 돈을 잘 버는 편이다. 한 달에 230달러. 그의 아내도 대략 비슷한 액수를 벌기 때문에 두 사람은 확실히 몰도바의 중산층에 속한다. 두 사람은 흐루쇼프·카 양식의 아파트에서 산다. 흐루쇼프·카는 유엔에서 신발로 탁자를 때린 것으로 유명하며 매력이라고는 별로 없었던 예전 소련 지도자의 이름을 딴 것이다. 이 양식의 아파트는 대량생산된 5층짜리 아파트 단지인데, 각 블록의 길이가 축구장만 하다. 하지만 각각의 아파트는 아주 작다. "원래 잠만 잘 목적으로 지어진 건물이에요. 낮에는 밖에서 일을 하는데 넓은 공간이 왜 필요하냐는 식이었죠." 비탈리가 설명한다.

부루퉁한 웨이터가 주문을 받으러 온다. 비탈리는 국민적인 음식이라는 마마리가를 추천한다. 나는 이 이름이 마음에 든다. 〈세서미 스트리트〉의 등장인물 같다. 안녕, 어린이 여러분, 마마리가한테 '안녕' 하고 인사해요.

비탈리는 몰도바에 관한 흥미로운 사실들을 내게 실컷 이야기해 준다. 예를 들면, 몰도바 대통령이 전직 제빵사였다거나 총리가 전직 제과점 주인이었다는 얘기 같은 것. 두 사람이 힘을 합하면 끝내 주는 출장요리 팀을 만들 수 있겠지만, 정치적으로는 그리 좋은 팀이 아닌 것 같다. 몰도바인들은 자기네 정부를 경멸한다. 물론 혹시 정부를 생각할 때가 있다면 그렇다는 말이다. 몰도바인들에게는 달리 생각할 것이 많다.

비탈리의 가장 큰 불만(그는 불만이 많은 사람이다)은 몰도바의 서비스가 형편없다는 점이다. 그는 이것이 소련 시절의 잔재라고 말한다. 당시 점원들은 손님을 어쩔 수 없는 방해꾼으로 보았기 때문에 아주 적의가 담긴 태도로 한참 동안 손님을 무시하면 결국 손님이 가버릴 거라는 식으로 행동했다. 이런 태도가 지금까지 남아서 비탈리는 미칠 지경이다. 대부분의 몰도바인들과 달리 비탈리는 가만히 참지 않고 맞서 싸운다. 며칠 전만 해도 어떤 슈퍼마켓 지배인에게 직원들 예절 교육 좀 시키라고 고함을 질러댔다. 지배인은 이 말을 곱게 받아들이지 않았다. "우리 직원들은 원래 이래요." 비탈리는 이것이 전형적인 답변이라고 말한다. 몰도바인들은 무엇보다 먼저 방어적인 태도를 취한다면서.

한참이 지났는데 음식이 나오지 않는다. 내 마마리가는 어디 있지?

신뢰, 아니 정확히 말하자면 신뢰 부족이 바로 몰도바가 불행한 이유라고 비탈리가 말한다. 행복과 신뢰의 관계에 관한 학자들의 연구 결과 그대로다. 몰도바인들은 슈퍼마켓에서 자기가 구입하는 물건을 믿지 않는다(상표가 잘못 붙었을지도 몰라). 이웃도 믿지 않는다(저 사람은 부패를 저지르고 있을지도 몰라). 심지어 자기 가족도 믿지 않는다(뭔가 공모하고 있을지도 몰라).

몰도바인들이 불행한 또 다른 이유는? "몰도바에 사는 사람들은 러시아인도 몰도바인도 아니에요. 모두들 우리를 괴롭히고 버렸죠. 우리는 자부심이라는 게 전혀 없어요. 심지어 우리말도 자랑스럽지 않아요. 몰도바 정부의 장관들 중에는 몰도바어를 못하는 사람도 있어요. 그 사람들은 러시아어밖에 하지 못해요. 이런 말을 하기는 정말 싫지만, 몰도바의 문화라는 건 없어요. 그게 사실이에요."

이 말을 듣자마자 카타르가 생각난다. 그곳에도 문화가 없으니까. 하지만 카타르는 입이 딱 벌어질 정도로 돈이 많은 나라다. 몰도바는 찢어지게 가난한 나라다. 모든 면에서 카타르의 형편이 더 낫다. 적어도 그 나라 사람들은 다른 나라의 문화를 잠시 빌려올 여유가 있으니까.

나는 비탈리에게 민주주의에 관해 묻는다. 나도 모르게 반사적으로 스프라이트 음료수 병을 가리키면서. 인공적인 레몬라임 향을 넣은 탄산음료가 자유를 향한 인류의 영원한 탐색을 상징하기라도 하는 것처럼. 몰도바의 민주주의가 완벽함과는 거리가 멀지 몰라도 소련 시절의 전체주의 정권보다는 확실히 낫다. 그러면 행복을 느낄 만하지 않은가?

아뇨. 비탈리는 한 치의 망설임도 없이 대답한다. "소련 시절에는 자유를 생각하는 사람이 하나도 없었어요. 아는 거라고는 공산주의밖에 없었으니까요. 매일 아침 눈을 뜰 때마다 '에이, 자유가 좀 더 있으면 좋을 텐데' 이런 생각을 하는 사람은 없었죠. 자유라는 게 도대체 어디에 필요하겠어요? 적어도 그 시절에는 사람들에게 일자리도 있고 살 곳도 있었어요. 그게 일종의 자유였죠. 그런데 지금은 그것도 없어요."

정치학자들은 오래전부터 민주국가에서 사는 사람들이 다른 형태의 정부 밑에서 사는 사람들보다 더 행복하다고 생각했다. 직관적으로는 말이 되는 이야기였다. 이런 믿음을 뒷받침해주는 데이터도 있었다. 하지만 소련의 붕괴가 모든 걸 바꿔놓았다. 새로 독립한 나라들 대부분이(확실히 전부는 아니다) 준민주주의 형태를 취했다. 하지만 행복도는 높아지지 않았다. 어떤 나라에서는 오히려 낮아지기도 했다. 오늘날 구소련 공화국들은 전체적으로 지구상에서 가장 행복하지 않은 곳이다. 이게 어찌 된 일인가? 인과관계를 신봉하는 늙은 도깨비 같은 정치학자 론 잉글하트는 다음과 같은 결론을 내렸다. 민주주의가 사람을 행복하게 해주는 것이 아니라 행복한 사람들이 민주주의를 수립할 확률이 훨씬 더 높다.

민주주의가 뿌리내리려면 문화적 토양이 비옥해야 한다. 제도는 문화보다 덜 중요하다. 그렇다면 민주주의가 뿌리내리는 데 필요한 문화적 요소는 무엇인가? 신뢰와 관용이다. 자기 집단 내부, 이를테면 가족 내부의 신뢰뿐만 아니라 외부에 대한 신뢰도 중요하다. 이방인을 믿고, 반대 세력을 믿고, 심지어 적도 믿어야 한다. 그래야 다른 사람들을 상대로 도박을 해볼 수 있겠다는 생각이 든다. 민주주의란 결국 거대한 도박이 아니고 무엇인가?

따라서 민주주의 덕분에 스위스인들은 행복하지만 몰도바인들은 그렇지 않다. 스위스에서 민주주의는 부유함이라는 케이크를 덮은 크림이다. 몰도바인들은 아예 케이크가 없기 때문에 크림을 즐기지 못한다.

"그건 그렇다고 쳐요." 내가 지푸라기라도 잡는 심정으로 말한다. "하지만 지금은 이 나라에도 맥도날드가 있잖아요. 그것도 뭔가 의미 있는 일 아닌가요?"

아뇨. 비탈리가 말한다. 그건 아무 의미가 없다고. 맥도날드가 너무 비싸기 때문에 평범한 몰도바인들은 꿈도 꾸지 못한다. 소수의 돈 많은 재벌과 러시아 마피아만이 거기서 식사를 할 수 있다. 그리고 현장학습을 나선 아이들도. 비탈리는 열 살짜리 여동생의 학급이 얼마 전 맥도날드에 갔다고 말한다. 그러면서 거기에 무슨 교육적 의미가 있는지 모르겠다고 한다. 그는 여동생에게 친구들과 함께 카운터 뒤까지 들어가서 햄버거가 어떻게 만들어지는지 보았느냐고 물었다. 동생은 아니라고 했다. 그냥 햄버거만 먹고 나왔다는 것이다. 비탈리는 족벌주의를 의심한다. 학교의 누가 맥도날드 직원과 친척이 아닐까? 몰도바에서 족벌주의는 모든 일에 기본적으로 깔려 있다. 족벌주의를 들먹이면 대부분의 현상을 제대로 설명할 수 있다. 비탈리는 부패가 만연해 있다며 믿을 수 없을 정도라고 말한다. 병원에 간 환자들도 자기 차례를 앞당기려고 병원 직원에게 뇌물을 주는 판국이라는 것이다. "여기서는 청렴하게 살기가 정말로 힘들어요." 그가 말한다.

마침내 마마리가가 나왔다. 나는 요리에 달려든다. 음식이 한 나라의 영혼을 들여다볼 수 있는 창문이라면, 몰도바의 영혼은 밍밍하고 걸쭉하다. 그리고 옥수수도 조금 들어 있는 것 같다.

"어때요?" 비탈리가 묻는다.

"나쁘진 않네요." 나는 거짓말을 한다.

나는 무례하게 보이지 않을 정도로만 마마리가를 먹으면서 그와 조금 더 이야기를 나눈다. 내가 계산을 하고 우리는 자리에서 일어선다.

분주한 거리에서 음침한 행인들 틈에 서서 막 작별 인사를 하려는 순간, 내가 반드시 물어보아야 하는 질문을 깜박했음을 깨닫는다.

"비탈리, 몰도바 사람들의 생활 중에서 마음에 드는 부분은 없어요?"

비탈리는 잠시 생각을 해보더니 이렇게 대답한다. "우린 아직 지나치게 물렁물렁해지지 않았어요. 서구 사람들처럼 말이에요. 서구 사람들에 비하면 우린 기대하는 게 조금 적은 편인데, 내 생각에는 그게 좋은 점 같아요. 아, 과일과 채소도 좋아요."

"과일과 채소요?"

"아주 신선하거든요."

마치 신호를 기다리기라도 했다는 듯이 어떤 여자가 나무딸기와 버찌가 가득 든 플라스틱 양동이를 들고 옆을 지나간다. 그래, 정말로 신선해 보이기는 하는군.

* * *

구소련 공화국들에서 삶을 지탱해주는 중요한 요소가 세 가지 있다. 보드카, 초콜릿, 부패. 내가 아는 사람 중에는 이 세 가지만 가지고 우즈베키스탄에서 2주 동안 살아낸 사람도 있다. 나는 근처 식품점에서 이 세 가지 중 두 가지를 사서 집으로 향한다. 이제는 루바의 아파트가 정말로 집 같다. 나는 초콜릿을 먹고 보드카를 마신다. '완벽한 보드카'라는, 사실과 동떨어진 이름의 보드카다. 루바는 텔레비전 앞에 앉아서 쯧쯧 혀를 차기도 하고 가끔 웃음을 터뜨리기도 한다. 모든 면을 고려해보았을 때, 그건 몰도바에서 저녁 시간을 보내기에 그리 나쁜 방법이 아니다.

이튿날, 나는 Marisha.net의 마리샤와 점심을 같이 먹는다. 그녀는 내가 지금까지 만난 몰도바인 중에서 가장 행복한 사람이다. 어쩌면 얼마 전에 영국 남자와 결혼해서 언제든 이 나라를 떠날 수 있게 됐기 때문인지도 모른다. 그녀의 남편은 원래 고객이었다. 마리샤는 감히 몰도바를 찾아오는 소수의 외국인 관광객을 돕는 일로 생계를 해결하고 있다. 한동안은 신부를 찾아 몰도바로 오는 남자들을 돕기도 했다. 하지만 이제는 아니다. 사랑이 아니라 다른 것을 찾으려고 외국인과 결혼하는 여자들이 너무 많았기 때문이다. 그녀는 그 여자들을 '사기꾼'이라고 불렀다. 그 여자들은 미국이나 영국에 있는 애인에게 편지를 보내 비자를 받으려면 돈이 필요하다거나 아니면 얼마 전에 경품으로 새 차가 한 대 생겼는데 세금을 내려면 몇천 달러가 필요하다고 말하곤 했다. 그러니 돈 좀 보내주실래요? 차가 얼마나 예쁜지 몰라요.

"남자들이 그 말에 넘어가나요?" 내가 마리샤에게 묻는다.

"그런 사람도 있죠." 그녀가 말한다.

나는 한심하고 지저분한 남자가 클리블랜드에서 컴퓨터 앞에 앉아서 얼마 전 수표를 부친 뒤로 왜 올가한테서 연락이 없는 건지 고민하는 모습을 그려본다. 어쩌면 그는 몰도바의 인터넷 서버가 또 먹통이 된 건가 하고 이메일을 한두 번 더 보낼지도 모른다. 자기가 사기꾼한테 당했다는 사실을 그가 깨닫는 데 시간이 얼마나 걸릴까? 일주일? 한 달?

이거면 클리블랜드의 그 남자가 불행한 이유는 설명이 되겠지만, 몰도바인들은 왜 불행한 걸까? 나는 마리샤에게 묻는다. 이 나라 사람들은 왜 이렇게 불행한 거죠? 돈 때문이죠. 그녀가 대답한다. 하지만 돈이 부족하기 때문이라는 뜻은 아니다. "우리는 진짜 가치를 돈의 가치로 대신하고 있어요."

하지만 몇 분 뒤 마리샤는 시 외곽에 건설 중인 몰도바 최초의 초대형 쇼핑센터에 대해 마구 수다를 떤다. 마리샤는 이것이 발전의 증거라고 본다. 나는 그녀에게 외치고 싶다. 아냐! 그러지 마! 당신은 미처 깨닫기도 전에 쇼핑센터에 빠져 죽어버릴 거야. 하지만 나는 하고 싶은 말을 참는다.

점심을 먹은 뒤 우리는 몇 블록을 걷는다. 가로수가 늘어선 쾌적한 거리를 따라 '자연과 민속 박물관'으로 가는 길이다. 박물관은 소련 시절 이후 한 치도 변한 게 없는 듯하다. 거기서 일하는 여자들도 마찬가지다. 그들은 우리가 온 게 짜증스러운 모양이다. 전시품은 아주 기초적인 것들밖에 없는데도 묘하게 정이 간다. 나는 몰도바의 흙을 전시해놓은 게 가장 마음에 든다. 다양한 색조의 흙이 플렉시 유리(창문이나 가구에 쓰이는 유리의 상표명 - 옮긴이)로 만든 커다란 원통 속에 들어 있다. "우리나라에는 광물자원이 없어요. 천연가스도 없고 석유도 없죠. 그래서 몰도바의 보물은 바로 흙이에요." 마리샤가 설명한다. 맞는 말이다. 비탈리가 말했던 것처럼, 몰도바의 흙에서는 아주 신선한 과일과 채소가 자란다. 그러니 포도주도 더 맛있어야 할 것 같은데……

다른 방으로 가보니 거대한 벽화가 있다. 소련이 이상적이라고 보았던 우주의 모습과 그 안에서 인류가 차지한 자리를 그린 그림이다. 소련은 신의 존재를 부정하면서도 영성靈性을 임시변통으로 만들어내려 했다. 천장 전체와 벽의 일부를 뒤덮은 이 벽화에는 온갖 잡동사니 이미지들이 현기증이 날 만큼 정신없이 모여 있다. 처음에 나는 어디에 시선의 초점을 맞춰야 할지 알 수가 없다. 우주선과 고층 건물이 보이는데, 모두 어두운 색조로 가파르게 그려져 있다. 한쪽 벽에는 실오라기 하나 걸치지 않은 젊은 부부가 갓 태어난 아기를 신이 없는 하늘을 향해 들어 올린 모습이 그려져 있다. 몰도바인들이 영적인 면에서 갈피를 잡지 못하고 방황하는 것도 무리가 아니다. 50년이 넘도록 이런 걸 참고 견뎌야 했을 테니 말이다.

나는 박물관에서 새로운 것들을 또 배운다. 몰도바인들이 수백 년 동안 오스만튀르크, 몽골, 타타르, 카자흐족의 침공을 받았다는 사실도 알게 되었다. 물론 침략자 중에는 러시아인도 있다. 하지만 마리샤는 몰도바인들이 불행해진 건 최근의 일이라고 주장한다. "옛날에는 우리도 항상 행복했어요." 그녀는 이렇게 말하지만 나는 왠지 믿음이 가지 않는다.

마리샤와 막 헤어지려는 순간, 물어보고 싶은 게 생각난다.

"마리샤, 이걸 어떻게 물어봐야 할지 잘 모르겠지만, 몰도바 여자들의 옷차림을 봤어요. 아주……."

"섹시하죠."

"예, 왜 그런 거예요?"

"그 사람들은 그게 정상이라고 생각해요."

마리샤가 자신의 생각을 말한다. 수요와 공급이라는 원칙에 단단히 뿌리를 박은 생각이다. 그녀의 주장에 따르면, 일자리를 찾아 해외로 떠난 몰도바 남자들이 워낙 많기 때문에 몰도바 여자들은 희귀 자원이 된 남자들을 놓고 치열한 경쟁을 벌여야 한다. 몰도바 남자들이 외모에 거의 신경을 쓰지 않는 것도 바로 이런 남녀 간의 불균형 때문이다. "남자들은 외모를 가꿀 필요가 없어요." 마리샤가 말한다. "남자들의 임무는 돈을 버는 거예요."

나는 루바의 아파트로 가는 버스를 탄다. 날이 덥다. 운전기사는 셔츠를 완전히 풀어 헤쳐서 털이 무성하고 살이 축 늘어진 가슴을 다 드러내놓고 있다. 자기도 모르게 마리샤의 말을 확인해주고 있는 셈이다.

몰도바 사람들은 절망을 무디게 만들거나 아니면 하다못해 그럴 듯한 이유를 대서 덜 괴롭게 만드는 표현을 많이 만들어냈다. 그중에서도 인기를 끄는 말이 'Ca la Moldova'다. '여긴 몰도바야'라는 뜻이다. 이 말을 할 때 사람들은 대개 손바닥이 위로 오게 양손을 벌리며 푸념하는 말투를 쓴다. 이 말과 더불어 짝을 이루는 표현으로 'Ce sa fac'이라는 것도 있다. '내가 뭘 어쩔 수 있겠어?'라는 뜻이다. 몰도바 사람들은 버스가 또 고장 나거나 집주인이 아무 이유 없이 월세를 또 40달러 올려달라고 할 때 이 두 가지 표현을 사용한다.

하지만 내가 가장 좋아하는 표현은 따로 있다. 이 표현은 이 나라의 상황을 하나로 묶어 자그맣게 포장해서 리본까지 달아주는 것 같다. 'No este problema mea.' 내가 걱정할 문제가 아니라는 뜻이다. 이 나라에는 문제가 이렇게나 많은데, 아무도 그걸 자기 문제로 생각하지 않는다. 아무도 나서지 않는다. 예를 들어, 루바의 아파트 건물에는 새로운 수도 펌프가 꼭 필요하다(건물에서 이상한 소리가 나는 것도 바로 그 때문이다). 루바는 수도 펌프를 새로 들여놓으면 모두에게 이로울 거라며 다른 사람들의 협조를 얻으려 했지만 아무도 나서지 않았다. 이 나라에는 자신뿐만 아니라 다른 사람에게까지 혜택을 주는 일에 기꺼이 돈을 내겠다는 사람이 하나도 없다.

몰도바인들은 이기적인 이타주의의 힘을 알지 못한다. 이 무슨 주일학교 설교 같은 소리냐고 하겠지만, 다른 사람을 도우면 자신도 기분이 좋아진다. 일본 고베 대학의 심리학자들이 증명한 사실이다.

그들은 대학생들을 두 집단으로 나눠서 한 집단에게는 일주일 동안 평소와 똑같이 생활하게 하고, 다른 집단에게는 일주일 동안 자신이 착한 일을 몇 번이나 하는지 숫자를 세게 했다. 그렇다고 일부러 착한 일을 하라고 하지는 않았다. 그냥 숫자를 세라고 했을 뿐이었다. 일주일 뒤 두 번째 집단은 첫 번째 집단에 비해 행복도가 눈에 띄게 높아져 있었다. 학자들은 "일주일 동안 착한 일을 몇 번이나 했는지 세기만 했는데도 사람들은 더 커다란 행복과 감사를 느끼게 되었다"라는 결론을 내렸다.

한편 신경과학자들은 뇌에서 이타주의와 관련된 부위를 찾아냈다고 믿고 있다. 놀랍게도 그 부위는 처음에 생각했던 것보다 더 원시적인 부분에 속해 있다. 식욕과 성욕을 관장하는 바로 그 부분이다. 이것을 보면 우리의 뇌 구조 자체가 이타주의에 맞게 되어 있는 것 같다. 그렇다면 우리가 착한 척 연기를 하는 게 아닌 셈이다.

* * *

"불행보다 더 재미있는 건 없어요." 사뮈엘 베케트의 1막짜리 연극 〈엔드게임〉에서 양다리가 없는 몸으로 쓰레기통에 사는 넬은 이렇게 말한다. 베케트는 틀림없이 몰도바에 와본 적이 없을 것이다. 여기에는 유머가 전혀 없다. 심지어 무의식중에 튀어나오는 농담도 없다. 하지만 몰도바에도 우스갯소리가 적어도 하나는 있다. 그 우스갯소리를 들어보면 몰도바에 대해 많은 것을 알 수 있다.

외국에서 온 고위 인사가 지옥을 둘러보게 되었다. 관광 안내인은 고위 인사를 미국인 방으로 안내했다. 뜨겁게 타오르는 솥단지에서 불꽃이 솟아오르고, 수십 명의 무장 경비원들이 그곳에 잡혀 있는 사람을 감시하고 있었다. "저쪽은 러시아인 방입니다." 이 방에도 불꽃이 솟아오르는 솥단지가 있었지만, 경비원 숫자는 적었다. "이쪽은 몰도바인 방입니다." 여기에도 역시 불꽃이 솟아오르는 솥단지가 있었지만, 경비원은 하나도 없었다.

"이게 어떻게 된 일입니까?" 고위 인사가 말했다. "왜 몰도바인들을 감시하는 경비원이 없는 거죠?"

"아, 경비원은 필요 없습니다." 관광 안내인이 대답했다. "한 사람이 솥단지를 빠져나오면 다른 사람들이 그 사람을 다시 안으로 끌어내리거든요."

행복의 적, 시기심이 몰도바에 만연해 있다. 게다가 이곳 사람들의 시기심은 유난히 해로운 영향을 미친다. 대개 시기심에 동반되게 마련인, 강렬한 야망이 없기 때문이다. 그러니까 몰도바인들은 시기심의 좋은 점은 하나도 맛보지 못하고 나쁜 점만 죄다 안고 있는 꼴이다. 시기심의 좋은 점이란, 사람들이 야망에 불타서 자기가 남보다 더 낫다는 사실을 증명하기 위해 기업을 세우고 건물을 세워 성공하는 것이다. 그런데 몰도바인들은 자기가 성공하는 것보다 이웃이 실패하는 데서 더 기쁨을 느낀다. 이보다 더 불행한 상황이 있을지 상상이 안 간다.

*　*　*

혹시 몰도바인 중에도 불행하지 않은 사람이 있지 않을까 하는 생각이 들기 시작한다. 어쩌면 수도에 사는 사람들만 불행한 건지도 모른다. 아무래도 키시나우 밖으로 나가봐야 할 것 같다.

나는 마리샤에게 전화를 걸어 내 계획을 설명한다. 그녀는 루바에게 내 말을 통역해주며 내가 며칠 동안 집을 비울 거라고 알려준다. 내 목적지는 남쪽으로 멀리 떨어진 카홀이라는 도시다. 이곳에 가려면 루티에라라고 불리는 미니 버스를 여러 번 갈아타야 한다. 루바는 첫 번째 버스를 어디서 타야 하는지 알려주겠다고 나선다. 우리는 아파트를 나와 엘리베이터에 탄다. 나는 엘리베이터 벽의 낙서를 가리킨다. 마치 염색 공장에 폭탄이 떨어지기라도 한 것처럼 온갖 색깔이 상스러운 말과 함께 정신없이 얽혀 있다. 루바는 양팔을 들어 올리며 이렇게 말한다. "페레스트로이카." 그녀는 몰도바의 모든 문제를 이 한마디로 설명한다. 자기 인생이 이렇게 망가진 이유도 그것이다. 길바닥에 구멍이 팬 것? 페레스트로이카. 범죄? 페레스트로이카. 저질 보드카? 페레스트로이카.

우리는 버스 정류장으로 걸어간다. 그러고는 루티에라가 올 때까지 아무 말 없이 가만히 서서 기다린다. 루바가 운전기사에게 러시아어로 뭐라고 말하고, 나는 그녀에게 손을 흔들어 인사한다. 루티에라는 만원이다. 항상 그렇다. 좌석은 이미 꽉 차서 서 있을 자리밖에 없다.

루티에라는 몇 분마다 한 번씩 멈춰 서고, 계속 사람들이 올라탄다. 이 자그마한 승합차에 도대체 사람을 몇 명이나 태우는 건지 믿을 수가 없다. 아무도 불평하지 않는다. 한마디도 없다. 천장이 낮아서 나는 몸을 수그려야 한다. 운전기사의 맨발이 눈에 들어온다. 이것이 마음에 걸린다. 이유는 잘 모르겠지만. 어떤 남자의 땀투성이 겨드랑이가 내 면전에 있다. 이것도 마음에 걸린다. 이번에는 이유를 확실히 안다. 이 만원 버스에 타고 있는 우리는 살아 있는 유기체처럼 정류장에 설 때마다 팽창과 수축을 반복한다. 몇 명이 내리고 나면, 훨씬 더 많은 사람이 올라타기 때문이다. 마침내 자리가 하나 빈다. 나는 행운아가 된 것 같아서 기쁨이 솟아오른다. 미국 최초의 자기계발서 저자인 벤저민 프랭클린은 행복이란 "가끔 다가오는 커다란 행운보다는 매일 일어나는 자그마한 행운에서 생겨난다"라고 썼다. 맞는 말이다.

차가 광고판을 지나간다. 플라스마 스크린 텔레비전 광고가 걸려 있다. "LG : 인생은 좋은 것." 몇 마디 안 되는 이 말 속에 수많은 아이러니가 들어 있다. 우선 몰도바에서 인생은 좋은 것이 아니다. 또한 이 승합차에 탄 사람들 중에는 저 플라스마 스크린 텔레비전을 꿈이라도 꿀 수 있는 사람이 하나도 없다. 나만 빼고. 하지만 나는 거실에 저런 텔레비전을 들여놓을 생각이 없다. 저 광고판, 아니 소비 문화 전체가 몰도바인들을 비웃고 있다. 대부분의 몰도바인들에게 광고 속의 상품들은 영원히 그림의 떡일 테니까 말이다. 콩팥이라도 하나 떼어서 팔지 않는 한은. 조지프 엡스타인은 시기심에 관한 저서에서 광고업계 전체를 가리켜 "시기심을 생산하는 거대하고 복잡한 기계"라고 말했다. 몰도바에서는 그렇게 만들어진 시기심을 풀 곳이 전혀 없다. 그래서 유독성 폐기물처럼 시기심이 계속 쌓이기만 한다.

나는 버스를 갈아탄다. 이번 버스는 비교적 사람이 적은 편이지만, 스무 마리가 넘는 병아리들을 데리고 자리에 앉아 있는 농부가 문제다. 병아리들이 삐약거린다. 처음에는 이 지방의 풍경 하나를 본 것 같아서 기분이 좋다. 하지만 몇 분이 지나자 미쳐버릴 것 같다.

삐약거리는 병아리들을 눈앞에서 치워버리고 싶을 정도다. 하지만 그렇게 하지는 않는다. 'Ca la Moldova.' 여긴 몰도바다. 그러니 무슨 대가를 치르는 한이 있더라도 계속 무기력하게 굴어야 한다.

　너무 더워서 나는 창문을 조금 열어놓고 스르르 잠이 든다. 그렇게 한 30분쯤 잤을까. 깨어나 보니 창문이 닫혀 있다. 나는 다시 창문을 열고 또 꾸벅꾸벅 존다. 그러다 깨어나 보니 창문이 또 닫혀 있다. 왜 이러지? 나중에 알았지만, 움직이는 차에서 창문을 열어놓는 게 여기서는 재수 없는 일이라고 한다. 자동차에 에어컨이 없어도, 바깥 기온이 섭씨 40도에 육박해도 어쩔 수 없다. 몰도바인들은 미신을 잘 믿는다. 그들이 믿는 미신 중에는 낙천적인 것도 조금 있다. 이를테면 "재채기를 하는 건 누가 너를 생각한다는 뜻"이라는 속담 같은 것. 하지만 대부분의 미신은 끔찍한 재앙을 예고한다. 일요일에 빨래를 하면, 월요일에 누군가에게 돈을 주면, 물잔으로 건배를 하면, 깜박 잊고 두고 온 물건을 가지러 되돌아가면, 포장된 길바닥에 그냥 주저앉으면, 땅바닥에 가방을 놓으면 끔찍한 일이 일어날 거라는 식이다. 물론 달리는 차의 창문을 열어놓으면 안 된다는 것도 있다. 미신을 믿는 사람들은 세상에 아주 많지만, 대개는 그 미신이 영적인 믿음이나 종교적인 신앙과 결합되어 있다. 하지만 몰도바의 미신은 혼자 떠돈다. 이 슬픈 땅 위를 어른거리는 비관주의의 구름만이 이 미신을 지탱해줄 뿐이다.

　몇 시간 뒤 나는 카훌에 도착한다. 몰도바에서 세 번째로 큰 도시라는데, 그보다는 지나치게 덩치가 커진 마을에 더 가까운 것 같다. 나는 예약한 호텔을 찾아간다. 프런트의 여자는 엉터리 영어와 엉터리 러시아어를 섞어가며 내게 세 종류의 방 중에서 하나를 고를 수 있다고 설명한다. 소박한 방, 세미 럭셔리, 럭셔리. "항상 중도를 따르라"라는 고대 그리스인들의 충고를 되새기며 나는 세미 럭셔리를 선택한다.

내가 선택한 방에는 확실히 낡은 것에서 느낄 수 있는 매력이 있다. 군데군데 갈라진 목제 가구, 사포 같은 수건, 채널이 67개나 되지만 영어 채널은 하나도 없는 텔레비전. 그래도 나는 텔레비전을 본다. 이게 기분 좋은 소일거리라는 생각이 든다. 나는 혼자서 내용 알아맞히기 놀이를 한다. 머리에 스카프를 두른 여자가 성난 표정으로 고함을 지르고 있다. 무슨 내용일까? 꾹. 부시 대통령이 뭐라고 이야기를 하는데 러시아어로 더빙이 되어 있다. 무슨 말을 하는 거지? 꾹. 축구 경기다. 몇 대 몇이지? 내가 얼마나 오랫동안 이렇게 놀았는지 잘 모르겠지만, 대부분의 사람들이 정상이라고 생각하는 수준보다 더 오랫동안 그러고 있었던 건 분명하다.

* * *

미국 평화봉사단의 공식적인 임무는 "우리와 관련된 나라들이 필요한 인력을 훈련시킬 수 있게 돕는 것"과 "우리의 봉사를 받는 사람들이 미국인을 더 깊이 이해하게 돕는 것"이다. 하지만 평화봉사단의 실제 임무는 미국식 행복을 전 세계에 조금 퍼뜨리는 것이다. 그렇다고 평화봉사단을 미국 행복봉사단이라고 부를 수는 없지만, 실체는 그렇다. 우리가 생각하는 행복의 이미지로 세상을 개조하려는 시도.

몰도바에 온 평화봉사단원들이 안쓰럽다. 그들이 감당하기에는 이곳의 일이 벅차다. 나는 이 자원봉사자들과 만나기로 약속을 잡아 놓았다. 그들은 내가 도착하기를 학수고대하고 있다. 나는 자기들의 하소연을 들어줄 신선한 인물이니까. 나는 약속 장소인 카페를 찾아 간다. 분위기가 괜찮다. 실내와 야외 좌석이 각각 절반쯤 섞여 있다. 우리는 자리에 앉아 샐러드를 먹고 맥주를 마신다. 오래지 않아 우는소리가 시작된다.

금발의 치어리더인 애비가 시동을 건다. 며칠 전에 돈을 인출하려고 은행에 갔는데, 은행원이 돈을 주지 않더라고 했다. "그 사람은 계속 이런 말만 했어요. '왜 돈을 인출해야 하는데요? 어제도 돈을 꺼내 갔잖아요.' 그게 말이 돼요? 그건 내 돈이란 말이에요."

"여기 사람들은 고객을 대하는 법을 몰라요." 또 다른 자원봉사자가 말한다.

다들 크고 작은 불만을 갖고 있다. 예를 들면, 형편없는 생선도 문제다. 오염된 강에서 잡은 것이라 자칫하면 치명적인 결과를 불러올 수 있다. 하지만 이 사람들이 가장 불만스러워하는 건 줄서기 문화가 없다는 점이다. "먼저 온 순서대로가 아니라 성격이 고약한 순서대로예요." 애비가 말한다. 신뢰 부족도 모두들 불만스러워하는 점이다. "심지어 친구들도 서로를 믿지 않아요. 친구한테 안 좋은 일이 일어나면, 여기 사람들은 '다행이다, 나한테는 그런 일이 안 일어나겠지' 하고 생각하는 식이에요." 한 자원봉사자가 말한다.

부패도 문제다. 교수에게 돈을 주고 낙제를 면하는 행위가 워낙 만연하다 보니, 몰도바인들은 서른다섯 살 이하의 의사에게는 가지 않는다. 그들이 돈을 주고 학위를 샀을지도 모른다고 생각하기 때문이다. 그게 터무니없는 생각도 아니다. 이렇게 해서 불신의 폭이 자꾸만 넓어진다.

마크는 덴버에서 온 서른두 살의 청년이다. 나는 그가 마음에 든다. 그는 에스파냐어를 할 줄 알기 때문에 남아메리카로 가고 싶었지만, 평화봉사단은 그를 몰도바로 보냈다. 그는 자기 아파트 안의 모든 물건에 문제가 있다고 투덜거린다. 수도관에서는 물이 새고, 문에서는 삐걱거리는 소리가 난다. 그는 가정 폭력 피해자들을 돌보는 센터에서 일하는데, 그곳을 찾는 여자들은 일주일에 한 명꼴에 불과하다. 마크는 몰도바에 가정 폭력이 없어서가 아니라 이곳 여자들이 너무나 겁에 질려서 도움을 청하지 못하기 때문이라고 확신하고 있다.

마크는 몰도바가 자신의 성격까지 바꿔놓는 것 같아서 걱정이다. 며칠 전 어떤 여자가 거리에서 그에게 다가왔다. "그 여자가 저한테 그러더라고요. '마크, 요즘 왜 그래요? 옛날에는 웃기도 하더니 요즘은 웃는 얼굴을 한 번도 못 봤어요.' 그 말을 듣고 보니 맞는 말이라는 생각이 들었어요. 요즘은 정말로 웃지 않거든요. 제가 어떻게 된 걸까요?" 원래 평화봉사단은 이런 곳이 아니다. 젊고, 쾌활하고, 대체로 열성적인 미국인들이 절망에 빠진 사람들에게 희망을 불어넣는 것이 평화봉사단의 목표다. 하지만 몰도바에서는 마지막에 웃는 사람이 몰도바인들인 것 같다. 그 사람들이 웃기나 한다면 그렇다는 말이다.

원래 쾌활했던 이 미국인들은 한시라도 빨리 몰도바를 떠나고 싶어 안달한다. 이곳을 떠날 수 있게 될 때까지는 맥주나 퍼마시며 최대한 견뎌내는 수밖에 없다. 애비는 여기를 그리스라고 생각하며 견딘다. 이곳은 날씨도 따뜻하고, 시골 풍경도 아름답고, 가끔은 페타 치즈도 구할 수 있다. 비록 질은 그다지 좋지 않지만.

나는 주로 이야기를 듣기만 하면서 그들이 털어놓는 불평불만을 스펀지처럼 빨아들인다. 이곳 생활이 이토록 팍팍하다니 믿을 수가 없다. "자자, 몰도바에도 뭔가 좋은 점이 있을 것 아니에요. 이 나라에도 틀림없이 결점을 벌충해주는 특징들이 있겠죠."

그토록 수다스럽던 사람들이 갑자기 조용해진다. 다들 자기 앞의 샐러드 접시만 내려다보고 있다. 마침내 누군가 말한다. 아마 마크인 것 같다. "과일과 채소요. 아주 신선해요."

"맞아요." 다른 사람들도 열심히 맞장구를 친다. "과일과 채소가 아주 신선해요."

나는 호텔로 돌아온다. 세미 럭셔리인 방 안이 덥다. 아주 덥다. 나는 프런트에 전화를 건다.

"에어컨은 어떻게 된 거예요?"

"아, 손님, 세미 럭셔리 방에는 에어컨이 없어요. 럭셔리 방에만 있어요."

"그럼 지금 럭셔리 방으로 옮길 수 있어요?"

"아뇨, 그건 불가능해요, 손님."

"그럼 부채라도 갖다 줄 수 있어요?"

"그것도 안 됩니다, 손님. 하지만 손님이 부채를 사서 가져오는 건 괜찮아요."

나는 텔레비전을 켠다. 이 나라의 국내 채널들은 몰도바 문화를 선전하려고 애쓰고 있다. 화면에서는 하이디 같은 옷을 입은 여자들이 손을 엉덩이에 얹고 원을 그리며 춤을 추고, 남자 한 명이 공작 깃털을 꽂은 모자를 쓰고 노래를 부른다. 나는 스르르 잠이 들지만 깊은 잠을 자지는 못한다.

이튿날 아침, 나는 휘청휘청 아래층으로 내려간다. 아침 식사를 하면서 조애나를 만나기로 되어 있다. 그녀도 평화봉사단원이다. 그녀는 여기에 온 지 거의 2년이 되었기 때문에 봉사단원들 중에 최고참이다. 다들 나더러 조애나를 꼭 만나보라고 했다.

조애나는 호텔 커피숍에서 나를 기다리고 있다. 아주 평판이 나쁜 곳이다. 이곳의 웨이트리스는 '개 같은 년'이라는 별명으로 유명한데, 이 별명의 의미를 문자 그대로 받아들이면 된다. 내 평생 이렇게 퉁명스러운 웨이트리스는 처음 보는 것 같다. 내가 지금까지 다녀본 곳을 통틀어 생각해도 그렇다. 어제는 그녀가 과연 웃을 때가 있는지를 놓고 논쟁이 벌어졌다. 어떤 사람들이 그녀가 웃는 모습을 한번 본 적이 있다고 하자 다른 사람들이 즉시 나서서 그건 미소가 아니라 찡그린 표정이었다고 말했다. 조명 때문에 미소처럼 보였을 뿐이라는 것이다.

조애나와 나는 자리를 잡고 앉아서 마분지로 만든 자그마한 메뉴판 뒤에 웅크린 채 음료를 주문한다. 웨이트리스는 어떤 조명을 비추더라도 결코 미소로 보일 수 없는 표정을 짓고 있다.

조애나가 나더러 소금통을 달라고 하더니 커피에 소금을 친다. "전 소금을 좋아해요." 내가 어이없다는 표정으로 바라보자 그녀가 선언하듯 말한다. 알고 보니 조애나는 거의 모든 음식에 소금을 칠 뿐만 아니라 그밖에도 여러 가지 '괴상한 음식 버릇'을 갖고 있다. 어머니에게서 물려받은 거라고 한다.

나는 조애나에게 애당초 평화봉사단에 들어오기로 한 이유가 무엇이냐고 묻는다. "저는 행동파예요. 나서서 일하는 편이죠." 그녀가 말한다. 하지만 진짜 이유는 그게 아니라고 덧붙인다. 진짜 이유는 비행기다. 예전에 그녀는 비행 공포증이 있었다. 그래서 비행기를 탈 때마다 비행기가 추락할 거라고 무서워하며 울었다. 그런데 어느 날부터 울지 않게 되었다. 비행 공포증을 극복한 건 아니었다. 그저 비행기가 추락하든 말든 더 이상 신경을 쓰지 않게 되었을 뿐이다. "그때 깨달았어요. 비행기가 추락할까 봐 걱정하는 사람으로 돌아가기 위해 뭔가 조치를 취해야 한다는 것을요." 뉴욕에서 아메리칸 익스프레스에 다니던 그녀는 직장을 그만두고 평화봉사단원이 되었다.

조애나는 "빵이 아니라 밥을 먹는 나라"로 보내달라고 요청했다. 아시아가 좋을 것 같았다. 하지만 그녀의 서류가 다른 것들과 뒤섞이는 바람에 수속이 늦어져서 아시아 쪽 자리가 다 차버렸다. 그래서 조애나는 몰도바로 오게 됐다. "여긴 정말로 오기 싫은 곳이었어요." 그녀가 말한다. 몰도바에 살고 싶어 하는 사람이 아무도 없다는 생각이 또 든다. 몰도바인들도 여기서 살고 싶어 하지 않는다.

조애나는 내가 묻지도 않았는데, 자기가 알코올중독에서 회복하는 중이라고 자진해서 털어놓는다. 몰도바는 알코올중독자에게 끝내주는 곳이 될 수도 있고 끔찍한 곳이 될 수도 있다. 알코올중독에서 회복하는 중인지 아닌지에 따라 상황이 갈린다. 몰도바인들은 술을 많이 마신다. 하지만 아이슬란드 사람들과 달리 술을 마시면서도 즐거워하지 않는다. 옷을 잘 차려입은 몰도바 여성들이 시내에 점점이 흩어져 있는 손바닥만 한 술집에 살짝 들어가 보드카 한 잔을 한입에 털어 넣고는 일터로 향하곤 한다. 이곳에서 알코올은 사람을 무감각하게 만드는 마취제다.

조애나는 발동이 걸렸다. 커피에 소금을 더 쏟아부으면서 정신없이 빠른 속도로 수다를 떤다. 그녀는 아침마다 45분씩 명상을 한다고 말한다. 놀랍다. 만약 그녀가 명상을 하지 않는다면 말이 얼마나 더 빨라질지 생각해보니 전율이 인다. 그녀는 자기가 일하는 몰도바의 마을에서 알코올중독 치료 모임을 만들려고 했지만 계획대로 되지 않았다고 말한다. 대부분의 사람들이 술에 취한 채 모임에 나타났다는 것이다. 그들은 '알코올'이라는 말을 듣고 이 모임이 음주 클럽이라고 생각한 모양이었다. "저도 몰도바인이라면 술을 마실 거예요." 그녀가 말한다.

조애나는 근처 마을에서 몰도바인 가족과 함께 산다. 부부라는 작은 새도 그 집에 살고 있다. 집주인 가족은 좋은 사람들이지만, 그녀에게 사생활을 보장해주지 않는다. 아무 때나 그녀의 방으로 들어와서 억지로 음식을 먹인다는 것이다. 기온이 섭씨 30도가 넘게 올라가는 날 방 창문을 여는 것도 못 하게 한다. 에어컨이 없는데도. 창문을 열면 재수가 없기 때문이라고 했다(몰도바에서 재수 없는 걸 어떻게 구분하지?). 게다가 화장실 물을 내리는 것도 하루에 두 번만 할 수 있다. 그래서 그녀는 '특별한 순간'을 위해 물 내리는 것을 참는다. 한 가지 더. 집주인 가족은 그녀가 늙었다고 생각한다.

"뉴욕에서 저는 〈섹스 앤 더 시티〉에 나오는 30대 아가씨였어요. 그런데 여기서는 아줌마예요. 정말 충격이었어요."

"몰도바인들이 이렇게 불행한 이유가 뭐예요?" 내가 묻는다.

조애나는 주저 없이 대답한다. "무력감이죠. 몰도바인들은 무기력하고 무력해요. 혼자 힘으로 어떻게 해볼 수 있는 상황도 아니고요. 이 나라가 그래요. 매일 한 발짝씩 내디딜 때마다 부딪히는 현실

인걸요. 거기에 족벌주의까지 판치고 있어요. 족벌주의는 처음부터 사람들이 노력하는 걸 막으려고 고안된 것 같아요. 여기서는 기업을 하나 세우는 데 1년이 걸려요. 그리고 여기 사람들은 대학 학위를 돈을 주고 사면서 그게 전혀 잘못이 아니라고 생각해요. 정말 기가 탁탁 막혀요." 이 말을 하면서 조애나는 손으로 탁자를 탕탕 내리쳤다. 웨이트리스가 우리를 노려보는 모습이 시야 한구석에 잡혔다.

하지만 조애나의 말은 아직 끝나지 않았다. "학생들이 일단 대학에 등록하고 등록금을 내면 학위는 따놓은 당상이에요. 성적이 어떻든 상관이 없어요. 아이의 성적이 나쁜 건 선생의 잘못이거든요. 이런 말을 들으면 모든 걸 내던지고 싶어요."

이게 그냥 그녀의 심정을 표현하는 말이기를 진심으로 바란다. 그녀가 정말로 물건을 내던진다면 웨이트리스가 결코 좋아하지 않을 것이다. 조애나는 숨이 차서 잠시 짠 커피를 홀짝거린다.

행복에 관한 연구 결과들은 그녀의 말을 뒷받침한다. 자신의 삶을 스스로 통제하지 못하는 사람은 행복해지기 어렵다. 추상적이고 지정학적인 의미의 통제가 아니라 현실적인 일상생활 속에서 자신의 삶을 스스로 통제할 수 있어야 한다는 얘기다. 몰도바인들은 불행의 악순환에 빠져 있다. 불행이 불신을 낳고, 불신이 불행을 낳고, 그 불행이 또 불신을 낳는다. 나는 조애나에게 여기서 행복하냐고 반드시 물어보아야 한다는 의무감을 느낀다. 물어보나 마나일 것 같기는 하지만.

"솔직히 행복해요." 그녀가 말한다. "뉴욕에 있을 때보다 행복해요. 여기서는 내가 더 쓸모 있는 사람 같거든요."

믿을 수가 없다. 하지만 말이 되는 것 같다. 쓸모 있는 사람, 도움이 되는 존재가 되는 것은 겉으로 잘 드러나지는 않지만, 분명히 행복에 기여하는 요인이다. 시카고 대학의 학자들이 최근 다양한 직업을 지닌 5만 명가량의 사람들을 대상으로 설문 조사를 실시했다. 그 결과는 놀라웠다. 가장 대접받는 직업을 지닌 사람들(변호사, 의사, 은행가)의 행복 점수가 낮았다. 그럼 행복도가 가장 높은 사람은 누구였냐고? 성직자, 물리치료사, 간호사, 소방관이었다. 다시 말해서 남을 돕는 일을 하는 사람들이었다. 이기적인 이타주의를 실천하는 사람들.

조애나의 말은 계속 이어진다. 몰도바에서 사는 게 그렇게 나쁘지만은 않다고. 여기에도 좋은 전통이 몇 가지 있어요. 노인과 죽은 사람을 존중하는 전통 같은 거요. 1년에 한 번씩 돌아오는 명절 중에 일종의 '죽은 사람들을 위한 부활절'(조애나의 표현이다) 같은 것이 있다. 이날이 되면 모두들 꽃을 들고 세상을 떠난 가족의 무덤을 찾아간다. 몰도바인들은 산 자보다 죽은 자에게 더 친절한 것 같다.

"물론 과일과 채소도 좋죠." 그녀가 말한다.

"아주 신선하죠?"

"제 말이 그 말이에요."

나는 웨이트리스에게 찻값을 치른다. 그녀는 한마디 말도 없이, 미소도 없이 돈을 받는다. 나는 짐을 꾸리려고 숙소로 향한다. 이만하면 몰도바의 시골을 충분히 본 것 같다.

* * *

수도로 돌아오는 길에 탄 승합차는 더웠지만, 나는 창문을 열지 않는다. 내가 몰도바인처럼 변해가는 것 같아 걱정이다. 그래서 이 몰도바 병의 다른 증상이 나타나지는 않았는지 내 머릿속을 뒤져본다. 그래, 예전에 비해 내가 좀 무례해지기는 했다. 이제는 '고맙습니다'나 '부탁합니다' 같은 말을 하지 않는다. 내가 이런 인사를 해도 상대에게서 아무런 보답을 받을 수 없기 때문이다. 몰도바인들은 그냥 가게로 들어와서 원하는 물건을 달라고 말할 뿐이다. 마리샤는 몰도바인들이 예의라는 사치를 누릴 여유가 없다고 간단히 잘라 말했다. 몇 주 전이라면 나도 그녀의 말에 동의했을지 모른다. 나는 아마 세상에서 가장 예의 바른 나라라고 해도 될 일본에서 4년간 살면서 미치는 줄 알았다. 그놈의 '부탁합니다'와 '고맙습니다'와 '죄송합니다' 때문에.

일본인들에 대한 내 생각은 틀렸다. 그들은 예의가 윤활유와 같은 작용을 해서 사회가 매끄럽게 돌아간다는 사실을 직관적으로 알고 있다. 예의라는 윤활유가 없다면, 사회의 여러 부품들이 삐걱거리면서 빨리 닳아버릴 것이다. 그래, 나는 언제든 몰도바인들의 진심 어린 무례함보다 일본인들의 피상적인 예의를 택할 것이다.

루바가 문간에서 나를 맞이한다. 그 실내복 차림이다. 생각해보니 재미있다. 내가 여기에 머무른 지 얼마 되지도 않았는데 우리는 마치 결혼한 지 오래된 부부처럼 변해버렸다. 그녀는 내게 음식을 만들어주고, 나는 전구를 갈거나 피클 병을 열어주는 것 같은 잡일을 한다. 가끔은 말다툼도 한다. 우리가 아는 단어가 몇 개밖에 안 된다는 점을 감안하면, 말다툼 자체가 사실 굉장한 성과다.

"여행은 어땠어요?" 그녀가 몸짓으로 묻는다.

"50 대 50." 내가 이렇게 말하자 그녀가 미소를 짓는다.

그녀가 저녁 식사를 차린다. 맛있어 보이는 생선이다. 나는 게걸스레 먹어치운다. 그러고 몇 분 뒤 공포에 질린다. 세상에, 내가 생선을 먹다니! 금방 죽을 거야. 평화봉사단원들이 경고했잖아.

루바가 머리를 자르러 나갔다 오겠다고 손짓 발짓으로 말한다. 창밖을 내다보니 그녀가 공원 같지도 않은 공원을 지나 어딘가로 향하는 모습이 언뜻 눈에 들어온다. 틀림없이 미용실 같지도 않은 미용실로 가는 거겠지. 나는 갑자기 이 아줌마에게 깊은 애정을 느낀다. 나도 모르게 갑자기.

하지만 내가 루바에 대해서, 그녀의 과거에 대해서 아는 게 거의 없다는 생각이 든다. 나는 마리샤에게 전화를 걸어 주말에 이리로 와서 통역을 좀 해달라고 부탁한다. 루바의 이야기를 들어봐야 할 것 같다.

나는 다시 기계식 전화기를 들고 휴대전화로 전화를 건다. 이건 일종의 기술적인 장애물 경기와 같다. 휴대전화를 받은 사람은 알렉산드루, 아니 산드루(본인은 이 이름을 원한다)다. 그는 몰도바의 골수 민족주의자다. 나는 골수 민족주의자라는 것이 있는지도 몰랐으므로 그를 만나보고 싶다.

"휴대전화가 없다고요?" 산드루가 믿을 수 없다는 듯이 묻는다.

"예, 휴대전화에 믿음이 안 가서요." 이건 내게 새로 생긴 변화다. 휴대전화를 쓰지 않기로 한 것. 스위스와 부탄에서 순간적으로 행복하기 그지없는 기분을 느끼다가 휴대전화 때문에 방해를 받은 적이 있기 때문에 휴대전화가 행복의 안티테제라는 결론을 내렸다. 휴대전화는 우리가 지금 이 순간을 누리지 못하게 한다. 아니, 그보다는 지금 이곳을 벗어나게 만든다는 점이 훨씬 더 중요하다.

"하지만 지금 내 휴대전화로 전화를 걸었잖아요."

"그건 좀 다르죠." 내가 반박한다. "나 자신이 휴대전화를 사용하는 건 싫지만, 다른 사람들이 사용하는 거야 그 사람 자유죠."

그는 마지못해 내 말을 받아들이고, 우리는 약속을 잡는다.

나는 버스에 올라탄다. 그리고 여기서 몰도바에 온 뒤 처음으로 친절한 행동을 목격한다. 흰머리가 턱 밑으로 삐죽 튀어나오고 금니를 한 노파가 버스에 타려고 애쓰지만 힘이 너무 없어서 오르지 못한다. 그러나 어떤 남자가 할머니의 팔을 잡고 끌어올린다. 내 눈을 믿을 수가 없다. 어쩌면 이 나라에도 아직 희망이 있는 것 같다. 아니, 아닌가? 할머니가 버스를 잘못 탔다는 사실이 밝혀진다. 다들 화가 나서 할머니를 향해 고함을 질러댄다. 할머니를 도와줬던 남자도 마찬가지다. 다음 정류장에서 승객들은 사실상 할머니를 밀어내다시피 쫓아낸다.

산드루는 호리호리한 젊은이인데, 선글라스를 만지작거리고 있다. 나는 늦어서 미안하다고 말한다. 하지만 몰도바에서 10분쯤 늦는 건 늦는 것도 아니다. 우리는 그의 단골집으로 간다. 실외에 파라솔을 꽂은 테이블들을 내놓은 쾌적한 곳이다. 산드루는 스물여섯 살밖에 안 됐지만, 일흔 살 노인이라고 해도 될 만큼 많은 증오와 한을 가슴에 품고 있다.

산드루는 러시아가 몰도바에 한 짓 때문에 러시아를 싫어한다. "우린 정체성을 잃어버렸어요. 우리 몰도바인들은 어디서도 자기 자리를 찾지 못합니다. 러시아에 가면 우리더러 루마니아인이라고 하고, 루마니아에 가면 러시아인이라고 해요. 몰도바는 상처 입은 육체와 같아요. 상처를 치유할 필요가 있어요." 몰도바인들이 불행한 건 자기가 누군지 모르기 때문이다. 자기가 누군지 모르는 사람이 어떻게 자신을 사랑할 수 있겠는가?

웨이트리스가 주문을 받으러 오자 산드루는 몰도바어로 이야기한다. 웨이트리스는 러시아어로 대답한다. 두 사람은 서로 완전히 다른 언어로 이야기를 나누면서 한 치도 뒤로 물러서지 않는다.

"러시아어를 할 줄 알아요?" 웨이트리스가 사라진 뒤 내가 산드루에게 묻는다.

"예, 유창하죠."

"그럼 러시아어를 쓰지 그랬어요?"

"제가 왜 그래야 하는데요? 여긴 제 나라예요. 저 여자 나라가 아니라고요. 저 여자가 몰도바어를 써야죠. 이런 식으로 항상 모욕당하는 걸 참을 수가 없어요. 사람들이 저한테 뭐라고 하는지 알아요? '그냥 러시아어를 쓰지 그래? 사람다운 말을 써.'"

몰도바에서 언어는 아이슬란드에서처럼 기쁨의 원천이 아니라 불화의 근원이다. 언어가 무기다.

"저기, 러시아는 자기네가 몰도바를 해방시켰다고 주장해요." 내가 말한다.

"그래요, 러시아가 몰도바를 인민에게서 해방시켰죠."

나는 다른 방법을 시도하기로 하고, 루바에 대해 말한다. 그녀는 러시아인이다. 적어도 타고난 혈통은 그렇다. 그리고 그녀는 세상에서 가장 착한 여자다. 그녀는 모든 걸 잃어버리는 고통도 겪었다.

"모든 걸 잃어버렸다니 잘됐네요." 그는 조금도 뒤로 물러서지 않는다. "언젠가 진실이 밝혀질 거예요. 항상 그러게 마련이니까."

산드루를 만난 뒤 나는 의기소침해진다. 집으로 돌아오는 버스에서 혹시 내가 이곳을 잘못 이해한 게 아닐까 하는 생각이 든다. 루바를 잘못 본 게 아닐까? 이 마음씨 착한 아줌마가 사실은 몰도바를 파괴한 공범이었을까? 이번에도 내가 순진했던 걸까?

나는 저녁 식사에 90분 늦었다. 루바가 화를 낸다. 그녀는 손목시계를 가리킨다. 아니, 손목시계가 있었다면 그 시계가 걸쳐져 있을 법한 손목 부위를 가리킨다.

저녁을 먹은 뒤 마리샤가 루바의 아파트에 나타난다. 그녀는 여느 때처럼 명랑하게 방긋방긋 웃어댄다. 절망적인 상황에서 모든 사람이 학습된 무기력으로 빠져드는 건 아니라는 증거다.

우리는 모두 부엌 식탁에 앉아서 치즈를 곁들여 차를 마시며 루바가 살아온 이야기를 듣는다.

루바의 이야기는 이렇다. 러시아 시골에서 13남매 중 하나로 태어나 건축대학에서 남편을 만났다. 두 사람은 결혼한 뒤 카자흐스탄으로 이주해서 우라늄을 캤다(그래, 핵무기 재료가 맞다). 예쁜 딸 라리사를 낳고 아들도 하나 낳았다. 딸이 방사능 때문에 병에 걸리자 루바의 가족은 몰도바로 이주했다.

루바는 누렇게 변한 직원 명부를 꺼내 자기 사진을 내게 보여준다. 아주 중요한 인물처럼 보인다. 그녀는 건설부에서 높은 자리까지 올라가서 승용차와 별장을 갖고 있었다. 잘살았다. 사치스럽지는 않았지만 잘살았다. 그런데 그때 어떤 남자가 그녀의 삶 속으로 들어왔다. 그의 이름은 미하일 고르바초프. 그녀는 눈동자를 굴리며 그가 바보였다고 말한다. 그는 소련의 해체를 너무 서둘렀다. 그래서 그녀는 모든 걸 잃었다. 이 말을 하면서 그녀는 흐느끼기 시작한다. 나는 그녀에게 휴지를 건네준다. 그녀의 남편은 뇌졸중 발작을 일으켜 1년 동안 혼수상태로 지내다가 세상을 떠났다. 이제 그녀는 한 달에 40달러씩 나오는 연금으로 근근이 살아간다. 딸은 터키에서 '개들을 위한 미용사'로 일하고 있다(마리샤의 통역에 따르면 그렇다). 아들은 러시아의 극동 지방에서 건축 일을 하고 있다. 아들을 본지 벌써 10년이 됐다. 아들이 여기까지 오는 비행기 삯이 아들의 6개월치 월급과 맞먹는다.

"지금 생활이 조금이라도 나아진 점이 없어요?" 내가 묻는다.

"있죠. 가게들이 더 커졌고, 물건도 더 다양해요. 하지만 그런 물건을 살 수 있는 사람은 인구의 10퍼센트밖에 안 돼요."

"그럼 자유는요?"

"자유를 갖고 뭘 할 건데요? 소비할 자유? 난 그런 자유 필요 없어요. 지금 자유로운 사람은 돈이 있는 사람이에요. 우리 딸은 노동의 가치를 알지만 손녀 나타샤는 자유의 가치밖에 몰라요." 그녀의 말을 들어보니 자유는 별로 가치가 없다고 생각하는 것 같다.

루바는 행복하지 않다. 그것만은 분명하다. 그래도 나는 묻는다. 행복한 삶의 조건은 뭐죠? 나는 그녀가 돈을 꼽을 거라고 생각한다. 적어도 살아가기에 충분한 돈이 있어야 한다고 말할 거라고. 그런데 아니다.

"난 돈에 대해 조금 다른 생각을 갖고 있어요. 모든 건 근면에서 나와요. 그러니까 부지런히 일해야 돼요. 다른 사람들에게 친절해야 하고요. 모든 사람이 착하기 때문에 사랑받을 자격이 있어요."

우리 모두 가만히 앉아서 잠시 꼼짝도 하지 않는다. 하지만 이내 주문이 풀린다. 이제 현실로 돌아와서 숙박비를 계산해야 한다. 나는 루바에게 빳빳한 100달러 지폐를 건넨다. 그녀는 그것을 받아 입술에 대고 과장되게 키스하는 시늉을 한다.

나는 짐을 꾸리려고 내 방으로 돌아가서 루바의 슬픔을 생각해본다. 기자의 입장에서 보면, 이건 이미 진부한 얘기다. 그동안 이런 슬픈 얘기는 이미 많이 썼다. 지정학적인 풍경이 바뀌고, 사람이 자기 힘으로는 어쩔 수 없는 힘이 밀어닥쳐서 모든 걸 잃어버렸다는 이야기. 루바는 특권적인 지위, 좋은 승용차, 시골 별장을 잃었다. 그래서 불행하다. 끝. 그럴듯한 얘기지만, 루바의 불행에 대해 행복학자들은 뭐라고 할까? 그들은 눈에 뻔히 보이는 금전적인 어려움 외에 그녀를 불행하게 만드는 다른 이유들을 지적할 것이다. 예를 들어, 직장에서 동료들과 친하게 어울리던 분위기를 잃어버린 것, 또는 자식들을 거의 만나지 못한다는 사실. 이런 인간관계는 우리의 행복에서 커다란 부분을 차지하며, 돈과는 거의 관계가 없다. 하지만 뭔가 아귀가 잘 맞지 않는다. 긍정 심리학의 황금률인 쾌락 적응에 따르면, 그 어떤 비극이나 엄청난 행운을 만나더라도 우리는 다 적응하며 살아가게 돼 있다. 원래 자신의 상태, 또는 그 근처로 되돌아가게 돼 있는 것이다. 소련이 무너진 것은 15년 전이다. 루바는 왜 적응하지 못했을까?

결국 문화가 문제인 것 같다. 문화는 우리가 헤엄치는 바다와 같다. 몰도바에서 그런 것처럼 바다의 물을 다 빼버리면, 우리는 숨을 쉴 수 없다. 자기가 지금 어디 있는지도 파악할 수 없기 때문에 쾌락 적응도 작동하지 않는다. 루바는 러시아의 그림자라고 할 만한 땅에서 살고 있다. 이 땅은 러시아이기도 하고 러시아가 아니기도 하다. 원래 몰도바의 핏줄을 타고난 사람들도 자기 나름의 그림자 나라에서 살고 있다. 루마니아인이기도 하고 아니기도 하다는 점에서.

몰도바에 관한 책은 거의 없다. 그중 한 권의 저자인 찰스 킹은 이 나라를 가리켜 '조약으로 만들어진 나라'라고 말했다. 나는 여기서 한 걸음 더 나아가고 싶다. 허구의 나라라고. 이 나라는 존재하지 않는다. 아, 물론 내가 그랬던 것처럼 그 나라에 가서 거리를 걷고, 마마리가를 먹고, 형편없는 포도주를 마시고, 불행한 국민들과 이야기를 나눌 수는 있다. 나중에 무사히 집으로 돌아와서 여권을 펼쳐 보며 '몰도바 공화국'이라는 스탬프에 감탄할(이것이 정확한 표현인지 모르겠다) 수도 있다. 하지만 이런 건 모두 중요하지 않다. 몰도바는 존재하지 않는다. 그런데 존재는 행복의 선행조건이라는 게 내 생각이다. 자신을 사랑하려면 인종, 민족, 언어, 요리 중 무엇에 관해서든 하여튼 정체감이 확고해야 한다. 우리가 매일 그 정체감을 되새기며 살지는 않더라도 정체감은 항상 그 자리에 있다. 은행 계좌에 들어 있는 돈처럼. 그래서 우리가 힘들 때 거기에 기댈 수 있다. 그런데 몰도바에서는 상황이 더 나빠질 수가 없다. 물론 그런 나라가 존재한다면 그렇다는 말이지만.

이제 이 존재하지 않는 나라를 떠나 진짜 세계로 돌아갈 때가 됐다. 진짜 세계 역시 비록 여러 면에서 문제가 많기는 하지만, 그래도 최소한 실제로 존재하기는 한다. 그런데 돌아가기 전에 나는 뭔가 할 생각이다. 충동적인 행동이자 정말로 어리석은 행동이다. 그래서 여러분에게 선뜻 말하기가 좀 그렇다. 나는 루바의 집 책꽂이에 있는 영어·러시아어 사전 책갈피에 루바 몰래 100달러 지폐 한 장을 끼워 넣는다. 루바가 단어를 찾느라 항상 펼쳐 보는 책이다. 나는 러시아어로 행복을 뜻하는 'schaste' 옆에 지폐를 놓는다. 신파적인 행동이다. 어쩌면 이기적인 행동인지도 모른다. 그러니까, 이기적인 이타주의. 쓸데없는 행동인 것만은 분명하다. 이게 무슨 농담 같은 짓인가? 내가 카타르에서 본 것은 둘째 치고라도 모든 행복 연구 결과에 따르면, 장기적인 관점에서 100달러로는 루바를 행복하게 만들어줄 수 없다. 하지만 단기적으로는 그럴 수 있을지도 모른다. 그리고 때로는 단기적인 효과만으로도 충분하다.

*   *   *

우리는 루바의 아파트 건물 밖에 서 있다. 루바와 나. 나를 공항으로 데려가 바깥세상으로 나가게 해줄 택시를 기다리는 중이다. "몰도바에 다시 와요." 루바가 말한다. 그녀가 갑자기 영어로 이 말을 하는 바람에 나는 깜짝 놀란다. 나는 다시 오겠다고 말하지만 그건 거짓말이다. 그녀도 알고 있다. 솔직히 다른 곳에서는 지금처럼 한시라도 빨리 떠나고 싶다는 생각이 든 적은 없었다. 예전에 찰스 디킨스는 이런 말을 했다. "사람은 어떤 장소를 뒤로하자마자 항상 그곳을 잊어버리기 시작한다." 아이고, 이게 정말 맞는 말이면 좋겠다.

나는 공항에 일찍 도착한다. 혹시 무슨 일이 생길지도 모르니까 미리 대비하는 것이다. 그래서 시간이 아주 많이 남았다. 나는 맛없는 몰도바 포도주 한 잔을 주문하고 이 황량한 곳을 여행한 결과를 평가한다. 무엇보다 먼저, 상대적인 행복의 법칙을 버릴 수 있게 되었다. 이 법칙에 따르면, 몰도바처럼 비참한 곳에서는 내가 자신을 더 높이 평가하게 되어야 옳다. 내가 평균적인 몰도바인보다는 그래도 비교적 덜 비참하니까. 하지만 현실은 그렇지 않았다. 몰도바인들은 행복의 사다리에서 나를 한 단계 아래로 끌어내렸다. 그나마 내 밑에 있는 사다리 발판이 몇 개 되지도 않는데.

어떤 상황에서든 무슨 수를 써서라도 몰도바인이 되는 것만은 피해야 한다는 뻔한 사실 외에 몰도바인들의 불행에서 건질 수 있는 더 큰 교훈이 있을까? 그래, 있는 것 같다. 교훈 1. "내가 신경 쓸 문제가 아니다"라는 태도는 삶의 철학이 아니라 정신병이다. 비관주의와 나란히 붙어 있는 병. 다른 사람의 문제는 곧 우리의 문제다. 이웃이 해고당하면, 우리는 그 운명이 자신을 비껴가서 다행이라고 생각할지도 모르지만 사실은 그렇지 않다. 그 운명은 우리도 때린다. 우리가 아직 고통을 느끼지 못할 뿐이다. 루트 벤호벤은 내게 이런 말을 했다. "사회 속에서 자신이 차지한 위치보다 사회 전체의 질이 더 중요하다." 다시 말해서 오염된 호수의 큰 물고기가 되느니 깨끗한 연못의 작은 물고기가 되는 편이 더 낫다는 얘기다.

교훈 2. 가난, 즉 상대적인 가난은 흔히 불행의 핑계가 된다. 몰도바인들이 유럽의 다른 나라 국민들에 비해 가난한 건 사실이다. 하지만 그들이 불행한 건 가난뿐만 아니라 경제문제를 대하는 그들의 태도 때문이기도 하다.

몰도바인들이 느끼는 불행의 씨앗은 그들의 문화 속에 뿌려져 있다. 신뢰와 우정의 가치를 깎아내리는 문화. 비열함과 속임수에 보상을 주는 문화. 보답을 바라지 않는 친절이 들어설 공간, 성 아우구스티누스가(빌 클린턴이 등장하기 오래전에) "희망의 행복"이라고 불렀던 것을 위한 공간을 전혀 만들어주지 않는 문화. 고대 인도의 문헌인 《마하바라타》에는 다음과 같은 구절이 있다. "희망은 모든 사람이 마지막에 의지할 수 있는 닻이다. 희망이 무너지면 엄청난 슬픔이 그 뒤를 따르는데, 그 슬픔은 죽음과 거의 맞먹는다."

몰도바에는 내가 그리워할 만한 것이 하나도 없다. 전혀. 아니, 꼭 그렇지만은 않다. 나는 루바와 꽃무늬가 그려진 그녀의 실내복을 그리워할 것이다. 그녀는 좋은 사람이다. 그리고 물론 과일과 채소도 그리울 것이다. 아주 신선하니까.

7
태국

행복은 생각하지 않는 것이다

"우리가 스스로 행복해지는 방법은 기본적으로 딱 세 가지밖에 없다.
긍정적인 감정(좋은 기분)을 증가시키는 것,
부정적인 감정(나쁜 기분)을 감소시키는 것, 아니면 화제를 바꾸는 것.
이 세 번째 방법을 우리는 거의 고려하지 않는다."

우리가 아무리 좋은 뜻을 품고 있어도 가끔은 진부하기 짝이 없는 상황에 코를 처박게 될 때가 있다. 수지 웡이라는 술집에서 밤 1시에 알몸에 야광 물감을 바른 태국 여자들이 허리를 돌리기도 하고, 엉덩이를 흔들기도 하고, 탁구공을 갖고 요상한 행동을 하기도 하는 모습을 지켜보고 있는 지금의 내가 그렇다. 탁구공으로 그런 짓을 할 수 있을 거라고는 솔직히 한 번도 생각해본 적이 없다.

나는 이런 곳에 오지 않겠다고 다짐했지만 어찌어찌하다 보니 이렇게 되었다. 내 친구 스콧에게 그 책임을 돌리고 싶다. 방콕에서 사는 친구니까 이런 곳을 피하는 방법도 알고 있을 텐데. 하지만 사실 나는 이곳으로 향하는 비행기 안에서 이미 문제가 생길 조짐을 느꼈다.

내 옆자리에 앉은 사람은 뉴욕과 방콕을 오가며 온갖 종류의 사업을 하는 닉이라는 사람이었다. 그는 반바지에 샌들을 신고 있었으며, 수염은 제멋대로 아무렇게나 뻗은 모습이었다. 닉은 태국에 대해 많은 것을 알고 있었는데, 17시간 동안 비행기를 타고 오면서 나한테 자기 지식을 나눠주고 싶어 안달이었다. 닉이 나한테 해준 얘기를 전부 늘어놓기는 좀 그러니까 요점만 간단히 이야기하겠다.

무에타이, 즉 킥복싱에 대해서 : "앞줄에 앉지 마요. 거긴 관광객들이나 앉는 자리예요. 게다가 그 자리에 앉았다가는 피가 온몸에 튈 거예요. 뒷줄에 앉아요."

태국에서 사업상의 일을 할 때의 옷차림에 대해서 : "사업상의 회의를 할 때도 나는 이 차림으로 가요. 반바지 차림. 하지만 민소매 티는 안 돼요. 나도 옛날에 그런 실수를 한 번 한 적이 있어요. 태국 사람들은 겨드랑이 털이 자기들 면전에 드러나는 걸 싫어해요. 사업에 안 좋아요."

태국 사람들의 데이트 습관에 대해서 : "태국 여자들이 전부 헤픈 건 아니에요. 대개는 헤프지만 전부 그렇지는 않아요. 상류층 출신의 정숙한 여자라면 아마 한 서른 번은 데이트를 해야 기회를 줄 거예요."

수지 웡의 아가씨들이 휴식을 취하러 들어간다. 스콧은 이 틈을 이용해서 섹스에 대한 자신의 생각을 내게 늘어놓는다. 섹스가 성사되려면 세 가지 요소가 완벽하게 맞아떨어져야 한다. 방법, 동기, 그리고 기회. 중년의 뚱뚱한 남자에게 그 요소들이 맞아떨어질 확률은 지구와 달과 태양이 완전히 한 줄로 늘어서서 개기일식이 일어날 확률과 대충 비슷하다. 아, 하지만 방콕에서는 그렇지 않다. 이곳에서는 쉽게 손에 잡히지 않는 세 번째 요소, 즉 기회라는 요소가 찰칵하고 제자리를 찾아 들어간다. 국제 환율과 태국 특유의 개방적인 분위기가 부리는 연금술 덕분이다.

나는 맞는 말이라는 듯 고개를 끄덕이며 다른 사람들을 훑어본다. 수지 웡의 손님들은 거의 대부분 몸매가 망가진 중년 남자들이다. 그들은 양손으로 맥주병을 부여잡고 있으며, 얼굴은 아예 항상 추파를 던지는 표정으로 굳어버렸다. 그 사람들을 보자마자 캐나다 쥐가 생각난다. 1950년대에 캐나다의 심리학자들은 쥐의 뇌 속 깊숙한 곳에 전극을 심은 뒤 그 전극을 레버와 연결시켰다. 쥐가 그 레버를 누르면 전극이 뇌의 쾌락 중추를 건드렸다. 그 상태로 내버려 두었더니 쥐들은 계속 레버를 눌러댔다. 한 시간에 최고 2000번까지 눌러댈 정도였다. 녀석들은 다른 정상적인 행동은 거의 전부 그만두었다. 심지어 먹지도 않았다.

방콕에 살고 있는 외국 남자들의 삶이 바로 그 꼴이다. 레버를 누르는 대신 지갑에서 돈을 꺼낸다는 점만 다를 뿐이다. 원칙은 똑같다. 쾌락 중추의 명령에 맹목적으로 복종한다는 원칙. 만약 쾌락이 행복으로 통하는 길이라면, 캐나다의 그 쥐들과 태국의 외국인들은 최고의 행복에 이를 수 있을 것이다. 하지만 둘 다 거기에 이르지 못한다. 행복은 동물적인 쾌락 이상의 것이다.

얼핏 보기에 태국의 개방적인 분위기는 네덜란드의 개방적인 분위기와 아주 비슷하다. 하지만 다르다. 네덜란드의 개방성은 체계적이다. 네덜란드 사람들은 이런 개방성을 자랑스러워하며, 심지어 이민 희망자들에게 보여주는 비디오에서 이런 점을 강조하기까지 한다. 자, 잘 봐요. 이게 바로 우리의 모습이에요. 어때요, 감당할 수 있겠어요? 태국 사람들은 결코 이런 말을 하지 않는다. 그들은 성적인 욕구든 금전적인 욕망이든 인간적인 충동을 그냥 인정할 뿐이다. 캐나다의 저술가 몬트 레드먼드가 이 점을 가장 잘 표현했다. 그는 태국에서는 "덩치가 너무 커서 카펫 밑으로 쓸어 넣을 수 없는 것들은 모두 자동적으로 가구로 간주된다"라고 했다. 태국 사람들이 그 가구를 싫어할 수도 있고, 오가며 계속 그 가구에 부딪칠 수도 있다. 하지만 그들은 그 가구의 존재를 부정하지 않는다.

방콕에는 진위가 의심스러운 이야기들이 넘쳐난다. 사람들에게 조심하라고 훈계하는 이야기들이다. 나도 그런 이야기를 하나 들었다. 영국의 어떤 권위지에 소속된 젊은 기자가 방콕에서 악덕의 세계에 너무 깊이 빠져든 나머지 일을 제대로 하지 못해서 런던으로 소환당했다고 한다. 그건 일종의 의학적인 소개疏開 조치였다. 비록 그 사람이 통증이 아니라 지나친 쾌락 때문에 고생하고 있었다는 점에서 일반적인 상황과는 좀 달랐지만.

스콧은 그런 사람들을 '섹스 망명객'으로 부른다고 말한다. 그런 사람들을 알아보기는 쉽다. 햇볕에 탄 얼굴, 거대하게 불룩 튀어나온 배, 그리고 전체적으로 너저분한 외모가 그들의 특징이다. 섹스 망명객은 자기 지갑이 그럭저럭 통통함을 유지하는 한 다른 건 어찌 되든 상관없다는 걸 알고 있다. "솔직히 보고 있으면 안됐어." 스콧이 말한다. 나는 스콧도 올챙이처럼 배가 불룩 나오기 시작했다는 말을 차마 하지 못한다. 얼굴도 살짝 햇볕에 탔고, 셔츠는 항상 바지 밖으로 삐져나와 있다.

* * *

스콧의 아파트로 돌아온 우리는 해적판 DVD를 본다. 그런데 음질이 어찌나 나쁘고 화면이 어찌나 흔들리는지 10분 만에 포기해버린다. 스콧이《부처의 가르침》이라는 두툼한 책을 내게 건네준다. 아시아 전역의 호텔 방에서 볼 수 있는, 바로 그런 종류의 책 같다. 불교판 기드온《성서》인 셈이다. 스콧은 이 책을 아시아의 어떤 호텔

방에서 가져왔다고 설명한다. 그는 그 행동이 자신의 업에 어떤 영향을 미칠지 잠시 생각한다. 그의 업은 이미 적잖은 무게에 짓눌려 있지만, 그는 별로 좋은 결론이 나올 것 같지 않으니 그런 생각은 그만두겠다고 말한다.

스콧은 독실한 무신론자다. 하지만 3년 전 태국으로 이주한 뒤 눈에 띄게 불교적인 성향을 띠게 되었다. 물론 그에게 직접 물어보면 아니라고 할 것이다. 그가 불교 쪽으로 기울어진 증거를 들자면, 우선 나긋나긋해졌다는 점이 있다. 불교 신자들은 나긋나긋함을 빼면 시체다. 게다가 스콧은 더 이상 물질적인 소유에 집착하지 않는다. 심지어 그토록 사랑하던 책도 집에 쌓아두지 않는다. 책을 다 읽고 나면 남에게 주어버리는 것이다. "책이 트로피가 아니라는 걸 깨닫고 나니까 아주 쉽던데." 그는 이렇게 말하면서 자기 말을 증명하려는 듯, 서머셋 몸의 《달과 6펜스》를 내게 준다. 낡은 책이다. 스콧은 서머셋 몸의 팬이며, 몸의 충고대로 살고 있다. "모퉁이 너머의 경찰관을 항상 염두에 두되, 자신의 마음이 가는 대로 따르라." 물론 태국에서 모퉁이 너머의 경찰관은 뇌물을 받을 기회를 노리거나, 아니면 이쪽이 무슨 짓을 하든 아예 신경도 쓰지 않을 가능성이 높다. 하지만 나는 스콧에게 이 점을 군이 지적해주지 않기로 한다.

방콕에서는 열대의 더위를 피할 수 없듯이 기괴한 일 또한 피할 수 없다. 스콧도 고향에서라면 상상도 못 했을 일들을 여기서 저질렀다. 이를테면 딸기 피자를 먹은 것. 하지만 때로는 심지어 스콧조차 엄두를 낼 수 없을 만큼 기괴한 일도 있다. '손을 쓰지 않는' 식당이 좋은 예다. 이곳에서는 태국인 웨이트리스들이 아기에게 젖을 먹이는 엄마처럼 남자 손님들에게 식사를 먹여준다. 손을 전혀 쓰지 않고. 프로이트가 봤다면 틀림없이 할 말이 아주 많았을 것이다. 스콧은 "나한테는 너무 기괴한 곳"이라고 단언한다.

스콧의 애인은 노이라는 쾌활한 태국 아가씨다. 예전에 '무용수'로 일했다고 한다(나는 꼬치꼬치 캐묻지 않는다). 지금은 스콧의 빨래를 해주고 식사를 준비해준다. 하지만 텔레비전 앞에 앉아서 드라마를 볼 때가 가장 많다. 그녀는 무려 15시간 동안 쉬지 않고 드라마를 볼 수도 있다. 정말로 놀라운 일이다. 그녀는 또한 택시기사들과 그악스럽게 말다툼을 벌일 수도 있고, 내가 최고의 태국 식당에서 먹어본 것보다 훨씬 더 맛있는 팟타이(태국식 볶은 국수 - 옮긴이)를 순식간에 휘리릭 만들 줄도 안다. 정말 맵다. 태국 사람들은 음식에 들어가는 양념이 곧 삶의 양념이라고 굳게 믿는다. 아, 그녀는 벌레도 먹는다. 이게 충격적으로 보일지도 모르지만, 사실은 별일 아니다. 노이의 고향 마을에서는 대부분의 사람들이 벌레를 먹는다. 커다란 검은색 귀뚜라미나 물에서 사는 곤충들을 기름으로 바싹 튀겨서 통째로 내놓는다. 그걸 씹으면 아주 바삭바삭한 소리가 난다고 하는데, 나는 그 문제를 더 이상 깊이 파고들어 갈 생각이 없다. 음식에 관한 나의 허세는 아이슬란드의 썩은 상어에서 딱 멈춰버렸다.

노이의 미소는 눈부시다. 태국의 기준으로 봐도 그렇다. 그녀는 순식간에 활짝 미소를 짓는다. 그녀가 예전에 일하던 해변 리조트에서 동료들이 '최고의 미소'로 뽑아준 적도 있다. 미소의 나라인 태국에서 그건 정말 굉장한 찬사다.

몇 년 전, 타이 항공이 아주 영리한 광고를 선보였다. 승무원들이 미소 짓고 있는 사진 두 장을 나란히 놓은 것이었다. 승무원들은 각각 타이 항공과 경쟁사 소속이었다. 그냥 보기에 두 사진은 똑같은 것 같았다. 그런데 거기에 이런 광고 문구가 적혀 있었다. "여러분은 진짜 미소를 가려낼 수 있습니까?"

정말로 그 두 장의 사진에는 다른 점이 하나 있었다. 태국 사람들은 누구나 그 차이점을 금방 알아보지만 대부분의 외국인은 알아보지 못한다. 태국인들은 입술에만 걸려 있는 미소는 진짜가 아니라는 사실을 본능적으로 알고 있다. 진짜 미소는 눈이 웃는 것이다. 정확히 말하자면, 눈을 둘러싸고 있는 안륜근이 움직여야 한다. 이 자그마한 근육에는 속임수가 통하지 않는다. 이 근육은 우리가 진짜 미소를 지을 때에만 살아난다.

태국인들의 미소는 서구인의 미소보다 더 커다란 의미를 지닌다. 아니 어쩌면 의미가 덜하다고 할 수도 있다. 태국인들의 미소는 가면이다. 더 정확히 말하면, 수많은 가면들이다. 태국인들의 미소는 행복감의 표현일 수도 있지만, 분노, 회의, 불안감의 표현일 수도 있다. 심지어 슬픔의 표현일 수도 있다. 태국인들은 장례식에서도 웃는다. 외국인들이 보기에는 으스스한 광경이다.

태국인들을 보면 미소는 개인의 것이 아니라는 사실을 새삼 깨닫게 된다. 학자들의 연구에 따르면, 사람들, 그러니까 적어도 정신이 멀쩡한 사람들이 혼자 있을 때 웃는 경우는 아주 드물다. 미소는 사람의 내면을 반영하는 것일 수도 있지만, 그보다는 사회적 제스처의 성격이 더 강하다.

태국에서는 하비 볼 같은 사람이 나올 수 없을 것이다. 저 유명한 스마일 상징을 만든 사람 말이다. 태국인들은 그렇게 아무런 특징 없는 미소를 보고 어이없다는 표정을 지을 것이다. 그러면서 이렇게 말할 것이다. 그래, 저게 미소라는 건 알겠는데, 도대체 종류가 뭐야?

이누이트족의 언어에 눈雪을 뜻하는 단어가 많은 것처럼, 태국어에는 미소를 뜻하는 단어가 많다. 임춘촘은 상대에게 감탄했을 때 짓는 미소, 임탁탄은 '난 당신과 생각이 다르지만 그 형편없는 아이디어를 발표하려면 마음대로 해'라는 뜻의 미소다. 그리고 임사오는 슬픈 미소다. 하지만 내가 가장 좋아하는 건 임마이옥, 즉 '웃으려고 하는데 웃을 수가 없는' 미소다.

정말 환상적이다. 하지만 태국에 이렇게 다양한 미소가 있다는 사실이 불편하기도 하다. 미소란 기본적으로 행복과 만족감을 드러내는 표정이라는 믿음이 무너졌기 때문이다. 나는 이제 태국인의 미소를 믿지 못한다. 아니 어느 누구의 미소도 믿지 못한다. 어디를 봐도 기만과 속임수만 눈에 들어오기 때문에 나도 모르게 사람들의 안륜근을 빤히 바라보곤 한다. 어쩌면 내가 이렇게 신경을 곤두세우는 게 현명한 행동일 수도 있지만, 그렇지 않을 수도 있다. 프로이트가 가끔은 시가도 그냥 시가(프로이트는 꿈을 해석할 때 가늘고 길쭉한 물건을 대개 남근의 상징으로 보았지만, 가끔은 시가처럼 가늘고 길쭉한 물건에 다른 의미가 전혀 없을 수도 있다며 이런 말을 했다 - 옮긴이)에 지나지 않는다고 한 것처럼, 미소도 그냥 미소일 때가 있는 법이다.

* * *

노이는 대부분의 태국인들과 마찬가지로 선행을 쌓는 것이 중요하다고 믿는다. 그녀의 머릿속에서는 계산기가 돌아간다. 승려에게 시주를 하거나 가치 있는 일에 돈을 기부하면 그녀의 선업이 크게 올라가서 내세에 구원을 받을 수 있다. 노이는 또한 스콧을 열렬히 사랑하기 때문에 태국식 표현으로 자주 애정 표현을 하곤 한다. "원숭이가 바나나를 사랑하듯이 나는 당신을 사랑해." 정말 귀여운 표현이다.

노이가 텔레비전을 보지 않을 때는 아주 드물다. 그런 드문 순간에 그녀는 스콧에게 이런저런 충고를 한다. "당신은 너무 진지해." "생각을 너무 많이 하면 안 돼!" 태국에서는 이런 말을 흔하게 들을 수 있다. 이런 말을 잘 살펴보면, 이 나라의 특징과 이 나라 사람들이 생각하는 좋은 인생의 의미를 상당히 알아낼 수 있다.

난 항상 내가 생각이 깊은 사람이라고 생각했다. 내가 생각하지 않는 주제는 거의 없다. 아주 지독하게 심오한 주제부터 놀라울 정도로 사소한 것에 이르기까지. 내가 그다지 생각해보지 않은 유일한 주제는 바로⋯⋯생각이다.

대부분의 서구인들과 마찬가지로 나는 생각의 가치에 의문을 제기할 필요가 있다는 생각을 해본 적이 없다. 내가 보기에 그건 호흡의 가치에 의문을 제기하는 것만큼이나 의미 없는 일이었다. 우리가 쓰는 언어만 살펴봐도 그렇다. '나는 생각한다. 고로 존재한다.' '행동하기 전에 생각부터 해라.' '잘 생각해봐라.' '생각을 좀 해봐라.' '내가 생각을 좀 해보고 다시 연락할게.' '넌 정말 생각이 깊어.'

어떤 사람들은 부패한 대중문화가 생각의 가치를 깎아내린다고 생각한다(또 '생각'이다). 그건 틀린 생각이다. 대중문화가 특정한 종류의 생각(깊은 생각)의 가치를 깎아내리는 건 사실이지만, 다른 종류의 생각(여러 가지 깊이 없는 생각들)은 오히려 소중하게 생각한다. 깊이가 없는 생각도 생각이다.

사람들은 성찰하는 삶이 좋은 삶이라고 말한다. 이런 생각이 심리치료의 기반을 이루고 있다(특히 인지치료가 그렇다). 잘못된 사고 패턴, 그러니까 오류를 일으킨 소프트웨어를 고치기만 하면, 행복이 찾아올 거라는 식이다. 아니 최소한 불행이 줄어들기는 할 거라고 본다.

나는 행복에 이르는 길을 생각해내려고 애쓰는 데 인생의 대부분을 바쳤다. 그런데도 내가 행복에 이르지 못했다는 사실은 나의 생각하는 재주가 별로라는 증거인 것 같다. 사고 과정의 결함이 아니라 생각 그 자체가 내 불행의 근원이라는 생각은 한 번도 해본 적이 없다.

태국에 갈 때까지는 그랬다. 태국인들은 생각을 크게 경계하고 의심한다. 태국인들에게 생각은 달리기와 같다. 다리가 움직인다고 해서 우리가 어딘가 목적지를 향해 가고 있다는 뜻은 아니라는 것이다. 어쩌면 맞바람을 향해 달려가는 중일 수도 있다. 그냥 러닝머신 위에서 달리기를 하는 것일 수도 있다. 심지어 뒷걸음질로 달리기를 하는 것일 수도 있다.

태국인들은 자기계발서를 보지도 않고, 심리치료사를 찾아가지도 않고, 자기가 안고 있는 고민을 한도 끝도 없이 늘어놓지도 않는다. 우디 앨런의 영화도 보지 않는다. 내가 노이를 비롯한 태국 사람 여럿에게 행복하냐고 물었더니 그들은 역시나 미소를 지으면서 예의 바르게 대답했다. 하지만 내 질문을 이상하게 생각하는 기색이 역력했다. 태국 사람들은 행복하게 사는 것만으로도 너무 바빠서 행복에 대해 생각할 틈이 없는 것 같다.

사실 나도 오랜 세월에 걸쳐 자기 성찰을 했지만 결국 내가 이른 곳이 어디인지 생각해보게 됐다. 지금 내게 남은 건 책꽂이에 가득 꽂힌 자기계발서와 "고민하는 문제가 있다"라거나 "그게 무슨 의미라고 생각하느냐?"라는 짜증스러운 말을 수시로 입에 담는 버릇뿐이다. 태국 사람들은 절대 그런 말을 하지 않는다.

태국의 문화는 생각을 불신한다는 점에서 아주 드문 특징을 지니고 있지만, 그렇다고 이것이 독특한 특징은 아니다. 이누이트족도 생각에 대해 눈살을 찌푸린다. 누군가 생각을 한다는 것은 정신이 나갔거나 그악스러울 정도로 고집이 세다는 뜻이기 때문이다. 이 두 가지 모두 바람직한 상황은 아니다. 지리학자인 이푸 투안에 따르면 어떤 이누이트족 여성이 아주 당당한 어조로 "난 절대 생각을 하지 않는다"라고 말하는 소리를 남들이 우연히 들은 적이 있다고 한다. 또 다른 이누이트족 여성은 친구가 자꾸만 자기더러 생각을 하라며 수명을 줄이려 든다고 다른 친구에게 고민을 털어놓았다. "행복한 사람은 생각할 이유가 없다. 그들은 삶에 의문을 제기하지 않고 그냥 산다." 투안은 이런 결론을 내렸다.

이 점에 대해 신흥 학문인 행복학은 대체로 침묵을 지키고 있다. 내가 보기에는 무리도 아니다. 요리사가 요리의 가치에 대해 의문을 제기하지 않는 것처럼, 학자도 모름지기 생각의 가치에 대해 의문을 제기하지 않을 것이다. 그래도 몇몇 용감한 심리학자들이 자기 성찰과 행복의 관계를 연구했다.

그중 한 연구에서 심리학자인 팀 윌슨과 조너선 스쿨러는 실험 참가자들에게 스트라빈스키의 〈봄의 제전〉을 들려주었다. 두 사람은 음악을 들려주기 전에 참가자 중 일부에게는 아무런 지시도 하지 않았고, 다른 참가자들에게는 자신의 행복도를 확인해보라고 지시했다. 그리고 또 다른 집단에게는 음악을 들으면서 "행복해지려고 노력"하라고 말했다. 그 결과 뒤의 두 집단은 음악을 들으면서 느낀 즐거움이 적었다. 반면 아무런 지시도 받지 않은 사람들은 음악을 들으면서 아주 즐거워했다. 여기서 내릴 수밖에 없는 결론은 이렇다. '행복에 대해 생각하다 보면 덜 행복해진다.'

철학자 앨런 워츠가 지금 살아 있었다면, 이 실험에 관한 이야기를 듣고 알 만하다는 듯 고개를 끄덕였을 것이다. 예전에 워츠는 이런 말을 했다. "나쁜 음악만이 조금이라도 의미를 지니고 있다." 의미에는 반드시 말과 상징이 따라붙는다. 그리고 말과 상징은 자신이 아닌 다른 것을 가리킨다. 좋은 음악은 뭔가 다른 것을 가리키지 않는다. 그냥 존재한다. 같은 맥락에서, 오로지 불행만이 의미를 지니고 있다. 그래서 우리가 불행에 대해 이야기하고 싶다는 충동을 느끼고, 불행에 관해 이런저런 말을 늘어놓는 것이다. 행복에는 말이 필요 없다.

우리가 스스로 행복해지는 방법은 기본적으로 딱 세 가지밖에 없다. 긍정적인 감정(좋은 기분)을 증가시키는 것, 부정적인 감정(나쁜 기분)을 감소시키는 것, 아니면 화제를 바꾸는 것. 이 세 번째 방법을 우리는 거의 고려하지 않는다. 설사 고려하더라도 현실도피라며 무시해버린다. 화제를 바꿔? 그건 문제를 피하는 거지. 비겁한 행동이야! 반드시 문제 속에서 몸부림치면서 그걸 분석하고, 맛보고, 삼켰다가 내뱉고, 다시 삼키고, 이야기해야 한다. 항상 이야기해야 한다. 당연히. 나는 행복에 이르는 길이 말로 포장되어 있다고 항상 믿었다. 명사·형용사·동사를 올바른 순서로 배열하기만 하면, 최고의 행복을 향해 휙 뛰어오를 수 있을 거라고 믿었다. 태국 사람들에게 이

건 낯설고 아주 어리석은 생각이다. 태국 사람들은 말을 믿지 않는
다. 그들은 말이 진실의 도구가 아니라 기만의 도구라고 본다.

태국 사람들에게는 다른 방법이 있다. '마이 펜 라이'라는 방법. 이
건 '신경 쓰지 마'라는 뜻이다. 우리 서구인들이 대체로 화를 내면서
"에잇, 신경 쓰지 마. 내가 알아서 할 테니"라고 말할 때의 그 의미가
아니라 정말로 '고민은 그만두고 앞으로 나아가라'라는 의미다. 태
국에 사는 외국인들은 이런 사고방식을 자기 것으로 만들거나, 아니
면 미쳐버린다.

* * *

"세상이 전부 미쳤어요." 데니스 그레이가 자기 사무실 창밖에 한
없이 뻗어 있는 콘크리트 구조물들을 가리키며 단언한다. 데니스
는 1962년에 같은 장소를 찍은 사진을 내게 보여준다. 지금 내 눈
앞에 보이는 고층 건물의 바다와는 완전히 다른 모습이다. 건물은
몇 개밖에 안 되고, 도로에도 자동차가 한두 대밖에 없다. 데니스는
1962년으로 돌아가고 싶다고 말하면서도 대부분의 태국인들은 십
중팔구 생각이 다를 거라는 사실을 인정한다. 그는 태국 사람들이
변화에 잘 대처하고 있지만 옛것을 소중히 여기지 않는다고 말한다.

미국인 기자인 데니스는 35년 전부터 태국에 살고 있다. 그는 태
국 사람들이 방콕을 바꿔놓은 것을 몹시 싫어한다. 방콕은 원래 우
아한 운하 때문에 동방의 베니스로 유명했는데, 태국 사람들이 오래
전에 운하를 포장해버렸다는 것이다. 하지만 그는 태국 사람들의 무
사태평한 성격을 사랑한다. 거의 매일 마이 펜 라이를 보여주는 사

례를 만난다는 것이다.

"일전에 우리 총무부장하고 같이 회계 문제를 논의한 적이 있어요. 그런데 무슨 수를 써도 문제를 해결할 수가 없는 겁니다. 아무리 애를 써도 숫자가 맞아떨어지질 않았어요. 그때 총무부장이 이러더라고요. '이건 그냥 내버려 두죠. 꼭 해결책을 찾을 필요는 없잖아요.' 그래서 그렇게 했습니다."

데니스는 극단적인 낙천주의자가 아니다. 그는 마이 펜 라이에도 문제가 있음을 인정한다. 가끔 무능력이나 게으름을 은폐하는 수단으로 쓰이는 게 바로 문제라는 것이다. 하지만 그는 전체적으로 봤을 때, 이것이 인생의 여러 문제에 대처하는 현명한 방법이라고 믿고 있다. 사실 옛것을 손에서 놓지 않으면, 새것(새로운 직업, 새로운 애인, 새로운 인생 설계)을 집어 들 수가 없지 않은가? 양손에 이미 물건을 가득 든 상태에서 장바구니를 또 집어 들려고 하는 것과 같다. 그랬다가는 모든 물건이 와르르 쏟아져서 결국 우리에게는 빈손만 남게 될 것이다.

나도 이 말을 믿고 싶다. 정말로 믿고 싶다. 하지만 내 마음 한구석, 노이로제 증세가 있는 한쪽 구석이 저항한다. 나는 해결되지 않은 문제를 그냥 손에서 놓아버릴 수가 없다. 내가 보기에 그것은 포기다. 그런데 포기라는 말을 들으면 내 몸에 벌레가 기어 다니는 것 같은 기분이 든다. 어쩌면 나도 태국에서 35년을 살다 보면 마이 펜 라이를 따르게 될지도 모른다. 아니면 미쳐버리거나.

데니스가 좋아하는 태국의 또 다른 특징은 자이엔, 즉 냉정한 가슴이라는 원칙이다. 태국 사람들은 냉정한 가슴을 잃어버리는 것을 최악의 일로 친다. 그래서 잘난 척하는 외국인들을 결코 참아주지 못하는 것이다. 그런데 거의 대부분의 외국인들이 여기에 속한다.

"태국 사람들은 뒷공론도 잘하고 술수도 잘 부려요." 데니스가 말한다. "하지만 30년 동안 여기 살면서 사무실에서 누가 냉정을 잃은 모습을 본 건 아마 고작해야 열 번이 조금 넘을걸요." 세상에, 미국의 사무실에서는 사람들이 하루에도 12번씩 냉정을 잃는다. 데니스가 말로 정해놓은 것은 아니지만 사무실에서 꼭 지키는 규칙이 있다. '폭발하지 말자.' 동료에게 화가 난다면, 잠시 시간을 두고 마음을 가라앉힌다. 가끔은 사람들이 '미국식'으로 서로에게 불만을 직접 털어놓게 하기도 한다. 하지만 그런 경우는 그리 많지 않다.

나중에 나는 태국인 교장 선생님인 쿠닙에게 이 냉정한 가슴에 대해 묻는다. 우리는 교사 휴게실에 앉아 있다. 바닥이 금빛 나무로 되어 있어서 공항의 비즈니스 클래스 라운지가 생각난다. 쿠닙의 피부는 완벽하고, 하얀 셔츠와 빨간 넥타이에도 흠잡을 데가 없다. 태국 사람들은 외모를 아주 중요하게 생각한다. 닉이 지적했듯이, 그들은 털이 무성한 겨드랑이를 남의 면전에 드러내는 사람을 싫어할 뿐만 아니라 주름살과 때도 싫어한다. 쿠닙은 냉정한 가슴에 관한 나의 질문에 어떤 이야기를 하나 들려준다.

어떤 이웃 사람이 바나나 나무를 길렀는데, 이 나무가 어찌나 잘 자랐는지 담을 넘어 쿠닙의 땅을 침범했다. 그래서 바나나 나무에 붙어사는 벌레들이 쿠닙의 집까지 들어왔다. 미국인이라면 이웃을 찾아가서 "어이, 이 망할 놈의 바나나 나무 좀 어떻게 해봐! 우리 집에 벌레가 들끓잖아!"라고 말했을 것이다. 나라도 그랬을 것이다.

하지만 쿠닙은 그렇게 하지 않았다. 그는 바나나 나무의 이파리를 하나 꺾었다. 딱 하나만. 그것이 이웃에게 불쾌감을 표시하는 방법이었다. 며칠 뒤, 이웃 사람이 부른 정원사가 나타나서 바나나 나무의 가지를 다듬었다. 이렇게 해서 한마디 말도 오가지 않은 상태에서 갈등이 해결되었다.

"우리는 항상 인간관계를 먼저 생각합니다. 그게 문제보다 더 중요해요." 쿠님이 설명한다.

나는 이걸 이해해보려고 애쓴다. 우리 서구인들은 대개 인간관계보다 문제 해결을 우선시한다. 문제의 해답, 즉 진실을 찾는 과정에서 우리는 친구는 물론 가족까지도 기꺼이 내팽개친다.

하지만 나는 쿠님에게 묻는다. 그냥 이웃에게 가서 바나나 나무를 어떻게 좀 해달라고 정중하게 말할 수도 있는 것 아닌가요?

그러면 자기가 너무 공격적으로 보였을 거라고 쿠님이 대답한다. "(분노는) 멍청하고 정신 나간 감정이에요. 그러니까 분노를 막아야 합니다. 우리나라에 이런 속담이 있어요. '더러운 물은 안에 두고, 깨끗한 물을 밖에 보여라.'"

좋은 말 같다. 이 냉정한 가슴이라는 원칙은. 하지만 그렇다면 태국의 살인 사건 발생률이 왜 비교적 높은 수준인 걸까? 잔인하고 폭력적인 국민 스포츠 무에타이는? 방콕 양히 병원의 외과 의사들이 독특한 수술 기법을 능숙하게 터득하게 된 이유는? 그들은 잘린 남근을 접합하는 기술이 세계 최고 수준이다. 혹시라도 여러분의 남근이 몸에서 분리되는 일이 생긴다면, 이 병원 의사들을 찾아오는 편이 좋다.

그들이 다른 의사들보다 타고난 재주가 많은 건 아니다. 단지 그 기술을 연습할 기회가 많았을 뿐이다. 태국의 신문에는 제멋대로 돌아다니는 남편에게 지친 아내가 더 이상 못 참겠다며 칼을 들었다는 기사가 두어 달에 한 번씩 실린다. 최근에는 의사들의 놀라운 솜씨에 대한 소문이 퍼져나간 것 못지않게, 성난 아내들도 한 단계 발전해서 훨씬 더 효과적인 위협을 생각해냈다. "내가 그놈의 물건을 오리한테 먹여버릴 테다." 아내가 조용하고 확신에 찬 태도로 이 말을 하면 수많은 태국 남자들이 성자처럼 굴기 시작한다.

태국 사람들은 '중도'를 강조하는 종교를 믿는데도 확실히 불을 서서히 줄이는 스위치가 없는 것 같다. 그들에게는 냉정한 가슴을 유지하는 것과 남근을 잘라버리는 것, 이 두 가지 극단밖에 존재하지 않는다. 그 사이에는 아무것도 없다.

* * *

사람들은 방콕이 '진짜 태국'이 아니라고 즐겨 말하곤 한다. 뉴욕이 진짜 미국이 아니고, 파리가 진짜 프랑스가 아니라는 말과 똑같다. 나는 이 말이 틀렸다고 생각한다. 이 도시들은 어느 날 갑자기 허공에서 뚝 떨어진 게 아니다. 그들은 자신이 뿌리박은 땅에서 유기적으로 자라났다. 그들은 자신이 속한 나라에서 예외적인 존재가 아니라 오히려 그 나라의 특징이 한껏 강화된 모습이다. 뉴욕은 미국이다. 미국적인 특징이 다른 곳보다 더 강할 뿐이다. 방콕도 마찬가지다.

나는 방콕의 스카이라인이 지금과 같은 모습이 되는 데 일조한 사람과 만날 약속을 잡았다. 태국에서 가장 유명한 건축가인 수멧 줌사이는 방콕 시내에 있는 많은 독창적인 건물을 설계했다. 로봇 빌딩이 좋은 예다. 이 건물은 정말로 로봇처럼 보인다. 줌사이는 태국의 국왕 라마 3세의 직계 후손이다. 그는 프랑스와 영국에서 어린 시절을 보내고 케임브리지에서 공부했다. 그래서 완벽한 영어를 구사한다고 한다. 그는 가치를 따질 수 없는 문화 통역자 같다. 한시라도 빨리 그를 만나고 싶다.

하지만 내가 탄 택시가 교통 체증에 붙들렸다. 택시기사는 개의치 않는 것 같다. 그는 여러 번 환생할 수 있을지 몰라도 내 생애는 하나뿐이기 때문에 나는 뒷자리에서 돌아버리기 직전이다. 더 이상은 못 참겠다. 나는 기사에게 요금을 치르고 차에서 내려 오토바이 택시를 잡는다. 오토바이 택시는 평범한 오토바이와 아주 비슷하게 생겼다. 운전사가 오렌지색 조끼를 입고 있으며, 값싼 요금으로 쌩하고 목적지까지 데려다 준다는 점만 다를 뿐이다. 나는 뒷자리에 앉는다. 그리고……쉭!……운전사가 귀신처럼 쌩하고 속도를 높인다. 우리는 늘어선 자동차들 사이를 요리조리 빠져나간다. 자칫하면 자동차에 닿을 것만 같다. 방콕에서는 이렇게 돌아다녀야 한다. 이것이 시내를 구경하는 최고의 방법이기도 하다. 방콕의 거리를 그대로 볼 수 있으니까.

서구의 현대적인 도시들은 체취를 빼앗겼다. 그래서 아무 냄새도 나지 않는다. 방콕은 다르다. 여기서는 온갖 냄새가 난다. 금방 요리한 팟타이, 금방 꺾어 온 금잔화, 금방 만들어진 인간 배설물. 콧구멍을 위해 한바탕 잔치가 벌어진다. 원래 졸음에 겨운 도시이던 방콕은 몇십 년 동안 정신없이 발전을 거듭하면서 사방으로 멀리까지 뻗어나간 거대도시로 변모했다. 맥박이 고동치는 도시가 김을 피워 올리며 한계를 모르고 뻗어나간다. 문자 그대로 그렇다. 방콕의 정확한 경계선이 어디인지 아는 사람은 하나도 없다. 정확한 인구도 모른다. 이 도시는 이렇게나 꿈틀거린다.

도시인과 시골 사람 중 누가 더 행복하냐는 오랜 의문에는 아직 답이 없다. 연구를 해봐도 결정적인 결과가 나오지 않는다. 하지만 루트 벤호벤에게서 들은 말이 생각난다. 그는 태국 같은 개발도상국에서는 도시 주민이 시골 주민보다 더 행복하다고 했다. 왜? 도시에서는 시골에서 접할 수 없는 경제적 기회를 잡을 수 있으니까? 이것도 맞는 말이긴 하지만, 이것이 전부 같지는 않다. 사실 태국의 시골 사람들은 대도시로 이주한다 해도 결코 이주하는 게 아니다. 그들은 마을을 통째로 도시로 옮겨놓고 시골과 도시의 좋은 점을 모두 누린다.

방콕 시내 어디서나 그 증거를 볼 수 있다. 사실 방콕은 도시라기보다 마을의 집합체다. 수백 개의 자그마한 모세관처럼 방콕 시내를 이리저리 가로지르는 좁은 골목길, 즉 소이에서 사람들은 시골에 살 때와 크게 다를 것 없는 삶을 이어간다. 국수 튀기는 냄새, 행상인들이 외치는 소리, 일종의 형제애, 이 모든 것이 다 있다.

나는 수멧 줌사이의 사무실에 도착한다. 오토바이 택시 때문에 몸이 후들후들 떨리면서도 짜릿한 기분이다. 경비원이 나를 데리고 정원을 지나 1층에 있는 작고 쾌적한 사무실로 안내한다. 스케치와 청사진들이 어지럽게 흩어져 있다. 건축가의 사무실이니 당연한 일이다. 수멧이 의자에 앉은 채 의자를 휙 돌려 나를 맞이한다. 나이는 60대인 것 같다. 약간 땅딸막한 몸에 카키색 사파리 셔츠를 입었다. 잘생기고 품위 있는 사람이다.

"잘 오셨습니다, 잘 오셨어요." 그가 완벽한 발음의 영어로 이렇게 말하며 나를 의자로 안내한다. 그러고는 지금 자기가 "짓궂은 시기"

라며 나더러 함께하자고 한다. 다행히도 그에게 '짓궂은 시기'라는 건 독한 술을 마시는 것을 뜻한다.

그가 내 잔에 위스키를 인심 좋게 따라준다. 나는 술병에 '메이드 인 부탄'이라고 적힌 것을 보고 기분이 좋아진다. 나는 부탄 군대를 위해 말없이 건배하며 한 모금 쭉 들이켠다. 그들에게 신의 축복이 있기를.

수멧이 자기 잔에는 진을 따른다. 이것이 그에게 첫 잔이 아님을 분명히 알 수 있다. "우리 불교도들이 지켜야 할 계명은 다섯 개뿐입니다. 그쪽은 열 개지만. 술에 탐닉하지 말라는 것도 계명 중 하나죠." 그가 진을 홀짝거리며 말한다.

나는 수멧에게 물어볼 것이 많다. 그래서 그가 기분 좋게 취한 상태에서 횡설수설하는 만취 상태로 변하기 전에 이야기를 나누고 싶다. 나는 먼저 선업을 쌓는 문제부터 시작한다. 그게 정말로 은행에 돈을 저축하는 것 같은 시스템인가요?

"사실 그렇습니다. 아주 간단하죠. 부정적인 에너지가 축적되면, 긍정적인 선업을 쌓아서 그걸 상쇄합니다." 이런 영적인 계산법이라면 회계사들이 아주 좋아할 것 같다.

그럼 사눅sanuk, 그러니까 재미는? 태국 사람들은 재미를 아주 중요하게 생각하죠?

이 말에 그의 눈이 반짝 밝아진다. 그가 갑자기 술이 확 깬 것 같은 표정으로 등을 꼿꼿이 세운다.

"아아, 사눅. 사눅이 아닌 건 굳이 할 가치가 없죠. 사람들은 재미가 없다는 이유로 월급이 많은 일자리를 그만두기도 합니다."

"재미있는 걸 싫어하는 사람은 없죠. 사실 우리 미국인들이 재미를 발명한 거나 마찬가지인데요."

"예, 그렇죠. 하지만 미국인들은 재미를 너무 심각하게 생각합니다. 우리 태국인들은 안 그래요. 우리는 일도 열심히 하고, 노는 것도 열심히 하자는 사고방식을 따르지 않습니다. 우리의 재미는 하루 일과 속에 골고루 녹아들어 있어요."

"그게 무슨 뜻입니까?"

"일을 하면서 미소를 짓거나 웃음을 터뜨리는 것도 재미가 될 수 있습니다. 미국에서처럼 딱딱하게 규정되어 있지 않아요. 그리고 우리가 휴가를 즐기는 패턴도 다릅니다. 우리는 유럽인들처럼 8월 한 달을 몽땅 휴가 내는 경우가 없어요. 여기서 하루 쉬고, 저기서 일주일 쉬는 식으로 쉬죠. 모든 게 골고루 퍼져 있어요."

수멧이 손을 뻗어 펜을 잡는다. 말도 안 되게 비싼 펜이다. 그는 눈에 띄게 흥분해서 뭔가 적더니 내게 보여준다. 나는 무슨 뜻인지 도무지 이해할 수가 없다. 그게 라틴어라서.

"이건 '너는 나처럼 될 것이다'라는 뜻입니다. 환상적이지 않아요?" 그가 숨을 훅 내쉬고 갑자기 생기를 띠면서 이 말을 하는 바람에 나는 순간적으로 긴장한다. 지금 그냥 돌아가는 게 낫지 않을까? 아니, 그는 다시 차분해졌다. 그가 내게 자기 형 이야기를 한다. 형은 '훌륭한 불교 신자'이며 매일 명상을 한다고 한다.

"당신도 명상을 하나요?" 내가 묻는다.

"아뇨, 난 서구적인 사람입니다. 하지만 그림을 그리는 것이 내게는 일종의 명상이죠."

"행복하십니까?"

"간단히 말하면 그렇습니다. 기독교식으로 말하면 나는 죄인입니다. 하지만 선업을 쌓아서 죄를 상쇄했어요. 의식적으로 그런 건 아니지만. 난 억압받는 사람들에게 약합니다."

나는 부탄산 위스키를 몇 잔 더 마신다. 그동안 우리의 대화는 점점 산만해진다. 나는 정신을 바짝 차리고 미리 준비해온 질문에서 벗어나지 않으려고 애쓰지만, 뜻밖에도 마이 펜 라이가 번개처럼 나를 사로잡는 바람에 대화가 흘러가는 대로 그냥 내버려 두기로 한다.

그래서 우리는 방콕에 대해 이야기한다. 그는 방콕이 미니 상하이 같다고 말한다. 모든 것이 몇 달 만에 변하기 때문에 여기 사는 사람들조차 항상 새로운 것에 적응하며 살아가야 한다는 점에서 그렇다고.

"방콕은 스파게티처럼 설계된 국제적인 도시입니다. 활기가 넘치죠. 물론 파리나 런던도 활기가 넘치지만 파리나 런던에서 백화점에 들어가 보면 웃는 사람이 보이지 않습니다. 여기서는 사람들이 미소를 지어요. 그리고 수많은 절, 아, 절과 소이. 거기서는 겨우 몇 바트로 멋진 팟타이를 사 먹을 수 있습니다."

수멧은 나더러 한 잔 더 하고 가라고 권하지만 나는 정중하게 거절한다. 그러고는 자리를 뜨려고 일어서는데 그의 눈에 슬픔이 깃들어 있다. 수멧은 나와 함께한 미국식 자기 성찰이 즐거웠던 모양이다. 아마 이런 기회가 그리 많지 않을 것이다. 그에게 앞으로도 한참 동안 술을 마시면서 이야기를 해보라고 하면 얼마든지 그렇게 할 수 있을 것 같다.

* * *

어떤 사람들은 도시에 신이 없다고 생각한다. 하지만 사람들이 원래 도시를 지은 목적 중에는 신들과 어울리는 장소를 마련하자는 것도 포함되어 있었다. 기독교가 처음으로 뿌리내린 곳도 시골이 아니라 도시였다. 방콕에서는 신성함과 불경스러움이 나란히 존재한다. 마치 이혼했지만 경제적인 이유로 계속 함께 살고 있는 부부 같다. 완벽한 관계는 아니지만, 그렇다고 말로 듣는 것만큼 불편한 관계도 아니다.

나는 스카이트레인을 타고 있다. 스카이트레인은 디즈니 동산의 기차처럼 방콕 시내를 미끄러져 돌아다니는 모노레일 기차다. 밖을 내다보니 커다란 절이 보인다. 금빛으로 빛나는 절이 두 쇼핑몰 사이에 샌드위치처럼 끼여 있다. 나는 기차에서 내려 에라완 사원까지 몇 블록을 걷는다. 현대판 전설이 이 사원을 둘러싸고 있다. 오래전에 고층 호텔의 신축 공사장에서 갖가지 문제가 발생했다. 기계들이 툭하면 고장 나고, 무엇 하나 제대로 돌아가는 게 없었다. 그때 누군가 아이디어를 냈다. 사원을 지어서 신들을 달래자고. 사람들이 그 말대로 하자 공사는 일사천리로 진행되었다.

오늘날 태국 사람들은 이 사원 앞에 멈춰 서서 재빨리 신을 만난다. 하지만 내가 보기에 이곳은 그다지 신성한 곳 같지 않다. 서구의 갖가지 신들, 즉 버버리, 루이뷔통, 맥도날드, 스타벅스 등이 이 사원을 둘러싸고 있기 때문에.

그런데 이 풍경 속의 부조화를 알아차리는 사람이 하나도 없는 것 같다. 공기에서는 향냄새가 난다. 아냐, 자동차 배기가스 냄새인가? 어떤 남자가 갈색 달걀이 가득 든 바구니를 앞에 놓는다. 신에게 바치는 공물이다. 다른 사람들은 무릎을 꿇고 앉아서 움직이지도 않고 말도 하지 않는다. "안전을 위해 커다란 촛불을 켜지 마십시오"라고 적힌 안내판이 걸려 있다. 그래도 사람들은 커다란 촛불을 켠다. 그러면 경비원이 와서 커다란 밀짚모자를 흔들어 불을 끈다.

그래, 여기가 방콕 한복판의 평화로운 오아시스인 것 같기는 하다. 하지만 몇 년 전 어떤 미친 남자가 망치로 사원의 황금 신상을 부숴버렸다. 차가운 가슴은 온데간데없었다. 모여든 사람들이 즉시 그 남자에게 달려들어 때려 죽였다. 태국 언론은 남자를 죽인 행위를 비난하고, 신상의 파괴를 탄식했다.

나는 방콕 시내를 계속 정처 없이 돌아다닌다. 아시아의 도시들은 쉽게 속내를 드러내지 않는다. 겉으로 드러난 모습 속에는 보이지 않는 것이 아주 많다. 서머셋 몸도 1920년대에 이 지역을 여행할 때 이 점을 알아차렸다. "그들은 단단하고 반짝이며……우리에게 아무 것도 주지 않는다. 하지만 그곳을 떠날 때면 뭔가 놓쳐버린 것 같은 기분이 든다. 그래서 저들이 우리에게 비밀을 다 보여주지 않았다는 생각을 하지 않을 수 없다."

나는 차이나타운을 걸어서 돌아다닌다. 몇몇 도시에서 볼 수 있는, 박물관 같은 차이나타운과는 다르다. 이곳은 살아서 꿈틀거리며 번성하는 도시의 일부다. 중국이 태국에 영향을 미친 역사는 수백 년을 거슬러 올라간다. 중국은 지금도 태국에 영향을 미치고 있다.

나는 많은 가게를 지나친다. 이유는 잘 모르겠지만 공구 가게들이 대부분이다. 모두 티끌 하나 없이 깨끗하다. 이렇게 깨끗한 곳이 있을 거라고는 생각도 하지 못했다. 지저분한 개들이 보이고, 사람들은 일종의 보드게임을 하고 있다. 가게와 많은 주택이 도로를 향해 개방되어 있다. 서구에 비해 아시아의 이 지역에서는 사생활이 덜 중요하다. 마치 X선 안경을 쓰고 맨눈으로는 볼 수 없는 것들을 보고 있는 것 같은 기분이다. 저녁 식사를 준비하는 가족들, 머리를 자르고 있는 남자. 어떤 남자가 가게 안에 조용히 앉아 있는 모습이 눈에 들어온다. 그는 청바지를 입고 의자에 앉아 쉬고 있다. 눈은 감겨 있다. 처음에 나는 그가 자는 줄 알았지만, 혼돈 속에서 잠시 평화를 찾고 있을 뿐임을 금방 깨닫는다. 그가 눈을 뜨자 나는 당황해서 시선을 돌린다.

가게마다, 집집마다 앞에는 귀신의 집이 있다. 정교하고 아름다운 새집처럼 보인다. 이런 집을 만든 것은, 악령에게 자기만의 방, 거주할 공간을 마련해주면 악령이 사람 사는 집에는 다가오지 않을 거라는 생각 때문이다. 마이애미의 많은 주택 마당에 자리 잡은 시가 또는 처가용 오두막과 다르지 않다. 기본 원칙이 같다.

나는 '랜토 보석센터'라는 간판("반짝이는 것이라면 여기 다 있습니다")을 지나고, 뭔지는 모르지만 하여튼 '행복한 화장실, 행복한 생활'이라는 간판도 지나간다. 태국 사람들이 행복에 대해 별로 '생각'을 하지 않을지는 몰라도 사실 행복이라는 단어에 대해서는 대단히 열렬한 감정을 품고 있다. 어딜 봐도 그 단어가 있다. '행복한 마사지실', '행복한 주점'이 있고, '이중 행복(두부 속에 국수를 채운 것)'이라는 요리도 있다.

이렇게 정처 없이 돌아다니다 보니 유엔 사무소가 나온다. 크고 오지랖이 넓어 보인다. 그리고 건물 밖에 귀신의 집이 없다. 유엔을 보면 많은 것이 떠오른다. 대개 행복은 그중에 없다. 하지만 유엔의 착한 사람들 역시 평화봉사단의 착한 사람들과 마찬가지로 행복과 관련된 일에 종사하고 있다. 물론 유엔 관리들은 자기 일을 그렇게 표현하는 법이 결코 없지만.

내가 이곳에 온 것은 수리랏이라는 여자를 만나기 위해서다. 미국에 있는 내 친구는 그녀가 태국 사람들의 행복에 대해 아마 훌륭한 의견을 갖고 있을 거라고 말해주었다.

그녀는 미소를 지으며 나를 맞이한다. 우리는 커피를 마시러 구내식당으로 간다. 수리랏은 30대 중반의 독신이며, 부모와 함께 살고 있다. 태국의 독신 여성들에게 그건 이상한 일이 아니다. 사실 남자도 마찬가지다.

나는 그녀에게 태국 사람들이 이토록 행복해 보이는 이유가 무엇이냐고 묻는다.

"태국 사람들은 무슨 일에든 심각해지는 법이 없어요. 우린 어떤 것도 심각하게 받아들이지 않죠. 우린 무슨 일이든 다 받아들일 수 있어요."

"그게 무슨 뜻이죠?"

"예를 하나 들게요. 미국에서 어떤 사람이 무엇에 발이 걸려 넘어지면, 모두들 그냥 내버려 두죠. 마치 아무 일도 없었던 것처럼 행동해요. 하지만 태국 사람들은 어떨까요? 우린 쉬지 않고 웃어대요. 물론 넘어진 사람에게 달려가서 도와주지만, 그동안 내내 웃어요."

"그러니까 살아가면서 스트레스를 전혀 받지 않는다는 건가요?"

"스트레스가 있죠, 당연히. 하지만 살다 보면 도저히 우리 마음대로 안 되는 상황이 있게 마련이에요. 자신의 마음 밖에서 벌어지는 일을 바꿀 수는 없으니, 우리는 자신의 생각을 바꿔요. 나는 이런 사고방식이 태국 사람들에게 효과를 발휘하고 있다고 봐요. 어떤 사람한테 아주 화가 났는데도 그 사람한테 아무 짓도 할 수 없다면 어떨까요? 그 사람을 때려주고 싶은데 그럴 수가 없다면? 그럴 때 우리는 심호흡을 한 번 하고 잊어버려요. 그렇게 하지 않으면 하루를 망치게 될 테니까요."

그녀의 말을 들으면 이것이 숨을 내쉬는 것만큼이나 아주 쉬운 일인 것 같다.

"내가 보기에 미국은 세계에서 가장 스트레스가 많은 나라 중 하나예요. 미국인들은 행복을 사려면 돈이 필요하다고 생각하죠. 무슨 일이든 남을 고용해서 시켜요. 심지어 집 앞 잔디밭을 깎는 일까지도. 여기서는 부자들도 그런 일은 직접 해요. 우리한테는 그게 재미있거든요."

그 말이 또 나왔다. '재미.' 사눅. 태국 사람들의 마음속에서 재미가 정말로 특별한 자리를 차지하고 있는 걸까?

"물론이죠. 우리는 회의 도중에도 농담을 하고 크게 웃어요. 모두들 격식을 갖추려고 애쓰지 않죠. 그래야 일을 할 수 있어요. 재미없는 일이라면, 할 가치가 없어요."

태국 사람들은 재미로 남을 놀리기도 한다.

"우린 뚱뚱한 사람들을 놀려요. 친구를 '하마'라고 부르기도 해요. 그러면 친구가 날 찰싹 한 대 때리겠지만, 그것도 전부 재미로 하는 장난이에요. 미국에서는 그럴 수 없죠?"

그럴 수 없다고 나는 그녀에게 말한다.

수리랏은 사무실로 일하러 가봐야겠다고 말한다. 아니, 재미있게 즐기러 가는 건가? 어느 쪽인지 알 수가 없다. 우리가 죽 늘어선 엘리베이터 앞을 지나는데 그녀가 친구를 발견하고 태국어로 뭐라고 말을 건다. 친구와 대화를 끝낸 뒤 그녀가 나를 보며 말한다. "보셨죠? 이게 좋은 예예요. 저 친구는 키가 작아요. 새우처럼."

"그래서 친구를 '새우'라고 불렀어요?"

"아뇨." 그녀가 말한다. 나더러 아까 자기 말을 어디로 들었느냐고 말하는 것 같다. "바다 가재라고 불렀어요. 이제 아시겠어요?"

아니, 모르겠다. 나는 태국 사람들이 재미를 좋아하기는 해도 쉽게 이해할 수 있는 민족은 아니라는 결론을 내린다.

* * *

태국 사람들은, 심지어 불교를 열심히 믿지 않는 사람들조차도 일종의 평정을 유지하는데 나는 그런 모습을 볼 때마다 화가 나서 견딜 수가 없다. 세상이 면전에 아무리 끔찍한 일을 내던져도 그들은 도무지 당황하는 법이 없다.

2004년에 지진해일이 발생해서 태국에서만 수천 명이 사망한 뒤에도 정부를 비난한 사람은 거의 없었다. 정부를 비난할 수도 있었을 텐데. 경보 체계의 미비나 두서없는 늑장 대응을 쉽사리 비난할 수 있었을 텐데. 물론 우리라면 그렇게 했을 것이다. 허리케인 카트리나가 뉴올리언스를 초토화한 뒤 우리는 실제로 그렇게 했다. 우리는 항상 누구를 비난하려고 한다. 하느님 말고 누군가 다른 사람. 현재 하느님은 불만 접수를 중단한 상태니까. 하느님에게 불만을 적어내는 상자는 이미 가득 차 있다.

태국 사람들은 일어난 일을 그냥 받아들인다. 물론 그런 재앙을 좋아한다거나, 그런 일이 또 일어나기를 바란다는 뜻은 아니다. 당연히. 하지만 태국 사람들은 시야를 아주 멀리, 영원까지 넓힌다. 이번 생에서 일이 잘 안 풀리더라도 항상 다음 생이 있고, 다음 생에서도 일이 잘 안 풀리면 또 그다음 생이 있다. 행운을 누리는 시기와 불운에 시달리는 시기가 번갈아 나타나는 것은 당연한 일이다. 햇빛이 화창한 날 사이에 비 오는 날이 이따금 섞여 있는 것과 같다. 그것이 세상의 이치다. 이런 세계관에서 남을 비난하는 행위는 그다지 두각을 나타내지 않는다. 운수 또는 운명이 중요할 뿐이다. 나는 내 운명이 궁금했다. 노이가 자오, 즉 영매와 약속을 잡아주었다. 좋은 집안 출신의 훌륭한 영매라고 한다. 태국에서는 점술이 가업이기 때문에 대를 이어 기술을 물려받는다.

스콧은 이런 일에 회의적이지만 기꺼이 맞장구를 쳐준다. 스콧은 태국에서 자신의 이성적이고 무신론적인 정신이 공격받는 것에 이미 익숙해져 있다. 어느 날 자고 일어나 보니 사람들이 모두 종이학을 만들고 있을 때도 그랬다. 노점상에서부터 주식 중개인에 이르기까지 모든 사람이 그러고 있었다. 이게 다 무슨 일이지? 알고 보니 국왕이 태국 남부의 국민들에게 마음을 차갑게 가라앉힐 필요가 있다고 말했다고 했다. 남부라면, 수십 년 전부터 이슬람교도들의 반란이 기승을 부리고 있는 곳이다. 왕의 말을 들은 총리는 완벽한 해결책을 떠올렸다. 종이학! 그래, 종이학을 수천, 수만 마리 만들어 비행기에 싣고 가서 평화의 제스처로 그곳에 떨어뜨리는 거야. "이 사람들은 그 종이학으로 사실상 남부에 폭격을 하다시피 했어." 스콧이 어이가 없다는 표정으로 말한다. "내 평생 그렇게 괴상한 일은 본 적이 없다니까."

우리 셋은 스콧의 아파트에서 나와 좁은 소이를 걸으며 노점상을 지나고, 미용실을 지나고, 길 잃은 개들을 지난다. 그렇게 잠깐 걷다가 이렇다 할 특징이 없는 집으로 들어가 2층으로 올라간다. 가구가 거의 없는 집이다. 천장에 선풍기가 달려 있고, 바닥에 아무 무늬도 없는 하얀 장판이 깔려 있을 뿐이다. 우리는 바닥에 앉아서 음식을 먹으며 태국어로 속사포처럼 수다를 떨고 있는 여자들을 지나간다. 사실 태국 사람들은 항상 그렇게 속사포처럼 말한다.

우리는 2층의 어떤 방으로 안내된다. 여기도 가구가 없다. 신상은 있지만. 한쪽 벽에 힌두의 신들이 가지런히 놓여 있다. 원숭이 신인 하누만, 크리슈나, 그리고 내가 제일 좋아하는 코끼리 머리의 신 가네샤. 가네샤는 지혜와 시적인 영감의 신인데, 나는 이 두 가지 재주가 많이 부족하다는 생각이 자주 든다. 한쪽 구석에는 자그마한 불상이 있다. 자세히 보니 그 불상은 방 안의 어떤 물건보다도, 심지어 우리보다도 더 높은 곳에 올려져 있다. 바닥은 파란색과 초록색으로 칠해져 있다. 불길한 동양 카펫과 비슷한 정신 사나운 무늬다. 에어컨이 없는 방이라 내 몸에서 금세 땀이 솟는다.

우리는 바닥에 무릎을 꿇고 앉아 자오를 기다린다. 스콧은 아까보다 더 회의적으로 변해서 노이가 제단에 바칠 공물을 사러 자리를 비운 사이에 나한테 대놓고 자기 생각을 말한다.

노이가 돌아와서 비닐봉지 속에서 작은 우유 팩 두 개, 빨대 두 개, 깡통에 든 펩시콜라 두 개를 꺼낸다. 그녀는 이 물건들을 39바트(약 1.25달러)와 함께 금빛 쟁반 위에 놓는다. 스콧이 내게 속삭인다. "펩시콜라 대신에 코카콜라를 쓰면 안 되나?" 나는 살이 축 늘어진 그의 배를 팔꿈치로 쿡 찌르며 조용히 하라는 시늉을 한다.

자오가 나타난다. 날씬한 중년 여성인데, 외모에 이렇다 할 특징은 없다. 그녀는 빨간 티셔츠에 오렌지색 스카프를 두르고, 스카프 자락을 한쪽 팔에 걸친 모습이다. 머리카락은 단단히 틀어 올렸다.

그녀가 빨간 담요 위에 가부좌를 하고 앉는다. 그녀 옆에는 카드 한 벌이 있다.

그녀가 펩시콜라가 놓인 제단에 촛불을 켜더니 나더러 태국어로 뭘 외우라고 말한다. 내가 외워야 할 말을 노이가 내 귓가에 속삭인다. 천천히. 이상한 발음 때문에 내 혀가 애를 먹지만, 나는 간신히 끝까지 해낸다.

자오가 눈을 감고, 이마 근처에서 양 손바닥을 맞댄다. 태국의 전통적인 와이 자세, 즉 인사와 기도가 섞인 자세다. 그녀는 막대 모양의 향을 요술 지팡이처럼 흔든다. 그녀의 입술이 달싹이지만 소리는 나지 않는다. 노이는 자오가 "좋은 때, 귀신이 찾아오는 상서로운 때를 기다리고 있다"고 내 귓가에 속삭인다. 그 순간이 빨리 오면 좋겠다. 다리가 저리기 시작하고, 이마에서 땀방울이 억수같이 흘러내려 눈으로 들어가는 바람에 눈이 따갑다.

그때 뭔가 일어난다. 자오의 몸이 격렬하게 경련하기 시작한다. 지금 귀신을 이끄는 중이라고 노이가 설명한다. 귀신은 남자인 모양이다. 여성적이던 자오의 몸짓이 남성적으로 완전히 변한 것을 보면. 아까까지만 해도 새침하던 그녀의 몸짓에서 지금은 거칠고 으스대는 느낌이 난다. 그리고 그녀가 자꾸만 손을 앞으로 내뻗는 모습이 살짝 공격적으로 보인다. 노이도 아까는 자오를 '그녀'로 지칭했지만, 지금은 '그'라고 말한다. 변화는 완벽하다.

그녀, 아니 그가 나에 관한 정보를 말한다. 내 삶, 아니 정확히 말해서 삶들에서 실제로 일어났던 일들이다. 전생에 내가 중국에 관한 책을 썼다고 한다. 그런데 그 책 내용이 무례해서 반응이 좋지 않았다. 아 그러셔. 전생에 글을 썼다가 비평가들한테 형편없는 혹평을 받았다는 사실을 알게 된 사람은 내가 처음일 거야.

"부처님에 대해 글을 쓸 때 조심해." 그녀/그가 말한다. "사람들이 반발할 거야." 이 충고를 마지막으로 자오는 뭔가 빨간 것을 금빛 그릇에 뱉는다(빈랑나무 열매겠지? 그럴 거야). 그녀/그의 표정이나 몸짓이 아주 공격적이라 나는 당황한다. "저것도 다 연기야." 스콧이 속삭인다. 나는 또 팔꿈치로 그를 찌른다.

자오의 말이 속사포처럼 쏟아져 나온다. 노이가 그 말을 통역하면서 속도를 따라잡느라 애를 먹는다. 자오는 내게 완전히 틀린 얘기를 늘어놓는다. 예를 들어, 내가 태국어를 할 줄 안다나(못 한다). 누구에게나 들어맞을 수 있는 얘기도 한다. 내가 나 자신을 충분히 믿지 않는다는 식의 이야기. 난처한 얘기도 한다. 내가 아내를 기쁘게 해줘야 한다면서 구체적인 행위를 지시하기까지 한다. 그 행위에 대해 여기서 자세히 이야기하고 싶지는 않다. 하지만 그녀는 맹세컨대 도저히 알 리가 없는 이야기도 한다. 내게 혈육이 아닌 딸이 있다는 말. 사실이다. 아내와 나는 카자흐스탄에서 갓난 여자아이를 입양해 키우고 있다. 나는 말문이 막힌다.

내가 질문할 차례가 되었을 때, 묻고 싶은 것은 두 가지뿐이다. 나는 언제쯤 행복해질까요? 어디서 행복해질까요?

"당신 나라에 머무르는 게 제일 좋아. 하지만 너무 걱정할 필요는 없어. 남이 가진 걸 시기하지 마." 건전한 충고다.

이제 그녀/그가 내게 묻는다. "신을 믿나?"

아이고, 이걸 어떻게 대답해야 할지 잘 모르겠다. 자오에게 거짓말을 하면 나쁜 업이 쌓일 것 같다. 게다가 난 내가 뭘 믿는지 모른다. 그 순간, 무슨 이유에서인지, 몰도바의 루바가 퍼뜩 떠올라서 나는 불쑥 "50 대 50"이라고 말한다. 자오는 이 말에 만족한 눈치다. 방 안의 모든 사람이 안도의 한숨을 내쉰다.

"당신은 가네샤를 믿어야 돼." 그녀/그가 말한다. "하나 갖고 있지? 갈색으로."

"예, 맞습니다. 그걸 어떻게……."

"서 있는 게 아니라 앉아 있는 거지?"

"예, 그걸……."

그녀/그는 내가 나의 가네샤를 제대로 돌보지 않는다고 말한다. 가네샤에게 꽃을 바치고 정기적으로 찬양해야 한다는 것이다. 그러면 내 문제가 모두 사라질 거라고 한다. 나는 그렇게 하겠다고 약속한다. 이내 자오의 몸에 다시 발작이 일어나고, 그녀/그는 다시 그녀가 된다. 내게 주어진 시간이 끝났다.

우리는 바깥의 더위 속으로 나온다. 스콧과 나는 자그마한 식품점에서 맥주를 사서 작은 플라스틱 의자에 털썩 주저앉아 방금 있었던 일을 되짚어본다.

"그 여자가 그런 걸 어떻게 알았을까?" 내가 스콧에게 묻는다.

그거야 쉽지. 스콧이 말한다. 다 합리적으로 설명할 수 있다면서. 자오가 한 말 중에 몇 가지는 일반적인 내용이라 누구한테나 맞아떨어질 수 있다. 그래서 스콧은 그 말들을 간단히 무시해버린다. 나머지 말들을 설명하기는 좀 더 어렵지만, 그래도 불가능하지는 않다. 입양은 태국에서 흔한 일이므로, 내가 딸을 입양했다는 얘기는 여러 상황을 감안한 추측이었을 것이다.

"그럼 앉은 자세의 갈색 가네샤 조각상은?"

"그것도 쉽지. 외국인들 중에는 가네샤 조각상을 갖고 있는 사람이 많거든. 그런데 대부분의 가네샤 조각상이 갈색이고 앉아 있는 모양이란 말이야." 하지만 아까와 달리 스콧의 목소리에 자신감이 없다. 그냥 어쩔 수 없이 설명하는 시늉만 하고 있는 게 분명하다.

태국 사람들 대부분의 삶이 바로 이럴 것이라는 깨달음이 찾아온다. 그들은 자기 운명을 마음대로 조절하지 못한다. 생각만 해도 무서운 일이지만, 해방감이 느껴지기도 한다. 만약 내가 무슨 짓을 해도 소용이 없다면, 갑자기 삶의 무게가 훨씬 가벼워진 것 같은 느낌이 들기 때문이다. 삶은 그냥 한바탕 놀이일 뿐이다. 열 살짜리 아이라면 누구나 알고 있듯이, 최고의 놀이는 모든 사람이 참여해서 함께 놀 수 있는 놀이, 공짜로 자꾸만 할 수 있는 놀이다. 물론 근사한 특수효과가 많이 곁들여지는 것도 좋을 것이다.

* * *

태국에 머무르는 마지막 날이다. 내가 짐을 싸는 동안 스콧은 이메일을 보내고 있고, 노이는 여느 때처럼 텔레비전을 보고 있다. 왕의 모습이 화면에 나온다. 전혀 이상할 게 없는 일이다. 하지만 아주 오래전, 왕이 젊었을 때 찍은 필름이다. 그것도 모든 채널에서 그 필름을 내보내고 있다. 아주 이상한 일이라고 노이가 말한다. 워낙 텔레비전을 많이 보는 사람이니까, 노이가 이상하다면 이상한 거다. 나는 그 말을 듣자마자 혹시 왕이 죽었는지도 모른다는 생각이 든다. 태국 사람들에게는 나쁜 소식이 될 것이다. 자기네 왕을 사랑하는 사람들이니까. 나한테도 나쁜 소식이 될 것이다. 나라 전체가 깊은 애도에 잠기면 공항이 폐쇄될지도 모르니까. 난 몇 시간 뒤에 이 나라를 떠나야 하는데 말이다. 이것이 이기적이고 충동적인 생각임을 나는 깨닫는다. 그리고 업의 개념을 바탕으로 보자면 나는 아직도 갈 길이 멀다는 점을 마음속으로 되새긴다.

"쿠데타야." 스콧이 다른 방에서 소리친다. 이 말을 듣고 맨 먼저 든 생각은, 이상하게도 '천만다행이다'다. 겨우 쿠데타일 뿐인데 뭐. 왕은 살아 있어. 그다음에 든 생각은, '쿠데타?'다. 스타벅스와 KFC가 있는 나라인데? 온 나라 사람들이 재미를 추구하고, 차가운 가슴이(대개의 경우) 득세하는 나라인데? 하지만 정말이다. 거리에 탱크가 돌아다니고, 계엄령이 선포되었다. 심지어 춤을 출 수 있는 술집들도 문을 닫았다.

기자의 본능이 발동한 나는 워싱턴의 NPR로 전화를 건다. 그리고 짤막한 기사를 하나 보내지만, 솔직히 내 마음은 다른 곳에 가 있다. 세계에서 가장 행복한 곳을 찾으려는 나의 계획에 쿠데타는 사실 잘 들어맞지 않는다. 나는 지금까지 이런 종류의 불행을 피하려고 그토록 열심히 애쓰지 않았던가.

나는 반드시 비행기를 타고야 말겠다고 결심한다. 간신히 택시를 잡아탔는데, 택시기사는 눈앞에서 펼쳐지는 극적인 사건들에는 전혀 관심이 없고 오로지 공항으로 가는 고속도로가 웬일로 탁 트여 있다는 사실이 반갑기만 한 것 같다. 가는 길에 우리는 어떤 휴양지 광고판을 지나친다. 티 하나 없이 하얀 백사장과 수정처럼 맑은 물을 찍은 사진 위에 굵은 글자로 '편안한 낙원'이라고 쓰여 있다. 두 가지가 내게 예사롭지 않게 다가온다. 첫째, 쿠데타가 한창일 때 저런 광고판을 보니 참으로 얄궂다는 느낌. 둘째, 의문의 여지가 있는 광고 문구. 우리가 원하는 게 정말로 저런 것일까? 편안한 낙원? 낙원에서도 노력을 해야 하는 것 아닌가? 그게 중요한 점 아닌가?

공항에는 인적이 없다. 쿠데타 때문인지 지금 시각이 새벽 3시이기 때문인지 잘 모르겠다. 잠깐, 다른 승객들이 몇 명 보인다. 아니, 정확히 말하자면 눈으로 보기 전에 목소리가 먼저 들린다. 그들은 시끄럽게 떠들어대고 있다. 진한 뉴욕 사투리로.

"실례합니다." 내가 말한다. "지금 이 공항이 열려 있는 건가요?"

그들은 이게 무슨 질문이냐는 표정을 짓는다.

"그럴걸요." 어떤 여자가 말한다. "당연하지 않아요?"

"쿠데타 소식 못 들었어요?"

그들이 귀를 쫑긋 세운다. "아뇨, 쿠데타라고요? 진짜 쿠데타요?"

"예, 군부가 계엄령을 선포했어요. 거리에 탱크가 돌아다니고 있어요."

"어머나, 세상에." 또 다른 여자가 말한다. "저어어엉말 <u>끄으으</u>을 내준다. 해리엇, 들었어? 쿠데타가 일어났대."

"진짜?" 해리엇이 경탄의 눈빛으로 나를 흘긋 바라보며 말한다. 마치 내가 쿠데타 명령을 내린 장본인이라도 된 것 같다. "도대체 왜 그런 짓을 했대요?"

해리엇에게 뭐라고 대답해야 할지 잘 모르겠다. 군인들이 무력으로 자신의 의사를 관철하는 것은 수백 년 전부터 전 세계에서 일어나던 일이다. "좀 복잡해요." 내가 이렇게 말하자 해리엇은 만족한 표정을 짓는다.

알고 보니 공항은 정말로 열려 있다. 이번 쿠데타는 심각하지 않다. 보통 쿠데타에 비하면 탱크의 수는 절반에 불과하고, 사회적인 혼란은 3분의 1에 불과하다. 조금 있으면 탱크가 물러가고, 상점과 기업들이 문을 열고, 수지 웡의 아가씨들은 다시 무대에 올라 빙글빙글 돌면서 탁구공으로 이상한 짓을 할 것이다.

*　*　*

몇 주 뒤, 마이애미로 돌아와 있던 나는 단신을 하나 발견한다. 태국의 신임 총리이자 군사정부가 전면에 내세운 민간인인 수라유드 출라논트가 앞으로는 정부가 경제성장 대신 국민의 행복에 공식적으로 정책의 초점을 맞추겠다고 발표했다는 소식이다. 이건 홍보 전략이지만, 그래도 군사정부가 행복 정책을 펴다니!

이 소식이 얼마나 터무니없는 것인지 깨달은 나는 분별 있는 사람이 보일 수 있는 유일한 반응을 보인다. 미소. 진심으로 활짝 웃는 태국의 미소. 정말이다. 여러분도 그 나라에 가보았다면 알 것이다. 내 눈에서 그 미소를 보았을 것이다.

8
영국

행복은 좋은 인생의 부산물이다

"돈이 많은데도 불행한 사람을 많이 봤어요.
사람을 행복하게 해주는 건 사람이지 돈이 아니에요.
개도 사람을 행복하게 해주고요."

2년쯤 전에 슬라우라는 황량한 영국 마을에서 이례적인 실험이 벌어졌다. 우리 시대의 모든 웅대한 실험이 그렇듯이, 이 실험도 텔레비전에 소개되었다. BBC가 '행복 전문가' 여섯을 고용해서 슬라우에 풀어놓고 그 마을의 "심리적 기풍을 바꿀 수 있기를" 바라고 있다는 내용이었다.

그 말을 듣는 순간 나는 강한 호기심을 느꼈다. 내가 행복 방정식의 중요한 요소인 변화를 그동안 간과했다는 생각이 들었다. 세상에서 가장 행복한 곳을 찾기 위해 심지어 세상에서 가장 안 행복한 곳까지 가본 내가 그동안 내내 그 나라와 도시들이 항상 똑같은 모습으로 변하지 않을 거라고 생각하다니. 나는 행복한 곳과 행복하지 않은 곳이라는 두 가지 기준으로만 그 나라와 도시들을 분류했다. 하지만 사람과 마찬가지로 장소도 당연히 변하게 되어 있다. 많이, 자주 변하지 않을지는 몰라도 변하는 것만은 사실이다. 그런데 BBC가 일부러 불행한 곳을 골라 행복한 곳으로, 아니 최소한 지금보다는 행복한 곳으로 바꿔놓으려는 야심 찬 시도를 하고 있다는 얘기였다. 그런 일이 정말로 이루어질 수 있을까?

*　*　*

나는 피곤에 지쳐 흐릿해진 눈으로 런던의 히스로 공항에 도착한다. 미국과 영국이 윈스턴 처칠의 말처럼 '특별한 관계'를 즐기고 있다는 사실에 기분이 들떠 있다. 나는 '특별한 관계'라는 표현이 옛날부터 마음에 들었다. 국제 외교 무대의 무정한 표현들 속에서 유독 돋보이는, 정이 가는 표현이 아닌가. 이민국 관리를 향해 걸어갈 때 나도 특별한 기분이었다. 나답지 않게 편안한 기분. 우린 친구였다. 그 관리와 나. 심지어 그의 옷차림조차 내 기분을 편안하게 만들어준다. 영국의 이민국 관리들은 경찰복이나 군복 대신 재킷을 입는다. 그래서 마치 우리가 화려한 칵테일파티에 온 손님이고 그들은 우리를 접대하는 파티 주최 측인 것 같은 느낌이 든다.

나는 재킷을 입은 남자에게 여권을 건네주며 금방 끝나겠거니 했다.

"영국을 방문하는 목적이 뭡니까?"

"책을 쓰려고 자료 조사를 하는 중이에요."

"무슨 책인데요?"

"행복에 대한 책이에요."

지금까지 그는 내 여권만 바라보고 있었지만 이 말을 듣고는 고개를 들어 내 눈을 정면으로 바라본다. 이건 친구의 표정이 아니다.

"행복요?"

"예."

"영국에서요?"

"음, 예."

아무래도 내 말에 믿음이 가지 않는 모양이다. 못된 짓을 하러 왔으면서 그 사실을 숨기려고 지어낸 거짓말, 그것도 속이 빤히 들여다보이는 거짓말이라고 생각하는 걸까? 그가 내게 질문을 퍼붓는다. 영국에는 얼마나 머무를 생각인가? 누구와 함께 지낼 예정인가? 그 사람은 영국인인가, 미국인인가? 과거에 테러리스트였나? 아니, 뭐 이 마지막 질문만은 실제로 던지지 않았지만, 그래도 그런 생각을 한다는 분위기를 풍기기는 했다. 결국 20분 동안 심문을 받은 끝에 이러다가는 이 사람들이 알몸 수색까지 하겠다고 나설지 모르겠다는 생각이 들 무렵, 그가 마지못해 내 여권에 도장을 찍어준다.

"행복을 의심하는 건 우리의 천성이다." 영국의 기행문 작가인 E. V. 루커스는 이렇게 말했다. 어떤 영국인도 내가 알아들을 수 있게 미국식 구어체로, "우린 행복 같은 거 안 키워"라고 말해주었다. 맞는 말이다. 독일의 폭탄이 비처럼 쏟아져 내려올 때는 입술에 힘을 꽉 주는 게 도움이 될지 몰라도 보기 좋은 미소를 지을 때는 방해가된다.

영국에는 행복한 사람이 극히 드물 뿐만 아니라 의심의 대상이 된다. 만약 여러분이 영국 사람인데 아무런 잘못도 없이 설명할 수 없는 기쁨을 느끼게 된다 해도 겁을 집어먹을 필요는 없다. 그냥 차분함을 잃지 말고 영국의 유머 작가인 제롬 K. 제롬의 충고를 기억하면 된다. "(자신의 행복을) 내보이지 말고 다른 사람들과 똑같이 투덜거려라." 영국인에게 행복은 대서양을 건너온 수입품이다. 여기서 '대서양을 건너왔다'는 말은 미국산이라는 뜻이다. 그리고 '미국산'이라는 말은 어리석고, 유치하고, 철이 없다는 뜻이다. 사탕과자처럼.

나는 공항에서 런던의 삭막한 거리로 나가 택시를 잡는다. 내 친구 롭이 아내 낸시와 함께 사는 집에 가려고. 여러분도 기억하겠지만, 롭은 바로 그 숨은 미국인이다. 공짜로 무한 리필이 된다는 말에 감동한 남자. 그는 지금 런던으로 돌아와 자기 나라에서 '해외' 특파원으로 일하고 있다. 내 눈에는 그것이 전혀 이상해 보이지 않는다. 내부인이자 외부인으로서 영국의 모습을 미국인 청취자에게 설명해주는 일에 롭만큼 잘 어울리는 사람은 없다. 롭은 두 나라 말을 모두 할 줄 안다.

롭의 집은 근사하고 아늑하며, 오래된 것 특유의 매력을 내뿜고 있다. 이건 영국인들이 아주 잘하는 일이다. 낸시는 영국에서 '제대로 된' 교육을 받았다. 예의에 벗어나는 일은 절대로 못 하고, 집에서 직접 빵을 굽고, 저녁 식사를 오븐에 데우는 사람이라는 뜻이다. 하지만 남편과 마찬가지로 그녀 역시 영국인이라는 자신의 외피를 그다지 편안하게 받아들이지 못한다. 그래서 이 부부는 기회가 생길 때마다 미국으로 도망친다.

우리 셋은 와인 한 병을 따서 자리에 앉는다. 우리의 대화는 우리를 하나로 묶어주는 차이점들, 즉 언어가 같기 때문에 처음에는 잘 드러나지 않지만 분명히 존재하는 차이점들에 관한 이야기로 흘러간다. 영국인과 미국인이 만나면 이런 대화를 피할 길이 없다.

"미국에서는 다들 오늘이 지구에서 보내는 마지막 날이라도 되는 것처럼 대화를 해요." 낸시가 말한다. "숨기는 게 하나도 없어요. 난 항상 '미안하지만 우린 방금 만났잖아요. 난 당신을 잘 몰라요. 당신이 나한테 자궁절제술을 받았다는 얘기까지 할 필요는 없어요'라고 말해주고 싶을 정도예요."

하지만 낸시가 실제로 이런 말을 한 적은 없다. 그런 말을 하면 상대가 불쾌해할 것이다. 영국인들은 누구를 대할 때나 항상 상대를 불쾌하게 만들지 않으려고 기를 쓰는 사람들이다. 낸시의 입장에서는 이처럼 본심을 숨기는 영국인들의 습성 역시 미국인들의 수다만큼이나 불편하다.

"여기 사람들은 자그마한 행복의 원천에서 자신을 스스로 차단시켜요." 그녀가 말한다. "며칠 전에 테이트 화랑 앞에서 줄을 서 있다가 내가 사람들한테 말을 걸었어요. 그냥 가벼운 잡담 같은 것 있잖아요. '줄이 너무 길지 않아요?' 이런 말. 그런데 아무도 대답을 안 하는 거예요. 미친 사람을 보듯이 나를 그냥 빤히 보기만 하더라고요. 영국 사람들은 다른 사람을 귀찮게 하는 걸 싫어해요. 사람이 죽어도 죽은 사람 친척에게 전화를 걸어 조의를 표하지 않을 정도예요. 혹시 그 사람한테 방해가 될지도 모르니까요. 우리는 너무 시끄럽게 구는 것, 너무 미국식으로 구는 것도 싫어해요."

너무 미국식으로 구는 것, 아니 조금이라도 미국식으로 구는 것은 영국인에게 최악의 행동이다. '미국식'은 뻔뻔함, 요령 없음, 강아지 같은 열성의 동의어다. 미국인들은 마치 자기계발서에 자기 인생이 달린 것처럼 그런 책들을 사들인다. 하지만 영국인들은 대개 그렇지 않다. 그들은 그런 저속한 책을 읽는 건 그 사람이 약하다는 증거라고 생각한다. 어떤 영국인은 자기 동포들이 만약 자기계발서를 받아들인다면 십중팔구 '난 괜찮지 않고, 넌 더 괜찮지 않아' 같은 제목의 책일 거라고 비꼬기도 했다.

영국인에게 인생에서 중요한 건 행복이 아니라 그럭저럭 살아가는 것이다. 그런 의미에서 그들은 고대 아스텍인들과 비슷하다. 아스텍에서 아이가 태어나면 사제는 "고통의 세상에 태어났으니 고통을 받으며 마음의 평화를 지켜라"라고 말하곤 했다. 이런 사고방식, 그러니까 조용히 고통을 감내하는 태도가 왠지 숭고해 보이기는 한다. 하지만 아스텍 문명은 수백 년 전에 멸망해서 지금은 햇볕에 그을린 미국인 관광객들이 짓밟고 다니는 유적 몇 개만 남아 있을 뿐이다. 아니, 이런 건 생각할 필요 없다. 적어도 그들은 멸망을 앞에 두고 칭얼거리지 않을 정도의 품위는 있었다. 죽어가는 문명의 그런 태도는 존중해주어야 한다.

이때 롭이 끼어든다. 자기 조국을 변호해야겠다는 충동을 느낀 모양이다. 그는 영국인들이 '잠재적인 행복'을 지니고 있다고 단언한다. 행복은 그들의 뱃속 깊숙한 곳에 잠복해 있다. 우리 눈에 보이지 않을 뿐이다. 우리가 느끼거나 소리를 듣지 못할 뿐이다. 지금까지 알려진 그 어떤 방법으로도 탐지되지 않을 뿐이다. 그래도 분명히 존재한다고 롭은 단언한다.

* * *

토머스 제퍼슨이 독립선언서에 '행복 추구'라는 문구를 집어넣은 바로 그해에 런던에서 젊고 불행한 변호사(그렇지 않은 변호사도 있나?) 제러미 벤담은 "최대 다수의 최대 행복"에 관한 논문을 쓰면서 '행복 계산법'을 만들어내고 있었다.

벤담의 철학인 공리주의에는 미국인들이 좋아하는, 열렬한 낙천성이 결여되어 있다. 영국인들이 그렇듯이 공리주의도 실용적이며 감상적인 면이라고는 손톱만큼도 없다. 하지만 목표는 제퍼슨의 '행복 추구'와 똑같다. 잠재적인 행복이든 아니든 여하튼 행복한 나라를 만드는 것.

나는 제러미 벤담을 찾아가 보기로 한다. 그는 런던의 유니버시티 칼리지 캠퍼스에 살고 있다. 이 학교의 건물들은 모두 유서 깊고 위풍당당하다. 교실이라기보다 성당처럼 보인다. 벤담이 이 건물들 어딘가에 있다는데, 도대체 어떤 건물이지?

나는 안내 데스크를 발견하고 거기 앉아 있는 금발 아가씨에게 다가간다.

"무엇을 도와드릴까요?"

"제러미 벤담을 만나고 싶은데요."

"교환번호를 알고 계세요?"

"아, 아뇨, 지금 살아 있는 분이 아니에요."

아가씨가 눈을 휘둥그렇게 뜬다. "그럼 죄송하지만 제가 도와드릴 수 없겠네요." 그녀가 말한다. 내가 착한 정신병자인지 위험한 정신병자인지 열심히 머리를 굴리는 기색이다.

"아, 그런 게 아니에요. 그분은 200년 전에 돌아가셨지만 아직 이 캠퍼스에 계세요."

위험한 정신병자다. 그녀가 막 경비를 부르려는 순간 대학원 학생이 나를 위해 나선다.

"오토 아이콘을 찾으시는 거죠?" 그가 말한다.

"오토 뭐요?"

"오토 아이콘이오." 알고 보니 요즘 사람들이 죽은 제러미 벤담을 부르는 이름이 바로 그거였다. 대학원 학생은 다른 건물로 가는 길을 가르쳐준다. 그곳에 가보니 그가 한쪽 구석에 조용히 앉아 있다.

나이에 비해 건강한 모습이다.

그는 나무 의자에 앉아 있다. 그가 행복에 관한 논문을 쓸 때 앉았던 바로 그 의자다. 옷차림은 1832년에 세상을 떠날 때와 똑같다. 검은 조끼, 스포츠 코트, 고리버들 모자. 그 옷 밑에 그의 진짜 해골이 있다. 벤담 자신이 바로 이런 것을 원했다.

벤담은 훌륭한 철학적 농담을 사랑했으며, 죽음 때문에 그런 농담이 방해받을 이유가 없다고 생각했다. 그의 유언장에는 다음과 같은 지시가 적혀 있었다. "내 친구와 제자들이 혹시 뜻이 맞아 만나게 된다면……최대 행복 시스템의 창시자가……그들이 만나는 방으로 가끔 옮겨지게 하라." 떠도는 소문에 따르면, 오늘날 대학에서 회합이 열릴 때 사람들이 벤담을 회합 장소로 옮긴다고 한다. 회합에서 그는 "참석은 하지만 투표권을 행사하지는 않는" 회원으로 명부에 기록된다.

벤담에게 행복은 수학적인 문제였다. 그래서 그는 자신의 '행복 계산법'을 섬세하게 다듬는 데 오랜 세월을 쏟았다. '행복 계산법'이라는 말은 정말이지 모든 경계심을 없애버리는 훌륭한 표현이다. 사실 나는 계산법과 행복을 함께 생각해본 적이 한 번도 없었다.

하지만 행복 계산법은 사실 간단하다. 자신의 삶에서 즐거운 부분을 모두 더한 뒤 불쾌한 부분을 빼면 된다. 이 계산 결과가 우리의 전체적인 행복도다. 벤담은 이 계산법을 나라 전체에도 적용할 수 있다고 믿었다. 그는 정부가 취하는 모든 조치, 통과시키는 모든 법률을 '최대 행복'이라는 프리즘으로 검토해야 한다고 생각했다. 예를 들어, 가난한 사람에게 준 10달러는 부자에게 준 10달러보다 더 가치가 높다는 식이었다. 가난한 사람이 10달러에서 얻는 기쁨이 더 크기 때문이다.

벤담의 이론은 흥미롭지만 결함이 있다. 예를 들어, 그는 각각의 기쁨을 질적으로 구분하지 않았다. 연약한 할머니가 길을 무사히 건널 수 있게 도와주면서 느끼는 기쁨과 사디스트가 그 할머니를 무자비하게 두들겨 패면서 얻는 기쁨을 똑같은 가치로 취급한 것이다. 벤담에게 기쁨은 단지 기쁨일 따름이었다.

문제는 이것만이 아니다. 공리주의가 관심을 갖는 것은 오로지 '대다수' 사람들의 행복뿐이라는 점도 문제다. 공리주의는 다수의 행복에 관심을 보일 뿐, 소수의 불행에는 관심이 없다. 운 좋게 행복한 다수에 속한 사람이라면 괜찮지만, 불행한 소수에 속한 사람이라면 괜찮지가 않다.

오늘날에도 영국에는 벤담식 사고방식이 끈질기게 남아 있다. 공공선을 위해 정부가 국민의 삶에 개입하는 것을 기꺼이 받아들이는 성향. 영국인들은 텔레비전 수상기 1대당 부과되는 BBC 시청료를 기꺼이 지불한다. 런던의 켄 리빙스턴 시장은 최근 혼잡한 시간에 런던 시내로 들어오는 운전자들에게 혼잡세를 부과했다. 전형적인 공리주의에 입각한 조치다. 대다수 런던 시민들이 조금 더 행복해질 수 있게 하려고 비교적 소수의 사람들(런던 시내로 들어오는 운전자들)이 상당한 불행을 감수하게 된 것이다. 뉴욕도 이 조치에 애착을 보이고 있지만, 런던에서보다 훨씬 더 많은 논란이 일고 있다. 그럴 만도 하다. 미국인들은 영국인들보다 덜 공리주의적이니까.

                              *   *   *

　요즘은 영국 도처에서 행복에 관한 이야기들이 불쑥불쑥 고개를
내민다. "사람들의 주머니에 돈을 넣어주는 일뿐만 아니라 사람들
의 가슴에 기쁨을 넣어주는 일에 대해서도 생각해야 한다." 이 말을
한 사람은 미국화된 미친 정치가나 극좌 정치가가 아니라 영국 보수
당 당수인 데이비드 캐머런이었다. 그는 영국의 총리 자리를 노리고
있다.

　그러고 보니 전임 총리인 토니 블레어를 잊으면 안 될 것 같다. 그
는 영국 역사상 가장 낙천적이고 가장 쉽게 행복해지는 지도자였다.
블레어는 거의 미국인에 가까울 만큼 심한 낙천주의자였다. 우선 그
는 미소를 지었다. 자존심을 지키며 미소를 피한 전임자들과는 달랐
다. 블레어는 행복학이라는 신흥 학문에 커다란 흥미를 느껴서 행복
학 이론을 정책에 반영할 생각을 했다. 2002년에 그의 전략 팀은 '인
생 만족' 세미나를 열었다. 어떤 사람들(블레어가 아니다)은 전략 팀을
'행복부'라고 부르기도 했다.

　전략 팀은 분석적인 논문을 발표했다. 정부가 국민의 행복도를 끌
어올릴 수 있는 방법들을 제안한(분명히 말하지만, 그냥 제안만 했다) 글
이었다. 그들이 제안한 방법 중 일부를 예로 들면 다음과 같다. 부탄
의 국민행복지수와 비슷한 행복지수 도입, 학교에서 '행복해지는 기
술' 가르치기, '좀 더 여유 있게 일과 가정의 균형을 맞추는 생활' 장
려, 부자에게 더 높은 세금 물리기.

　여러분도 짐작하겠지만, 가장 많은 관심을 끈 것은 역시 마지막
방안이었다. 높은 세금이 행복으로 가는 길목이라는 생각을 가장 먼

저 내놓은 사람은 영국의 경제학자 리처드 레이어드였다. 그는 부자들이 남의 시기심을 자극해서 일종의 '사회적 공해'를 분출시킨다고 주장한다. 그래서 공해를 유발하는 기업주에게 벌금을 물리듯이, 남의 시기심을 불러일으키는 부자들에게도 벌금을 물려야 한다는 것이다. 이 주장은 당연히 약간의 저항에 부딪쳤다. "행복 사단을 주의하라"라는 식의 기사 제목들이 신문에서 고함을 질러댔다. 몇몇 사람들이 시기심을 조절하지 못한다는 이유로 왜 부자들이 벌을 받아야 하느냐고 의문을 제기하는 사람도 있었다.

자유의지론자들은 분노했다. 도로에 난 구멍도 메우지 못하는 관료들이 어떻게 우리를 행복하게 해줄 수 있겠느냐면서. 게다가 행복을 결정하는 중요한 요소들(우정, 섹스, 신뢰)은 사실 정부가 통제할 수 있는 범위 바깥에 있다.

나도 이런 주장에 공감한다. 어떤 정부에든 행복부가 들어서는 것도 반갑지 않다. 하지만 정부가 이미 행복과 관련된 일에 종사하고 있음을 잊으면 안 된다. 정부가 기혼자에게 세금 우대 정책을 펴거나, 안전벨트 착용을 의무화하거나, 국내총생산을 늘리려고 애쓰는 것이 모두 국민의 행복에 간섭하는 행위다. 게다가 국민을 행복하게 만들어주는 일을 빼면, 대체 정부가 할 일이 뭐가 있겠는가?

* * *

BBC 프로듀서들이 슬라우를 택한 건 우연이 아니었다. 런던 바로 외곽에 있으며, 히스로 공항으로 가는 비행기들이 지나는 길목에 자리한 이 마을은 영국에서 촌철살인의 의미를 지니고 있다. 우선 이

름부터 문제다. '슬라우Slough'라는 이름은 문자 그대로 진창을 뜻한
다. 뱀의 허물이라는 뜻도 있다. 존 번니언은《천로역정》에서 '낙심
의 허물'이라는 표현을 썼다. 1930년대에 존 베처먼은 슬라우에 대
해 다음과 같은 시를 썼다.

다정한 폭탄이 와서 슬라우에 떨어진다!
이제는 사람에게 적당하지 않다.
소가 뜯을 풀도 없다.
떼 지어 몰려오라, 죽음이여!

그는 계속 고약한 말을 늘어놓았다. 슬라우 주민들은 지금도 누가
이 시에 관한 이야기를 꺼내면 화를 낸다. 그런데 이 마을을 배경으
로 한 〈오피스〉라는 텔레비전 드라마가 방영되면서 조용한 절망의
표본이라는 이 마을의 명성은 더욱더 굳어지고 말았다.

모두들 드러내놓고 말을 하지는 않지만, BBC가 고용한 전문가 여
섯이 슬라우를 행복한 곳으로 바꿔놓을 수 있다면 어디든 행복하게
만들지 못할 곳이 없을 거라고 생각한다. 〈슬라우 행복하게 만들기
Making Slough Happy〉라는 제목의 이 시리즈가 방송된 건 내가 영국에
도착하기 전이었기 때문에 나는 DVD를 구해서 롭의 거실에서 본
다. 공중에서 내려다본 커다란 마을의 모습이 화면을 채운다. "악의
적인 소문에 시달리는, 버크셔의 마을 슬라우." 해설자가 심각한 목
소리로 이렇게 말한다.

행복 전문가들이 소개된다. 참을 수 없을 만큼 명랑한 사람들이
다. 해설자는 하느님의 목소리 같은 테너 목소리로 실험 내용을 설

명한다. 행복 전문가들은 슬라우에서 자원자 50명을 선발했다. 그들은 12주 동안 집중적인 '행복 훈련'을 받을 예정이다. 그리고 훈련이 끝나면 마을 전체에 행복 바이러스를 퍼뜨려 "슬라우의 심리적 기풍"을 바꾸는 역할을 할 것이다. 이것이 실험을 기획한 사람들의 계획이다. 어쨌든.

아주 재미있을 것 같다. 나는 포도주를 한 잔 따라 들고 의자에 편안히 앉는다. 첫 번째 임무는 자원자들의 '행복 체온'을 재는 것이다. 그런데 알고 보니 슬라우 주민들은 영국 다른 지역의 주민들 못지않게 행복하다. 다시 말해서 '그럭저럭 행복하다'에서부터 '중간 정도'까지 걸쳐 있다는 얘기다. 삶에 누구보다 만족하는 스위스인이나 덴마크인에 비하면 한참 아래지만, 시무룩한 몰도바인들에 비하면 안심해도 될 만큼 온도가 높다.

행복 수준을 높일 수 있다는데, 어떤 방법인들 너무 억지스럽거나 창피하다는 이유로 거부할 수는 없다. 미국식이라는 것도 꺼릴 이유가 못 된다. 슬라우 주민들은 서로 손을 잡는다. 서로를 껴안는다. 나무도 껴안는다. 바이오단자(음악, 동작, 긍정적인 감정 등을 이용한 자기계발시스템-옮긴이)라는 것도 한다. 태극권도 한다. 요가도 한다. 걷잡을 수 없이 웃어댄다. 부유 탱크 속에 몸을 담근다. 슈퍼마켓의 진열대 사이 통로에서 춤을 춘다.

나는 일시정지 버튼을 누른다. 더 이상 참고 볼 수가 없다. 영국인들이 모든 금기를 떨어버리는 모습을 보는 건 마치 코끼리들의 짝짓기를 지켜보는 것과 같다. 어디선가 그런 일이 벌어지고 있음은 확실하다. 틀림없다. 하지만 시끄럽고 죽을 만큼 어색하다. 그래서 자기도 모르게 이런 생각을 하게 된다. 내가 정말로 이런 걸 보고 있어야 하나?

심호흡을 하고 나서 나는 리모컨으로 손을 뻗는다. 꾹. 슬라우의 자원자 50명에게 행복 선언문이 배포된다. 거기에는 대체로 상식적인 조언 10가지가 적혀 있다. 이를테면 친구에게 전화를 하라든가, 자신이 감사하게 생각해야 할 것들을 꼽아보라는 식이다. 내가 가장 좋아하는 말도 있다. 텔레비전 시청 시간을 절반으로 줄이라는 말. 그런데 이 선언문 자체가 텔레비전 프로그램의 일부라는 아이러니를 어느 누구도 알아차리지 못하는 것 같다.

슬라우의 자원자 50명 중 몇 명이 리무진을 타고 복권 당첨자를 찾아가는 이야기가 나온다. 당첨자는 자기 삶이 딱히 행복해졌다기보다는 그저 예전보다 편안해졌을 뿐이라고 말한다(이렇게 놀라울 데가!). 그녀의 오빠가 얼마 전 세상을 떠났는데, 그녀는 오빠가 다시 살아날 수만 있다면 복권 당첨금을 모조리 포기하라고 해도 기꺼이 그렇게 하겠다고 말한다.

꾹. 다른 장면. 행복 전문가 중 리처드 스티븐스라는 환한 미소의 심리학자가 광적인 눈빛으로 진공청소기를 돌리고 있다. 기분을 북돋워주는 음악이 흐른다. "진공청소기를 돌릴 때도 애정을 갖고 세심하게 할 수 있어요." 그가 슬라우의 자원자 중 하나에게 말하자 자원자는 놀라는 표정을 짓는다. 곧이어 여든세 살의 렉스 버로가 등장해서 자기는 아직도 "할 일이 많다"라고 말한다. 할 일이라는 게 진공청소기 돌리는 일 같지는 않지만, 내가 잘못 생각했을 수도 있다.

여러 가지 실험 중에서도 특히 흥미를 끈 것은 '무덤 치료'였다(여기서도 행복에 관한 이야기 속에 죽음이 불쑥 끼어든다). 스티븐스는 근처 공동묘지를 방문할 계획을 짰다. 참가자들이 '우리 모두 언젠가는 죽겠지만, 지금은 분명히 살아 있다는 것'을 느끼게 하기 위해서였다. 참가자들 중 일부는 이 무덤 치료가 기분을 북돋워준다고 말했다. 무섭다는 사람도 있었다. 어떤 여자는 결국 참지 못하고 눈물을 흘렸다.

마침내 결정적인 순간이다. 12주가 끝났다. 슬라우의 자원자 50명의 행복도가 높아졌는지, 그리고 악의적인 소문에 시달리는 이 마을의 심리적 기풍이 바뀌었는지 알아볼 때가 됐다. 먼저, 프로그램에 반드시 필요한 극적인 긴장이 흐른다. 서로 끌어안는 사람도 있고 우는 사람도 있다. 무드 있는 음악이 흐른다. 스티븐스가 콧잔등에 안경을 걸치고 자료를 훑어보는 동안 다른 행복 전문가들은 기대에 찬 표정을 짓고 있다. 봉투를 주시겠습니까? 자……엄청난 성공을 거뒀습니다. 스티븐스가 선언한다. 슬라우의 자원자 50명의 행복도가 33퍼센트 높아졌다. 스티븐스는 이렇게 커다란 변화는 본 적이 없다고 말한다. 처음에 이 사람들의 행복도는 중국과 같은 수준이었다. 그런데 지금은 스위스와 덴마크마저 능가하는 수준이다. 만약 슬라우가 나라였다면, 세계에서 가장 행복한 나라가 되었을 것이다. 샴페인이 나오고 누군가 건배를 제안한다. "모든 곳의 행복도 증가를 위하여." 자, 자. 쨍그랑. 잔을 부딪치고, 프로그램을 만든 사람들의 이름이 올라간다.

이것이 텔레비전으로 방영된 〈슬라우 행복하게 만들기〉다. 우리가 이미 알다시피, 텔레비전 프로그램의 내용과 현실이 일부 겹친다 해도 그건 순전히 우연일 뿐이다. 나는 이런 의문을 떨쳐버릴 수가 없다. 이 행복 전문가들이 슬라우의 심리적 기풍을 정말로 바꿔놓은 걸까, 아니면 그곳 주민 50명을 한동안 간지럼 태운 것에 지나지 않는 걸까?

나는 리처드 스티븐스에게 전화를 건다. 그의 전화 목소리가 놀라울 정도로 퉁명스럽다. 거의 무례하게 느껴질 정도다. 텔레비전에서 쾌활하고 행복하게 진공청소기를 돌리고 나무를 끌어안던 그 사람이 아니다. 어쩌면 오늘 일진이 나빴는지도 모른다. 아무리 행복 전문가라도 우울한 날이 있는 법이다. 어쨌든 그는 만나고 싶다는 나의 요청을 받아들인다.

그는 하얀 셔츠에 청바지 차림이다. 피부는 구릿빛이다. 의심스러울 정도로. 영국에서 아무 짓도 안 하고 자연스럽게 구릿빛으로 그을리는 건 불가능하다. 그런 일은 절대 일어나지 않는다. 기술의 힘을 조금 빌려야 한다. 태닝 전문점에 가거나 비행기를 타고 어디론가 가거나. 스티븐스는 후자 쪽이라고 설명한다. 인도의 바닷가에서 휴가를 보내고 막 돌아왔다면서. 그의 전화 목소리가 왜 그렇게 심술궂었는지 궁금하지만 직접 물어보지는 않는다. 그의 아파트는 티끌 하나 없이 밝고 상쾌하다. 한쪽 구석에 피아노가 있고, 그 위에 젊어 보이는 빌 클린턴과 나란히 선 어떤 여자의 사진이 놓여 있다.

스티븐스는 불교, 진화심리학, 새로 등장한 긍정 심리학 운동, 남미의 춤 등 다양한 재료들을 버무려 '행복 도구함'을 만들어낸 과정을 설명한다. 그는 다른 행복 전문가들과 함께 작업하면서 많은 난관을 극복해야 했다. 처음에는 슬라우 시의회가 협조하지 않았다. 솔직히 나는 그 사람들이 그럴 만도 하다는 생각이 든다. 옛날에 엉덩이를 걷어차인 적이 여러 번 있으므로, 또다시 허리를 숙이고 싶지 않았을 것이다. 상대가 아무리 BBC라 해도.

스티븐스는 자기들이 고안해낸 여러 가지 실험 중에는 잘된 것도 있고, 잘 안 된 것도 있다고 말한다. 바이오단자는 까다로웠다. 평범한 영국인들에게는 너무 관능적이라는 점이 문제였다. 웃음 요가는 완전한 실패였다. 웃음 요가란 사람들이 한데 모여 농담이나 유머 같은 것 없이 그냥 웃어대는 걸 말한다. 이 웃음 요가의 목적은 생리적인 반응을 일으켜 웃음이 널리 전염되게 하는 것이다. 말이 되는 구석이라고는 전혀 없는 이 웃음 클럽은 인도에서 시작되었다. 나도 봄베이에 있을 때 웃음 요가를 시도한 적이 있다. 그때 우리는 아침 일찍 어떤 공원에 모여 둥글게 섰다. 그리고 마단 카타리아라는 심장 전문의의 지도로 웃기 시작했다. 그냥 아무 이유도 없이. 그런데 효과가 있었다. 나는 웃음을 멈출 수가 없었다. 지금도 웃고 있다. 그때 일을 머릿속으로 되새겨보면서. 하지만 영국인들은 다르다. 그들은 웃음이라는 주 요리에 앞서 유머라는 전채 요리가 나오기를 바란다.

나는 스티븐스에게 만약 시간과 자원이 풍부하다면 어떤 지역의 심리적 기풍을 바꿔놓는 것이 정말로 가능하냐고 묻는다. 그는 잠시 생각을 해보더니 입을 연다. 행복도가 고집스러울 정도로 잘 바뀌지 않는다는 사실을 의식하고 있음이 분명하다.

"가능할 겁니다." 스티븐스가 말한다. "하지만 그것 말고도 내가 하고 싶은 일이 아주 많습니다. 학교들과 함께 일하거나, 공동체 의식을 구축하는 일 같은 거죠." 모두 가치 있는 일이다. 하지만 텔레비전 프로그램의 좋은 소재가 될 것 같지는 않다.

스티븐스는 나더러 슬라우로 가서 직접 결과를 판단해보라고 부추긴다. 그렇지 않아도 스티븐스가 이런 말을 할까 봐 걱정했는데. 불행한 나라인 몰도바를 다녀온 뒤 나는 몇 주 동안 의기소침해 있었다. 슬라우에 갔다가 혹시 더 깊은 심연에 빠지지나 않을지 걱정스럽다.

＊　＊　＊

나는 마음을 강하게 다잡기 위해 '철학적 상담가'라는 팀 르봉을 찾아간다. 그는 고대의 가르침을 이용해서 21세기 사람들의 문제 해결을 도와주고 있다. 인간관계에 문제가 있습니까? 직장 상사가 형편없는 인간인가요? 팀은 철학이라는 깊은 우물에 몸을 담그고 아리스토텔레스나 플라톤의 수로를 찾아낸다. 자신감이 넘칠 때는 니체의 수로를 찾아가기도 한다.

팀은 내가 세계에서 가장 행복한 곳을 찾으려고 돌아다닌다는 사실을 이미 들어서 알고 있다. 그래서 그는 히스로 공항의 이민국 관리와 마찬가지로, 내가 도대체 무엇 때문에 영국에 왔는지 궁금했다고 한다. 우리는 영국에서 가장 행복한 기관 중 하나, 즉 동네 주점에서 만난다. 퀸 보디시아라는 이름의 주점이다. 담배 연기가 자욱하고, 사람이 북적거리고, 아늑하다. 우리는 간신히 빈 소파를 찾아 앉은 뒤 맥주 두 잔을 주문한다.

팀의 고객은 여러 명인데 모두 외국인이다. 영국인들은 철학적인 치료든 다른 치료든 아예 심리치료를 받지 않는다. 자기계발서를 사지 않는 것과 같은 이유 때문이다. 치료를 받는 건 약점을 드러내는 행위라고 생각하는 것이다. 팀이 사실인지 의심스러운 이야기를 들려준다. 그가 《자기혁신 프로그램》이라는 미국의 자기계발서를 찾으려고 동네 도서관에 갔을 때 일이다. 하지만 그곳에 있는 책 중 《자기혁신 프로그램》와 제목만이라도 비슷한 것은 《저녁 식사를 위한 옷차림Changing for Dinner》이라는 에티켓 책뿐이었다. "이게 모든 걸 단적으로 말해주죠." 팀이 쓸쓸한 표정으로 맥주잔을 빤히 들여다 보며 말한다.

불행하여라, 영국의 심리치료사들이여. 팀의 친구들은 그의 직업을 이해하지 못한다. 그를 처음 보는 사람들은 노골적으로 경계심을 드러낸다. 그들은 끔찍하다는 표정으로 몸을 움츠린다. 마치 그가 아동성애자라고 고백하기라도 한 것 같다. 아니면 미국인이라고 고백하거나.

한편으로는 영국인들의 회의적인 태도를 이해할 만도 하다. 나도 심리치료사들을 많이 만나보았지만, 그 덕분에 내가 더 행복해졌다고 말할 수는 없으니까. 하지만 속내를 드러내지 않는 영국인들의 과묵함은 불편하다. 여기 사람들 중 어느 누구도 내게 "오늘 하루도 즐겁게 보내세요"라고 인사한 적이 없다. 아무리 봐도 이 사람들은 내가 즐거운 하루를 보내는 걸 바라지 않거나, 내가 하루를 즐겁게 보내든 말든 아무 관심이 없는 것 같다. 어쩌면 마음속 깊은 곳에 따스함이 자리 잡고 있는지도 모른다. 지하 수로에 인간적인 애정이 흐르고 있는지도. 하지만 설사 그런 수로가 있다 해도 아주, 아주 깊숙이 묻혀 있음이 틀림없다.

영국인들이 안됐다는 생각이 든다. 자기계발서라는 새로운 산업의 혜택을 누리지 못하다니. 이 슬픈 영혼들을 위해 우리가 할 수 있는 일이 없을까? 뉴에이지 마샬 플랜 같은 건 어떨까? 나는 디팩 초프라와 웨인 다이어의 책과 CD를 비행기에 싣고 영국 시골로 날아가서 투하하는 모습을 그려본다. 물론 디팩 초프라의 책에 머리를 맞고 기절하는 것만큼 심히 얄궂은 일은 없으므로, 낙하 속도를 늦추기 위해 책과 CD에 작은 낙하산을 매달아야 할 것이다. 지하철에서 스피커로 메리앤 윌리엄슨의 책 내용을 크게 방송할 수도 있다. 그래, 그러면 2차 대전 때의 전격전과 같은 효과를 낼 것이다. 이번에는 찬란한 자기계발이라는 다정한 폭탄이 떨어진다는 점이 다를 뿐이다.

팀은 긍정 심리학 강의도 하고 있지만, 긍정 심리학을 진심으로 믿지는 않는다. 가끔은 사람들이 일부러 행복해지지 않는 편을 택하기도 하는데, 그런 것도 괜찮다고 그는 말한다. 프로이트는 지금 우리가 앉아 있는 주점에서 그리 멀지 않은 곳에서 암으로 죽어가면서도 모르핀 투약을 거부했다. 그는 계속 일을 하고 싶었기 때문에 약 기운으로 인해 머리가 흐려지는 것을 바라지 않았다. 즐거움, 아니 최소한 고통이 없는 상태가 인간의 최고 이상이라는 말을 믿는 사람이라면 프로이트의 그런 태도를 이해하지 못할 것이다. 하지만 행복이란 단순히 기쁜 순간이 중단 없이 이어지는 것만을 의미하지는 않는다. 팀은 긍정 심리학 운동이 바로 이 점을 놓치고 있다고 본다.

팀은 또한 긍정 심리학이 낙천주의를 강조하는 데에도 문제가 있다고 생각한다. 낙천주의가 때로 놀라운 효과를 낼 수는 있지만, 항상 그런 건 아니다. 팀이 예를 하나 든다. 우리가 지금 비행기에 타고 있다고 가정해보자. 그런데 비행기 엔진에 화재가 발생했다. 이럴 때 낙천적인 조종사가 조종간을 잡고 있는 편이 좋겠는가? 그럴지도 모르지만, 우리가 진정으로 원하는 건 현명한 조종사다. 그리고 지혜는 오랜 경험에서 우러나온다.

"긍정 심리학에서는 긍정적인 마음가짐이 중요하지만, 때로는 광대를 동원하거나 웃음을 터뜨리는 것이 어울리지 않을 수도 있습니다. 행복해지기 싫어하는 사람이 있다 해도 괜찮습니다. 그 사람들은 의미 있는 삶을 원하는 거니까요. 의미 있는 삶과 행복한 삶이 항상 같지는 않습니다."

나도 같은 생각이다. 팀은 미국식 낙천주의와 영국식 용의주도함이 깔끔하게 결합된 사람이라는 생각이 든다. 틀림없이 심리 치료 솜씨도 좋을 것이다.

* * *

슬라우는 히스로 공항에서 서쪽으로 몇 킬로미터 떨어져 있다. 일종의 순환도로인 M25 고속도로 바로 외곽이다. 따라서 슬라우는 런던의 일부도 아니고, 그렇다고 런던과 완전히 갈라선 별개의 도시도 아닌 어정쩡한 상태다. 그다지 행복한 처지는 아닌 셈이다. 배우자와 갈라서려고 한창 이혼 수속을 밟고 있는 사람이라면 무슨 뜻인지 잘 알 것이다.

나는 하이 거리를 천천히 걸어 내려간다. 꽤 쾌적하다. 이 길이 보행자 전용 구역이라는 점이 아주 마음에 든다. 혼잡한 도로와 행복을 함께 연상하는 사람은 아무도 없다. 운전자도 보행자도 마찬가지다. 거리에는 평범한 피시앤칩스 가게, 카레 전문점 등이 늘어서 있다. 전당포와 실내 도박장이 유난히 많다. 건물들의 색깔은 짙은 회색에서 밝은 회색에 이르기까지 잔잔하다. 사람들도 회색인 것 같다. 약간 부스스해 보이기도 한다. '지저분하다'는 말이 퍼뜩 떠오른다. 그래, 맞다. 슬라우는 지저분하다.

슬라우에는 '욥yob'이 유난히 많다. 욥은 아무래도 문제를 일으킬 것처럼 보이는 청년들을 일컫는 영국식 표현이다(욥은 'boy'의 철자를 거꾸로 뒤집은 말이다). 그렇지 않아도 이런 젊은이들을 조심하라는 말을 이미 들었다. 하지만 이 청년들이 정말로 위험할 것 같지는 않다. 욥이라는 말은 사회적인 위협이라기보다는 우리 집 두 살짜리 꼬마에게 사다 줄 봉제 인형의 이름처럼 들린다.

나는 여기서 발행되는 신문인《슬라우 옵저버》를 들고 제목을 훑어본다. '슈퍼마켓 괴물'에 대한 저항이 심해지고 있다는 기사가 있다. '슈퍼마켓 괴물'이란 냉동식품 진열대에서 여자들을 흘끔거리는 이상한 남자가 아니라 초대형 상점들이 점점 늘어나면서 작은 구멍가게들이 업계에서 밀려나는 현상을 가리키는 말이라고 한다. 경쟁 관계인 두 택시 회사 사이에 분쟁이 발생했다는 기사도 있다. 기차역에서 손님을 태울 권리를 놓고 두 회사가 싸우고 있는 모양이다. 새로 이민 온 사람들을 위한 어학 코스에 관한 기사도 있다. 그 비용을 누가 대야 하는지를 다룬 기사다.

영국의 많은 지역이 그렇듯이 슬라우도 다문화적이다. 한편으로 생각하면 반가운 얘기다. 이민자들은 영국인들의 무미건조한 성격뿐만 아니라 무미건조한 요리에도 양념 역할을 했다. 하지만 이민자들의 유입과 함께 생겨난 문제도 있었다. 그중에서도 가장 눈에 띄는 게 바로 이슬람 테러리스트다. 이 지점에서 정치적 올바름과 행복 연구가 서로 갈라선다. 다양성은 많은 찬사를 받는 개념이지만, 다양성을 추구하는 곳이 반드시 행복해지지는 않는다. 세계에서 가장 행복한 나라들, 예를 들어 아이슬란드 같은 곳은 단일민족국가다.

나의 첫 번째 목표는 슬라우의 속내를 파고드는 것이다. 우울함이라는 껍데기를 걷어내고 그 밑에 무엇이 있는지 보는 것. 이를 위해서는 내가 기자로서 익힌 요령들을 써먹을 필요가 있을 것이다. 우리 기자들은 남을 유혹하는 재주가 있다. 다만 우리가 유혹을 통해 얻고자 하는 게 잠자리가 아닐 뿐이다(대개는). 우리가 원하는 건 기사에 인용할 발언과 정보다. 유혹의 기술이 뛰어난 사람들이 원래 그렇듯이, 우리는 눈앞의 정복 대상에 맞게 접근법을 수정한다.

라디오 기자로서 나는 반드시 마이크를 사용해야 한다는 점 때문에 어려움을 겪은 적이 많았다. 마이크 공포증에 시달리는 사람이 이 세상에 얼마나 많은지 알면 여러분도 깜짝 놀랄 것이다. 일본인들이 특히 심각하다. 언젠가 내가 도쿄의 한 백화점에서 마이크를 들고 인터뷰를 시도한 적이 있었다. 그때 사람들의 눈에 떠오른 순수한 공포와 경악의 표정을 누가 봤다면, 내가 반자동권총을 꺼냈거나 갑자기 바지라도 벗었나 싶었을 것이다.

아랍에서는 혹시라도 중요하다고 판단될 소지가 있는 질문을 던지기 전에 반드시 아주, 아주 많은 차를 공손하게 받아 마셔야 한다. 인도에서는 아부야말로 사람들의 입을 여는 도구였다. 미국에서는 마이크 공포증 환자가 지극히 드물기 때문에 그런 사전 작업이 전혀 필요하지 않다. 오히려 사람들이 한번 말을 시작하면, 중간에 말을 멈추게 하기가 힘들 정도다.

나는 영국인들에게 어떻게 접근해야 하는지 확실한 판단을 내릴 수 없었다. 그냥 직접적으로 다가설까("안녕하세요. 저는 에릭입니다. 미국에서 왔어요. 행복하세요?") 하고 잠시 생각해보았지만, 금방 접어버렸다. 그랬다가는 '~놈'이나 '꺼져' 같은 말이 잔뜩 들어간 대답이 나올 것 같았다.

그래서 노련한 기자답게 동네 이발소에 들르기로 했다. 이건 기자들 사이의 유서 깊은 전통이다. 물론 택시기사를 만나 이야기를 들어보는 것도 이에 못지않게 유서 깊은 전술이다. 하지만 서로 싸움을 벌이고 있는 슬라우의 택시 운전사들 사이에 끼어들고 싶지는 않았다.

사비노 이발소가 이 동네 사정에 정통할 것 같다. 다시 말해서 오래된 곳처럼 보인다는 뜻이다. 약간 곰팡내가 나는 것 같기도 하다. 나는 그냥 머리를 자르려고 들어온 평범한 손님 행세를 하기로 계획을 세운다. 훌륭한 계획이다. 딱 한 가지 사소한 문제점, 그러니까 나한테 머리카락이 전혀 없다는 점만 제외하면. 그래도 괜찮다. 나는 기자의 무기고에서 또 다른 무기인 유머를 꺼내 든다.

"저 같은 손님한테는 할인을 해줘야 하는 것 아니에요?"

"아니죠. 저희는 머리카락 수색 비용을 추가로 청구하고 있는걸요."

훌륭하십니다, 아저씨. 최고의 영국식 유머예요. 이 재치 있는 친구의 이름은 토니다. 머리카락이 굵고 검다. 배 둘레는 자그마한 냉장고만 하고. 토니는 태어나서부터 지금까지 슬라우에서 살았다. 그는 이 마을이 좋은 곳이라고 말한다. 여기서는 원하기만 하면 항상 일자리를 찾을 수 있다면서. 뭐, 아닐 수도 있지만. 그러면 실업수당을 받으면 된다. 내가 '다정한 폭탄' 어쩌고 하는 시 얘기를 꺼내자 토니는 약간 방어적인 태도를 취하며 그건 오래전 일이라고 말한다. 게다가 그 시인의 딸들 중 하나가 이미 그를 대신해서 사과까지 했다고 한다. 그걸로 사건은 종결되었다.

"그럼 구체적으로 슬라우의 어떤 점이 그렇게 좋아요?" 내가 묻는다. 토니는 내 머리에서 머리카락 비슷한 것이라도 찾으려고 열심히 훑어보고 있다.

"뭐, 마을 위치가 중심부잖아요. 여기서는 어디든 마음대로 갈 수 있어요. 런던이나 레딩까지는 20분밖에 안 걸려요. 윈저 성도 아주 가깝고요."

내 대머리 속에서 경고의 종소리가 울리기 시작한다. 어떤 장소의 좋은 점을 말할 때, 어디 다른 곳과 가깝다는 점이 가장 먼저 나오는 건 결코 좋은 징조가 아니다. 뉴저지 주민들에게 한번 물어보라. 토니와 나는 조금 더 이야기를 나눈다. 그동안 토니는 내 머리를 자르는 시늉을 한다. 마침내 내가 그만 가야겠다고 일어선다.

내가 문을 나서는데 토니가 슬라우 박물관에 한번 가보라고 권한다. "시간이 충분할 때 가세요. 족히 20분은 있어야 하거든요. 거기 있는 물건들은 전부 놓치면 후회할 만한 것들이에요." 이 말이 진심인지 반어법인지 잘 모르겠지만, 일단은 좋은 쪽으로 생각하기로 한다.

나는 하이 거리 끝에서 슬라우 박물관을 찾아낸다. 쓸쓸히 방치된 것처럼 보인다. 나는 안으로 들어가서 소액의 입장료를 내고 전시관 안을 돌아다닌다. 전시물이라고 변변한 것도 없지만, 나는 슬라우에 관해 중요한 사실들을 여기서 배운다. 예를 들어, 17세기에 이미 슬라우는 런던과 바스를 오가는 마차들이 휴식을 위해 즐겨 정차하던 곳이었다. 다시 말해서 그때도 이 마을은 어디 다른 곳과 가까운 마을이었다는 얘기다. 슬라우에는 "말똥 거름이 워낙 풍부했기 때문에 농부들이 토질을 위해 일부러 땅을 묵힐 필요가 없었다"라는 정보도 여기 있다. 좋아, 지금까지 알아낸 정보를 종합하면? 역사적으로 슬라우는 거름이 풍부한 마차 휴게소였다.

끝이 보이지 않을 만큼 줄줄이 늘어선 군용 트럭을 찍은 낡은 흑

백사진도 전시되어 있다. 나는 설명문을 읽어본다. "1차 세계대전
때 슬라우는 군용 차량의 정비 기지로 이용되었기 때문에 '덤프(덤프
트럭, 임시 집적소, 쓰레기 투기장 등의 뜻이 있음 - 옮긴이)'라는 별명을 얻
었다."

슬라우에 대해 인정해줄 것이 하나 있기는 하다. 일관성이 있다
는 점. 아니, 잠깐, 전시물이 또 있다. 유리 상자 속에 깔끔하게 정리
되어 있는, 슬라우의 공산품들. 양말, 성냥갑 덮개, 에어윅 방향제(틀
림없이 거름 냄새 때문에 필요했을 것이다), 손톱 크림, 마스 초코바. 레이
더도 슬라우에서 발명되었다고 한다. 참으로 얄궂다는 생각이 든다.
슬라우는 어느 누구의 레이더에도 잘 잡히지 않는 곳인데.

20분이 다 됐다. 뭘 좀 마셔야겠다. 이것도 행복 연구를 위해서다.
영국의 마을을 자세히 파악하려면 동네 주점에서 시간을 보낼 필요
가 있다. 이건 내가 한 말이 아니다. 인류학자 케이트 폭스의 말이다.
그녀는 마치 파푸아뉴기니에서 석기시대 부족을 연구하듯이, 자기
나라 사람들을 샅샅이 살피는 데 오랜 세월을 쏟았다. 그녀는《영국
인 발견》이라는 저서에서 이 나라 사람들이 음주 관습에 부여하는 중
요성을 다음과 같이 설명한다. "주점에서 많은 시간을 보내지 않으
면, 영국다움을 이해하려는 시도조차 불가능할 것이다."

주점은 영국인들이 선천적인 수줍음을 벗어던지는 유일한 장소
다. 주점이라는 곳 자체가 사람들 사이의 상호작용을 부추길 수 있
게 만들어져 있다(사실 주점을 뜻하는 pub은 'public house'를 줄인 말이다).
영국의 주점에서 결코 웨이트리스를 찾아볼 수 없는 것도 그 때문이
다. 이곳에서는 손님들이 직접 바로 가서 술을 주문해야 한다. 그리
고 그 과정에서 자기처럼 술을 주문하는 다른 손님들을 항상 만나게

되어 있다. 그렇게 해서 손님들이 이야기를 나누게 된다. 어색하고 완곡하고 더듬거리는 영국식 대화지만, 그래도 대화는 대화다.

엄격한 행동 규칙을 정해놓는 영국식 기질은 주점에서도 발휘된다. 그중에서 특히 내 마음에 와 닿는 규칙은 바로 이것이다. '만나자마자 자기소개를 하면 안 된다.' 이런 행동은 "기가 질릴 만큼 미국식"으로 보인다는 게 폭스의 말이다. 나는 이 규칙을 마음에 새긴다. 영국에서 '미국식'이라는 말 앞에 '기가 질릴 만큼'이라는 말이 오는 경우가 많다는 사실도 마음에 새긴다.

영국의 마을에서 주점을 찾는 것은 앨라배마에서 교회를 찾는 것만큼이나 쉬운 일이다. 슬라우에도 주점이 여러 곳 있다. 나는 허셜 암스의 분위기가 마음에 든다. 이 이름은 슬라우가 낳은 가장 유명한 인물이며 조지 3세 시절에 궁정 천문학자였던 윌리엄 허셜 경에게서 따온 것이다.

이런 영국식 배경을 갖고 있는데도 허셜 암스의 주인은 톰이라는 재치 있는 아일랜드인이다. 사방에 골동품들이 있다. '볼드윈의 진정제'를 선전하는 낡은 간판에는 이 약이 "불안감, 성마름, 두려움"을 치료해준다고 적혀 있다. 1930년대의 라디오와 "숙취를 피하려면 계속 술에 취해 있어야 한다"라고 적혀 있는 또 다른 광고판이 보인다.

나는 바에 자리를 잡고, 폭스의 충고대로 5파운드 지폐를 꺼내 든다. "손에 돈을 쥐거나 빈 잔을 들고서 바텐더에게 주문 의사를 알리는 것도 괜찮은 방법이다." 폭스는 이렇게 충고했다. 하지만 다시 생각해보니 꼭 그럴 필요는 없을 것 같다. 아직은 내가 이 주점의 유일한 손님이니까 말이다.

바텐더가 내준 맥주는 따뜻하다. 당연히. 하지만 마실 만은 하다. 나는 창밖을 흘긋 바라보고는 노골적인 구세계의 분위기에 흠뻑 젖는다. 이슬람 서점이 보였기 때문이다. 그 서점 앞에서 밝고 선명하게 반짝이는 간판에는 "알라로부터 당신에게 빛과 분명한 메시지가 도착했습니다"라고 적혀 있다. 알라와 주점이 나란히 있다니. 나는 따뜻한 맥주를 한 모금 마시며 새로운 영국을 위해 말없이 건배한다. 신이여, 이 나라를 도우소서.

내가 이곳에 온 것은 진짜 슬라우 사람들과 이야기를 나누기 위해서지만, 조금 떨린다. "모든 주점에는 자기만의 우스갯소리 규칙, 별명, 거기서만 통용되는 말과 제스처가 있다"라는 케이트 폭스의 말 때문이다. 내가 여기만의 규칙을 어떻게 알아낼 수 있단 말인가?

내 불안감이 극에 달했을 무렵, 위엄 있게 보이는 호리호리한 남자가 안으로 들어온다. 아마 60대 후반쯤 되는 것 같다. 그는 완벽하게 재단된 재킷을 입고, 주머니에는 깔끔하게 접은 손수건을 꽂았다.

"날씨 한번 지독히 끔찍하죠?"

"예." 내가 말했다. "지독히 끔찍하네요."

'지독히 끔찍하다(bloody awful : bloody가 '지독하다'라는 뜻일 때는 영국 속어 - 옮긴이)'는 말이 미국인인 내 입에서 나오니 우스꽝스럽게 들린다. 하지만 남자는 그 점을 알아차리지 못했거나, 아니면 너무 예의를 차리느라 말하지 않는 것 같다.

그가 나를 향해 몸을 기울이며 말한다. "이 주점의 이름은 윌리엄 허셜에게서 따온 거랍니다. 아세요? 허셜은 천문학자였죠."

"예, 저도 들었어요."

"그 사람이 행성 하나를 발견했다는 것도 아세요?"

"아뇨, 어떤 행성인데요?"

"천왕성이에요."

잠시 어색한 침묵이 흐른다. 나는 키득키득 웃음이 터져 나오는 걸 참느라고 맥주를 한 모금 마신다. 그리고 또 웃음을 참는다. 마침 내 그가 나서서 나를 구해준다.

"나도 압니다. 참 전형적이죠?"

이 말과 함께 우리는 마음껏 한바탕 웃는다.

이제 분위기가 알맞게 풀렸으므로 나는 그에게 슬라우에 대해 조심스레 묻는다. 이곳이 고향인 그의 심기를 건드리지 않으려고 애쓰면서.

"선생님도 슬라우의, 저, 평판에 대해 잘 알고 계시죠?"

"그런 소리를 들을 만도 하죠. 여긴 정말 지독한 곳이에요. 완전히 엉망이죠."

그의 심기를 걱정할 필요는 없을 것 같다. 그도 〈슬라우 행복하게 만들기〉라는 프로그램에 대해 들은 적이 있다는데, 그런 게 과연 성공할 수 있을지 심히 회의적이다. 그는 영국식의 미묘한 몸짓언어가 아니라 배설물과 관련된 민망한 표현들을 동원해서 자신의 생각을 토로한다.

"근본적으로 똥 같은 문제에 직면했을 때는 할 수 있는 일이 별로 없습니다. 안 그래요?" 이 남자는 직접 엄선한 이 몇 마디 말로 행복 실험 전체와 긍정 심리학 운동 대부분을 쓸데없는 것으로 치부해버렸다. 나는 어떻게 반응해야 할지 판단이 서지 않아서 좀 더 안전한 주제로 이야기의 방향을 돌린다.

"이 주점은 좋은 곳이네요."

"아, 옛날에는 그랬죠. 하지만 지금은 실내장식이 조금 지나쳐요. 게다가 요새는 음식도 팔아요. 이젠 음식이 더 중요해졌다니까요." 그는 이 마지막 말을 할 때 도덕적인 혐오감을 드러낸다. 마치 이 주점이 맥주와 함께 내놓는 음식이 어니언링이 아니라 헤로인이라도 되는 것 같다.

우리는 이야기를 하며 술을 마신다. 내가 그에게 술을 한 잔 샀더니, 그는 금방 내게 애정을 드러낸다. 케이트 폭스의 말 그대로다. 우리는 대화를 시작한 지 족히 한 시간은 지나서야 서로 자기소개를 한다. 그의 이름은 제프리다. 내게는 CIA의 첩보만큼이나 귀한 정보다. 영국에서 누군가의 이름을 알아내는 것은 단순한 형식상의 일이 아니라 진정한 업적이다.

우리는 맥주도 많이 마시고, 웃음도 함께 나눈다. 정확히 무엇 때문에 웃었는지는 기억이 나지 않는다. 제프리처럼 웃는 사람은 본 적이 없다. 그는 군인처럼 몸을 꼿꼿하게 세운 채 상체를 뒤로 기울인다. 다리와 45도 각도가 되도록. 이건 대단히 절제된 웃음이다. 그래서 매우 영국적인 웃음이기도 하다.

술에 취해 흥청거리는 주점 분위기 속에서도 영국인은 감정을 절제한다. 개인적인 정보는 신중한 판단에 따라 조금씩만 알려준다. 마치 최고급 초콜릿이나 질 좋은 포도주를 나눠주듯이. 경제학자들의 주장처럼, 희소성은 가치를 만들어낸다. 따라서 영국인이 마음을 열고 아픈 상처를 드러내면, 미국인이 그럴 때보다 더 가치 있고 의미 있는 일이 된다. 나는 영국에 온 뒤 처음으로 과묵함의 가치를 인정한다.

나는 제프리에 대해 많은 것을 알게 되었다. 그가 추운 날씨보다 따뜻한 날씨를 좋아한다는 것, 그래서 적어도 그의 입장에서는 '지구 온난화가 좋은 일'이라는 것. 그가 다음 주에 이집트 해변의 휴양지로 떠날 예정이며, 지금까지의 삶에 만족하기 때문에 '이집트행 비행기가 추락하더라도 아무 상관 없다'는 것도 알게 되었다. 제프리의 아내가 3년 전에 세상을 떠났다는 것, 비록 그가 드러내놓고 말하지는 않아도 아내를 몹시 그리워한다는 것도 알게 되었다.

내가 보기에 제프리가 슬라우를 떠나지 않는 이유가 바로 이것인 것 같다. 물론 그는 자신이 그런 감상적인 생각을 하고 있다고는 절대 고백하지 않을 테지만. 죽음과 특정 장소 사이의 관계는 원래 복잡하다. 때로 말로 표현할 수 없는 비극이 닥쳤을 때(예를 들어 자식을 잃었을 때), 사람들은 그 장소에서 즉시 도망쳐야 한다는 생각을 하게 된다. 장소를 바꾸면, 자신을 짓누르는 이 견딜 수 없는 슬픔이 조금 가벼워질지도 모른다는 희망 때문에. 하지만 꼭 그 자리에 계속 머물러야 할 것 같은 생각이 들 때도 있다. 남은 것이라고는 그 장소밖에 없기 때문에. 그럴 때는 그곳을 떠나는 것이 배신처럼 느껴진다. 내가 보기에는 제프리가 그런 경우인 것 같다. 그는 슬라우를 사랑하지 않지만, 아내를 사랑했다. 여기서, 악의적인 소문에 시달리는 버크셔의 이 마을에서 그녀를 사랑했다. 그래서 이곳에 계속 머무른다.

물론 그도 떠날 생각을 해본 적이 있다고 한다. 하지만 차마 떠날 수 없었다. "결국은 집으로 돌아오게 마련이죠. 자기가 사는 곳이 거기니까." 이 마지막 말이 내게는 심오하게 들린다. 맥주 때문에 어지러워진 머리로는 그 이유를 콕 집어낼 수 없지만. 휘청휘청 호텔로 돌아가 그대로 침대에 쓰러져서 아주 깊이, 슬라우처럼 깊이 자고 일어난 다음 날 아침에야 비로소 그 말의 의미가 와 닿는다. '결국은 집으로 돌아오게 마련이죠. 자기가 사는 곳이 거기니까.' 이건 우리 모두 알고 있는 진실, 그러니까 사람의 마음이 있는 곳이 바로 집이라는 사실을 제프리가 전혀 중요하지 않은 얘기를 하듯이 영국식으로 표현한 말이었다.

* * *

잠에서 깨어보니 갓 내린 눈이 쌓여 있다. 눈이 하얀 담요처럼 나무와 땅을 덮은 모습이 아름답다. 하지만 런던 일대에서는 눈이 내리는 게 아주 드문 일인 모양이다. 겨우 몇 인치의 눈에도 전국이 비상사태에 돌입했다. 잉글랜드 남부의 한 앵커는 '대설 사건'이 벌어졌다고 숨찬 목소리로 보도하고, 그 일대 주민들은 추위에 뻣뻣하게 굳은 입술로 이 대설 사건에 대해 열심히 떠들어댄다. 누가 보면 독일이 런던에 또 공습을 가한 줄 알 것이다. 학교는 문을 닫았다. 공항도 문을 닫았다. 하지만 숨이 턱에 찬 그 앵커의 보도에 의하면, 사람들은 어떻게든 정상적인 생활을 계속하려고 기를 쓰고 있다. 그렇지 않으면 눈이 사람을 이기는 셈인데, 그런 사태가 벌어지게 가만히 있을 수는 없기 때문이다.

나 역시 솜털 같은 눈송이들 앞에서 단호히 버틸 작정이다. 나는 헤더 화이트와의 약속을 지키기로 한다. 그녀는 슬라우에서 실험에 자원했던 50명 중 한 명이다. 나는 텔레비전의 그 실험이 그녀의 행복도에 지속적인 영향을 미쳤는지 궁금하다. 헤더는 섀기캐프(Shaggy Calf : 털수룩한 송아지라는 뜻 – 옮긴이) 길에 살고 있다. 그녀가 전화로 이 길 이름을 말했을 때 나는 빙긋 웃었다. 마치 무슨 우화에서 따온 이름 같다.

하지만 직접 가보니 섀기캐프 길도 영국의 다른 거리와 별로 다를 게 없다. 텁수룩하든 아니든 송아지는 한 마리도 보이지 않고, 수많은 소형 자동차들이 미국과는 반대 차선을 달리고 있을 뿐이다. 나는 헤더의 집으로 가서 초인종을 누른다. 오늘의 만남을 위해 나는 이 나라 사람들의 인사 습관에 관한 자료를 미리 읽었다. 새뮤얼 존슨이 200년도 더 전에 관찰했던 일이 지금도 전혀 변하지 않았다. "영국인 둘이 만났을 때 가장 먼저 꺼내는 이야기는 날씨에 관한 것이다." 날씨에 관해 그냥 아무 얘기나 하는 게 아니라 마음이 편안해지는 이야기를 해야 한다. "날씨에 관해 이야기할 때 다른 사람 말에 절대로 토를 달면 안 된다." 헝가리의 유머 작가인 조지 마이크스는 이렇게 경고한다. 그래, 알았다. 다행히도 오늘은 '대설 사건'이라는, 정말로 화제가 될 만한 날씨 이야기가 있다.

"정말 굉장한 날씨예요." 헤더 화이트가 문을 열었을 때 나는 이렇게 말한다.

"글쎄요, 그렇게 나쁜 날씨는 아닌 것 같은데요."

당황스럽다. 이 여자가 대본을 따르지 않고 있으니.

헤더는 모직 조끼를 입고, 튼튼한 안경을 썼다. 나이는 여든 살이지만, 머리는 아직 예리하고 빠르게 돌아간다. 기분 같아서는 이제 서른다섯 살밖에 안 된 것 같다고 한다. 헤더는 자부심 높은 영국의 군인 집안 출신이다. 그녀의 아버지는 인도에서 윈스턴 처칠이 속해 있던 부대를 이끄는 지휘관이었다. 헤더 자신도 2차 세계대전 때 열세 살의 나이로 자전거 통신원으로 일하다가 파편에 맞아 부상을 입고 훈장을 받았다.

그녀가 불테리어종의 강아지 리지를 한쪽으로 밀어내며 나더러 안으로 들어오라고 한다. 그러고는 나를 거실로 안내한다. 여러 불테리어의 그림과 수많은 책이 거실을 가득 채우고 있다. 인도 요리책, 제인 오스틴 전기, 영어로 번역한《코란》등. 헤더 화이트는 놀라운 점이 참으로 많은 여자다.

헤더는 인생의 대부분을 슬라우에서 보냈지만, 제프리와 마찬가지로 이 마을에 대해 몇 가지 불만을 갖고 있다. 그녀는 전형적인 영국인답게 자신의 불만을 아무것도 아닌 것처럼 줄여서 이야기한다.

"슬라우는 엉망이에요. 완전히 엉망. 너무 싫어요."

헤더는 최근 슬라우에 일어난 변화가 마음에 들지 않는다. 주택 건설 프로젝트도 싫고, 자동차가 많아진 것도 싫고, 새로 쇼핑몰들이 들어선 것도 싫고, 아시아인들도 싫다. 하지만 이웃에 살고 있는 파키스탄인들은 아주 착한 사람들이기 때문에 예외다.

나는 벽에 걸린 어떤 남자의 사진을 가리킨다. 예상대로 남편의 사진이다. 그는 여러 해 전에 세상을 떠났는데, "진정한 보핀"이었다고 한다.

"정말 유감입니다." 내가 말한다.

헤더가 이런 멍청이가 있나 하는 시선으로 나를 바라본다. 알고 보니 영국에서 보핀은 '머리 좋은 발명가'를 뜻하는 말이다. 헤더의 남편은 정말이지 여러모로 똑똑한 사람이었다. 연애할 때 그는 헤더에게 고대 그리스어로 연애편지를 써 보냈다. 그래서 헤더는 그 편지를 번역해줄 친구를 찾아야 했다.

헤더 화이트는 행복하다. 행복 전문가들이 슬라우에 들이닥치기 전에도 행복했던 것 같다. 헤더 화이트가 간호사인 것도 우연이 아니다. 시카고 대학 학자들의 연구에 따르면, 간호사는 가장 행복한 직업 중 하나다. 엄밀히 말해서 헤더는 이미 은퇴했지만, 항상 병원에 가서 이런저런 일을 돕는다. 헤더는 아직 쓸모 있는 사람이다. 그래서 헤더는 월요일 아침을 학수고대한다.

헤더는 〈슬라우 행복하게 만들기〉의 프로듀서들을 만나기 전에는 '행복학'이라는 말을 들어본 적이 없었다. 그녀는 재미 삼아 그 프로그램에 참여해보기로 했다. 헤더는 〈슬라우 행복하게 만들기〉가 괜찮은 실험이었다고 생각하지만, 영국에서 행복을 떠받치는 두 기둥인 개와 정원 가꾸기가 그 프로그램에 포함되지 않은 이유가 못내 궁금하다. 특히 개가 포함되지 않은 것이 그렇다. "병원에 개를 데리고 가면 환자들이 더 빨리 나아요. 내가 직접 봤어요. 개는 행복의 열쇠예요."

그녀가 실험 중에서 특히 좋아한 건 사진이었다. 그녀는 슬라우의 여러 얼굴을 찍어 오라는 임무를 맡았다. 사람들은 나중에 이 사진을 모아서 거대한 벽화를 만들어 하이 거리에 전시할 예정이었다. 헤더는 살면서 사진이라고는 거의 한 장도 찍어본 적이 없었다. 하지만 그녀는 뭐든 빨리 배우는 편이었다. 게다가 막상 해보니 사진 찍는 솜씨도 좋았다. 문제는 딱 하나뿐이었다. 슬라우 사람들은 웃는 법도 없고, 사진 찍히는 것도 좋아하지 않는다는 점. 그래서 헤더는 카메라를 아래로 돌려 사람들의 얼굴 대신 맨홀 뚜껑을 찍었다. 찰칵, 찰칵. 맨홀 뚜껑이 그토록 다양하다니 놀라울 따름이다. 찰칵. 똑같은 맨홀 뚜껑이 없다. 눈송이와 똑같다. 다만 눈송이만큼 아름답지 않을 뿐이다. 눈송이보다 무겁기도 하고.

함께 실험에 참가했던 사람이 헤더에게 긍정 심리학에 관한 책을 빌려주었다. 그녀는 그 책이 "전형적인 미국식"이었다고 말한다. 너무 설탕을 친 것 같은 느낌이 들었다고. 헤더 화이트는 차도 인생도 있는 그대로 받아들인다. 설탕은 치지 않는다.

"기분이 가라앉는 느낌이 들 때가 있어요, 헤더?"

"그럼요, 당연하죠. 그럴 때면 실컷 투덜거리고는 다 잊어버려요."

아아, 실컷 투덜거린단 말이지. 이게 바로 영국인들의 특징이다. 평소에는 절대 투덜거리지도, 칭얼거리지도, 불평을 늘어놓지도 않다가 어느 날 갑자기 그렇게 한다. 그러고는 언제 그랬느냐는 듯이 잊어버린다.

영국은 나 같은 불평꾼이 살기에 정말 좋은 곳이다. 불평꾼이 워낙 많아서 함께 어울릴 수 있으니까. 불평꾼을 위한 책뿐만 아니라 심지어 텔레비전 시리즈도 있다. 〈불평 많은 할아버지Grumpy Old Men〉라는 시리즈인데, 여기서 엄청 인기다.

나는 〈불평 많은 할아버지〉와 함께 기획된 책을 들고 서문을 펼친다. 아서 스미스라는 불평꾼이 쓴 글이다. 그는 "인생이란 망할 놈들이 늘어놓은 헛소리"라는 말로 글을 시작한다. 그러고는 부정적인 태도로 일관한다.

아서는 대부분의 영국인들과 마찬가지로 자신이 불평꾼이라는 사실에서 뒤틀린 기쁨을 느끼는 것 같다. 그가 한창 투덜거릴 때 자신의 기분을 묘사한 글을 달리 어떻게 해석할 수 있겠는가? "한도 끝도 없이 불평을 늘어놓으면서 나는 나 자신의 불행과 염세주의 때문에 점점 더 기운이 나고 마음이 들떠서 결국 부정의 오르가슴이라고 할 만한 상태에 도달한다." 정말 발군의 불평꾼이다. 행복한 이교도 힐마르는 '불행을 즐기는' 수준이었지만, 아서는 이것을 완전히 새로운 차원으로 끌어올린다. 영국인들은 그냥 불행을 즐기기만 하는 게 아니라 불행에 열광한다.

나도 공감이 간다. 사실 내 성姓인 와이너는 'whiner(투덜대는 사람이라는 뜻 - 옮긴이)'와 발음이 같지 않은가. 나는 이 이름에 걸맞은 사람이 되려고 최선을 다하고 있다. 예를 들어, 무겁게 한숨을 내쉬는 난처한 버릇이 그렇다. 나는 끊임없이 한숨을 내쉰다. 글을 쓸 때, 운전할 때, 심지어 회의를 할 때도. 사람들은 내가 지루하거나 흥분한 모양이라고 생각하지만, 사실은 그렇지 않을 때가 많다. 한숨은 내 안에 점점 쌓여가는 불평불만의 압력을 줄이려는 나만의 방법일 뿐이다. 신나게 한숨을 내쉬는 것은, 실컷 투덜거리는 것과 마찬가지로, 사람이 스스로를 다스리는 방법이다. 하지만 불평꾼들의 나라인 여기 영국에서 나는 불평꾼 축에도 못 낀다. 영국인들의 불평은, 일단 마개가 열리면, 걷잡을 수 없다. 다른 건 몰라도 그 지구력이 놀랍다.

헤더 화이트도 나처럼 아마추어 불평꾼이다. 그녀는 그냥 몇 분 동안 투덜거리다가 평소처럼 행복한 상태로 되돌아간다. 그녀는 자신이 받은 축복을 하나씩 헤아린다. 자기가 기르는 개, 집 앞의 정원, 친구들. 게다가 〈슬라우 행복하게 만들기〉가 방송된 뒤로는 명성도 조금 얻었다. 하지만 헤더는 부자가 되고 싶은 생각은 전혀 없다. 돈이 생겨도 어쩔 줄을 모를 것이다. "돈이 많은데도 불행한 사람을 많이 봤어요. 사람을 행복하게 해주는 건 사람이지 돈이 아니에요. 개도 사람을 행복하게 해주고요."

헤더는 호텔까지 나를 차로 바래다주겠다고 말한다. 내가 안전벨트를 단단히 매고 있는데, 그녀가 내 불안감을 눈치챈 모양이다. "설마 내 운전 실력을 걱정하는 건 아니죠?"

"그럼요." 나는 거짓말을 한다.

막상 보니 그녀의 운전 실력은 정말 굉장하다. 그녀는 조용히 콧노래를 부르며 눈 쌓인 도로를 노련하게 요리조리 빠져나간다. 그 순간 나는 헤더 화이트가 잠재적으로 행복한 사람임을 깨닫는다.

* * *

나는 중국 식당 앞에서 리처드 힐과 만나기로 했다. 한 블록 떨어진 곳에서도 그의 몸이 좋지 않다는 것을 알아볼 수 있을 정도다. 그는 천천히 조심스럽게 걷고 있다. 허리는 굽었고, 안색은 창백하다. 이제 겨우 50대 초반인데도. 거리가 점점 가까워질수록 누렇게 변색되고 구부러진 치아가 눈에 들어온다.

우리는 커피숍에 자리를 잡는다. 리처드는 대형 카푸치노를 주문한다. 컵이라기보다 사발 같다. 아주 커다란 사발. 구명 기구 없이 이런 음료수를 마시면 안 된다.

리처드는 카푸치노에 설탕을 세 덩이나 넣더니, 서른 살 때 처음으로 심장 발작을 겪었다고 말한다. 여기서 그리 멀지 않은 곳이었다. 친구 집에서 텔레비전을 보고 있는데, 통증이 지진해일처럼 그를 덮쳤다. 그 뒤로 그는 심장 발작을 두 번 더 겪었다. 그는 지금 중증 협심증을 앓고 있다. 콜레스테롤도 너무 많다. 운동과 식이요법도 소용이 없다. 몸이 너무 아파서 일도 못 한다. 지금까지 심장 혈관 우회수술을 두 번 받았고, 약을 먹으며 상태를 조절하고 있다. 그는 자기 목숨이 위태롭다는 것을 알고 있다.

"내가 언제 갑자기 쓰러져서 죽어버릴지 아무도 몰라요." 그가 사무적인 목소리로 말한다. 설탕 한 덩이를 또 카푸치노에 넣는다.

나는 그냥 가만히 앉아서 적십자사의 심폐소생술 강의를 들을 걸 그랬다고 생각한다. 그때 리처드가 웨일스 출신인 자신이 어떻게 해서 슬라우에서 살게 되었는지 설명한다. 첫 번째 심장 발작을 겪은 뒤 요양을 하고 있을 때, 슬라우가 아주 마음에 들어서 이곳을 고향으로 삼기로 했다는 것이다. "정말 굉장한 마을이에요." 이건 그가 진심으로 하는 말이다. 리처드는 이 마을이 다문화적이라는 점이 좋다고 생각한다. 슬라우에 가만히 앉아서 인도나 파키스탄이나 폴란드를 볼 수 있으니까.

리처드는 〈슬라우 행복하게 만들기〉에 관한 이야기를 들었을 때 도저히 가만히 있을 수가 없었다. 그는 자신이 꽤 행복한 편이라고 생각하지만, 그보다 더 행복해질 기회가 찾아온 것이다. 공짜로. 게다가 텔레비전에 출연까지 하면서. 이걸 어떻게 거절할 수 있겠는가?

리처드는 처음에 행복 선언문이 너무 감상적이라고 생각했지만, 시간이 흐를수록 마음에 들었다. 실험이 끝난 뒤 18개월이 흘렀지만, 그는 지금도 그 선언문을 자주 들여다본다. 자신이 받은 축복을 하나씩 헤아려보라거나 하루에 다섯 가지씩 감사할 것을 찾아내라는 뻔한 소리를 읽기 위해서라도.

몸은 병들고 직업도 없는 이 남자가 감사할 일이 무엇인지 나는 도저히 상상이 안 간다. 그래서 솔직히 물어본다.

"내가 아직 살아 있다는 게 고맙죠. 이건 정말 굉장한 일이에요. 한밤중에 심장 발작이 일어나 죽어버리지 않은 것도 고맙죠. 나한테 이건 그냥 상상 속의 두려움이 아니에요. 난 이미 죽음의 문턱까지 갔다 왔습니다. 이런 건 직접 경험해봐야 알 수 있어요. 머리로는 이해 못 하죠."

"하지만 몸이 안 좋잖아요. 그러니까 그만큼 행복해지기 힘들 것 같은데."

"아뇨, 오히려 그래서 더 행복해요."

"더 행복하다고요?"

"예, 이렇게 말하면 어떨까요? 마지막으로 심장 검사를 받은 게 언제죠?"

이런 질문을 받으니 불안해진다. 공교롭게도 오늘은 내 생일인데, 이제 나는 심장 발작을 겪을 연령대에 안전하게(이런 말을 써도 되는지 모르겠다) 들어와 있다.

"두 살짜리 딸이 장난감 청진기로 제 심장을 진찰했는데, 그건 안 되나요?"

"안 되죠. 혈관조영술을 마지막으로 받아본 게 언제죠?"

"혈관조영술이 뭔데요?"

"내가 말하고자 하는 건, 당신은 당신 심장 상태를 모르지만 나는 내 심장 상태를 정확히 알고 있다는 거예요. 지금 나는 내 심장이 꽤 잘 움직이고 있다는 걸 알고 있어요. 비록 가슴에 통증은 있지만. 내가 갑자기 죽을 수도 있겠죠. 하지만 그건 누구한테나 일어날 수 있는 일이에요. 나는 심장병 때문에 꿈을 모두 잃어버리는 경험을 했어요. 당장 내일이라도 쓰러져 죽을 가능성이 있기 때문에 조금도 꿈을 꿀 수가 없었어요. 그런데 사촌이 갑자기 죽었습니다. 건강하기 짝이 없었는데 말이에요. 쉰한 살이었고, 운동을 아주 좋아하는 농부였는데. 그때 이런 생각이 들었습니다. 그래, 내가 갑자기 쓰러져 죽어버릴지도 모르지만, 그거야 누구한테나 일어날 수 있는 일이잖아. 적어도 나는 생명 유지에 반드시 필요한 심장의 상태를 정확히 알고 있어."

"그래도 죽는 게 무섭지 않아요?"

"아뇨, 고통스럽게 병을 앓다가 죽는 건 무섭지만, 심장 발작으로 죽는 건 무섭지 않습니다. 이미 두어 번 죽음의 문턱에 갔다 왔으니까요. 죽는 게 그런 거라면 괜찮아요."

나는 다시 〈슬라우 행복하게 만들기〉 실험 쪽으로 대화를 이끈다. 하지만 죽음이 계속 우리 뒤를 따라다닌다. 리처드는 자기한테는 무덤 치료가 최고였다고 말한다. 그는 지시대로 공동묘지를 돌아다니다가 네 살밖에 안 된 사내아이의 묘비를 발견했다. "그걸 보고 이런 생각이 들었습니다. 뒤에 남은 사람들한테는 이게 비극이겠지만 저 애는 죽는 게 뭔지 몰랐을 테니, 죽을 때 고통을 느끼지만 않았다면 참 잘 살다 간 거로구나."

리처드는 영국 문화가 행복을 방해한다는 내 의견에 동의한다. 영국 문화의 이런 특징이 가장 뚜렷이 드러나는 것은 바로 이 나라 사람들이 서로 껴안는 버릇이 없다는 점이다. 영국인들은 심지어 자기 어머니도 끌어안는 법이 없다. 리처드는 열 살 때 캐나다에 갔다가 포옹이라는 신세계를 발견했다. 그래서 어머니를 볼 때마다 껴안기 시작했다. 그는 포옹을 하면 "정말로 기운이 난다"라고 말한다.

나는 리처드에게 묻는다. 만약 내가 5년이라는 시간과 5000만 달러를 주면서 당신에게 슬라우를 행복하게 만들어달라고 하면, 텔레비전에서 말한 그런 행복이 아니라 정말로 행복하게 만들어달라고 하면 어떻게 할 건가요?

"글쎄요, 우선 사람들한테 돈이 필요하지 않다는 점을 알려줘야겠죠. 행복 선언문을 행동으로 옮기기만 하면 됩니다. 기운 없이 처져 있는 사람과 가벼운 이야기를 나누고, 지금 이 순간을 감사하게 생각하는 것. 그러면 돼요. 이 카푸치노와 마찬가지입니다. 이게 맛이 없으면 우리는 금방 불평을 해대죠. 하지만 맛이 좋으면, 기대보다 훨씬 맛이 좋으면, 우리가 이 카페를 칭찬하는 글을 쓸까요? 그렇지는 않죠."

리처드는 카푸치노를 다 마셨다. 여담이지만 맛이 아주 좋은 카푸치노였다. 우리는 밖으로 나온다. 하늘이 회색이다. 내게는 다른 흐린 날과 다를 바 없는 날씨다. 하지만 행복 선언문에 서명했고, 삶과 죽음 사이를 서성거리는 리처드 힐은 하늘을 올려다보더니 파란색이 드문드문 드러나 있는 부분을 발견하고는 부분적으로 햇살이 비치는 날씨라고 단언한다.

* * *

치약, 아니면 화장지? 베로니카 퍼글리아는 이 둘 중 하나를 골라야 하는 우울한 선택을 앞두고 있었다. 그녀는 얼마 전 이혼해서 복지수당으로 연명하고 있었기 때문에 치약과 화장지를 둘 다 살 수 있을 만큼 여유가 없었다. 둘 중 무엇을 살까? 그녀가 무엇을 선택했는지는 나중에 말해주겠다. 우선 베로니카에 대해 좀 더 자세히 알아보자. 그녀는 폴란드 이민자의 딸이며, 처녀 때 성은 폴란드어로 '열매가 풍성한 중심부'라는 뜻이다. 그녀는 이 이름을 아주 자랑스러워하는 듯하다. 어느 날 그녀의 딸이 〈슬라우 행복하게 만들기〉의 전단지를 건네주었다. 실험에 참가할 자원자를 모집한다는 내용이었다. 베로니카는 흥미를 느꼈다. 한 마을 전체를 행복하게 만드는 일이 과연 가능할까 싶었다. 어쨌든 그녀 자신이 조금 더 행복해진다면 좋은 일일 것 같았다.

실험은 효과가 있었다. 그녀는 행복해졌다. 하지만 이런 효과를 이끌어낸 건 행복학의 연구 성과가 아니었다. 획기적인 심리치료도, 천둥 같은 깨달음도 아니었다. 구식 사교 생활이 열쇠였다. 밖에 나가서 사람들을 만나는 것.

베로니카는 실험 중에 복권 당첨자를 만나러 간 지원자 중 하나였다. 그녀는 복권 당첨과 행복과 쾌락 적응에 관한 연구 결과를 믿지 않는다. 일단 자기한테 한번 그 돈을 줘보라는 것이다. 다른 사람들은 당첨금을 탕진해버릴지 몰라도 자기는 그 많은 돈을 제대로 쓸 수 있을 거라고 그녀는 말한다. 자기는 행복해질 거라고. 복권에 당첨되면 자신이 선택할 수 있는 것들이 늘어날 것이고, 그건 좋은 일이라는 게 베로니카의 판단이다. 뭐, 대부분의 경우 그 말이 옳은 건 사실이다. 치약과 화장지 중 하나만 골라야 하는 건 분명히 우울한 상황이다. 하지만 복권에 당첨되면 다시는 그런 문제로 고민할 필요가 없을 것이다. 그녀는 복권에 당첨되면 주점을 열 거라고 내게 말한다. 그래, 벌써 눈에 보이는 듯하다. 베로니카는 아주 훌륭한 주점 주인이 될 것이다. 손님들에게 이 주점이 또 하나의 집 같다는 기분이 들게 해주는 사람.

베로니카의 인생, 아니 정확히 말해서 베로니카가 처한 상황은 실험이 끝난 뒤로 점점 나빠졌다. 근처 학교에서 이력서 작성법을 가르치는 일을 하다가 해고당해서 다시 복지수당에 의지하게 됐고, 그래서 한 푼에 벌벌 떨면서 근근이 연명하고 있다. 살기가 정말 지독히 힘들다고 그녀는 내게 말한다.

"저, 베로니카." 내가 조심스레 묻는다. "요즘은 얼마나 행복한가요? 1에서부터 10까지 점수를 매긴다면요."

"6점이에요." 그녀가 말한다. 하지만 이 대답이 만족스럽지 않은 기색이다. 그녀는 곰곰이 생각에 잠긴다.

"아냐, 그게 아니에요. 내가 6점이라고 한 건, 지금 상황에서 그래야 할 것 같아서 그런 것뿐이에요. 복지수당에, 이혼에, 뭐 그런 여건상. 사실은 8점이에요. 아냐, 8.5예요. 그래요, 그게 맞아요. 8.5." 그녀는 몸이 건강하고, 아름다운 두 딸을 기르고 있다. 그리고 매주 월요일 밤이면 슬라우 실험에 자원했던 50명 중 몇을 레드 라이언 주점에서 만나 퀴즈를 풀며 논다.

그럼 치약과 화장지 중에 베로니카가 고른 건 무엇일까? 그녀는 세상에 두 종류의 사람이 있다고 생각한다. 치약을 고르는 사람과 화장지를 고르는 사람. 그럼 베로니카는? 그녀는 치약을 고르는 사람이다. 화장지 대용품은 얼마든지 구할 수 있다. 예를 들어 종이타월을 써도 된다. 하지만 치약은 다르다. 치약은 화장지와 달리, 단순히 꼭 필요한 기능만 수행하고 마는 물건이 아니다. 치약은 입안을 시원하게 만들어주고, 그래서 기분도 좋아진다. 그래, 베로니카는 치약을 고르는 사람이다.

*   *   *

슬라우에 어스름이 내린다. 나는 호텔로 걸어가는 중이다. 나는 교회 공동묘지에 들러 무덤 치료를 살짝 시도해보기로 한다. 나는 눈이 녹아 진창이 된 길을 터벅터벅 걸으며 모든 묘비 앞에서 걸음을 멈추고 거기 적힌 이름을 큰 소리로 읽는다. 나는 무엇이든 큰 소리로 말하기 전에는 진짜처럼 느껴지지 않는다. 열세 살짜리 남자아이. 여든네 살의 노인. 열아홉 살짜리 여자아이. 이 무덤 치료의 목적은 내가 살아 있어 다행이라는 기분을 느끼는 것이지만, 나는 아무리 해도 그런 기분이 들지 않는다. 춥고 피곤하다. 공동묘지에 서서 혼자 중얼거리는 꼴이 바보 같다는 생각도 든다.

그때 엘렌 그린웨이의 묘비가 우연히 눈에 들어온다. 그녀는 1914년 3월 25일에 세상을 떠났으며, 그때 나이가 지금의 내 나이와 똑같았다. 엘렌이 가깝게 느껴진다. 그녀는 추상적인 존재가 아니다. 바로 여기, 진창과 잡초 속에서 추위에 몸을 벌벌 떨면서 나는 자신에게 약속한다. 지금부터 하루하루가 내게는 그레이비(육즙이라는 뜻과 부정 이득이라는 뜻이 있음 - 옮긴이)라는 사실을 반드시 기억하겠노라고. 순수하고, 기름기 많고, 크림 같고, 심장 발작을 불러오는 그레이비.

* * *

텔레비전에서 실시한 실험은 괜찮았다. 하지만 슬라우를, 아니 여기가 아닌 어디 다른 곳이라도 정말로 행복하게 만들려면 어떻게 해야 할지 궁금해진다. 그냥 골치 아픈 문제를 없애기만 하면 될까? 범죄를 줄이고, 부동산 개발로 한꺼번에 지은 꼴사나운 집들을 없애고, 대기오염을 해소하면 맥주통 꼭지에서 따뜻한 맥주가 흘러나오듯이 행복이 저절로 뒤따라올까? 조지 오웰은 회의적이었다. "유토피아를 만들어낸 사람들은 거의 모두 치통에 시달리면서 치통만 없어지면 행복해질 거라고 생각하는 사람과 닮았다."

맞는 말이다. 행복은 슈퍼 비관주의자인 쇼펜하우어의 믿음처럼 단순히 "고통이 없는" 상태가 아니다. 행복은 무엇이 '존재'하는 상태다. 하지만 그 무엇이 뭘까? 그리고 정신과 의사와 전구에 관한 낡은 우스갯소리처럼, 우리가 어떤 장소를 변화시키는 걸까, 아니면 그 장소가 먼저 변하고 싶다는 생각을 품어야 하는 걸까?

슬라우에서 나는 현실을 피할 수 없다. 행복이 바이러스처럼 퍼져나간다는 이론은 결코 확고히 뿌리내리지 못했다. 슬라우의 자원자 50명이 행복에 관해 한두 가지 교훈을 배웠는지는 몰라도 그 교훈이 널리 퍼져나가지는 못했다. 그렇다면 행복 바이러스 이론에 결함이 있는 걸까? 그렇지는 않은 것 같다. 그저 이건 수적인 문제일 뿐이다. 행복의 씨앗(리처드 힐이나 헤더 화이트나 베로니카 퍼글리아 같은 사람들)을 많이 심으면, 결국 기하급수적인 성장 법칙이 발동하게 된다. 그때가 되면 행복은 캘리포니아의 소규모 산불처럼 번져나갈 것이다.

그럼 그동안 우리는 무엇을 해야 할까? 계속 씨앗을 심으면 될 것 같다. 사실 중요한 건 씨앗을 심는 것이지 수확이 아니다. 많은 철학자가 지적했듯이, 행복은 부산물이다. 너새니얼 호손이 말했듯이, 행복은 우리가 말하지 않아도 어깨에 내려앉는 나비와 같다.

그렇다면 어떤 장소나 사람들을 행복하게 만들려고 적극적으로 애쓰는 대신 캐나다의 저술가 로버트슨 데이비스의 충고를 가슴에 새기는 편이 더 나을지도 모른다. "행복하지 않다면, 행복에 관한 걱정을 그만두고 자신의 불행에서 뽑아낼 수 있는 보물이 무엇인지 찾아보는 편이 더 낫다."

　이렇게 생각하니 지저분하고 낡은 슬라우가 완전히 새롭게 보인다. 이젠 더 이상 악의적인 소문에 시달리는 버크셔의 마을이 아니라 누가 뽑아주기를 기다리는 불행의 보물 창고다.

9
인도

행복은 모순이다

"이 정신없는 곳을 이제 떠나게 되었다고 생각하니 마음이 놓인다.
하지만 이곳에 머무르고 싶다는 생각도 든다. 모순이라고?
맞다. 하지만 이건 내가 감당할 수 있는 모순이다.
나는 심지어 이 모순을 즐기는 법까지 배울 수 있다."

가족처럼 느껴지는 곳이 있다. 그런 곳은 공연히 짜증스럽다. 특히 명절 때가 그렇다. 그런데도 우리는 자꾸만 그곳으로 돌아간다. 우리의 운명이 서로 얽혀 있음을 가슴속 깊이 알고 있기 때문이다.

내게는 인도가 그런 곳이다. 나는 인도를 싫어하면서 사랑한다. 번갈아가며 이런 감정이 드는 게 아니라 동시에 두 가지 감정을 모두 느낀다. 유혹적이면서도 화를 돋우는 이 나라가 우리에게 가르쳐주는 것이 있다면, 바로 이런 것이다. "모순적인 생각을 동시에 품는 것이 가능하다. 특히, 그래도 머리가 터져버리지 않는다는 점이 중요하다." 인도 사람들은 항상 이렇게 살아간다.

헝가리 태생의 작가인 아서 쾨슬러는 1958년에 봄베이행 비행기에 오르면서 "서구의 곤궁한 처지를 다른 시각, 다른 영적인 차원에서 바라보고" 싶다고 말했다. 그래, 바로 이거야! 이 말을 읽었을 때 나는 이렇게 생각했다. 다른 영적인 차원이라. 저술가 제프리 페인은 "현대성을 통과하는 대안적인 길"이라고도 표현했다. 혹시 그가 여기에 말을 덧붙였다면, 행복으로 직접 이어진 길이라고 했을지도 모른다.

하지만 쾨슬러는 봄베이에 내렸을 때, 전혀 처리되지 않은 하수의 악취와 더위 때문에 "밉살맞은 광대가 축축하고 냄새나는 기저귀를 내 머리에 둘러준 것 같은" 기분이 되었다. 이걸 보면 쾨슬러가 인도를 보고 실망했다는 결론을 내리기 쉽지만, 내가 보기에는 아닌 것 같다. 인도는 사람을 실망시키지 않는다. 인도는 사람을 사로잡고, 화를 돋우고, 가끔은 오염시킨다. 인도는 절대 사람을 실망시키지 않는다.

* * *

나는 옛날부터 해외 특파원이 되고 싶었다. 그리고 인도는 내게 확실히 해외였다. 그래서 NPR이 거기서 살면서 일할 수 있는 기회를 제시했을 때 나는 덥석 받아들였다. 인도에 발을 들여놓은 적이 한 번도 없었는데도. 나는 피리를 불어 뱀을 춤추게 하는 사람이나 절망적인 가난처럼 흔히 들을 수 있는 진부한 얘기 외에는 이 나라에 대해 아는 게 거의 없었다.

그래서 상식적인 판단과는 정반대로 나는 1993년 12월의 어느 날 뉴델리의 인디라 간디 국제공항에 도착했다. 녹음기와 수첩과 이곳 기후에 전혀 안 맞는 옷 몇 벌을 꾹꾹 쑤셔 넣은 트렁크 두 개를 질질 끌면서.

특파원으로서 나는 경제개혁, 핵 확산, 선페스트 유행 같은 묵직한 주제들을 다뤘다. 특히 선페스트 유행은 인도가 현대적인 국가로 발전해나가고 있다는 이 나라의 주장과 어긋나는 현실이었다. 물론 나는 현대적인 인도가 아닌 다른 인도, 즉 구루와 기적의 인도에 대해서도 알고 있었다. 가끔은 이런 인도가 기사화될 수 있는 수준까지 모습을 드러내기도 했다. '우유의 기적'이 온 나라를 휩쓸었던 그 날처럼 말이다.

델리에서 배낭여행자들이 많이 모이는 파하르간지 동네의 좁은 골목길을 헤매면서 나는 라마 리커들을 보았다. 그들은 돈 한 푼이 아까워서 거의 목욕을 하지 않는 후줄근한 여행자들이었다. 하지만 그들은 내가 누리지 못하는 사치를 누리고 있었다. 시간이 많다는 것. 그들은 몇 달 동안이나 고아의 바닷가에서 약에 취해 빈둥거리거나, 약에 취해 히말라야를 여행했다. 약에 취하지 않았을 때는 인도의 수많은 아쉬람 중 한 곳에 들어가 영적인 분위기를 즐겼다. 아쉬람이라는 영적인 수련원 안에서 정확히 무슨 일이 벌어지는지는 여전히 수수께끼였다. 그곳에서 그룹섹스가 벌어진다는 얘기도 있고, 정신이 밝아진다는 얘기도 있었다. 하지만 진지한 언론인이었던 나는 그런 곳에 들어가 볼 구실을 생각해낼 수 없었다. 2년 뒤 인도를 떠날 때까지 나는 아쉬람에 한 발도 들여놓지 못했다. 왠지 속은 것 같은 기분이었다.

이제 나는 인도로 다시 돌아왔다. 이번에는 행복이라는 다른 주제를 품고서. 꼭 해답을 찾고 싶은 의문도 하나 있다. 정신이 멀쩡해 보이는 서구인들이 모든 것이 잘 정비되어 있는 부유한 조국을 뒤로한 채, 국가로서의 역할도 제대로 못 하는 이 가난한 나라에 와서 행복을 찾으려 하는 이유가 무엇일까? 그들은 동방에 대한 낭만적인 생각 때문에 수염을 길게 기르고 영적인 스승 행세를 하는 사기꾼들에게 속아 넘어가는 것일까? 아니면 인도에 가는 것은 추억으로 가득한 '옛집'으로 돌아가는 것과 같으며, 우리가 다만 그 추억을 읽어내지 못할 뿐이라고 했던 19세기의 학자 막스 뮐러의 말이 옳은 걸까?

* * *

인도에 갈 때마다(대략 1년에 한 번쯤) 이 나라는 다르면서도 같다. 그래, 델리에서 내가 가장 좋아하는 시장에 지금은 맥도날드가 들어서 있지만, 모퉁이만 돌면 가네샤의 조각상을 파는 그 가게가 있다. 휴대전화도 현금자동지급기도 인터넷 카페도 있지만, 이런 것들은 인도 문화의 뿌리에 흠집 하나 내지 못했다. 최근에 인도 문화를 침범한 이 외국의 것들은 지난 수백 년 동안 이 커다란 나라를 정복하려 했던 무굴제국이나 영국 같은 침입자들과 전혀 다를 게 없다. 마지막에 승리를 거두는 건 언제나 인도다. 그것도 침입자들을 물리치는 게 아니라 포섭해버리는 승리다.

오늘날 타지마할은 인도 문화의 정수를 보여주는 아이콘으로 여겨지지만, 사실 17세기에 타지마할을 지은 무굴 황제는 결코 인도인이 아니었다. 하지만 지금은 인도인이다. 마찬가지로, 맥도날드도 인도인의 입맛에 굴복해서 난생처음 빅맥을 비롯한 모든 햄버거를 메뉴에서 뺐다. 힌두교도들은 쇠고기를 먹지 않으니까. 그래서 맥도날드는 햄버거 대신 매컬루 티키와 맥베지와 일종의 잡종 음식인 파니르(인도식 치즈 - 옮긴이) 살사 랩을 판다. 몇몇 사람들의 걱정과 달리 맥도날드는 인도를 바꿔놓지 못했다. 인도가 맥도날드를 바꿔놓았다.

여기서 행복을 찾으려 하는 서구 여행자들도 마찬가지다. 비틀스가 갠지스 강가에서 마하리시 마헤시 요기와 함께 명상을 하기 전에도 인도에 매력을 느낀 외국인은 많았다. 애니 베전트, E. M. 포스터, 크리스토퍼 아이셔우드, 마틴 루서 킹 2세 등등. 어떤 사람들은 고국의 정치적 문제에 대한 해법을 찾으려고 인도에 왔다. 지상을 걸어 다녀야 하는 자신의 세속적인 현실을 잠시나마 초월해서 영원을 맛보고 싶어 인도에 온 사람도 있었다. 그저 냉정함을 되찾고 싶어서 온 사람도 있었다. 루트 벤호벤과 그의 데이터베이스에 따르면 인도는 특별히 행복한 나라가 아닌데도 이렇다. 불행의 땅에서 행복을 찾는다? 모순이라고? 그렇기도 하고 아니기도 하다.

* * *

스리 스리 라비 샹카르라는 구루가 새로이 인기를 끌고 있다는 말을 들었다. 그는 비단결 같은 머리를 길게 기르고 있으며, 고요한 미소를 짓는다. 그는 주류에 속하는 구루다. 그게 가능한 일인지는 잘 모르겠지만.

스리 스리의 아쉬람은 인도의 실리콘밸리인 방갈로르 바로 외곽에 있다. 방갈로르는 새로운 인도다. 콜센터와 쇼핑몰의 인도. 어떤 정당은 "반짝거리는 인도"라고 표현하기도 한다. 이 도시의 소프트웨어 기술자들과 콜센터 직원들(여기서는 사이버쿨리(쿨리는 옛날에 인도와 중국의 하급 노동자를 부르던 이름 - 옮긴이)라고 부른다)은 언제든 기회만 생기면 아쉬람으로 도피한다. 새로운 인도가 구원을 얻고 싶어서, 아니 최소한 잠깐이라도 휴식을 취하고 싶어서 옛 인도에 기대는 셈이다.

택시를 타고 아쉬람으로 가는 길에 소, 개, 고리에 걸어놓은 고기, 양복점, 오러클의 번쩍이는 사옥, "영어를 쉽게 말하세요"라는 간판이 스쳐 지나간다. 오토릭샤도 지나간다. 이 세 바퀴 차량들은 인도의 도시에서 살인 벌 떼처럼 위협적으로 붕붕거리며 돌아다닌다. 오토릭샤의 검은 배기가스 때문에 나는 기침이 난다. "아시아에서 가장 앞서 가는 슈퍼 전문병원"이라는 간판이 보인다. 질병과 치료법. 인도는 이것을 모두 갖고 있다. 원스톱 쇼핑이다.

마침내 우리는 아쉬람에 도착해서 하얀 아치를 지나 안으로 들어간다. 갑자기 축소판 에덴동산에 온 것 같다. 사방에서 신선한 망고와 바나나가 무성하게 자라고 있다. 행복에 겨운 고요가 흐르는 것 같다. 어쩌면 이것이 인도 아쉬람의 비밀인지도 모른다. 실제로 엄청나게 평화로운 곳이 아니라 문밖의 불쾌한 불협화음에 비해 평화로워 보일 뿐이라는 것.

접수대에서는 기본적인 서비스가 제공된다. 생각만큼 친절하지 않다. 나를 끌어안아 주는 사람은 없다. 아니, 솔직히 내가 여기 있든 말든 별로 관심이 없다는 투로 나를 대하는 것 같다. 스리 스리 라비 샹카르, 아니 그를 존경하는 사람들이 부르는 이름을 따른다면 구루지의 모습이 사방에 있다. 접수대 뒤에 그의 커다란 사진이 걸려 있고, 반대편 벽에도 또 걸려 있다. 대형 프로젝션 텔레비전에도 그의 얼굴이 있다.

친절한 여자가 내게 어떤 서류를 건네주며 작성하라고 한다. 전에 심리상담을 받은 적이 있느냐는 질문이 있다. 나는 아니라고 거짓말로 표기한다. 직업란에는 컨설턴트라고 쓴다. 이것도 거짓말이다. 혹시라도 기자가 아쉬람 여기저기를 쑤시고 돌아다니는 걸 이 사람들이 싫어할 수도 있으니까. 아쉬람 입소 서류에 거짓을 적는 것이 선업을 쌓는 데 나쁜 영향을 미치는지 궁금하다는 생각이 잠시 들지만, 금방 사라져버린다.

이 아쉬람은 완전한 자급자족 체제를 갖추고 있다. 영혼을 위한 유람선이다. 일단 들어온 뒤에는 굳이 여길 떠나야 할 이유가 없다. 필요한 것이 모두 갖춰져 있으니까. 음식, 세탁 서비스, 현금자동지급기, 약국, 인터넷 카페 등등. 아이러니만 빼고 모든 것이 갖춰져 있다는 걸 나는 금방 깨달았다. 아이러니는 여기서 정말로 찾아보기 힘들다.

나는 가방을 끌면서 잘 단장된 길을 걷는다. "꽃은 눈으로만 보세요"라는 표지판이 있다. 나는 사람들 몇을 지나친다. 차분해 보이는 사람들이다. 경계심이 들 정도로. 나는 인사를 한다. 그들은 "자이 구루 데브"라고 대답한다. 이상한 인사말이다. 이것이 '위대한 정신에게 승리를'이라는 뜻이라는 걸 나중에 알았다. 우리와 구루지 중에 누가 위대한 정신을 갖고 있는지 잘 모르겠다.

* * *

나는 아쉬람 복장인 헐렁한 옷으로 갈아입고 식당까지 가파른 길을 걸어 내려간다. 식당 앞에서 신발을 벗어 그냥 밖에 놓아둔다. 다른 사람들의 신발 수십 켤레와 함께. 어떤 남자가 철저한 채식 음식(유제품도 양파도 마늘도 없다)을 내 접시에 찰싹 놓아준다. 나는 자리를 찾아 앉는다. 의자가 하나도 없다. 모두들 바닥에 앉아 있다. 선천적으로 바닥에 앉는 것에 익숙한 사람들은 지극히 편안하게 다리를 구부려 결가부좌를 하고 있다. 난 그런 사람이 아니다.

거룩한 사람, 즉 사두(인도의 탁발승이나 고행자를 일컫는 말 - 옮긴이)가 내 옆에 앉는다. 그는 샛노란색 옷을 입었으며, 턱수염이 길게 물결치듯 흘러내린다. 이마에는 숯으로 수직선을 그려놓았다. "자이 구루 데브." 그가 말한다. 그러고는 손을 하나로 모으고 소리 없이 기도를 드린 다음 음식을 먹기 시작한다. 물 흐르듯 편안하고 자연스럽게 밥과 렌즈콩을 떠먹는 모습이 노련하다. 나는 그처럼 우아하게 식사를 하는 재주가 없다. 그래서 음식 절반을 무릎에 흘린다. 턱에서도 음식이 떨어져 내린다. 렌즈콩 몇 개가 내 입안으로 어찌어찌 길을 찾아 들어간 건 순전히 우연이다. 바보가 된 것 같다. 평생 손으로 식사를 하던 사람이 나이프와 포크를 사용하면서 고생하는 건 이해할 수 있다. 하지만 손으로 음식을 먹는 건 그 무엇보다 본능적이고 인간적인 행동 아닌가?

어떤 사람이 내게 다가와서 어깨를 두드린다. 순간적으로 그가 영적인 조언을 해주러 온 건가 하는 생각이 든다. 어쨌든 여긴 아쉬람이니까. 하지만 그는 훨씬 더 현실적인 충고를 해준다. 식사를 할 때는 반드시 오른손만 써야 한다는 것이다. 왼손은 다른 육체적인 일을 하는 손이다.

몇몇 사람들이 "서비스에 매진하는 것이 행복의 열쇠"라고 적힌 티셔츠를 입고 있는 것이 보인다. 솔직히 행복에 관한 연구 결과들도 이 말을 뒷받침한다. 정기적으로 자원봉사를 하는 사람들은 그렇지 않은 사람들보다 더 행복하다는 통계가 이미 나와 있다. 나는 그 티셔츠를 입은 사람들에게 이 사실을 알려줄까 하다가 그만두기로 한다. 인도의 아쉬람은 통계를 들먹일 수 있는 곳이 아니다.

식당에서 걸어 나오는데 점점 넓어지고 있는 구루지의 행복 제국을 밝게 표시해놓은 포스터가 게시판에 붙어 있다. 스리 스리 언론대학원도 있고, 스리 스리 경영대학원도 있다. 그걸 보자마자 '경영의 구루'라는 말이 떠오른다. 나는 혼자 키득거린다. 그런데 사실은 혼자 웃은 게 아니라 큰 소리로 웃어버렸다. 하지만 아무도 신경 쓰지 않는다. 바로 이것이 아쉬람 생활의 백미다. 갑자기 웃음을 터뜨려도, 울음을 터뜨려도, 아기 같은 행동으로 퇴행해도, 한 발로 미친 사람처럼 깡충깡충 뛰어다녀도 아무도 눈 하나 깜짝하지 않는다. 전혀 문제가 되지 않는다. 아쉬람에서는 무슨 짓을 해도 괜찮다. 구루지에게 불손한 행동을 하는 것만은 안 된다는 걸 나중에 알았지만. 그런 행동은 절대로 괜찮지 않다.

아쉬람의 중앙 사원은 꼭대기에 커다란 파란색 전구가 달린 거대한 3층 웨딩케이크처럼 보인다. 사원 안은 온통 하얀 대리석과 아치 투성이다. 연단에는 구루지의 사진이 있다. 거대하다. 높이가 적어도 120센티미터는 되어 보인다. 이 거대한 사진이 옥좌 같은 것 위에 앉아 있고, 거기에 커다란 꽃줄이 둘러져 있다. 하얀 대리석이 맨발에 닿는 감촉이 서늘해서 기분이 좋다.

하지만 전체적인 느낌은 좀 지나치게 화려한 것 같다. 분홍색이 너무 많고, 천장에는 꽃 같은 것들이 걸려 있다. 사원 입구에는 높이가 1.5미터쯤 되는 백조 두 마리가 서 있다. 이와 더불어 토끼 모양의 쓰레기통들이 여기저기 서 있기 때문에 왠지 디즈니 만화 같은 분위기를 풍긴다.

구루지의 사진 근처 바닥에 자그마한 악단이 앉아 있다. "시바 옴, 시바 옴." 가수들이 이런 말을 읊조린다. 내 주위의 사람들이 움직이기 시작한다. 처음에는 천천히 움직이더니, 점점 템포가 빨라지면서 열에 들뜬 사람들처럼 춤을 춘다. 정신없이 빙글빙글 도는 사람도 있고, 서로 손을 잡고 있는 사람도 있다. 그럼 나는? 나는 그냥 기본

모드로 돌아가서 지켜보기만 한다. 내가 여기서도 마음을 풀어놓지 못한다는 사실이 마음에 들지 않는다. 하지만 뭐, 이제 막 여기 들어 왔으니까. 나는 이렇게 자신을 타이른다. 시간을 두고 좀 기다려봐.

이곳 아쉬람에 들어와 있는 사람들은 대부분 인도인이다. 방갈로르에서 일하다가 스트레스에 지친 IT 업계 종사자들. 어떤 여자는 이웃 주에서 이곳으로 왔다고 한다. 그녀는 오라클의 소프트웨어 교육 프로그램에 등록하고 싶었지만 이미 수강생이 꽉 차서 그 대신 여기 아쉬람에 들어왔다. 소프트웨어와 영적인 수련. 인도에서는 이 둘이 호환성이 있다.

외국인들도 몇 있다. 나는 그중 둘을 만났다. 포르투갈에서 온 엘자와 도미니카공화국에서 온 에바. 그들은 이곳저곳의 아쉬람을 돌아다니는 중이다. 이곳에 오기 직전에는 사이 바바의 아쉬람에서 2주 동안 있었다. 여기서 그리 멀지 않은 곳이다. 생활 여건은 그쪽이 훨씬 더 열악하다고 한다. 규칙도 엄격하고, 하얀 스카프를 맨 건장한 남자들이 경찰 같은 역할을 한다. 이곳 아쉬람과 같은 사치스러운 생활은 결코 불가능하다. 나는 사치스러운 생활이라는 게 무슨 뜻인지 짐작조차 할 수 없다. 이곳 아쉬람의 내 방에서는 뜨거운 물로 샤워를 할 수 없다. 식사를 한 뒤에는 다들 자기 접시를 직접 씻어야 한다. 불만은 없지만, 결코 사치스럽다고 할 수는 없는 생활이다. 하지만 엘자와 에바는 물질적인 편안함을 희생한 대신 영적인 소득이 있었다고 말한다.

"놀라운 일들을 보았어요." 엘자가 말한다. 조금 수수께끼 같은 말이다.

"스와미(힌두교에서 학자나 현자를 부르는 존칭 – 옮긴이)가 우릴 부를 때 안 가면, 스와미가 우리를 소환해요." 에바가 말한다.

에바는 이 아쉬람에 정보가 부족하다는 사실이 당황스러운 모양이다.

"내가 어디로 가야 하는지 알려준 사람이 하나도 없어요." 그녀는 이곳 아쉬람의 직원을 붙들고 말한다. 당황해서 어쩔 줄 모르는 기색이 목소리에 살짝 배어 있다. "아무도 우리한테 정보를 전혀 주지 않았어요." 방금 다른 아쉬람에서 2주를 지내고 온 사람치고 그녀는 너무 긴장한 것 같다. 게다가 남의 지시를 따르는 대신 스스로 필요한 정보를 찾아내는 사람이 되려고 아쉬람을 찾아오는 게 아니던가?

*　*　*

오늘은 첫 번째 수업이 있는 날이다. '삶의 기술'이라는 이 수업에 약 30명이 들어와 있다. 외국인은 나, 엘자, 에바뿐이다. 물론 우리는 바닥에 앉아 있다. 선생님은 아미라는 인도 여성이다. 그녀는 예전에 기업 중역이었지만 지금은 남편과 함께 전 세계를 돌아다니면서 구루지의 말씀을 전파하고 있다. 그녀는 연단에 결가부좌를 하고 있다. 그래서 머리가 다른 사람들보다 조금 높이 올라와 있다. 그녀는 길게 흘러내리는 듯한 살와르 카미즈(헐렁한 바지와 긴 셔츠로 이루어진 전통 의상 – 옮긴이)를 입었으며, 고요한 미소를 띠고 있다. 태국을 떠난 뒤로 그렇게 고요한 미소는 처음이다.

우리는 먼저 자기소개를 한다. 그거야 뭐 간단하지. 나는 속으로 생각한다. 다만 같이 수업을 듣는 사람들에게 일일이 "나는 당신에게 속합니다"라는 말을 해야 한다는 게 문제다. 나는 이 말을 하는 것이 불편하다. 조금 전에 처음으로 만난 사람들인데, 내가 어떻게 이 사람들한테 속한단 말인가? 나는 자기소개를 하면서 "나는 당신에게 속합니다"라는 말을 대충 중얼거리며 얼버무린다. 자기소개가 끝난 뒤 선생님이 이 아쉬람의 규칙을 알려준다.

규칙 1. 헐렁한 옷을 입는다.

전혀 문제될 게 없다.

규칙 2. 앞으로 사흘간 술을 일절 금한다.

이건 조금 문제가 될 것 같다. 저녁때 마시는 포도주 한 잔이 그리워지겠지만, 사흘 동안 견디다가 나중에 보충하면 될 것이다.

규칙 3. 커피든 차든 모든 종류의 카페인을 엄금한다.

이건 심각한 문제다. 기습적으로 한 방 맞은 것 같다. 바닥에 앉아 있지 않았더라면, 쓰러질 뻔했다. 나는 출구를 힐끔거리며 도망칠 계획을 세운다. 깨달음을 얻으려면 대가를 치러야 한다는 건 알고 있었지만, 그 대가가 이렇게 클 줄은 정말 몰랐다. 너무 당황스러워서 공황상태에 빠질 것 같다. 앞으로 72시간 동안 커피 한 잔 안 마시고 어떻게 살아남을 수 있을까?

아미는 내 두려움의 냄새를 맡지 못한 모양이다. 아니면 알고도 내색을 하지 않은 것이거나. 그녀는 다음 주제로 넘어간다. 교사의 유도로 이루어지는 명상. 나는 옛날에 장난삼아 명상을 시도한 적이 있지만, 항상 침묵을 견딜 수 없었다. 라디오 방송에서 침묵은 무슨 수를 써서라도 피해야 하는 대상이다. 물론 극적인 효과를 위해 일부러 1~2초 동안 침묵을 삽입한 적은 있지만, 침묵이 그보다 길어지면 그건 엄청난 문제가 발생했다는 뜻이다. 그래서 그걸 방송 사고

(원문은 dead air. 라디오의 방송 중단 사태를 일컫는 말 - 옮긴이)라고 부르는 것이다.

그럼 호흡을 헤아리는 건? 그것도 할 수 없다. 나는 호흡을 한 번 할 때마다 죽음에 한 발 가까워진다고 생각한다. 자신의 죽음을 향해 카운트다운을 하고 싶은 사람이 어디 있겠는가?

아미가 CD 플레이어의 버튼을 누르자 톤이 높고 차분한 구루지의 목소리가 방을 가득 채운다. "여러분은 지금 주위 환경을 평화롭게 받아들이고 있습니다. 이 훌륭한 몸, 이 도구를 갖게 된 것에 감사하세요."

내 도구는 조율이 조금 어긋나 있다. 그럼 훌륭하다는 부분은? 1987년에는 훌륭했다. 그래도 구루지의 말이 무슨 뜻인지 감이 잡힌다. 내가 살아 있음을 감사해야 한다는 뜻이다. 지금은 눈을 감고 있어야 하지만 나는 순간적으로 몰래 눈을 뜬다. 아미의 미소가 눈부시다. 그녀는 반짝반짝 빛나고 있다. 이것 말고는 달리 표현할 말이 없다. 이것만으로도 구루지가 뭔가 깨달은 사람이며 이 아쉬람이 진짜라는 충분한 증거가 될 테지만, 나는 도무지 의심을 떨쳐버릴 수 없다.

하지만 아미를 통해서 전달된 구루지의 말씀 중에는 진실처럼 들리는 것도 있다. "우리는 계속 행복을 뒤로 미룹니다. 우리가 행복을 경험할 수 있는 순간은 지금뿐입니다. 지금 이 순간은 피할 수 없습니다." 이 마지막 말이 아주 마음에 든다. 옛날에 후렴구처럼 몇 번이나 들었던 "지금 이곳에 충실하라"라는 가르침보다 훨씬 낫다. 그 가르침은 생각할 때마다 너무 강제적인 명령처럼 들렸다. "지금 이곳에 충실하라고 했잖아, 젠장!" 이렇게 외치는 것 같다. 하지만 지금

이 순간을 피할 수 없다면, 뭐 끌어안으면 되겠지 하는 생각이 든다.

아미가 말을 계속한다. "아이에게 초콜릿과 마음의 평화 중 하나를 택하라고 하면, 아이는 초콜릿을 택할 겁니다. 그럼 어른은 어떨까요? 십중팔구 마음의 평화를 택할 겁니다." 스위스에 사는 어른이 아니라면 그렇겠지. 나는 속으로 생각한다. 하지만 스위스에서는 초콜릿이 바로 마음의 평화야.

휴식 시간이다. 나는 이 기회를 틈타 함께 수업을 듣는 인도인 몇 명과 가벼운 이야기를 나눈다. 대부분 IT 분야에서 일하는 사람들인데, 직장에서 일하는 시간이 아주 길다고 한다. 이 '삶의 기술' 강의에 그들이 매력을 느낀 것은(삶의 기술Art of Living의 머리글자를 모으면 AOL(America Online : 미국의 통신업체 - 옮긴이)이 되는 것도 하이테크 분위기를 풍긴다) 순간적으로 강하게 영적인 충격을 주면서도 평생에 걸친 희생을 요구하지 않기 때문이다. 이 강의를 들었다고 해서 세속적인 소유물을 모두 포기하고 순수하게 영적인 삶만을 추구하는 산야시(힌두교의 탁발승 - 옮긴이)가 될 필요는 없다. 구루지가 추종자들에게 요구하는 것은 사흘간의 주말뿐이다.

나는 그들에게 세상에서 가장 행복한 곳을 찾는 중이라며, 루트 벤호벤의 행복 데이터베이스에 관해 이야기해준다. 이 세상에 이 이야기를 이해할 수 있는 사람이 있다면, 마이크로칩을 다루는 이 사람들이야말로 그들일 것이다. 하지만 그들은 이마에 주름을 잡으며 믿기 힘들다는 표정을 짓는다.

"왜 행복을 수치화해요?" 소프트웨어 엔지니어인 빈다가 묻는다.

정말 순진하고 단순한 질문이다. 그런데 나는 대답할 말이 없다. 우리가 행복을 측정할 수 있는지에 관해서는 생각을 많이 해봤지만,

우리가 행복을 꼭 측정해야 하는지에 관해서는 생각해본 적이 별로 없다.

이들 중 많은 사람이 해외에서 살아본 적이 있다. 그런데도 그들은 결국 인도로 돌아왔다. 왜일까?

"이곳은 예측이 불가능하니까요." 그들이 거의 이구동성으로 말한다.

놀라운 대답이다. 우리 서구 사람들은 예측이 불가능한 것을 위협으로 보고, 무슨 대가를 치르더라도 피하려고 한다. 우리는 직업, 가정, 도로, 날씨 등 모든 것을 철저히 예측하고 싶어 한다. 우리는 확실한 것을 무엇보다도 사랑한다. 우리가 감당할 수 있는 임의성이라고는 아이팟에 저장된 곡을 무작위로 듣는 수준이 고작이다.

그런데 지금 이성적인 소프트웨어 엔지니어들이 내게 예측이 불가능하다는 점을 좋아하고 갈망하며, 그것 없이는 살 수 없다고 말하고 있다. 인도가 영적인 면에서 행복 연구가 닿을 수 있는 거리 너머에 있는 것 같다는 생각이 또 든다.

저녁 식사 때 에바와 엘자가 퇴폐적인 행동을 하고 있는 게 눈에 띈다. 의자에 앉아 있다니. 보잘것없는 플라스틱 의자이긴 하지만, 어쨌든 두 사람의 엉덩이가 바닥에서 떨어져 있다. 이것이야말로 최고의 사치인 것 같다. "노인과 외국인 손님"만이 이 의자를 쓸 수 있다고 손으로 쓴 글귀가 붙어 있다. 바닥에 앉지 않는 사람들. 에바와 엘자가 나더러 같이 의자에 앉자고 하자 고마운 기분이 든다.

에바는 전에 있던 아쉬람이라면 우리가 바닥에서든 의자에서든 이런 식으로 이야기를 나눌 수 없다고 말한다. 그곳에서는 남녀가 분리되어 있었다는 것이다. "사이 바바는 우리가 자신의 영적인 발달에 정신을 집중하기를 원해요." 그녀는 여기서 말을 멈추고 자신의 골반 쪽을 향해 손을 쏙 흔든다. "자기 몸을 의식하지 말고." 그건 별로 어렵지 않을 것 같다. 매일 하는 냉수 샤워가 내 몸에 관한 의식을 상당 부분 처리해버렸으니까 말이다.

*   *   *

오늘은 중요한 날이다. 오늘 수다르샨 크리야 호흡법을 배우기로 되어 있다. 이것이 바로 이번 강의의 핵심이다. 행복으로 통하는 지름길. 우리는 각자 바닥에 앉는다. 나도 몸을 비틀어 결가부좌를 한다. 아미는 몸에 걸친 가죽을 모두 벗어버리라고 말한다. 심지어 시곗줄도 안 된다. "가죽은 죽은 피부라서 프라나의 흐름을 방해하기" 때문이란다. 프라나는 '에너지'를 뜻한다. 아쉬람에서는 '독소'라는 말과 함께 이 말을 아주 많이 들을 수 있다. 나는 이 둘의 존재를 모두 인정하지만, 이곳 사람들이 이 두 가지 용어를 워낙 대충대충 사용하기 때문에 사실상 무의미한 말이 되고 말았다. 그래서 나는 이 두 단어를 들을 때마다 몸을 움찔거린다.

다들 조금 떨리는 기색이다. 이 호흡법에 관해 들은 이야기가 있기는 하지만, 자세한 내용은 계속 비밀에 부쳐져 있었다. 아미는 "느낌을 해방시키고 참지 마세요. 누가 웃거나 우는 소리가 들리더라도 빤히 바라보지 마세요. 그건 그 사람의 경험입니다. 여러분이 아니라 그 사람이 경험을 하고 있는 겁니다"라고 말한다. 이 말을 들으니 걱정스럽다. 아니 도대체 무엇을 할 예정이기에 감정적으로 그토록 강한 반응을 보이는 사람이 나올 거라고 미리 얘기하는 걸까? 나는 정말이지 마음이 내키지 않는다. 카페인 결핍에 시달린 지 24시간이 되었기 때문에 나는 지금 온통 불만투성이다.

우리는 호흡법을 연습한다. 그다지 기괴하지는 않다. 그냥 코를 고는 것과 비슷하다고나 할까. 우리가 잠을 자지 않고 깨어 있다는 점이 다를 뿐이다. 연습이 끝나고 나서 우리는 10분 동안 바닥에 등을 대고 누워 있는다. 내 옆의 여자가 신음을 한다. 고통스러워하는 것 같다. 나는 조금 걱정이 돼서 눈을 뜨고 상황을 살필까 잠시 생각해보았지만, 저건 저 여자의 경험이니까 그러지 않기로 한다.

마침내 눈을 뜨고 다시 결가부좌를 하라는 지시가 떨어진다. 우리는 서로의 경험을 '공유'한다(이것도 아쉬람에서 인기 있는 단어다). 에바가 먼저 입을 연다. "이런 경험은 처음이에요. 수많은 얼굴이 보였어요. 구루지의 얼굴도 있었어요. 그분이 틀림없이 지금 이곳에 우리랑 같이 계시는 거예요." 다들 박수갈채를 보낸다.

"전 자제력을 잃었어요." 어떤 사람이 말한다.

"두통이 사라졌어요." 또 다른 사람이 이렇게 말하자 더 많은 박수가 쏟아진다.

"저는 어딘가 다른 곳으로 갔어요. 거기가 어딘지는 모르지만, 하여튼 갔어요." 어떤 여자가 말한다. 그녀가 간 곳이 어딘지는 몰라도 지금은 확실히 이곳으로 돌아와 있는 모양이다.

하지만 누구보다 극적인 경험을 한 사람은 바로 엘자다. "마음의 눈으로 불꽃놀이를 봤어요. 파란색, 빨간색, 온갖 색깔이 다 있었어요. 그리고 다리 아래쪽에 불꽃이 느껴졌어요. 마치 다리를 타고 전기가 쭉 올라오는 것 같았어요."

나는 그런 불꽃놀이를 경험하지는 못했다. 머리가 조금 어지러워지고 기분이 조금 우울해진 것은 사실이지만, 그건 카페인을 섭취하지 못한 데다가 바닥에 앉은 자세 때문에 다리에 피가 잘 통하지 않아서 그런 것일 수도 있다. 나는 왜 이 모양 이 꼴인 거지? 나의 영적인 불꽃놀이는 어떻게 된 거야?

하지만 사티시보다는 낫다. 비쩍 마른 소프트웨어 엔지니어인 그는 호흡을 하다가 잠이 들어버렸다. 우리가 경험의 공유를 마친 지금도 여전히 자고 있다. 누군가 사티시를 흔들어 깨우지만, 아주 곤히 잠들었는지 깨어날 생각을 안 한다. 수업이 끝났다. 이제 나갈 시간이다. 하지만 그가 하나밖에 없는 출구를 가로막고 있다. 어떻게 하지? 아미가 우리더러 그의 경험을 방해하지 말고 그냥 그의 몸을 넘어서 나가라고 말한다. 나는 고개를 푹 수그린 채 코를 골고 있는 사티시의 몸을 조심스레 넘어가면서 이 친구가 정말 행운아라는 생각을 떨쳐버릴 수 없다. 이 친구는 지금 최고의 경험을 하고 있다.

* * *

점심을 먹으면서 에바와 엘자는 강의에 대해 신이 나서 떠들어댄다. "모든 사람이 하루에 10분씩 명상을 한다면, 이 세상은 훨씬 더 좋은 곳이 될 거예요." 에바가 말한다. 그녀는 세계에서 벌어지는 일에 매우 민감하게 반응한다. 그래서 뉴스를 보지 않은 지 벌써 몇 년이 되었다. 모든 뉴스를 마치 자기 일처럼 받아들이기 때문이다. 그녀는 이라크전 때 자기 가슴에 낭종이 생겼다고 말한다. 그런 정보는 나한테 필요 없는데.

내 자명종이 아침 6시에 울린다. 또 하루가 밝았다. 오늘도 카페인

금단증상에 시달려야 한다. 머릿속에서 둥둥 북이 울린다. 내 프라나가 위험할 정도로 낮아져 있다. 나는 간신히 몸을 질질 끌고 아침 요가를 하러 간다. 지금 나는 이곳 아쉬람의 불평꾼이다.

요가를 하고 나니 기분이 조금 나아진다. 손끝, 발끝까지 피가 다시 돌기 시작했다. 크리야 호흡법에 관한 두 번째 수업은 좀 더 짜릿하다. 호흡법을 연습하고 나니 머리가 어질어질하다. 몇 달 전 (순전히 자료 조사를 위해) 모로코산 해시시를 피웠을 때 이후로 이렇게 어지러웠던 적이 없다. 우리는 손바닥을 위로 하고 바닥에 눕는다. 이것은 샤바산, 즉 '망자의 자세'라고 불린다. 여러 이미지들이 내 머릿속을 팔랑팔랑 지나간다. 알몸의 아미가 보인다. 그건 괜찮다. 내가 죽어가는 것 같은 느낌이 든다. 그것도 괜찮다. 나는 지금 경험을 하고 있다.

또 다른 수련. 우리는 남녀로 나뉘어 앉아서 "어린아이같이 순수한 마음으로" 파트너의 눈을 들여다보아야 한다. 내 파트너는 털이 많은 인도인 중년 남자다. 음료수 상인이라는 그의 눈을 들여다보고 있으려니 지독하게 불편해진다. 마침내 이 수련이 끝나고, 우리는 다시 다른 사람과 짝을 짓는다. 이번에는 상대에게 자신이 살아온 이야기를 해야 한다. 생각해보니 (어린아이같이 순수한 마음으로) 남의 눈을 5초 동안 들여다보는 것보다 다섯 시간 동안 이야기를 하는 편이 더 나을 것 같다.

이 수련이 끝난 뒤 구루지에 관한 짤막한 비디오가 상영된다. 전직 테러리스트, 죄수, 지진해일 피해자, HIV 양성 판정을 받은 사람이 나와 모두 구루지의 능력을 증언하며, 그의 가르침과 그가 만든 '삶의 기술'이 자신의 삶을 바꿔놓았다고 말한다. 이 비디오에서 스

리 스리는 세계를 무대로 활동하는 국제적인 구루로서 미국 정신의
학협회 같은 권위 있는 단체에서도 자주 연설을 하는 인물로 그려
진다.

아쉬람 사람들은 구루지의 이야기를 자주 입에 담는다. 그때마다
항상 그들의 말투에는 존경심이 가득하다. 아미는 그의 이름을 말할
때마다 사랑에 빠진 소녀처럼 얼굴을 붉히며 눈을 깜박거린다. 모든
구루와 마찬가지로 스리 스리의 유년 시절에도 놀라운 이야기들이
가득하다. 우선 네 살 때 이미 힌두교 경전인《바가바드기타》를 읽
었다고 한다. 오래전 그가 처음 아쉬람을 시작했을 때, 이 땅은 불모
지였다. 하지만 아미는 이렇게 설명한다. "구루지가 직접 우물에서
물을 길어오며 '여긴 정말 초록색 풀이 무성한 아름다운 곳이에요.
여러분에게는 보이지 않나요?' 하고 말했어요. 그리고 그 말이 사실
이 되었죠. 이 건물을 포함해서 모든 것이 그분이 말씀하신 그대로
예요. 구루지의 은총이 분명히 이곳에 자리하고 있어요."

난 지금 솔직히 말할 수밖에 없다. 이렇게 너도나도 구루를 숭배
하는 모습을 보니 모든 흥미가 사라진다고. 만약 내가 누군가를 숭
배하고 싶다면, 내 아내를 숭배하면 된다. 굳이 인도까지 올 필요가
없다. 아내가 아닌 다른 사람에게 꼬리를 흔들며 비위를 맞추는 건
비생산적이며 짜증스러운 일이다. 자신에게 꼬리를 흔들며 비위를
맞추는 일이 그런 것처럼. 자아도취를 확 뒤집어놓는다 해도 역시
자아도취일 뿐이다.

나는 예전에 구루지를 직접 볼 기회가 있었다. 아쉬람으로 떠나기
며칠 전 델리에서 친구들을 만나러 갔다가 스리 스리 라비 샹카르가
'스트레스 없는 성공'이라는 강연을 한다는 자그마한 광고를 본 것

이다. 이런 강연을 놓칠 수는 없었다.

내가 일찌감치 강연장으로 갔는데도 벌써 사람들이 길게 줄을 서 있다. 우리는 형식적인 몸수색을 받은 뒤 넓은 강연장으로 들어간다. 입구에는 구루지에게 묻고 싶은 말을 써서 넣을 수 있는 나무 상자가 있다. 나는 질문을 하나 적고 종이를 접어서 자그마한 구멍 속으로 넣는다.

빈속으로는 구루의 말에 귀를 기울일 수 없는 법이라 나는 매점으로 가서 팝콘을 좀 산 뒤 앞줄에 자리를 잡는다. 무대 위에는 금색 천을 씌운 하얀 소파가 있고, 그 양편에 탁자가 놓여 있다. 소파 뒤에는 커다란 플래카드가 걸려 있다. "스트레스 없는 성공. 스리 스리 라비 샹카르 성하의 강연." 이 문구 밑에는 이 강연을 후원한 기업 열다섯 곳의 로고가 있다. 구루라는 기계가 계속 윙윙거리며 돌아가려면 돈이 아주 많이 필요한 모양이다.

구루지가 늦는다. 청중이 점점 웅성거리기 시작할 무렵, 갑자기 불빛이 어두워지더니 바닥에 앉아 있던 한 무리의 사람들이 "시바 옴, 시바 옴"이라고 읊조리기 시작한다. 박자가 점점 빨라지자 청중이 리듬에 맞춰 박수를 치기 시작한다. 시바 옴, 시바 옴. 누군가 기도문을 읊듯이 말한다. "당신이 오기 전에는 어둠이 있었지만, 지금은 빛이 있습니다." 시바 옴, 시바 옴. 구루지가 무대에 나타나자 청중은 환호성을 지르며 일어선다. 마치 그가 록스타라도 되는 것 같다.

머리 위의 조명등이 마치 햇살처럼 구루지를 환하게 비춘다. 그는 흘러내리는 듯한 하얀 로브를 입었다. 목에는 꽃줄을 둘렀는데, 내 평생 그렇게 커다란 꽃줄은 처음 본다. 무게가 족히 20킬로그램은

넘을 것 같다. 그가 그런 물건을 목에 걸고도 서 있을 수 있다는 게 놀랍다. 구루지가 의식용 램프를 켠다. 정장을 입은 기업가들과 귀빈들이 경탄의 표정으로 그를 지켜본다. 구루지가 말을 하고 있다. 그의 입술이 움직인다. 하지만 우리는 그의 말을 들을 수 없다. 걱정스러운 웅성거림이 청중 사이에 퍼져나간다. 구루지가 왜 저러시지? 지혜의 말을 들을 수 없다면, 그 말을 따를 수도 없는 거잖아?

구루지가 로브에 달린 무엇을 만지작거린다. 손으로 톡톡 친다. 아무 소용이 없다. 다시 톡톡 친다. 여전히 소용이 없다. 그가 계속 만지작거린다. 또 손으로 톡톡 친다. 그러자 이번에는 나지막하게 쿵쿵거리는 소리가 강당을 가득 채우더니, 구루지의 높고 현명한 목소리가 흘러나온다.

"모든 것이 아주 자그마한 버튼 하나에 달려 있군요." 그가 말한다. 모든 걸 안다는 듯이 눈이 반짝거린다.

청중은 웃음을 터뜨리며 박수를 친다. 구루가 이런 말을 할 때는 거기에 깊은 의미가 듬뿍 배어 있는 법이다. 반면 우리처럼 평범한 사람들이 이런 말을 하면, 다들 우리가 정말로 그냥 자그마한 버튼에 관한 얘기를 하고 있다고 생각해버릴 것이다. 그러니까 유명하기 때문에 유명한 사람들이 있는 것처럼, 구루들은 현명하기 때문에 현명하다. 그들은 결코 틀리는 법이 없다.

구루지가 우리에게 옆에 앉은 사람과 인사를 나누라고 한다. 우리는 그 말대로 한다.

"진심으로 인사하셨습니까, 아니면 그냥 형식적인 인사였습니까?" 그가 묻는다. "승무원들이 '안녕히 가십시오' 하고 인사하듯이 했습니까? 그렇다면 그 인사는 진심이 아닙니다." 소리를 죽인 웃음

소리가 청중 사이로 잔물결처럼 퍼져나간다.

구루지는 아기가 하루에 400번 미소를 짓는다고 말한다. 어른은 17번 웃을 뿐이다. 결혼한 성인들의 미소 횟수는 이보다 더 적다. 구루지가 이 말을 하자 청중이 또 폭소를 터뜨린다.

"미소와 웃음이 없다면 인생이 무엇이겠습니까? 스트레스에 지친 사람은 미소를 짓지 못합니다."

구루지는 무대의 한쪽 끝에서 반대쪽 끝까지 걸어가며 청중 모두의 시선을 잡아끈다. 훌륭한 강연자답다. 그는 우리가 삶 속에 불완전한 것들이 들어갈 공간을 마련할 필요가 있다고 말한다.

"우리가 왜 이성을 잃고 화를 낼까요? 완벽한 걸 사랑하기 때문입니다. 여러분의 삶에 불완전한 것이 들어갈 작은 공간을 마련하세요. 지금 제 말 듣고 있습니까?"

"예!" 청중이 소리친다. 완벽하게 한목소리로.

불빛이 희미해진다. 구루지는 우리에게 턱과 눈썹을 마사지하라고 말한다. 기분이 좋다. 그다음에는 입으로 '옴'이라는 소리를 내라고 한다. '옴'은 산스크리트어다. 힌두교의 고대 문헌에 사용된 언어. 이 언어는 떨림을 기반으로 하고 있다. 산스크리트어를 들을 때, 우리는 단순히 단어를 귀로 듣는 것이 아니라 몸으로 느낀다.

1000명쯤 되는 사람들이 동시에 '옴'이라고 말하는 소리를 듣고 느끼는 것은 정말 볼만한 광경이다. 강당 전체가 진동하는 것 같다. 이거 마음에 드는데. 그래, 정말 마음에 들어. 그러고 보니 내가 인도를 생각하면 동시에 여러 가지 소리가 떠오르는 것 같다. 행상인들이 노래하듯 외치는 소리, 오토릭샤의 '매애' 하는 경적 소리, 힌두교 승려의 염불 소리. 신성한 소리뿐만이 아니라 모든 소리가 진동이다. 그리고 진동은 당연히 움직임이다. 공기가 공기를 누르는 것. 그 이상도, 그 이하도 아니다. 그런데도 이 간단한 물리적 현상이 모차르트의 피아노 협주곡을 만들어낼 수도 있고, 러시아워 때 도로에서 나는 소리나 연인의 속삭임을 만들어낼 수도 있고, 반자동권총이 발사될 때의 '픽픽' 소리를 만들어낼 수도 있다.

이제 질의응답 시간이다. 어떤 여자가 나무 상자에서 자그마한 쪽지를 하나 꺼낸다. 가장 먼저 뽑힌 것이 내 질문이다. 믿을 수가 없다. 수백 장까지는 아니더라도 최소한 수십 장의 쪽지가 그 상자 안에 있을 텐데. 저 여자가 내 것을 고를 확률이 얼마나 되지? 이건 무슨 징조임이 틀림없다. 인도에서는 징조가 아닌 것이 없다.

그녀가 쪽지를 큰 소리로 읽는다. "행복이 최고의 이상인가요, 아니면 우리가 추구해야 하는 더 고귀한 목표가 있나요?" 이것은 한동안 나를 괴롭히던 질문이다. 지금 나는 세상에서 가장 행복한 곳을 찾으려고 수천 킬로미터나 되는 거리를 여행 중이다. 아리스토텔레스의 믿음처럼, 행복이 곧 'summum bonum', 즉 최고선最高善이라는 가정을 바탕으로. 하지만 정말 그럴까? 혹시 더 중요한 목표가 있는 걸까?

구루지가 망설임 없이 대답한다. "예, 행복보다 더 고귀한 목표가 있습니다. 바로 사랑이 행복보다 더 고귀합니다."

청중이 박수를 친다.

구루지는 사람들이 조용해지기를 기다렸다가 더 자세히 설명한다. "사랑은 행복을 이길 뿐만 아니라 진실과의 경쟁에서도 승리를 거둡니다. 우리는 반드시 사랑을 위해 노력해야 하고, 왜곡을 가져오면 안 됩니다."

이 마지막 부분이 무슨 의미인지 잘 모르겠다. 하지만 이 부분을 캐묻는 질문은 더 이상 나오지 않을 것이다. 구루지는 이미 다음 질문으로 넘어갔다. "죽은 뒤에 우리는 어떻게 되죠?"

이건 아주 커다란 질문이다. 무엇보다 커다란 질문. 나를 포함한 모든 사람이 잔뜩 기대를 품고 귀를 기울인다.

구루지는 극적인 효과를 위해 잠시 침묵하다가 입을 연다. "지금 제가 여러분에게 말씀드릴 수도 있지만, 여러분이 약간의 서스펜스를 느끼게 해주고 싶습니다. 여러분이 저승에 가서 '이런, 내가 생각했던 그대로잖아. 재미없어'라고 말하면 곤란하니까요."

청중이 웃음을 터뜨린다. 하지만 나는 속은 기분이다. 나는 기자회견을 취재한 경험이 많기 때문에 구루지가 지금 노련하게 대답을 회피했다는 사실 정도는 알 수 있다.

이제 객석 여기저기서 사람들이 질문을 외쳐댄다. 구루지의 답변 중에는 현명한 것도 있고, 그냥 말만 그럴듯한 것도 있다. 이 두 가지 특징을 모두 지닌 답변도 몇 번 나왔다.

"어떻게 하면 테러를 막을 수 있습니까?"

"테러는 간단히 말해서 인간애가 결핍된 상태입니다. 모든 아이에게 종교를 조금 가르친다면, 나중에 남들을 보고 나쁜 사람이라는 생각을 하지 않을 겁니다."

"제 운명을 어떻게 하면 알 수 있죠?"

"삶은 자유와 운명의 조합입니다. 그런데 우리가 자유와 운명을 구분할 수 없다는 점이 바로 삶의 묘미죠."

"제가 언제쯤 10억 루피를 벌게 될까요?"

"그런 건 점쟁이에게 물어보세요. 하지만 복채로 100루피를 내야 한다는 점을 명심하세요."

"기대가 크면 실망도 큽니다. 어떻게 하죠?"

"저한테서 대답을 기대하고 그런 질문을 한 겁니까? 기대하지 않는 편이 좋을 겁니다."

"인도에서 부정부패가 언제 사라질까요?"

"여러분이 일어서서 부정부패에 맞서 싸우면 그렇게 될 겁니다."

나는 이 답변이 마음에 든다. 이 답변은 진짜였고, 질문을 한 사람에게 행동을 요구했다. 힌두교는 믿음의 종교라기보다는 행동의 종교다. 《바가바드기타》에서 크리슈나는 아르주나에게 그의 믿음이 아니라 행동이 그를 자유롭게 할 것이라고 말한다. 구루지는 그것을 이렇게 표현했다. "욕조에 앉아 있을 때, 물의 온기를 느끼고 싶다면 몸을 조금 움직여야 합니다."

사람들이 계속 고함을 지른다. 질문이 한없이 이어진다. 하지만 구루지는 한 손을 들어 올리며 미안하지만 오늘 밤엔 더 이상 시간을 낼 수 없다고 말하고는 그냥 나가버린다.

사람들은 자리를 뜨려고 일어선다. 다들 오늘 밤의 공연에 만족한 모습이다. 나는 영적인 세계의 팝콘을 맛본 것 같은 기분이다. 맛도 좋고, 삼키기 쉽고, 분명히 어느 정도 영양가도 있지만, 특별히 배가 부르지는 않은 기분.

*   *   *

나는 메시지를 말한 사람과 메시지를 분리해서 생각하지 못한다. 나는 구루에게서 위선의 냄새가 조금이라도 나지 않는지 촉각을 곤두세우고 있다가, 그런 냄새가 감지되면 그가 가르쳐준 지혜를 모조리 부인해버린다. 하지만 모든 사람이 나 같은 건 아니다.

1980년대에 인기 있는 구루였던 바그완 슈리 라즈니시, 일명 오쇼가 인도와 미국에서 차례로 엄청난 추종자들을 끌어 모았다. 그가 오리건에 설립한 아쉬람은 넓은 땅에 공들여 지은 일종의 단지였다. 오쇼는 사랑과 마음 수련이 중요하다고 설교했다. 하지만 나중에 알려진 바에 따르면, 오쇼는 롤스로이스를 93대나 구입했으며, 나중에는 이민법 위반으로 당국에 체포되기까지 했다. 나는 그의 가르침을 읽어보았다. 개중에는 상당히 현명하고 분별 있는 가르침도 있었지만, 내게는 롤스로이스가 결정적이었다. 그래서 오쇼의 말을 진지하게 받아들일 수 없었다.

하지만 나의 인도인 친구 만주는 그렇지 않았다. 델리 출신의 대단히 이성적인 변호사인 만주는 롤스로이스 때문에 오쇼의 지혜를 내팽개칠 이유가 없다고 보았다. "좋은 건 남기고 나쁜 것만 버리면 돼요." 그녀는 어느 날 나와 함께 점심을 먹으며 이렇게 말했다. 다시 말해서 인도인들은 구루에게서 완벽함을 기대하지 않는다는 얘기다. 심지어 일관성도 기대하지 않는다. 현명한 구루. 사기꾼 구루. 모순적인 이 두 가지 생각이 인도인인 만주의 머릿속에서는 편안하게 공존하고 있다.

* * *

내가 아쉬람에 머무르는 마지막 날이다. 강의는 끝났다. 나는 아미에게 작별 인사를 한다. 그녀가 활짝 웃으며 말한다. "영적인 혁명이 다가오고 있어요. 어쩌면 우리가 살아 있는 동안에는 일어나지 않을지도 모르지만, 그래도 다가오고 있어요." 나는 "저도 정말 그러기를 바라요" 같은 서투른 대답으로 대충 얼버무리고는 그 자리를 떠난다.

나는 아미 같은 사람이 부럽다. 그녀의 정신은 맑다. 지저분하게 흩어진 부분이 없다. 그녀의 프라나는 높은 수준이다. 얼굴에서는 빛이 난다. 나도 그렇게 될 수 있으면 좋겠다. 왜 나는 안 되는 걸까? 내가 아이러니와 똑똑함에 너무 집착하는 걸까? 아니면 성공에 집착하는 걸까? 1년간 여행하며 행복에 대해 생각한 결과, 아이러니도 똑똑함도 성공도 행복으로 이어지지 않는다는 사실을 상당히 결정적으로 증명할 수 있었다. 그런데도 나는 이것들을 놓아버리지 못한다.

나는 에바와 엘자에게 작별 인사를 한다. 두 사람은 새로 찾아낸 구루에게 홀딱 반해서 난리다. 이미 상급 강의를 들을 계획까지 짜고 있다. 에바가 나를 꼭 끌어안는다. 그러면서 내가 달라진 것처럼 보인다고 말한다. 더 차분하고, 더 에너지가 넘치는 것처럼 보인다고. 나는 에너지라는 말에 움찔하지만, 그녀의 말이 옳다. 내 마음이 한결 편안해지고 긴장이 풀린 것은 사실이다. 호흡도 더 깊어졌다. 나는 커피 없이 사흘을 살아냈다. 솔직히 지금은 두통이 거의 사라졌다. 다리에도 다시 피가 돌기 시작했다.

어디서 이런 결과가 나온 걸까? 내가 취했던 특별한 자세나 특별한 순간을 콕 집어낼 수는 없다. 그냥 이런 변화가 시나브로 내게 다가왔다. 어쩌면 깨달음이 바로 이런 식으로 이루어지는 것인지도 모른다. 벼락이나 번개처럼 우리를 후려치는 것이 아니라 물이 꾸준히

한 방울씩 똑똑 떨어져서 결국 양동이를 가득 채우듯 조금씩.

* * *

인도 아쉬람의 문제는, 일단 아쉬람을 나서면 다시 인도와 맞닥뜨려야 한다는 점이다. 내가 탄 택시는 교통 체증에 붙들려 있다. 배기가스 때문에 목구멍이 타는 듯하다. 눈도 따갑다. 도로가 며칠 전보다 훨씬 더 혼란스러워진 것 같다. 아니면 아쉬람에서 고요해진 내 마음, 카페인이 모두 빠져나간 내 머리가 더위와 먼지와 소음에 더 동조하고 있는 건지도 모른다. 옛날부터 나는 항상 소리에 특히 민감했다. 에세이 작가인 앰브로즈 비어스가 "귓속의 악취"라고 불렀던 소음이 행복을 망가뜨린다는 점은 이미 증명된 사실이다.

마침내 번화가에 위치한, 평범한 2층 건물에 도착했다. 샨티 거리 1번지. 수레시라는 예술가가 소유하고 있는 건물이다. 그가 남는 방을 사람들에게 빌려주고 있으며, 그의 집이 일종의 살롱 같은 역할을 한다는 말을 들은 적이 있다. 모든 사람이 샨티 거리 1번지를 거쳐 간다고 한다. 그래서 아쉬람 체험에서 회복하면서 동시에 방갈로르가 어떤 곳인지 더 알아보려면 이곳에 머무르는 게 좋을 것 같았다.

샨티 거리 1번지의 집은 수레시가 직접 설계했다. 그는 커다란 바담 나무를 중심으로 집을 지었다. 그가 이 나무를 어찌나 사랑하는지, 친구들은 그가 이 나무와 결혼했다고 우스갯소리를 할 정도다.

나는 가방을 들고 원형 계단을 휘청거리며 올라간다. 샨티 거리 1번지의 거실에는 그림과 책과 힌두 문화의 골동품들이 빽빽하게 들어차 있다. 부엌 개수대에는 접시가 높이 쌓여 있고, 망고 껍질과 커피 가루 위에서는 파리들이 공격용 헬리콥터 부대처럼 어른거린 다. "오늘 가정부가 안 왔어요." 수레시가 설명한다. 인도에서는 누 구나 가정부를 부린다. 심지어 근근이 살아가는 예술가조차도.

아직 이른 아침이지만 수레시의 살롱은 벌써 분주하게 움직이고 있다. 사람들이 여기저기 둘러앉아 빈둥거리며 담배를 피우고, 엄청 난 양의 커피를 마시고, 프라나를 위험할 정도로 써버리면서도 전혀 개의치 않는다. 연기와 아이러니가 허공에 자욱하다. 나는 깊이 숨 을 들이쉰다.

"안티 아쉬람에 오신 것을 환영합니다." 누군가 말한다. 나는 하르 샤와 인사를 나눈다. 이 이름의 뜻은 '행복'이다. 비크람, 아르준과도 인사를 나눈다. 그 밖의 다른 사람들과도 인사를 나누지만, 나는 그 들의 이름을 정확히 알아듣지 못한다.

지금 이곳에서는 인도식 불평 대회가 열리고 있다. 사람들은 방갈 로르의 급속한 성장 때문에 자기들이 사랑하는 이 도시가 이상하게 변하고 있다며 불평을 늘어놓는다. 아쉬람에서 방금 나온 나 때문에 화제가 교통 체증에서 영적인 문제로 바뀌었다. 아주 급격한 변화인 데도 이 사람들은 힘들이지 않고 대화를 이어나간다.

"신神 증후군이 이 나라의 기반을 이루고 있어요." 비크람이 말한 다. 친구들이 비키라고 부르는 그는 한쪽 귀에 금귀고리를 했으며, 샛노란색 셔츠를 입었다. 동성애자에게 그다지 개방적이지 않은 이 나라에서 그는 자신이 동성애자임을 거리낌 없이 밝힌다. "사람들 한테는 목발이 필요한데, 구루들이 그 목발 역할을 해요." 비키가 말 한다.

나는 구루들, 특히 나의 구루를 옹호해야 할 것 같은 충동을 느낀다. 내가 이런 충동을 느끼다니 놀랍다. 나는 아쉬람에서 호흡법을 배운 결과 마음의 긴장이 풀린 것 같다고 말한다.

"어떤 사람이 호흡법을 하나 개발하면, 사람들은 그 사람한테서 모든 대답을 구하려고 하죠." 비벡이라는 덩치 큰 조각가가 말한다. "호흡법은 뇌로 가는 산소의 양을 늘려줘요. 그래서 황홀한 기분이 드는 거죠." 로이가 말한다. 그는 의사니까 이런 문제를 잘 알고 있을 것이다. 로이는 많은 환자를 치료하지만, 실제로 환자를 만난 적은 한 번도 없다. 미국의 어느 병원 의뢰로 X선 사진을 판독하는 것이 그의 일이다.

그래, 내가 어질어질해진 것이 의학적인 현상이라고 치자. 그러면 그 경험이 가짜가 되는 건가?

"그건 영적인 페디큐어예요." 누군가 단조로운 억양으로 말한다. "한동안은 기분이 좋지만, 실제로 변한 건 하나도 없어요."

"성직자들은 반드시 속세의 삶을 포기해야 해요." 비키가 말한다. "그래서 궁극적으로 그들에게는 부정과 포기가 가장 중요해지죠."

나는 이 회의주의자들에게 구루지가 바위투성이 불모지를 보고 신록이 무성한 아쉬람의 모습을 정확히 예측했다는 이야기를 들려준다. 당시 전문가들은 이 불모지에서 아무것도 자랄 수 없다고 말했다고 한다.

전형적인 구루의 기적 일화라고 누군가 말한다. 구루들은 전문가들이 불가능하다고 말하는데도 항상 뭔가를 짓거나 기르겠다고 발표하곤 한다. 하지만 이런 계시는 항상 회상의 형태로 알려진다. 그때 구루가 그런 발표를 했다는 말을 사람들은 그냥 믿어야 한다. 기록 같은 건 전혀 없다. 그러니 구루의 말이 옳은지 그른지 증명할 길이 없다.

"다들 그냥 아무 말 없이 조용히 앉아서 명상만 하면 안 되나?" 누군가 말한다.

"그런 건 너무 지루해요." 비키가 말한다.

"진짜 구루이면서 동시에 사기꾼일 수도 있어요?" 내가 묻는다.

"그럴 수 있을걸요." 수레시가 말한다. "여긴 인도니까."

"인도에서는 뭐든지 진실이에요. 그리고 그 반대도 진실이에요." 누군가 말한다.

머리가 빙빙 돈다. 금방 폭발해버릴 것 같다. 수레시가 내 불편한 기색을 눈치채고 커피를 권하지만 나는 점잖게 사양한다. 나는 카페인 없이 이미 사흘을 살아냈다. 그러니 얼마나 더 오래 버틸 수 있는지 시험해보고 싶다.

시시한 이야기에서 심오한 이야기로, 다시 시시한 이야기로 화제가 변한다. 나는 영적인 채찍을 맞는 기분이다. 삼사라(윤회 - 옮긴이)라는 주제가 등장한다. 삼사라는 사람이 깨달음을 얻을 때까지 계속 세상에 태어난다는 동양의 믿음이다. 깨달음을 얻으면 우리는 삼사라에서 해방되어 지상으로 다시 돌아오지 않는다.

"개인적으로 나는 개나 나무가 되어 다시 태어나도 괜찮을 것 같아요." 비키가 말한다. "서둘러 지구를 떠날 생각이 없거든요."

"우주 어딘가에서 어떤 이가 아주 작은 시간 한 조각을 받았습니다. 그 어떤 이가 바로 우리이고, 지금은 우리가 받은 시간의 조각이에요." 수레시가 수수께끼 같은 말을 한다.

비키가 순간적으로 분출한 낙관주의는 사라져버렸다. 그래서 그는 다시 불평을 늘어놓고 있다. "이 나라에서 제일 잘되는 사업이 뭔지 아세요? 바로 종교예요. 난 종교에 대해 아주 냉소적이에요." 비키가 말한다. 마치 누가 그의 생각을 의심하기라도 한 것처럼. "고민이 생기면 나는 제일 친한 친구를 찾아가요. 구루가 아니라. 그 사람들은 돈을 쓸어 담고 있어요. 이 구루들 말이에요. 세상에 진짜 사두는 없는 것 같아요. 가짜 사두뿐이에요."

누군가 일어서서 나간다. 안으로 들어오는 사람도 있다. 인도에서 남자의 집은 그의 성이다. 하지만 그 성에는 구멍이 많다. 해자는 없다. 그래서 친구도 적도 쉽게 성안으로 들어올 수 있다. 델리에 있는 내 아파트에도 항상 수많은 사람이 드나들었다. 배관공, 전기 기술자, 배달부, 성직자, 정부 관리, 택시기사 등등. 어떨 때는 정말 짜증스러웠다. 사람이 살다 보면 주위에 괴롭히는 사람 하나 없이 그냥 속옷만 입고 빈둥거리고 싶을 때가 있는 법인데. 하지만 인도에서는 이렇게 집을 드나드는 사람이 끊이지 않기 때문에 잠시도 혼자 있을 수가 없다.

샨티 거리 1번지의 거실에서는 사람들의 대화가 갠지스강처럼 구불구불 흘러간다. 특별히 눈에 띄는 패턴도 없이 사람들은 이 주제에서 저 주제로 정처 없이 옮겨 다닌다. 하지만 그중에서도 자꾸만 등장하는 테마가 하나 있다. 바로 방갈로르에서 일어나고 있는 변화.

"우린 올빼미처럼 변해버렸어요." 비키가 말한다. "다들 밤새 잠도 안 자고 일을 하거나 파티를 해요. 왜 다들 그렇게 바삐 뛰어다니는 거죠? 게다가 교통 체증도 미칠 지경이에요."

휴대전화도 잊으면 안 된다고 누군가 말한다.

"다들 휴대전화를 갖고 있어요." 비키가 말한다. 마치 "다들 결핵에 걸려 있다"라고 말하는 것 같은 투다.

"당신도 있어요, 비키?" 내가 묻는다.

"예." 그가 겸연쩍은 표정으로 이렇게 말하며 주머니에서 반짝이는 최신 휴대전화기를 꺼낸다. "하지만 나는 여기다 대고 으르렁거리거나 고함을 질러요. 그게 올바른 태도죠." 그는 고함을 지를 때의 표정을 지어 보인다.

"이 사람들, 그러니까 사이버쿨리들 말이에요. 그 사람들은 서른 살이나 서른다섯 살에 벌써 녹초가 될 거예요." 누군가 말한다. "어느 날 잠에서 깨어 인생이 자기들을 그냥 스쳐 지나가 버렸다는 걸 깨닫게 되겠죠."

나는 이 사람들의 말이 옳은 건지, 아니면 그냥 자기 손이 닿지 않을 열매를 일단 헐뜯고 보자는 심보인지 판단하기가 어렵다. 그때 엠마가 도착한다.

그녀는 커다란 여행 가방 두 개를 들고 계단을 뛰어 올라온다. 런던발 비행기는 악몽 같았다고 한다. 여기까지 오는 데 24시간이 걸렸다. 잠을 자고 싶은 생각은 없고, 담배와 커피만 있으면 된다고 한다. 지금 당장. 수레시가 즉시 그 두 가지 물건을 대령한다.

엠마는 최고의 쾌락 난민이다. 런던에 살던 다섯 살 때, 그녀는 식당에서 여자들의 사리를 잡아당기곤 했다. 그리고 '인도'는 그녀가 가장 먼저 배운 말 중 하나였다.

그런 그녀가 스물다섯 살이 되어서야 비로소 인도로 왔다. 그녀는 비행기를 타고 델리까지 와서 택시로 갈아탄 뒤 인도 거리라는 광기 속으로 뛰어들었다. 대부분의 사람들은 인도 거리에서 불안감과 두려움을 느끼지만 엠마는 달랐다. 그녀는 택시 뒷자리에 앉아 지극히 차분한 느낌이 자신을 뒤덮는 걸 느꼈다. 그때 울음을 터뜨렸던 것 같기도 하고, 아닌 것 같기도 하다. 그녀는 기억나지 않는다고 한다. 하지만 그때 한 가지만은 분명히 알고 있었다. 이곳이 바로 그녀의 고향이라는 것.

카페인과 니코틴을 충분히 섭취한 엠마는 의자에 털썩 주저앉아 대화에 합류한다. "인도의 어떤 점이 그렇게 좋아요?" 내가 묻는다.

"자동차 경적 소리, 인력거, 머리에 단지를 이고 가는 여자들, 고함을 질러대는 사람들, 사원의 종소리가 좋아요. 인도식 발음도 좋아요. 말하자면 한도 끝도 없죠. 전부 다 좋으니까."

그녀가 열거한 것들이 대부분 소리와 관련되어 있다는 생각이 저절로 떠오른다. 인도는 귀를 위한 연회장이다. 하지만 앞으로는 달라질지도 모른다. 인도가 점점 부유해지고 있기 때문에. 솔직히 말해서 번영의 소리보다 더 끔찍하게 단조로운 건 없는 법이다. 에어컨이 돌아가는 단조로운 소리나 키보드를 두드리는 소리는 야외 시장에서 행상인들이 가락을 붙여 외쳐대는 소리나 저임금으로 노동자들을 부려먹는 공장에서 재봉틀이 리듬에 맞춰 탁탁 돌아가는 소리와는 상대가 되지 않는다. 현대적인 고속도로에서 자동차들이 휙휙 지나가는 단조로운 소리 역시 제3세계의 도로에서만 들을 수 있는 소리, 즉 경적 소리와 딸랑거리는 종소리가 빚어내는 교향곡에 상대가 되지 않는다.

엠마는 예전에 방갈로르에서 살았다. 그래서 수레시와 이 집에 드나드는 사람들을 알게 된 것이다. 지금 그녀는 런던으로 돌아가 있지만, 그래도 인도를 자주 찾는다. 인도의 여러 지명들이 연달아 튀어나온다. 모두들 자기가 아는 사람들, 서로의 관계, 서로의 거리를 이야기한다. 인도에는 10억 명의 사람들이 살고 있는데, 샨티 거리 1번지의 주민들은 그 사람들을 전부 아는 것 같다. 이 나라에서는 사람들로 구성된 원들이 무한히 교차하며 사슬처럼 이어져 있는 것 같다.

* * *

엠마가 여행 가방을 연다. 내 눈을 믿을 수가 없다. 여행 가방 안에는 수십 개의 가방이 있다. 하나씩 비닐에 깨끗하게 싸여 있다. 엠마는 가방 사업을 하고 있다. 런던의 작업실에서 가방을 디자인해서 홍콩과 방갈로르에 제작을 맡긴다. 내가 가방 중독자라고 말했더니 그녀의 눈이 반짝 빛난다. 심각한 코카인 중독자를 방금 소개받은 마약상 같은 표정이다.

나는 엠마에게 나의 가방 중독 증세를 분석해달라고 부탁한다. 여러분도 기억하겠지만, 나는 가방을 유난히 많이 갖고 있다. 정신보건 분야의 전문가들을 포함해서 대부분의 사람들이 정상이라고 생각하는 수준을 훨씬 뛰어넘을 만큼 많이. "흠." 그녀가 마치 아주 어려운 환자를 만난 정신분석가 같은 표정을 짓는다. "가방은 안전을 상징하죠. 안전을 보장해주는 담요 같은 거예요. 게다가 가방 안에 여러 가지 물건을 넣어서 가지고 다닐 수도 있어요. 짐처럼. 그러니까 당신이 가방에 집착하는 건, 당신이 지고 있는 감정적인 짐의 연장延長이에요. 바로 그거예요. 당신한테는 그 감정적인 짐을 내려놓을 곳이 필요해요."

이만하면 나쁘지 않다. 전혀.

누군가 내게 찬드라를 소개해준다. 아래층 아파트에 사는 땅딸막한 남자다. 머리카락이 다 벗어진 그의 머리는 크고 둥글다. 그가 입은 초록색 쿠르타(칼라가 없고 길이가 긴 인도의 셔츠 - 옮긴이)는 무릎까지 내려온다. 그는 마치 친절한 화성인 같다. 찬드라는 문화지리학자라고 한다. 내 입장에서는 이보다 더 반가울 데가 없다. 그는 미국에서 18년 동안 살면서 텍사스주 웨코, 노스다코타주 파고 같은 곳을 전전했다. 그는 지금도 누가 '파고'라는 말만 해도 몸을 부르르 떤다. 하지만 〈사인펠드〉 재방송을 재미있게 보는 사람이기도 하다. 또한 그는 아침마다 8시 30분까지 어디로든 가야 할 것 같은 불안감에 시달린다. "작년에야 비로소 오후에 낮잠을 자면서도 죄책감을 느끼지 않게 됐어요." 그가 말을 덧붙인다.

나는 이 대화에서 벗어나 잠시 휴식을 취해야 할 것 같아서 테라스로 나간다. 예전에 누가 인도를 알고 싶다면 아무 데서나 거리 모퉁이에 서서 빙그르 한 바퀴를 돌아보라고 말한 적이 있다. 그러면 인도의 모든 것이 눈에 들어올 거라면서. 인간의 가장 좋은 모습과 가장 나쁜 모습, 우스꽝스러운 모습과 숭고한 모습, 불경스러운 모습과 심오한 모습. 이곳 샨티 거리 1번지에서는 굳이 한 바퀴를 돌아볼 필요도 없다. 테라스에 나와 서니 모든 것이 눈에 들어온다. 한쪽에는 빈민가가 있다. 양철 지붕을 얹은 판잣집들이 뒤죽박죽으로 늘어서 있는 모습이 처음에는 쓰레기장처럼 보인다. 자세히 살펴봐야만 비로소 그곳에 사람들이 살고 있음을 깨닫게 된다. 거기서 다른 방향으로 시선을 돌리면 반짝이는 유리 건물이 눈에 들어온다. 시스코 시스템스가 들어가 있는 사무용 건물이다.

전에도 말했듯이, 인도에서는 모든 것이 징조다. 특히 간판이 그렇다. 길 건너편에 붙어 있는, 서브라임 솔루션즈라는 회사의 간판도 그렇다. 이 회사가 뭘 하는 곳인지 나는 전혀 모른다. 십중팔구 소프트웨어와 관련된 회사일 것이다. 어쨌든 나는 그 이름이 아주 마음에 든다.

나는 안으로 들어와 대화 중간에 합류한다.

"전부 진실이기도 하고, 전부 거짓이기도 해." 누군가 이렇게 말하자 다들 동의한다.

엠마는 커피를 다섯 잔째 마시며, 담배를 일곱 개비째 피우고 있다. 그녀는 눈을 아까보다 더 크게 뜨고, 아주 빠른 말투로 이야기를 하고 있다. 갑자기 불이 꺼지면서 천장의 선풍기들이 스르르 멈춘다. 곧바로 땀이 나기 시작한다. 하지만 대화의 속도는 전혀 변함이 없다.

"방갈로르는 정전 대왕이야." 누군가 말한다.

"첨단 기업들은 어쩌죠?" 내가 묻는다. "이렇게 자주 정전이 되는데 어떻게 일을 해요?"

"에이, 왜 그러세요." 비키가 말한다. 무슨 순진한 소리를 하느냐고 핀잔을 주는 것 같다. 물론 나는 순진하다. "그런 회사들은 슈퍼 발전기를 갖고 있어요. 삼중으로. 자기들만의 전력망이 따로 있다고요."

"IT 업계 전체가 망을 따로 갖고 있어요." 찬드라가 말한다. 이건 전력망만 그렇다는 얘기가 아니다. 첨단 기업의 직원들, 그중에서도 크게 출세한 사람들은 달러 콜로니 같은 이름이 붙은 동네에서 산다. 출입문이 별도로 붙어 있는 동네. 그들은 쇼핑몰을 이용한다. 물론 쇼핑몰도 자체 발전 시설을 갖추고 있다. 그들은 부의 여신인 락

시미를 섬긴다.

방갈로르에서 낡은 건물이 해체된 자리에는 모조리 사무용 건물 단지나 쇼핑 단지가 들어섰다. '쇼핑 단지shopping complex'라는 말을 인도어로 번역하면, 문자 그대로 '쇼핑 합병증shopping complicated'이라는 뜻이 된다.

"맞아요." 찬드라가 말한다. "분명히 그렇게 될 수도 있죠."

나는 엠마에게 자신의 행복 점수가 얼마인 것 같으냐고 묻는다.

"난 5점이에요. 4점은 아니에요. 아냐, 어쩌면 3.5인지도 몰라요."

생각을 깊이 할수록 그녀의 행복 점수가 급격히 떨어진다. 태국 사람이 이 모습을 보았다면, 이것이 바로 그녀의 문제라고 말할 것이다.

"난 지금보다 더 행복해야 마땅하지만, 두려움이 벌레처럼 나를 파고들어서 자신감이 사라져버렸어요. 옛날에 그림을 그릴 때, 지금보다 젊고 가진 게 하나도 없을 때는 행복했는데."

학자들은 사람이 평생을 사는 동안 행복 점수가 U 자형 곡선을 그린다는 사실을 알아냈다. 우리는 어렸을 때와 노인이 되었을 때 가장 행복하다. 엠마는 지금 행복 곡선의 바닥에 와 있다. 감정의 저점에 와 있는 셈이다. 하지만 나는 그녀에게 차마 이 이야기를 해줄 수 없다. 그랬다가는 그녀의 행복 점수가 더 낮아질 것 같다.

엠마는 런던보다 이곳에서 에너지가 더 많아진다고 말한다. 또 에너지라는 말이 나왔다. 하지만 이번에는 나도 움찔거리지 않는다. 줄담배를 피워대며 가방을 만드는 쾌락 난민의 입에서 그 말을 들으니 왠지 공감이 간다.

* * *

샨티 거리 1번지에서 나는 기분 좋은 일상 속으로 빠져든다. 나는 매일 아침 동트기 전에 일어난다. 아쉬람에서 생긴 나쁜 버릇이다. 그렇게 일어나서는 크리야 호흡법을 연습한다. 그래, 이건 그냥 산소를 마시는 일일 뿐, 초월적인 측면은 전혀 없다. 어쨌든 나랑은 상관없는 일이다. 이 호흡법을 연습하면 기분이 좋아진다. 에너지가 생긴다(세상에, 이젠 내가 이 단어를 쓰고 있잖아). 지금은 내가 커피를 끊은 상태라 가능한 한 많은 에너지가 필요하다.

호흡을 마친 뒤 나는 테라스로 나가서 바로 옆의 판자촌 위로 해가 떠오르는 모습을 지켜본다. 가난한 사람들의 삶은 다른 사람들의 삶보다 더 공개되어 있다. 아이 하나가 쪼그리고 앉아 변을 보고 있고, 어떤 여자는 남자의 머리 위로 양동이의 물을 쏟아부으며 목욕을 시켜주고 있다. 어떤 남자는 나무 가시인지 뭔지가 발에 박힌 모양이다. 몇몇 사람들이 그 남자 주위에 모여 있다. 어떻게 가시를 빼내는 게 가장 좋을지 의논이라도 하는 것 같다. 또 다른 남자는 이를 닦고 있다. 이 사람들은 대부분 직업을 갖고 있으며, 하루 수입은 대략 3달러 정도다. 인도에서 이들은 사회의 밑바닥 계층이 아니다. 밑바닥과는 거리가 한참 멀다. 바로 이것이 인도에서 맛볼 수 있는 삶의 묘미다. 자신의 지위가 아무리 낮더라도 항상 자기보다 더 낮은 사람이 있다는 것. 인도의 계층 사다리는 무한히 뻗어 있다.

일출을 본 뒤 나는 수레시와 함께 그의 오토바이를 타고 방갈로르 이곳저곳에 있는 공원으로 가서 산책을 한다. 방갈로르는 IT 도시가 되기 전에는 정원의 도시로 유명했다. 아직 이른 시간이지만, 공원에는 많은 사람이 나와서 산책을 하거나, 명상을 하거나, 변을 보거나, 요가를 하거나, 웃고 있다. 돌아오는 길에 우리는 남부 인도 사람들이 아침 식사로 먹는 푹신푹신한 음식, 그러니까 이들리(떡과 비슷한 음식 - 옮긴이) 같은 음식을 산다.

하루의 나머지 시간은 게으르게 흘러간다. 나는 한가로이 앉아서 책을 읽거나 커피 생각을 한다. 하지만 그냥 멍하니 앉아 있는 시간이 가장 많다. 인도인들, 특히 인도 남자들은 앉아 있기 도사들이다. 세계 최고 수준이다. 난 그들과 상대가 되지 않지만, 그래도 최선을 다한다.

그렇게 시간을 보내다 보면 친절한 화성인인 찬드라가 커피숍인 코시즈에 가서 앉아 있기를 계속하자고 말한다. 코시즈는 방갈로르의 상징이다. 인도가 영국에서 독립하기 7년 전인 1940년 무렵에 생겼다.

그 뒤로 이곳은 변한 게 거의 없다. 머스터드 같은 노란색 벽은 하루라도 빨리 페인트칠을 다시 해야 할 것 같다. 천장에서는 선풍기가 돌아가지만 속도가 별로 빠르지 않다. 코시즈에서 빨리 움직이는 것은 하나도 없다. 웨이터도, 요리사도, 손님도 마찬가지다. 그게 바로 이곳의 매력이다. 사람들은 몇 시간씩 이곳에 퍼질러 앉아서 친구도 만나고, 생강 펀치도 마시고, 코시즈의 상징인 '스마일리'도 먹는다. 스마일리는 스마일 상징 같은 모습으로 튀긴 감자 요리다.

오늘 우리는 찬드라의 친구인 미나를 여기서 만나기로 했다. 그녀는 전국적으로 발행되는 신문에 칼럼을 쓰고 있다. 그녀는 반백의 머리를 짧게 깎았으며, 신랄하고 재치 있는 말을 할 줄 안다.

"내 말을 오해하지 마세요." 미나가 고개를 한쪽으로 살짝 기울이고 말한다. "구루들도 쓸모가 있어요. 그저 나한테 쓸모가 없을 뿐이지."

나는 이런 식으로 생각해본 적이 없다. 구루들도 쓸모가 있다니.

미나는 미국에서 6개월 동안 살면서 《볼티모어 선Baltimore Sun》에서 일한 적이 있었다. 그때는 하루라도 빨리 미국을 떠나고 싶어 안달이었다. 미국에서는 사람들 사이의 거리가 너무 멀었다. 물리적인 거리만 그렇다는 것이 아니다. 미국의 거리가 너무 조용한 것도 으스스했다. 사람들은 다 어디로 간 건가 싶었다.

"미국 사람들은 너무 바빠요." 그녀가 말한다. "일하느라 바쁘고, 쉬느라 바쁘고."

나는 신선한 라임 소다를 주문한다. 미나도 같은 것을 주문하며 칠리를 뺀 땅콩 마살라도 함께 주문한다.

"미국인들이 인도에서 무엇을 배울 수 있을까요?" 내가 미나에게 묻는다.

"긴장을 풀고 쉬는 법, 겹겹이 겹쳐져 있는 여러 개의 삶을 사는 법을 배울 수 있겠죠. 인도는 그때그때 상황에 따라 달라져요. 그래서 우리는 불완전한 것들을 많이 수용하죠. 미국인들도 그 점을 배울 수 있을 거예요."

하지만 사실은 오히려 인도가 미국을 흉내 내고 있다. 쇼핑몰, 출입문을 별도로 설치한 동네, 패스트푸드, 이런 것들이 모두 인도까지 진출했다. 미나는 번쩍거리는 인도를 좋아하지 않는다. 따분한 인도가 더 좋다고 한다. 사실 인도는 그다지 따분했던 적이 없지만.

"인도의 중산층은 빈곤층과 거리를 두고 있는데, 그건 위험한 일이에요." 그녀가 말한다. "예전에 사람들은 신에게 이르기 위한 통로로 고통과 금욕을 선택했어요. 산야시의 길이죠. 하지만 그 길이 젊은이들에게는 매력이 없어요. 요즘은 다들 인스턴트 구루에게 빠져 있어요."

찬드라도 동의한다. "이 새로운 구루들은 희생을 전혀 요구하지 않아요."

찬드라가 자기 스쿠터로 나를 샨티 거리 1번지까지 태워다 주겠다고 제의한다. 우리 둘 다 무게가 수월찮게 나가는지라 힘이 부족한 스쿠터가 위태롭게 휘청거린다. 자동차들이 어찌나 다닥다닥 붙어 서 있는지 뜨거운 배기가스가 정강이에 닿는 게 느껴질 정도다. 나는 며칠 전 교통사고를 목격했기 때문에 지금도 사방에서 위험한 사고의 징조가 눈에 띈다. 구급차 한 대가 사이렌을 울려대며 지나간다. 내가 인도에 온 뒤로 구급차를 본 게 이번이 처음이라는 생각이 문득 떠오른다. 지금 우리는 "뇌와 척추 관리 센터"라고 적힌 간판 앞을 지나가고 있다. 세상에, 이것도 틀림없이 무슨 징조일 거야. 우리가 자동차와 충돌하게 될 거라는 징조. 나는 속으로 이런 생각을 한다. 하지만 몇 분 뒤 찬드라의 스쿠터는 샨티 거리 1번지 앞에 선다. 우리 둘 다 무사하다.

그날 저녁 나는 테라스로 나간다. 공기는 부드럽고 서늘하다. 나는 판자촌을 바라본다. 사실 테라스에 서면 필연적으로 그곳이 시야에 들어온다. 아이들 몇이 쓰레기 더미를 헤집으며 몇 푼이라도 받고 팔 수 있을 만한 물건을 찾고 있다. 인도에서 몇 년을 지내다 보면 그런 광경을 보고도 무덤덤할 만큼 단련이 된다. 하지만 마음의 갑옷이 아무리 두껍고 단단해지더라도 항상 그 갑옷을 뚫고 들어오는 것이 있게 마련이다.

어떤 여자아이가 보인다. 기껏해야 네 살이나 되었을까 싶은 그 아이가 한 손으로 쓰레기 더미를 뒤진다. 다른 손에는 뭔가 들고 있다. 저게 뭐지? 눈을 가늘게 뜨고 바라보니, 그 물건이 봉제 인형임을 알 수 있다. 때가 묻어 더럽다는 점만 빼면 멀쩡한 곰인형이다. 내 마음의 갑옷이 녹아내린다. 지금 이 모습은 행복한 인도가 아니다. 인간의 생명만 빼고 모든 생명이 신성한 나라가 바로 인도라는 마크 트웨인의 말이 생각난다. 인도인들은 가족과 친구를 깊이 아끼지만, 그 외의 사람들은 존재조차 알아차리지 못한다. 그래서 인도의 가정집들은 티끌 하나 없이 깨끗하지만, 대문에서 몇 발짝만 밖으로 나가면 쓰레기가 산더미처럼 쌓여 있는 것이다. 집 밖은 인도인들이 아끼는 대상의 범주 안에 들지 못하니까.

* * *

엠마가 공장에 갔다가 방금 돌아왔다. 바닥에 그녀의 가방들이 여기저기 무더기로 쌓여 있다. 어디를 봐도 가방 천지다. 아름다운 가방들이다. 나는 옷을 모두 벗고 그 가방들 속에서 뒹굴고 싶다는 유혹을 느끼지만 참기로 한다. 샨티 거리 1번지가 아무리 관용이 넘치는 곳이라 해도 역시 한도가 있는 법이다.

부엌으로 들어가니 개수대가 티끌 하나 없이 깨끗하다. 파리 떼도 사라져버렸다. 수레시의 가정부인 모나가 돌아온 모양이다.

모나의 모습이 보이기 전에 소리가 먼저 들린다. 그녀가 손목과 발목에 끼고 있는 팔찌와 발찌가 짤랑거리는 소리가 음악 같다. 모나는 찢어지게 가난해서 테라스에서 내려다보이는 판자촌에서 살고 있는데도 지극히 행복한 사람이라는 말을 들은 적이 있다. 모나가 아는 영어 단어는 '슈퍼' 하나뿐이기 때문에 나는 수레시에게 통역을 부탁한다.

"모나, 행복한가요?"

"예, 행복해요."

"그럼 행복의 열쇠가 뭐라고 생각해요?"

"생각을 너무 많이 하면 안 돼요. 마음속에 아무것도 없어야 해요. 생각을 많이 할수록 행복이 줄어들 거예요. 행복하게 살고, 행복하게 먹고, 행복하게 죽으면 돼요." 이 말과 함께 그녀는 허공을 향해 양팔을 과장되게 휘두른다. 모나는 태국인들과 아주 잘 지낼 것 같다.

"하지만 모나, 고민 같은 거 없어요? 돈 때문에 걱정이 되지 않나요?"

그녀가 다시 팔을 휘두른다. 이번에는 훨씬 더 강력하게. 내가 생각이 지나치게 많다는 뜻이다. 말이 지나치게 많다는 뜻이기도 하다. 대화가 끝났다. 이제 그녀는 일을 해야 한다. 그녀가 걸어가자 부드러운 저녁 공기 속에서 팔찌와 발찌가 짤랑거린다.

모나를 어떻게 생각해야 할지 잘 모르겠다. 행복에 관한 위험한 고정관념, 즉 고귀한 야만인이라는 허구에 대해서는 나도 잘 알고 있다. 가진 것이 거의 없는데도 행복하다는 허구. 통계적으로 이 말은 사실이 아니다. 세계에서 가장 가난한 나라들은 또한 가장 행복하지 않은 나라이기도 하다. 인도도 분명히 거기에 해당한다. 이 나라는 루트 벤호벤의 행복 스펙트럼에서 낮은 쪽 끝자락에 자리 잡고 있다.

하지만 모나는 통계가 아니다. 그녀는 사람이고, 스스로 아주 행복하다고 주장한다. 내가 누구의 말에 반대해야 할까? 가난은 행복을 보장하지도, 행복을 빼앗아가지도 않는다.

몇 년 전, 행복 연구가인 로버트 비스워스 디너가 캘커타의 거리에서 살아가는 사람들 수백 명을 인터뷰한 적이 있다. 그는 빈민 중의 빈민인 그들을 인터뷰하면서 그들의 행복 점수를 기록했다(물론 인터뷰 대상자들이 스스로 점수를 매겼다). 그러고는 캘리포니아주 프리몬트의 노숙자 수백 명을 대상으로 같은 작업을 했다.

그 결과 캘커타의 빈민들이 캘리포니아의 빈민들보다 상당히 더 행복한 것으로 드러났다. 캘리포니아의 노숙자들이 음식과 숙소를 구하기가 더 쉽고, 보건 서비스도 더 잘 받고 있었는데도 말이다. 비스워스 디너는 이처럼 놀라운 결과가 나온 것은 캘커타의 노숙자들이 비록 물질적인 부라는 측면에서는 가진 게 거의 없을지라도 가족, 친구 등과 사회적으로 강한 유대를 맺고 있기 때문이라고 주장했다. 나는 여기서 한 발짝 더 나아가 인도에는 진정한 의미의 노숙자가 없다고 생각한다. 그들에게 살 집이 없는지는 몰라도 가정이 없는 것은 아니다.

나는 또한 캘커타의 빈민들이 미국의 빈민들보다 행복한 이유가 한 가지 더 있다고 생각한다. 인도의 가난한 사람들은 전생에 자신이 쌓은 업이나 운명이나 신들 때문에 지금 자신이 가난하게 산다고 생각한다. 다시 말해서 가난이 자기 탓이 아니라는 것이다. 미국의 가난한 사람들은 가난을 개인적인 실패, 성격적인 결함의 탓으로 돌린다.

* * *

어느 날 샨티 거리 1번지의 집에 나 혼자 남게 되었다. 이건 아주 드문 일이다. 나는 소파 침대에서 빈둥거리며 책도 읽고, 라디오에서 흘러나오는 인도 대중가요도 듣는다. 그때 모나의 팔찌와 발찌가 짤랑거리는 소리가 들린다. 그녀는 빨래가 든 양동이를 한쪽 어깨에 메고 우아하게 균형을 잡고 있다. 나는 그녀와 이야기를 나눈다. 서로 말이 통하지 않는데도. 몰도바에서 루바와 손짓 발짓으로 이야기를 나눈 이후 처음이다.

모나는 나더러 차를 좀 마시겠느냐고 '묻는다.' 나는 괜찮다고 하지만 그녀는 끈질기게 고집을 부린다. 정말로 차를 좀 마셔야 돼요. 천장의 선풍기를 틀까요? 아, 좋은 생각이에요. 날이 덥네요. 속도가 너무 빠른 것 같죠? 제가 속도를 좀 줄일게요. 모나는 두 가지 일을 한꺼번에 하는 건 좋지 않다는 뜻을 표현한다(이런 걸 보면 그녀는 지혜롭다). 그녀는 라디오를 끈다. 그리고 몇 분 뒤, 그러다가 차가 다 식겠다면서 빨리 마시라고 말한다. 그녀는 음악적으로 팔을 휘두르는 것만으로 자신의 뜻을 모두 전달한다. 나는 통계 결과가 어떻든 모나는 행복한 사람이라는 결론을 내린다. 그녀는 현명한 사람이기도 하다.

* * *

디왈리가 왔다. 전통적으로 디왈리는 빛의 축제로 알려져 있지만, 요즘은 시끄럽고 불쾌한 폭죽의 축제가 되었다. 모든 거리가 무차별

폭죽 발사 지대로 변했다. 개들은 놀라서 정신을 못 차린다. 나도 마찬가지다. 꼬박 사흘 동안 폭죽의 끔찍한 악취가 내 귀를 가득 채운다. 펑. 빵. 그리고 자욱한 연기! 연기가 도시 상공을 둥둥 떠다닌다. 도시가 거대한 전쟁터로 변해버린 것 같다.

테라스에서 수레시와 엠마가 축제 준비를 하고 있다. 엠마는 디왈리 그릇을 만든다. 그릇에 물을 담고 거기에 촛불과 꽃을 띄운 것이 디왈리 그릇이다. 우리는 불꽃도 몇 개 밝힌다. 내 불꽃에는 불이 잘 붙지 않는다. 수레시는 힌두교의 신 중에서 파괴의 신인 시바가 가장 좋다고 말한다. "창조를 하려면 반드시 먼저 파괴를 해야 하니까요."

엠마는 인도에 종말이 임박했다는 느낌을 받은 적이 한 번도 없다고 말한다. 그런 느낌을 받는 것이 지극히 이성적이고 합리적인 일인데도.

"하지만 영국으로 돌아가면 무서워죽겠다는 생각이 들 때가 많아요."

수레시는 동네 아이들에게 나눠줄 쿠키를 포장하고, 모나가 그것을 쇼핑백에 담아 아이들에게 돌린다. 우리는 늙어가는 바담 나무 밑에 앉아 있다. 나뭇가지가 테라스 위에 천장처럼 늘어져 있다.

"수레시, 온갖 사람이 이 집에 이렇게 항상 드나드는 게 지긋지긋하다는 생각이 든 적 없어요? 가끔은 혼자 있고 싶다는 생각이 들지 않아요?"

"아뇨, 사람들이 주위에 있어도 내가 혼자 있고 싶으면 그렇게 할수 있어요. 나는 그 방법을 잘 알아요."

* * *

비행기가 곧 출발할 예정이다. 코시즈에 한 번 더 갔다 올 수 있을 만큼 시간이 남았다. 나는 이제 그 집의 단골이 되었다. 나는 순다르 사루카이라는 교수와 만나기로 약속을 잡았다. 그가 행복에 관해 쓴 글이 내 시선을 사로잡았기 때문이다. 짧은 문단 하나에 그는 얼마 전부터 내 신경을 긁어대던 패러독스를 포착해놓았다. "욕망은 슬픔의 근원이지만, 행동의 근원이기도 하다. 우리에게 의욕을 주는 욕망이 없을 때, 어떻게 하면 행동의 마비 상태에서 벗어날 수 있을까?"

바로 이거다. 힌두교, 아니 대부분의 동양 종교는 모든 몸부림이, 심지어 행복을 위한 몸부림조차도 자멸을 불러올 뿐이라고 말한다. 자신을 향상시키려고 노력하는 순간 이미 실패한 것이 되어 게임이 끝나버린다는 것이다. 하지만 좀비처럼 가만히 누워 있기만 해도 역시 실패한다. 그럼 어떻게 해야 하나?

순다르는 이 질문의 답을 좀 알고 있는 것 같다. 그는 철학과 물리학 학위를 갖고 있다. 머리를 어깨까지 기른 그는 알고 보니 구루지의 친척이기도 하다.

우리는 구석에 자리를 잡는다. 나는 그를 보자마자 마음에 든다. 그는 구루지처럼 눈이 반짝이지만, 구루지처럼 지나치게 노골적으로 독실한 신자 행세를 하지는 않는다. 나는 야심에 대해 이야기를 하고 싶어서 들떠 있다. 이 야심이라는 단어는 지금까지 나의 행복 탐색에 가장 커다란 방해가 되었다. 야심은 내 성공의 근원이자 불행의 근원이기도 하다. 이런 모순을 이해할 수 있는 사람은 인도인

밖에 없을 것 같다.

"누구나 야심은 있죠. 그건 인간의 본성입니다. 문제는, 그 야심을 위해 우리가 어떤 대가를 치를 준비가 되어 있느냐 하는 점이에요. 단순히 경제적인 대가뿐만 아니라 사회적인 대가도 말하는 겁니다." 그는 일반적으로 미국인이 인도인보다 기꺼이 더 높은 대가를 치를 준비가 되어 있다고 말한다.

"하지만 인도인들도 성공을 원하지 않나요?"

"그거야 물론이죠. 하지만 우리는 실망했을 때 대처하는 방식이 조금 다릅니다. '좋아, 최선을 다했으니까 이제 우주에게 결정을 맡기자.' 이게 우리의 사고방식이에요."

"그게 무슨 뜻이죠?"

"어떤 사람들은 우연이라고 부르는 걸 우리는 신이라고 부릅니다. 하지만 지금은 그냥 예측 불가능성이라고 부르기로 하죠. 똑같은 일을 열 번이나 했는데도 아무런 효과가 없다가, 11번째에 효과를 발휘합니다. 이 우주 전체가 우연과 확률로 이루어져 있어요. 그래서 우리는 모든 걸 받아들입니다."

또다. 삶의 모든 것이 마야, 즉 환상이라는 힌두교의 믿음. 일단 삶을 게임으로 보기 시작하면, 그러니까 그저 체스 게임 같은 것으로 생각한다면, 세상이 훨씬 더 가볍고 행복하게 보인다. 개인적인 실패는 "극단의 여름 공연에서 실패자 역할을 하는 것과 마찬가지로 별로 걱정할 필요가 없는 일"이 된다. 휴스턴 스미스가 《세계의 종교 The World Religions》라는 저서에서 쓴 말이다. 만약 모든 것이 연극과 같다면, 우리가 맡은 역할은 별로 중요하지 않다. 그것이 그저 자신이 연기할 역할에 지나지 않는다는 점을 우리가 인식하기만 한다면. 앨런 워츠는 이렇게 말했다. "진정한 인간은 자신이 한바탕 연극이며 아주 기운차게 그 연극을 하고 있다는 사실을 아는 사람이다."

* * *

우리는 코시즈에 앉아 족히 한두 시간 정도 이야기를 나눈다. 서두를 필요도, 반드시 토론해야 하는 주제도 없다. 예측이 불가능한 대화지만, 그것도 나름대로 괜찮다. 시간이 아주 많은 것 같은 기분이 든다. 바로 인도의 이런 점을 내가 좋아하는 거라는 생각이 든다. 더러움과 너저분함과 탐욕 속에 숨어 있는 자그마한 보석. 감히 말하지만, 나는 행복하다.

"샨티 거리 1번지는 세상에서 가장 행복한 곳이에요." 엠마는 이곳에 도착한 직후에 이런 말을 했다. 그때 나는 그녀의 말을 이해하지 못했다. 하지만 지금은 이해한다. 알고 보니 '샨티'는 산스크리트어로 '내면의 평화'를 의미한다. 어쩌면 샨티 거리 1번지는 결코 안티 아쉬람이 아닌지도 모른다. 이곳 역시 또 다른 종류의 아쉬람인 것 같다.

몇 시간 뒤면 비행기가 출발할 것이다. 방갈로르는 결코 평화롭지 않다. 디왈리가 절정이다. 사방에서 폭죽이 터진다. 매캐한 연기가 허공에 자욱하다. 수레시가 나를 서둘러 옆문으로 안내한다. 그곳에 택시가 기다리고 있다. 마치 사이공을 탈출하는 마지막 헬리콥터에 오르는 기분이다. 나는 그를 포옹하며 행복하라고 말한다. 이내 택시가 출발하고, 샨티 거리 1번지가 연기구름 속으로 사라진다.

이 정신없는 곳을 이제 떠나게 되었다고 생각하니 마음이 놓인다.

하지만 이곳에 머무르고 싶다는 생각도 든다. 모순이라고? 맞다. 하지만 이건 내가 감당할 수 있는 모순이다. 나는 심지어 이 모순을 즐기는 법까지 배울 수 있다.

10
미국

행복은 마음 둘 안식처다

"아이슬란드에서 어떤 영화감독이 내게 해준 말이 기억난다.
그는 사람의 진정한 고향이 어딘지 알아낼 수 있는 간단한 질문이 하나 있다고
했다. '어디서 죽고 싶어요?'라는 질문이었다. '어디서 죽고 싶어요?'
나는 로리에게 묻는다. '버몬트요. 내가 어린 시절을 보낸 곳.' 그녀가 말한다."

도코미니엄. 이 말이 완전히 익은 망고처럼 허공에 떠 있었다. 이 말이 무슨 뜻인지는 몰랐지만, 뭔가 크고 맛있게 들려서 한시라도 빨리 그 안에 뛰어들고 싶었다.

이 말을 한 사람은 내 친구 크레이그 배것이었다. 크레이그는 덩치 크고 볼품없는 녀석이었다. 텁수룩한 머리에는 회색빛이 돌고, '도코미니엄' 같은 소리를 할 때는 두 눈이 짓궂게 반짝였다. 크레이그는 이처럼 의미 불명의 이상한 소리를 자주 했다.

크레이그는 화장지를 리본처럼 길게 잘라서 우아하게 흔들며 마술 같은 재주를 부릴 줄 알았다. 녀석은 그것을 '화장지 댄스'라고 불렀다. 크레이그는 자동차와 마운틴듀를 사랑했다. 충동적으로 산야를 횡단하는 여행에 나설 때면 이 두 가지를 함께 즐길 때가 많았다. 녀석은 자기 아이들 중 하나를 차에 태우고, 마운틴듀도 잔뜩 실은 다음 여행에 나서곤 했다. 화장실에 가려고 중간에 멈추는 법도 없었다. 크레이그가 공연히 남자다움을 과시하려고 그랬던 것 같지는 않다. 전통적인 의미의 종교 신자가 아닌 크레이그는 탁 트인 도로에서 초월적인 평화를 느꼈기 때문에 무엇이든 그 평화를 방해하는 게 싫었던 것 같다.

자신의 삶을 크레이그만큼 편안하게 받아들이는 사람은 본 적이 없다. 대부분의 사람들이 직업이나 결혼이나 코털을 걱정하느라 쏟는 에너지를 크레이그는 전부 그냥 본연의 모습으로 살아가는 데 쏟았다. 그건 삶의 에너지를 어느 누구보다 훨씬 더 효율적으로, 고귀하게 쓰는 방법이었다.

그래서 크레이그가 '도코미니엄'이라는 말을 했을 때 나는 주의 깊게 들었다. 지금쯤이면 여러분도 짐작했겠지만, 도코미니엄은 독dock(부두, 선창이라는 뜻-옮긴이)과 콘도미니엄을 합친 말이다. 나는 독에도 콘도미니엄에도 그다지 관심이 없지만, 이 둘을 합해놓고 보니 왠지 거부할 수 없는 매력이 있는 것 같았다. '도코미니엄'에서 독은 경박하고 무책임하게 들렸다. 배가 없으면 독이 무슨 소용이겠는가? 그런데 배는 물에 떠서 돈을 잡아먹는 밑 빠진 항아리와 다를 바 없다. 하지만 '도코미니엄'의 '오미니엄' 부분이 이 단어 전체를 재정적인 탄탄함이라는 반석 위에 단단히 붙들어두는 역할을 했다. 콘도미니엄은 곧 투자를 의미하며, 투자는 보트와 완전히 반대되는 물건이 아니던가? 그래서 도코미니엄은 천재적인 단어였다.

나는 자그마한 우산을 꽂아놓은 잔으로 술을 홀짝거리며 아무 걱정 없이 행복하게 살아가는 삶을 그려보았다. 도코미니엄에 사는 사람들은 살갗을 구릿빛으로 그을리는 것도 쉽게 할 것 같았다. 넥타이는 매는 법이 없고, 셔츠를 바지 속에 집어넣어야 하는 경우도 거의 없을 것이다. 나도 그렇게 살고 싶은 마음이 굴뚝같았다.

크레이그는 도코미니엄을 세울 수 있는 곳이 있다면, 마이애미가 바로 그런 곳이라고 단언했다. 그래, 안 될 것도 없지. 나는 속으로 생각했다. 해외 특파원으로 10년 동안 전 세계를 돌아다녔으니 이제 고향으로 돌아올 때가 된 것 같았다. 그리고 마이애미는 미국으로 재진입하기에 좋은 곳 같았다. 귀향을 위해 아기처럼 아장아장 첫발을 떼기에 좋은 곳. 마이애미에는 열대 기후, 부정부패, 정치적 소란이 다 있었다. 내가 해외에서 이미 익숙해진 것들이었다. 마이애미는 하와이와 캘리포니아의 일부 지역과 함께 미국의 에덴동산이다. 어떤 사람들(노인들)은 죽으려고 마이애미로 이주하고, 또 어떤 사람들(쿠바인들)은 다시 태어나려고 마이애미로 온다. 나는 노인도 쿠바인도 아니었지만, 새로 시작하고 싶었기 때문에 이상적인 마이애미 주민이 될 수 있을 것 같았다.

아내와 나는 사전 답사를 하려고 마이애미의 허름한 공항에 도착했다. 그러고는 기분 좋은 무더위 속으로 기운차게 발을 내디뎠다. 수많은 언어들이 습한 공기를 가득 채웠지만 그중에 영어는 없었다. 나는 그 언어들을 모두 들이마시면서 생각했다. 그래, 여기라면 행복해질 수 있겠어.

우리가 그 전화를 받은 건 그다음 날이었다. 크레이그의 친구에게서 걸려온 전화였다. 그는 크레이그가 테트리스 게임을 하다 쓰러졌다고 말했다. 지금 10대인 크레이그의 딸이 바닥에 쓰러져 있는 그를 발견해 할 수 있는 조치를 모두 취했다. 911에 전화를 하고, 구급대원들을 맞이하러 달려나가면서 문이 다시 닫히지 않게 고정시켜두기까지 했다. 하지만 모두 소용이 없었다. 크레이그는 이미 이 세상 사람이 아니었다. 검시의는 보고서에서 크레이그가 심한 심근경색으로 사망했다고 밝혔다. 하지만 내 생각은 달랐다. 크레이그의 심장이 그동안 후하게 인심을 베풀다가 과로에 지쳐 그만 무너져버린 것이다(heart에는 심장, 마음, 인정이라는 뜻이 모두 있음 - 옮긴이).

죽은 사람이 했던 말은 특별히 절박하게 들리기 때문에 무시하기가 불가능해진다. 크레이그가 마이애미의 미래에 관해 했던 예언도 마찬가지였다. 나는 그때 눈물을 글썽거리며 내가 결국 마이애미로 이사 올 것임을 깨달았다. 의문의 여지가 없었다.

* * *

마이애미는 비록 낙원 그 자체는 아니지만, 그래도 행복이라는 말과 함께 연상되는 곳이다. 바닷가. 야자나무. 햇빛. 하지만 낙원에도 그 나름의 압박이 내재되어 있게 마련이다. 낙원은 이렇게 악을 써 댄다. "행복해지라니까, 젠장!" 어느 날 출근길에 차를 몰고 광고판 앞을 지날 때의 일이 생각난다. 광고판에는 지붕을 열 수 있는 노란색 폴크스바겐 비틀의 사진이 걸려 있고, 그 밑에는 "고뇌는 당신답지 않아요. 용기를 내서 행복해져요"라고 쓰여 있었다. 저게 무슨 소리지? 내가 보기에 그 광고 문구의 의미는, 21세기가 밝아오는 시점에 미국인들의 행복을 좌우하는 건 신들이나 운이 아니라는 뜻인 것 같았다. 지금까지의 인류 역사와는 다르다는 얘기였다. 이제 행복은 손을 뻗어 잡는 사람의 것이었다. 필요한 건 오로지 용기뿐. 손을 뻗을 수 있는 진취적 기상만 있으면 충분했다. 물론 옵션으로 위성 라디오가 달리고 내부가 가죽으로 치장돼 있으며 지붕을 열 수 있는 폴크스바겐 비틀을 살 수 있을 만큼 현금도 있어야 했다.

미국인들이 행복을 찾는 것에 집착하고 있는 지금, 미국은 우연인지 필연인지 사상 유례없는 물질적 풍요를 누리고 있다. 지금까지 많은 사람이 이것은 우연이 아니라는 견해를 피력했다. 1840년대에 이미 알렉시스 드 토크빌은 미국에 "풍요로움 속에서 잠시도 가만히 있지 못하는 수많은 행운아"가 살고 있다고 보았다. 케빈 루시비는 낙원의 역사를 다룬 책에서 "낙원에 관한 이야기가 나오는 것은 우리가 뭔가 잃어버렸을 때뿐"이라고 썼다. 그럼 우리는 과연 무엇을 잃어버린 걸까? 궁금하다.

* * *

행복 스펙트럼에서 미국의 위치는 생각만큼 높지 않다. 미국이 초강대국이라는 점을 감안하면 그렇다는 말이다. 미국은 어느 모로 보나 지구상에서 가장 행복한 나라가 아니다. 영국 라이세스터 대학의 에이드리언 화이트가 실시한 연구에서 미국의 행복 순위는 23위로 코스타리카, 몰타, 말레이시아보다 뒤졌다. 대부분의 미국인들이 (한 연구에 따르면 84퍼센트) 스스로 '매우' 또는 '상당히' 행복하다고 생각하는 것은 사실이지만, 미국은 돈이 많은 만큼 행복하지는 않다고 말하는 편이 무난할 것 같다.

사실 오늘날 우리가 역사상 그 어느 때보다 덜 행복하다는 증거가 아주 많다. 심리학자인 데이비드 마이어스는 《미국의 역설 : 풍요의 시대에 나타난 영적인 굶주림》이라는 저서에서 이 점을 보여주었다. 1960년 이후로 이혼율은 두 배로 늘었고, 10대의 자살률은 세 배가 되었으며, 폭력적인 범죄의 발생률은 네 배로 늘었고, 교도소 수감자 수는 다섯 배로 늘었다. 우울증, 불안증 등 여러 가지 정신질환에 시달리는 사람들의 비율도 증가했다(우리가 이런 질병들을 과거보다 적극적으로 진단하기 때문에 발생률이 늘어난 것이 아니라 실제로 질병이 증가

하고 있음을 보여주는 강력한 증거가 있다).

우리가 벌어들인 그 많은 돈은 어디서 뭘 하고 있는 걸까? 우리는 세계에서 가장 부유한 나라다. 역사상 가장 부유한 나라이기도 하다. 한편에서는 돈이 좋은 일을 하고 있다. 대부분의 미국인들에게 기본적인 생존은 이제 문제가 되지 않는다. 부자 미국인들은 평균적으로 봤을 때 가난한 미국인보다 (조금) 더 행복하다. 하지만 돈이 곧 행복이라는 이런 주장에 딴죽을 거는 요인이 하나 있다. 미국이라는 나라가 1950년대보다 세 배나 더 부유해졌지만 더 행복해지지는 않았다는 점. 이게 도대체 어찌 된 일일까?

한 가지 요소가 기대치를 높여놓았음은 분명하다. 우리가 지금의 자신을 1950년의 미국이 아니라 오늘날의 미국, 오늘날의 이웃 국가들과 비교한다는 점. 우리는 입으로는 돈으로 행복을 살 수 없다고 말하면서도 실제로는 돈으로 행복을 살 수 있는 것처럼 행동한다. 미시간 대학의 연구에서 삶의 질을 개선해주는 요소가 무엇이냐고 물어보았을 때 미국인들은 돈을 첫손으로 꼽았다.

자기계발 산업도 그다지 도움이 되지 못했다. 자기계발서들은 행복이 우리 내면에 있다며 우리로 하여금 내면으로 시선을 돌리게 만들었다. 하지만 내면이 아니라 밖을 바라보는 것이 맞다. 여기서 밖은 돈을 의미하는 게 아니다. 다른 사람들, 지역공동체, 사람들 사이의 유대감 등 분명하게 밝혀진 행복의 원천을 의미한다.

미국인들은 세계의 어느 누구보다 더 먼 곳의 직장으로 출근해서 더 오랫동안 일한다. 특히 긴 통근 시간은 건강뿐만 아니라 행복에도 치명적이라는 사실이 이미 밝혀졌다. 길에서 보내는 시간이 1분 늘어날 때마다 가족이나 친구와 함께 보낼 수 있는 시간이 1분 줄어

든다. 우리를 행복하게 해주는 건 바로 가족이나 친구와 함께하는 순간인데.

정치학자인 로버트 퍼트넘은《나 홀로 볼링》이라는 저서에서 사람들 사이의 유대감이 닳아서 너덜너덜해졌다는 주장을 설득력 있게 제시했다. 그는 우리가 가족과 친구를 찾아가 함께 보내는 시간이 줄었다는 점, 소속된 공동체와 단체의 숫자도 줄었다는 점을 지적한다. 우리의 삶은 점점 파편화되어간다. 인터넷을 비롯한 여러 신기술 제품들이 우리의 고독을 달래줄 수 있을지는 몰라도 고독을 완전히 없애주지는 못했다.

미국인들도 다른 사람들과 마찬가지로 자신을 행복하게 해주는 요인과 그렇지 않은 요인을 예측하는 데 서투르기로 악명이 높다. 인간의 이런 심리적 약점이 미국인들에게 특히 좌절감을 안겨주는 것은, 우리가 열심히 행복을 추구할 수 있는 수단을 어느 누구보다 많이 갖고 있기 때문이다. 방글라데시의 농부는 메르세데스 S 클래스 승용차가 자신을 행복하게 해줄 거라는 믿음을 갖고 있더라도 그 믿음을 시험조차 해보지 못한 채 세상을 떠날 확률이 높다. 하지만 미국인들은 그렇지 않다. 우리는 자신을 행복하게 해줄 것처럼 보이는 많은 물건을 실제로 사들일 수 있기 때문에 거기서 행복을 얻지 못했을 때 혼란과 실망감에 시달린다.

지난 50년 동안 미국의 행복도는 놀라울 정도로 안정세를 유지했다. 아무리 엄청난 사건들도 미국의 행복도에는 영향을 미치지 못했다. 2001년 9월 11일의 테러 이후에 실시된 연구에서도 미국인들의 행복도는 별로 감소하지 않았다. 1962년의 쿠바 미사일 위기 때는 오히려 잠깐이나마 미국의 행복도가 '증가'했다. 전 세계 대부분의 사람들은 평범하고 일상적인 일에서 행복을 느낀다. 역사가인 윌 듀런트는 "역사에는 피가 개울처럼 흐르는 장면이 너무 많았다. 문명의 (진정한) 역사는 그 개울가에서 벌어진 일들의 기록이다"라고 말했다.

미국인들은 지금도 엄청나게 낙천적이다. 미국인의 3분의 2가 미래에 대해 희망을 품고 있다고 말한다. 아마 우리가 더 행복해질 거라는 희망일 것이다.

행복에 대해 생각하고, 걱정하고, 계획을 짜고, 행복하지 않음을 탄식하고, 행복을 추구하는 데서 미국은 단연코 초강대국이다. 미국인 열 명 중 여덟 명은 적어도 일주일에 한 번은 행복에 대해 생각한다고 말한다. 자기계발 산업의 규모만 봐도 우리가 자신의 삶에 얼마나 불만을 품고 있는지, 그리고 새로운 사람으로 거듭날 수 있다는 가능성을 얼마나 신봉하는지 알 수 있다.

건국 문서에서 노골적으로 행복을 찬양한 나라는 미국밖에 없다. 물론 독립선언서가 인정한 것은 행복을 '추구할' 권리뿐이다. 벤저민 프랭클린이 말했듯이, 행복을 붙잡는 것은 우리가 알아서 할 일이다. 우리는 이를 위해 여러 가지 방법을 동원한다. 합법적인 방법도 있고, 아닌 것도 있다. 현명한 방법도 있고, 그다지 현명하지 않은 방법도 있다.

미국인들이 행복을 추구하는 방법 중 하나가 바로 이사다. 사실 미국은 잠시도 가만히 있지 못하는 기질을 바탕으로 설립된 나라다. 애당초 미국으로 넘어온 순례자들은 어딘가 다른 곳에서 행복을 찾으려 했던 쾌락 난민이 아니었던가? 우리가 그토록 떠받드는 '개척 정신'이란 더 행복한 곳을 찾으려는 갈망이 아닌가? "미국에서 출세한다는 말은 이미 알고 있는 세상 밖으로 나간다는 의미다." 편집자이자 교사였던 엘러리 세지윅이 자서전《행복한 직업》에서 쓴 말이다.

세지윅이 이 말을 쓴 것은 1946년이었다. 그 후로 미국인들의 이 동성은 더욱더 높아졌다. 매년 4000만 명에 가까운 미국인들이 이 사를 한다. 개중에는 물론 직장 때문에 이사하는 사람도 있고, 병든 가족을 가까이서 돌보려고 이사하는 사람도 있을 것이다. 하지만 그 냥 단순히 어딘가 다른 곳에 가면 더 행복해질 것 같아서 이사하는 사람도 많다.

내가 여행 중에 만난 쾌락 난민들, 즉 린다, 리사, 롭, 제러드에게는 이사가 분명히 효과가 있었다. 그럼 이 사람들이 각자 특정한 지역으로 이주한 것은 그곳의 '에너지'에 끌렸기 때문일까? 나도 잘 모르겠다. 그보다는 그들이 다른 지역으로 이주한 뒤 스스로 다른 사람으로 변할 수 있게 마음의 빗장을 풀었다고 보는 편이 나을 것 같다.

인류 역사에서 사람이 자기가 살 곳을 스스로 선택할 수 있게 된 것은 아주 최근에 나타난 현상이다. 수백 년 동안 대부분의 사람들은 뿌리가 박힌 식물처럼 태어난 곳에서 자랐다. 그러다가 홍수와 기근 같은 자연재해가 일어나거나, 약탈을 일삼는 몽골인들이 동네에 나타났을 때에야 비로소 다른 곳으로 이주했다. 솔직히 말해서 언제나 약간 불안정한 상태인, 아주 돈이 많은 사람들을 제외하면, 짜릿한 재미를 맛보려고 이사하는 사람은 없었다. 좋은 의미의 모험은 현대적인 개념이다. 역사적으로 사람들은 본인의 의사와 상관없이 도저히 피할 수 없기 때문에 모험을 겪었지, 적극적으로 모험을 찾아다니지는 않았다. 하물며 돈을 써가며 모험을 하려는 사람은 당연히 없었다. 옛날에 중국인들이 하던 말, "흥미로운 시대에 살게 되기를"은 사실상 저주의 말이었다.

미국에서 가장 행복한 곳은 어디일까? 행복 연구로는 답을 찾아낼 수 없다. 이 질문에 결정적인 해답을 제시한 연구 보고서를 나는 하나도 찾아내지 못했다. 미시간 대학의 크리스토퍼 피터슨은 사람들이 서쪽으로 멀리 옮겨갈수록 행복해진다고 내게 말해주었다. 하지만 그의 이 이론은 캘리포니아 대학 샌디에이고 캠퍼스 데이비드 슈케이드의 연구 결과와 어긋난다. 슈케이드의 연구 팀은 캘리포니아와 미시간 주민들을 조사한 결과, 두 지역 주민들이 똑같이 행복하다는(혹은 관점에 따라 똑같이 불행하다는) 결론을 얻었다. 미시간 주민들이 캘리포니아로 이사하면 더 행복해질 거라고 '생각'하기는 했다. 슈케이드는 이것을 "초점의 환상"이라고 불렀다. 춥고 황량한 미시간의 풍경 속에서 주민들은 캘리포니아의 삶이 더 행복할 거라고 상상했지만, 그곳 생활의 부정적인 측면들, 즉 교통 체증, 높은 집값, 산불 등은 미처 고려하지 못했다. 슈케이드는 "어느 것에 초점을 맞추든 별로 달라질 게 없다"라는 결론을 내렸다.

그밖에 내가 찾아본 여러 연구 보고서들은 각각 중서부, 오자크 산지(미주리, 아칸소, 오클라호마 세 주에 걸쳐 있는 고원지대 - 옮긴이), 인구 10만 명 미만의 소도시 등을 가장 행복한 곳으로 꼽았다. 어느 보고서를 봐도 확실한 결론을 내릴 수 없어 화가 날 정도였다. 하지만 분명한 것이 하나 있기는 하다. 한 나라 안에서 드러나는 차이는 여러 나라 사이의 차이와는 비교도 되지 않을 만큼 대수롭지 않다는 것.

나는 마이애미를 좋아하려고 노력했다. 정말로 그랬다. 이곳에 적
응하려고 최선을 다했다. 바닷가에도 나가보고, 에스파냐어도 공부
하고, 쿠바 커피를 엄청나게 마시기도 했다. 심지어 아주 잠깐이지
만 가슴 확대수술을 받을까 하고 생각한 적도 있다. 하지만 항상 햇
빛이 쨍쨍한 이곳에서 나는 추위에 시달렸다.

만약 내가 라틴계였다면 마이애미를 좋아했을지도 모른다. 라틴
아메리카 국가들은 비교적 가난한 편인데도 의외로 행복하다. 몇몇
연구에 따르면, 라틴계 사람들은 미국으로 이민 올 때도 이런 행복
보너스를 잃어버리지 않는다. 나는 쿠바 출신 미국인인 내 친구 조
가르시아에게 이 점에 대해 물어보았다. 그는 맞는 말인 것 같다고
대답했다.

먼저 그는 가족을 중시하는 라틴계 문화가 일조하는 것 같다고 말
했다. "가족이 공동생활을 하는 거나 마찬가지야. 우린 자기 자신보
다 훨씬 커다란 집단의 일부인 거지." 조는 남들을 구경하면서 동시
에 자신도 구경거리가 되는 카페에서 나와 함께 마이애미식으로 빈
둥거리며 이런 말을 했다. "그리고 우리는 지금 이 순간에 최선을 다
해야 한다는 점을 강조하는 편이야. 에스파냐어로 우리가 하는 말이
있는데, 그걸 번역하면 '너의 춤을 빼앗아갈 수 있는 사람은 아무도
없다'야."

훌륭한 말이지만, 나는 춤 실력이 형편없다. 그러니 마이애미가
나와 잘 맞지 않는 것도 무리가 아니다.

누구에게는 낙원인 곳이 다른 사람에게는 지옥이 될 수 있다. 그

반대의 경우도 가능하다. 유럽 선교사들은 수백 년 전 이교도인 원주민들을 기독교로 개종시키겠다는 꿈을 품고 그린란드에 처음 상륙했을 때, 다른 곳에서도 그랬던 것처럼 원주민들에게 당근과 채찍을 함께 제시했다. 개종하면 천국에 자리를 얻을 수 있지만, 개종하지 않으면 지옥에서 영원히 고통받게 된다고 말한 것이다.

"지옥이라는 게 어떤 곳이죠?" 호기심을 느낀 그린란드 주민들이 물었다.

"아, 아주, 아주 뜨거운 곳이에요." 선교사들이 대답했다. "항상 뜨거워요."

그린란드 주민들은 자기들의 고향, 즉 항상 얼어붙어 있는 북극의 툰드라를 둘러보고는 이렇게 대답했다. "우린 지옥으로 갈게요. 고마워요."

* * *

"낙원도 늙어요." 내가 위에서 말한 민감한 문제를 제기했을 때 이웃에 사는 앤디가 한 말이다. 우리는 마이애미에 있는 그의 집에 앉아 있다. 앤디는 이 집을 팔고 이 도시를 떠날 생각이다. 이제 이곳에 질렸다면서.

그는 22년 전 이곳으로 이사를 왔다. 이곳이 낙원이라서가 아니라 군에서 갓 제대해 이곳의 직장에 취직했기 때문이었다. 그때 그는 젊은 총각이었다. 인생이 즐겁기 그지없었다. 하지만 자기가 있을 곳이 바로 마이애미라는 생각은 한 번도 해본 적이 없다. 이곳은 그와 맞지 않았다.

앤디는 스스로 "바다족이 아니라 민물족"이라고 말한다. 이게 마치 체질이나 콜레스테롤 수치처럼 생물학적으로 처음부터 정해져 있는 특징이라도 되는 것 같다.

1992년 8월에 벌어진 일들은 앤디가 마이애미에 이토록 적응하지 못하는 이유를 조금 엿볼 수 있게 해준다. 벌써 15년 전 일인데도, 앤디는 지금도 화물열차가 달릴 때 나는 소리처럼 낮게 덜컹거리는 소리가 들리는 듯하다. 지금도 집이 흔들리는 것 같다. 자다 깨어보니 배가 앞마당에 올라와 있던 것도 기억난다. 집이 물가에 있는 것도 아닌데 말이다. "정말, 정말 소름이 끼쳤어요." 당시 이곳을 강타했던 허리케인 앤드루에 대한 앤디의 감상이다. 앤드루는 미국 역사상 허리케인 카트리나 다음으로 커다란 피해를 입혔다.

집 밖에는 갖가지 잔해가 거의 3미터 높이로 쌓여 있었다. 두 달 동안 전기도 들어오지 않았다. 그런데도 사람들은 계속 이쪽으로 이주해 왔다. 앤디에게는 지옥 그 자체인 이곳에서 낙원을 찾으려고.

앤디는 계절의 변화를 갈망한다. 진짜 계절의 변화. 마이애미에는 더운 계절과 참을 수 없을 만큼 더운 계절, 두 가지밖에 없다. 앤디는 기온의 점진적인 변화와 공기의 변화를 느끼고, 자연의 주기적 변화를 경험하고, 시간의 흐름을 체감하고 싶어 한다. 마이애미에서는 이번 달이나 다음 달이나 똑같아서 삶에 전혀 변화가 없는 것이 고통스러울 정도다.

앤디는 마이애미에서 문화적으로 편안함을 느껴본 적이 한 번도 없다고 말한다. 그는 에스파냐어를 할 줄 모르기 때문에 부동산 중개인으로 일하면서 어려움을 많이 겪었다. 그는 또한 이곳 사람들이 인종과 상관없이 무례하다고 생각한다.

"난 여기서 22년을 살았어요. 이젠 더 이상 못 견디겠어요."

"결정적인 계기가 언제였어요?" 내가 묻는다.

"아주 오랫동안에 걸쳐 진행된 일이에요. 이젠 정말로 이곳을 떠나야겠어요."

"나중에 마이애미를 생각하면서 그리워하게 될 부분은 없어요?"

"전혀 없어요. 날씨도, 나무도, 바닷가도 싫어요. 전부."

앤디는 진작에 마이애미를 떠났어야 하는 사람이다. 한 장소에 너무 오래 머무르는 것은 한 사람을 너무 오래 사귀는 것과 같다. 세월이 흐르면서 점점 불만이 쌓이고, 결국은 싸움이 발생할 가능성이 높아진다. 화해는 불가능해진다.

앤디는 여기저기 조사를 해본 끝에 노스캐롤라이나를 마음으로 점찍었다. 특히 노스캐롤라이나주 서부의 산악 지대. 구체적인 지명을 말한다면, 애슈빌. 인구 약 7만 명의 소도시인 이곳은 그가 정한 기준에 잘 들어맞았다. 그가 좋아하는 산이 있고, 계절의 변화가 있다는 점에서.

그는 이곳을 둘러보러 갔을 때, 도착하자마자 마음이 평화로워지는 걸 느꼈다. 영적인 느낌은(앤디는 이런 표현을 쓸 사람이 아니다) 아니지만, 애슈빌이 그에게 마치 마약처럼 마음을 차분히 가라앉혀주는 효과를 발휘한 건 사실이다. 이 도시의 규모도 그에게 딱 맞는다. 애슈빌은 예술이 꽃을 피우고 다양한 식당이 성업할 수 있을 정도의 규모지만, 교통 체증과 높은 범죄율에 시달리는 대도시만큼 크지는 않다. 앤디는 그곳으로 이사를 가더라도 십중팔구 전시회나 연극을 자주 보러 가지는 않을 거라는 점을 인정하면서도 만일의 경우를 대비해서 그런 기회가 항상 존재한다는 점이 마음에 든다고 말한다.

앤디가 가장 두려워하는 것은, 자기가 애슈빌을 너무 늦게 찾아낸 것이 아닌가 하는 점이다. "막상 그곳으로 이사를 간 뒤에 그곳마저 이미 플로리다처럼 변해버렸다는 걸 깨닫게 되면 큰일이잖아요."

* * *

신시아 앤드로스는 앤디보다 3년 먼저 결단을 내렸다. 그녀는 이미 애슈빌에서 살고 있다. 마이애미에서 어린 시절을 보냈는데도 앤디만큼이나 이 도시에 애정이 없다.

우리는 애슈빌의 한 일식집에서 초밥을 먹고 있다. "난 초밥을 엄청 많이 먹어요." 신시아가 미리 말한다. 그래서 우리는 초밥을 추가로 주문한다. 참치김초밥이 산더미처럼 쌓였다. 도쿄의 쓰키지 수산 시장에 온 것 같다. 애슈빌은 작은 도시인데도 아시아 식당, 요가원, '남성들의 모임'이 유난히 많다.

신시아는 한곳에 안주하지 못하는 성격이라 파리, 샌디에이고 등여러 곳에서 살아보았다. 그러다가 3년 전 또 이사할 때가 되었다는 결론을 내리고 지도와 관련 자료를 보며 자기가 가장 행복하게 살수 있는 곳이 어디인지 계산(그래, 계산이라는 말이 맞다)하려고 했다. 그녀가 이곳을 고른 건 결코 우연이 아니었다.

신시아에게는 나름대로 기준이 있었다. 지형과 문화가 단조로운 곳은 싫었다. 사계절이 뚜렷하되, 전체적으로 온화한 기후여야 했다. 그래서 미니애폴리스가 제외되었다. 다른 부문에서는 점수가 높았는데도. 그녀는 습도가 낮은 곳에서는 살 수 없었다. 그런 곳에서는 두통이 생기기 때문에. 그래서 애리조나, 뉴멕시코 같은 곳도 제외되었다. 음식도 중요했다. 그냥 페타 치즈가 아니라 "다양한 종류의 페타 치즈"를 구할 수 있는 곳이어야 했다.

신시아는 자연 풍경을 찍는 사진작가이므로 자연과 가까운 곳에서 살아야 했다(여기서도 생명애가 작동하고 있다). 예술적인 분위기와 라이브 음악 등 문화적인 생활도 중요했다.

하지만 결국 애슈빌로 이사하기로 결정을 내린 건 신시아의 머리에서 계산을 담당한 이성적인 부분이 아니라 직관을 담당한 부분이었다. 플로리다주의 사라소타에 살고 있는 부모님을 만나러 갔을 때 사방에서 노스캐롤라이나라는 이름이 튀어나왔다. 노스캐롤라이나를 광고하는 광고판도 있었고, 텔레비전 광고도 있었다. 아무 생각 없이 잡지를 집어 들어도 세상에, 노스캐롤라이나에 관한 기사가 있었다. 구체적으로 말하면, 노스캐롤라이나의 산에 관한 기사였다. 노스캐롤라이나에 가본 적이 없는 신시아의 삶 속으로, 노스캐롤라이나가 은근히 스며들고 있었다.

"노스캐롤라이나가 날 완전히 쓰러뜨렸어요. 그냥 웃어야지 어쩌겠어요? 그래서 웃었죠 뭐."

그녀의 이야기를 어떻게 받아들여야 할지 잘 모르겠다. 처음에는 너무 거짓말 같은 이야기라 선뜻 믿을 수가 없다. 나는 징조를 믿지 않는다. 물론 모든 것이 징조인 인도에서는 제외하고. 어쨌든 나는 나중에 신시아의 이야기를 다시 생각해보았다. 신시아가 느낀 징조들과 내가 크레이그 때문에 결국 마이애미로 이사를 오게 된 게 뭐가 다른가? 크레이그의 일에서 내가 느낀 것도 징조였다. 비록 그때는 내가 그런 생각을 하지 않았지만.

신시아는 노스캐롤라이나 지도를 들여다보고 산이 있는 곳은 그

주의 서부 지역뿐이며, 그곳에 도시는 애슈빌 하나밖에 없다는 걸 알 수 있었다. 그래서 그곳에 가봤다. 그리고 몇 달 뒤 애슈빌로 이사했다.

신시아는 적어도 애슈빌 안에서는 자신이 있을 곳을 찾은 사람처럼 편안하다. 그녀가 낮은 목소리로 말한다. "애슈빌에서 한 발만 나가면, 바이블 벨트(미국에서 근본주의 기독교 신자가 많은 지역 – 옮긴이)의 중심지예요. 마음이 편협한 사람들이 모여 사는 남부 소도시들이죠. 그런 곳에 사는 사람들은 여행을 하지 않아요. 평생 비행기를 한 번도 타보지 않은 사람도 많이 만났어요. 정말이지 믿을 수가 없을 정도예요."

애슈빌이 섬 같은 곳이라는 생각이 든다. 그다지 자유주의적이지 않은 주에서 고집스레 자유주의를 지키고 있는 섬. 섬은 낙원이 될 수도 있고, 유배지가 될 수도 있다. 애슈빌이 둘 중 어디에 속하는지는 잘 모르겠다.

나는 신시아에게 애슈빌에서 행복하냐고 묻는다.

"예." 그녀가 대답한다. 그녀는 어딜 가든 차를 몰고 15분만 달리면 된다는 점이 마음에 든다고 말한다. 아주 가까이에서 모든 것을 포용하는 듯한 산도 마음에 든다. 이곳에서 오페라나 연극 공연을 볼 수 있다는 점도 좋다. 애슈빌이 그녀의 기준에 전부 맞아떨어지는 건 아니지만(근처에 강이나 호수가 없고 큰 공항도 없다), 제아무리 훌륭한 낙원에서도 몇 가지 타협은 필요한 법이다.

하지만 신시아는 아직 애슈빌을 고향이라고 생각할 정도는 아니다. 아직은 그냥 '당분간' 사는 곳일 뿐이다. 신시아처럼 행복을 찾아 떠도는 사람들, 그리고 항상 행복을 추구하는 우리 미국인들의 문제가 바로 이것이라는 생각이 든다. 우리는 지금 상당히 행복하게 살고 있는 것 같은데도 항상 내일이면 더 행복한 곳, 더 행복한 삶을 찾을 수 있을 거라고 생각한다. 그래서 자신이 선택할 수 있는 것들을 모두 탁자 위에 꺼내놓고 어느 것도 선택하지 않는다. 절대 어느 한 가지에 마음을 완전히 쏟지 않는다. 내가 보기에 이건 위험한 짓이다. 항상 한 발을 문 밖에 놔둔 상태로는 어떤 장소도 사람도 사랑할 수 없다.

* * *

로리 매스터튼은 아주 다른 이유로 애슈빌에서 살게 되었다. 1980년대 말에 로리는 뉴욕에서 연극의 조명감독으로 활동했다. 그러다가 휴식이 좀 필요한 것 같아서 '아웃워드 바운드' 프로그램(힘든 야외 탐험을 통해 개인적인 성장 등을 도모하는 프로그램. 국제적인 비영리 단체인 아웃워드 바운드가 운영함 - 옮긴이)에 합류했다. 당시 미국 내에서 아웃워드 바운드 프로그램이 실행되는 곳은 다섯 군데였다. 로리가 노스캐롤라이나를 고른 건 뱀이 무섭기 때문이었다. 노스캐롤라이나는 독사가 가장 많은 지역이었다. 그녀는 자신이 두려움과 정면으로 맞선다면, 다른 중요한 일에서도 그렇게 할 수 있을 거라고 생각했다.

로리는 블루리지 산맥에 반해버렸다. 자신에게 지도자의 자질이 있다는 사실도 알게 되었다. 오래지 않아 그녀는 아웃워드 바운드 강사가 되어 짐을 꾸려서 애슈빌로 이사했다. 처음에는 살기가 힘들었다. 그녀는 항상 모든 것의 중심에서 움직이는 데 익숙했지만, 애슈빌에는 '모든 것'이라고 할 만한 게 없었다. 그래도 그녀는 이겨냈다. "내가 있어야 할 곳을 제대로 찾은 것 같은 느낌이었어요." 그녀가 말했다.

어느 날 저녁 그녀는 집주인이 연 파티를 위해 저녁 식사를 준비하고 있었다. 그날 파티에는 애슈빌의 거물이 여럿 참석했는데, 그중 하나가 로리에게 말했다. "요리 솜씨가 좋은데요. 식당을 여셔야겠어요." 그녀는 로리에게 식당 창업에 관한 책을 주며 몇 가지 조언을 해주었다.

로리는 그것이 자신에게 '황금 실'과 같은 일이었다고 말한다. 처음에는 희미하지만, 자세히 살펴볼 의지만 있다면 점점 또렷하게 모습을 드러내는 길과 같은 것. 로리에게는 자세히 살펴볼 의지가 있었다. 그래서 그녀는 출장 요리 사업을 시작했고, 나중에는 식당을 개업했다. 얼마 전 소나기가 내리던 여름날에 나는 애슈빌에서 그녀를 만나 시내에 그녀가 새로 개업한 널찍한 식당에서 함께 커피를 마셨다.

나는 로리를 보자마자 그녀가 마음에 들었다. 부탄에서 카르마 우라를 만난 뒤로 이런 일은 처음이었다. 그래서 로리가 내게 열두 살 때 부모님이 몇 달 간격으로 세상을 떠나셨다는 말을 했을 때, 두 번이나 암에 걸렸지만 살아났다고 말했을 때, '아, 어쩐지' 하는 생각이 들었다. 사람이 죽음을 이기고 살아나면 더 강인해질 뿐만 아니라 더 정직해진다.

로리는 애슈빌에서 행복하게 살고 있다. 여행을 갔다 돌아와 비행기에서 내릴 때마다 그녀에게 가장 먼저 와 닿는 건 부드러운 공기다. 마치 공기가 그녀의 살갗을 쓰다듬는 것 같다. 공기와 함께 산도 가장 먼저 눈에 들어온다. 로리는 산이 자신을 껴안아주는 것 같다고 말한다. "나는 장소에 아주 민감한 사람이에요." 그녀가 말한다. 그녀의 집에서 차를 몰고 5분쯤 달리면 숲속 깊숙한 곳까지 들어갈 수 있다. 다른 방향으로 5분쯤 가면 태국 식당이 나온다. 그녀는 상공회의소 회원이지만 지금도 반바지에 운동화 차림으로 출근하곤 한다.

로리는 애슈빌에 뭔가 특별한 것이 있다고 믿는다. 사람들이 우여곡절을 겪은 끝에 이곳에서 살게 되었다는 놀라운 이야기를 워낙 많이 들었기 때문에 이제는 그런 이야기를 들어도 별로 놀랍지 않을 정도다. "지구의를 돌린 다음 손가락으로 아무 데나 찍었는데 그게 애슈빌이었다는 사람이 아주 많아요."

그녀도 애슈빌에 긴장이 존재한다는 사실은 인정한다. 어떤 변화도 원하지 않는 애슈빌 토박이들, 모든 것이 변하기를 바라는 새로운 이주민들, 그리고 10년 전 이곳으로 이사 와서 지금까지 살면서 이제는 더 이상 새로운 이주민을 바라지 않는 사람들 사이에 긴장이 존재한다.

그녀가 애슈빌로 이사를 왔을 때 중앙로에는 밑동이 부러진 덤불들이 굴러다녔고, 시내에 식당이라고는 두어 곳밖에 없었다. 그런데 얼마 전 저녁을 먹으려고 밖에 나간 그녀는 행인들 중 자신이 아는 사람이 하나도 없다는 사실을 깨닫고 깜짝 놀랐다. 이곳에 이사 온 뒤로 그런 일은 처음이었다.

"애슈빌이 고향인가요?" 내가 묻는다.

이번에도 그녀는 살짝 머뭇거린다. 아직은 마음을 다 주지 않은 모양이다. "여기서 20년을 살았으니 이제 고향이라고 해도 되겠죠.

내가 소중하게 생각하는 것들이 모두 여기 있으니까요."

이 말을 들으니 아이슬란드에서 어떤 영화감독이 내게 해준 말이 기억난다. 그는 사람의 진정한 고향이 어딘지 알아낼 수 있는 간단한 질문이 하나 있다고 했다. "어디서 죽고 싶어요?"라는 질문이었다.

"어디서 죽고 싶어요?" 나는 로리에게 묻는다.

"버몬트요. 내가 어린 시절을 보낸 곳." 그녀가 말한다. 그녀가 자신의 재가 뿌려졌으면 하는 곳은 애슈빌이 아니라 바로 그곳이다.

* * *

낙원을 찾을 때 문제는 다른 사람들도 그곳을 찾아낼 가능성이 있다는 점이다. 지금 애슈빌에서 실제로 그런 일이 벌어지고 있다. 여기가 살기 좋은 곳이라는 소문이 점점 퍼지는 것. 《머니Money》, 《아웃사이드Outside》 등 여러 잡지들이 모두 그런 기사를 실었다.

애슈빌은 변화의 기로에 서 있다. 아직 어느 쪽으로 방향을 잡을지 결론을 내리지는 못했다. 신시아는 전에도 이런 걸 경험한 적이 있다. 플로리다주 데스틴에서. 그녀는 그곳에서 몇 년 동안 살면서 "조용한 바닷가 어촌이 탐욕스럽고 인구가 지나치게 많고 불안한 마을, 어디서나 볼 수 있는 그런 마을로" 변해가는 걸 지켜보았다. 그녀는 애슈빌도 같은 일을 겪게 될까 봐 걱정하고 있다. 낙원은 움직이는 과녁과 같으니까.

아직 멀었어요?

나의 탐색이 끝났다. 지금까지 내가 여행한 거리만도 수만 킬로미터나 된다. 나는 아이슬란드의 깜깜한 정오, 카타르의 끈질긴 더위, 소심하고 기능적인 스위스, 도무지 어느 것 하나 예측할 수 없는 인도를 견뎌냈다. 가벼운 쿠데타를 겪고도 살아남았고, 내 탐색에 자그마한 돌파구가 나타날 때마다 그 기분을 음미했으며, 말도 안 되게 비싼 펜을 잃어버린 것을 슬퍼했다. 그리고 멍청한 벌레 한 마리의 목숨을 구해주려고도 했다. 모로코산 해시시를 피워보고, 썩은 상어도 먹어보았다. 심지어 커피를 끊기도 했다. 한동안.

이제 나는 뉴욕의 공항으로 다시 돌아와 내 집이 있는 마이애미행 비행기를 기다리며 시간을 죽이고 있다. 지금 술집의 바에 바싹 붙어 앉아서 블러디메리를 두 잔째 마시는 중이다. 잔이 벌써 꽤 많이 비웠다. 나는 공항 술집을 좋아한다. 이곳의 손님들은 모두 어딘가 다른 곳에서 와서 어딘가 다른 곳으로 가는 사람들이다. 그런데도 분위기가 의외로 아늑하다. 절대로 피할 수 없는 지금 이 순간이 모두를 감싸고 있다.

나는 이 모든 것이 불교적인 분위기라는 생각을 하다가 바텐더의 이름표를 본다. 내 눈을 믿을 수가 없다. 이름표에는 '해피'라고 쓰여 있다.

"그게 본명이에요?" 내가 묻는다.

"예, 제가 태어났을 때 아버지가 너무 기뻐서 이름을 이렇게 지으셨대요."

"저기, 이런 걸 물어봐서 미안하지만, 아마 항상 듣는 질문일 거예요. 저, 그게 뭐죠?"

"뭐가요?"

"비결 말이에요. 당신처럼 살아가는 비결. 행복해지는 비결."

"그냥 계속 웃으세요. 슬플 때도요. 계속 웃으면 돼요."

뭐, 심오한 조언이 아니라는 건 나도 인정한다. 하지만 해피는 현명하다. 행복의 본질에 대해 아주 포괄적으로 일반화할 사람은 바보 아니면 철학자밖에 없으니까. 나는 철학자가 아니다. 그러니 내 생각은 이렇다. 돈은 중요하지만 우리가 생각하는 것만큼 중요하지 않다. 돈이 우리 생각대로 기능하는 것도 아니다. 가족은 중요하다. 친구도 중요하다. 시기심은 해롭다. 지나치게 생각을 많이 하는 것도 그렇다. 바닷가는 선택 사항이다. 신뢰는 그렇지 않다. 감사하는 마음도 마찬가지다.

하지만 여기서 감히 더 나아가는 건 종잡을 수 없는 바다에 발을 들여놓는 것과 같다. 행복은 미꾸라지 같다. 여행을 하면서 나는 앞뒤가 맞지 않는 일들을 많이 만났다. 스위스인들은 틀에 박힌 삶을 사는데도 행복하다. 태국인들은 느긋한 성격이며 행복하다. 아이슬란드인들은 흥청망청 술을 마시는 데서 기쁨을 찾고, 몰도바인들은 오로지 불행밖에 보지 못한다. 혹시 인도인이라면 앞뒤가 안 맞는 이 모든 현실을 다 소화할 수 있을지 모르지만, 내 머리로는 어림도 없다. 나는 속이 상해서 유명한 행복학자 중 하나인 존 헬리웰에게 전화를 건다. 어쩌면 그는 답을 조금 알고 있는지도 모른다.

"간단합니다." 그가 말한다. "행복에 이르는 길은 하나가 아니에요."

물론 그렇겠지. 내가 왜 그걸 몰랐을까? 톨스토이의 말은 거꾸로다. 불행한 나라들은 모두 똑같지만, 행복한 나라들은 각각 자기만의 방식으로 행복하다.

여기서 탄소를 생각해볼 가치가 있다. 탄소가 없었다면 우리도 존재하지 못했을 것이다. 탄소는 모든 생명체의 기반이다. 그 생명체가 행복하든 불행하든. 탄소는 또한 카멜레온 같은 원자이기도 하다. 탄소를 서로 단단히 맞물리게 배열하면 다이아몬드가 된다. 아무렇게나 헝클어놓으면 검댕이 된다. 배열 방법이 이렇게 커다란 차이를 만들어낸다.

장소도 똑같다. 각각의 장소에 존재하는 여러 특징보다는 그것을 어떤 비율로 어떻게 배열하는지가 더 중요하다. 배열 방법에 따라 스위스가 되기도 하고, 몰도바가 되기도 한다. 균형을 제대로 잡는 게 중요하다. 카타르는 돈은 지나치게 많고, 문화는 부족하다. 카타르는 지금 돈을 주체하지 못하고 있다.

아이슬란드는 어떤가. 아이슬란드는 아직 행복해질 권리가 없는 나라인데도 행복하다. 균형을 제대로 맞춘 덕분이다. 작은 나라지만 분위기는 국제적이다. 어둡지만 밝다. 효율적이지만 느긋하다. 미국의 진취성이 유럽의 사회적 책임과 결합했다. 완벽하고 행복한 조합이다. 이 나라를 하나로 묶어주는 건 바로 문화다. 문화가 이렇게 커다란 차이를 만들어낸다.

내 여행에 대해 왠지 석연치 않은 점이 몇 가지 있다. 먼저 내가 지구상의 모든 나라를 가본 게 아니라는 점. 하지만 이것 말고도 문제가 많다. 아리스토텔레스가 생각했던 것처럼 행복이 정말로 최고선인지 의심스럽다. 어쩌면 구루지라고 불리는 스리 스리 라비 샹카르의 말이 옳은 건지도 모른다. 사랑이 행복보다 더 중요하다는 말. 행복이 그리 중요하지 않게 보일 때가 있는 건 사실이다. 혼자서 직장에 다니며 아이를 키우는 여자에게 행복하냐고 물어보면, 그녀는 아마 이렇게 대답할 것이다. "질문이 잘못됐어요." 우리 모두 행복해지고 싶어 하는 건 사실이지만, 행복의 이유가 올바른 것이어야 한다. 그리고 궁극적으로 대부분의 사람들은 행복하지만 공허한 삶보다는 풍요롭고 의미 있는 삶을 선택할 것이다. 행복하지만 공허한 삶이 가능한지는 잘 모르겠지만.

"불행도 나름대로 역할이 있다." 심리학자인 데이비드 마이어스는 이렇게 말한다. 옳은 말이다. 불행은 우리에게 위험을 알려주는 역할을 한다. 우리의 상상력에 박차를 가하는 것도 불행이다. 아이슬란드가 증명하듯이, 불행도 나름대로 멋진 매력을 갖고 있다.

* * *

일전에 BBC 웹사이트의 헤드라인 하나가 내 시선을 붙들었다. "흙에 노출되면 행복 증가." 영국 브리스틀 대학의 학자들이 폐암 환자들에게 흙 속의 '좋은' 세균들을 접하게 했더니 환자들의 행복도와 삶의 질이 높아졌다는 내용이었다. 이 연구 결과만 가지고 단정 짓기는 어렵지만, 이 연구가 중요한 진리를 가리키고 있음은 분명하다. 우리가 지저분함 속에서 번성한다는 진리. "좋은 삶이란······결코 즐거움만을 의미하지 않는다. 거친 모래와 진실이 어느 정도 들어 있어야 한다." 지리학자 이푸 투안의 말이다.

투안은 널리 알려지지는 않았지만 우리 시대의 위대한 지리학자다. 나는 여행을 하는 동안 내내 그의 책을 가지고 다녔다. 그는 자서전 중 한 장에 "지리학을 통한 구원"이라는 제목을 붙였다. 농담이 살짝 섞이긴 했으나 진실이 담긴 제목이다. 지리학이 정말로 우리의 구원이 될 수 있으니까. 우리는 환경의 영향을 받는다. 도교의 믿음을 조금 더 확대시켜 생각해보면, 주위 환경이 곧 우리라고 말할 수도 있을 것이다. 멀리 있는 어떤 곳이든, 지금 우리가 있는 이곳이든 다를 것이 없다. 그렇게 생각하면 인생이 훨씬 덜 고독한 것 같다.

* * *

'유토피아'라는 말에는 두 가지 뜻이 있다. '좋은 곳'이라는 뜻과 '어디에도 없는 곳'이라는 뜻. 그럴 수밖에 없다. 세상에서 가장 행복한 곳은 낙원의 담 바로 앞에 있는 것 같다. 완벽한 사람과 함께 살면 도저히 참을 수 없게 되듯이, 완벽한 곳에서 사는 것도 마냥 좋은 일만은 아니다. "오로지 행복하기만 한 평생이라니! 그런 걸 견딜 수 있는 사람은 없다. 그런 삶은 지상에서 경험하는 지옥이다." 조지 버나드 쇼는 《인간과 초인》이라는 희곡에서 이렇게 썼다.

행복 데이터베이스의 관리자인 루트 벤호벤의 말이 옳다. "행복해지려면 사람이 살 수 있는 여건이 필요하지만, 낙원이 필요하지는 않다." 우리 인간은 어디서든 금방 적응한다. 빙하시대도 이기고 살아남았다. 우리는 무엇이든 이기고 살아남을 수 있다. 우리는 다양한 곳에서 행복을 찾아낸다. 그런데 지저분한 슬라우 주민들이 증명했듯이, 장소는 변할 수 있다. 그러니 행복의 지도는 반드시 연필로 그려야 한다.

내 여권은 다시 서랍 속에 들어가 있다. 나는 집에서 느끼는 즐거움을 다시 하나씩 발견하는 중이다. 매일 아침 같은 침대에서 눈을 뜨는 소박한 기쁨. 익숙함이 경멸뿐만이 아니라 만족감을 낳는다는 기분 좋은 깨달음.

하지만 여행을 하며 배운 것들이 가끔 뜻밖의 순간에 고개를 내민다. 며칠 전 내 아이팟이 깨지는 바람에 나는 저장해둔 음악을 모두 잃어버렸다. 거의 2000곡이나 되는데. 옛날 같았으면 화가 나서 길길이 날뛰었을 것이다. 하지만 이번에는 여름날의 뇌우처럼 화가 스르르 사라져버렸다. 게다가 놀랍게도 태국에서 배운 '마이 펜 라이'라는 말을 나도 모르게 중얼거리고 있었다. 신경 쓰지 마. 잊어버려. 시기심이 얼마나 해로운지도 옛날보다 더 생생히 의식하고 있기 때문에 나는 시기심이 자라기 전에 짓눌러버리려고 최선을 다한다. 일을 하다 낭패를 보더라도 옛날처럼 심하게 절망에 빠지지 않는다. 겨울날 어두운 하늘에서도 아름다움을 찾는다. 20미터 거리에서도 진심으로 미소 짓는 사람을 알아볼 수 있다. 신선한 과일과 채소도 새삼스레 음미하며 먹는다.

내가 가본 모든 곳, 내가 만난 모든 사람 중에서 자꾸만 떠오르는 것이 하나 있다. 부탄의 학자이자 암을 이기고 살아남은 사람인 카르마 우라. "개인적인 행복이라는 건 존재하지 않습니다. 행복은 철저히 관계 속에 존재해요." 그는 내게 이렇게 말했다. 그때 나는 이 말을 액면 그대로 받아들이지 않았다. 그가 다른 사람들과의 관계가 생각보다 중요하다는 점을 강조하려고 일부러 과장된 표현을 쓴다고 생각했다.

하지만 지금은 카르마가 정말 문자 그대로의 의미로 그 말을 했음을 안다. 우리의 행복은 전적으로, 철저히 다른 사람들과 관련되어 있다. 가족, 친구, 이웃, 게다가 우리가 존재를 알아차리지 못하는 사무실 청소부까지도 모두. 행복은 명사도 동사도 아니다. 접속사다.

그럼 행복까지의 거리는 아직도 먼 걸까? 나는 행복을 찾아낸 걸까? 난 지금도 터무니없이 많은 수의 가방을 갖고 있으며, 갑자기 중병에 걸린 것 같다는 걱정에 빠져 허우적거리기 일쑤다. 그래도 가끔 행복한 순간이 있기는 하다. W. H. 오든의 충고처럼, 나는 "출 수 있을 때 춤추는 법"을 배우고 있다. 오든은 춤을 '잘' 춰야 한다고는 말하지 않았다. 내게는 고마운 일이다.

내가 100퍼센트 행복한 건 아니다. 아마 50 대 50에 가깝다고 말하면 될 것이다. 모든 걸 고려했을 때, 그 정도면 그리 나쁘지 않다. 그래, 결코 나쁘지 않다.

2007년 7월
에릭 와이너

526

행복은 부산물이다.

너새니얼 호손이 말했듯이,

행복은 우리가 말하지 않아도 어깨에 내려앉는 나비와 같다.

옮긴이 김승욱

성균관대학교 영문학과를 졸업하고 뉴욕 시립대학교 대학원에서 여성학을 전공했다. 동아일보 문화부 기자로 근무했으며 현재 전문 번역가로 활동하고 있다. 옮긴 책으로 존 르카레의 《스파이의 유산》, 《모스트 원티드 맨》, 주제 사라마구의 《히카르두 헤이스가 죽은 해》, 아서 C. 클라크의 《2001 스페이스 오디세이》, 프랭크 허버트의 《듄》, 리처드 플래너건의 《먼 북으로 가는 좁은 길》, 도리스 레싱의 《19호실로 가다》, 콜슨 화이트헤드의 《니클의 소년들》 등이 있다.

행복의 지도

초판 1쇄 발행 2021년 9월 3일
초판 7쇄 발행 2023년 6월 16일

지은이 | 에릭 와이너
옮긴이 | 김승욱
발행인 | 김형보
편집 | 최윤경, 강태영, 임재희, 홍민기, 김수현
마케팅 | 이연실, 이다영, 송신아   디자인 | 송은비
경영지원 | 최윤영

발행처 | 어크로스출판그룹(주)
출판신고 | 2018년 12월 20일 제 2018-000339호
주소 | 서울시 마포구 양화로10길 50 마이빌딩 3층
전화 | 070-5080-4113(편집) 070-8724-5877(영업) 팩스 | 02-6085-7676
e-mail | across@acrossbook.com

한국어판 출판권 ⓒ 어크로스출판그룹(주) 2021

ISBN 979-11-6774-002-1 03100

만든 사람들
편집 | 강태영   교정교열 | 윤정숙
표지디자인 | 양진규   표지 및 본문그림 | étoffe
본문디자인 | 송은비   본문조판 | 성인기획